U0735862

清华·政治经济学研究丛书
丛书主编：李帮喜 刘震

山河万里行

县域经济发展研究

李小云　成鹏　李俊杰　／　著

光明日报出版社

图书在版编目（CIP）数据

　　山河万里行：县域经济发展研究／李小云，成鹏，

李俊杰著. --北京：光明日报出版社，2022.7

　　ISBN 978-7-5194-6551-3

　　Ⅰ.①山… Ⅱ.①李… ②成… ③李… Ⅲ.①县级经

济-区域经济发展-研究-中国 Ⅳ.①F127

　　中国版本图书馆 CIP 数据核字（2022）第 063577 号

山河万里行：县域经济发展研究

SHANHE WANLIXING：XIANYU JINGJI FAZHAN YANJIU

著　　者：李小云　成　鹏　李俊杰	
责任编辑：许黛如　曲建文	封面设计：MXK DESIGN STUDIO Q:1765628429
责任校对：王　磊	责任印制：曹　净

出版发行：光明日报出版社

地　　址：北京市西城区永安路 106 号，100050

电　　话：010-63169890(咨询)，010-63131930(邮购)

传　　真：010-63131930

网　　址：http://book.gmw.cn

E - mail：gmrbcbs@ gmw.cn

法律顾问：北京市兰台律师事务所龚柳方律师

印　　刷：北京建宏印刷有限公司

装　　订：北京建宏印刷有限公司

本书如有破损、缺页、装订错误，请与本社联系调换，电话：010-63131930

开　　本：170mm×240mm

字　　数：463 千字　　　　　　　　印　　张：26.25

版　　次：2022 年 7 月第 1 版　　　　印　　次：2022 年 7 月第 1 次印刷

书　　号：ISBN 978-7-5194-6551-3

定　　价：98.00 元

版权所有　　翻印必究

丛书出版说明

    "清华·政治经济学研究丛书"是清华大学社会科学学院经济学研究所主持策划的系列丛书。本丛书秉持马克思主义的核心指导思想，作为国内外中青年政治经济学者优秀成果和国外优秀政治经济学译著的学术出版平台，内容涵盖马克思主义政治经济学、后凯恩斯主义经济学、中国特色社会主义政治经济学等方面的基础理论及经验研究。我们希望这套丛书能推动国内政治经济学研究的创新、发展，提升学科的国际化水平，总结建设中国特色社会主义实践中的经验，对相关问题进行研究和探索，力求有所创新和突破，同时成为国内政经"青椒"（青年教师）展现和交流优秀学术成果的一个窗口。

调研分享会参会人员合影

成立三周年座谈会暨调研经验分享会

中国农村金融扶贫专题调研
汇报会参会人员合影

研究会优秀会员合影

研究会到河北涿鹿县温泉屯镇入户调研　　研究会在河北怀来县召开民营企业家座谈会

研究会成员给清华学生培训调研方法　　　研究会在盐池县调研黄花菜产业

丛书顾问 (按姓氏拼音)

白暴力 (北京师范大学)

蔡继明 (清华大学)

方　敏 (北京大学)

刘凤义 (南开大学)

卢　荻 (英国伦敦大学)

孟　捷 (复旦大学)

邱海平 (中国人民大学)

荣兆梓 (安徽大学)

宋　磊 (北京大学)

王生升 (南开大学)

张　衔 (四川大学)

张忠任 (日本岛根县立大学)

赵　峰 (中国人民大学)

周　文 (复旦大学)

丛书支持单位：清华大学社会科学学院经济学研究所

序　一

对中国发展的研究，离不开对国情的掌握。基于国情是我们开展一系列研究工作的前提。中国的发展有其自身的逻辑和道路，若一味以西方的理论来衡量或评价中国的实践，则一些具有中国规律或特色的经验事实无法用西方理论来解释。这种以西方理论为中心的社会科学解释范式只能有损于知识的增长与进步。

如何认识中国国情？中国人口基数大、人口众多的基本国情没有改变。党的十九大报告明确提出："我国社会主要矛盾的变化，没有改变我们对我国社会主义所处历史阶段的判断，我国仍处于并将长期处于社会主义初级阶段的基本国情没有变。"以往的一些经济学、政治学概念或者术语所对应的中国国情，其内涵也在逐渐发生变化。对此，作为关注和研究当代中国问题的青年学子，应该坚持以中国实际问题为中心，着眼于新的实践和新的发展，推出解读中国实践、回答中国问题的理论成果，进一步深化对中国道路的研究，不断做出新的理论概括。

新时期县域经济的特殊地位和作用更加凸显，我们开始重视这一区域增长极。创立县域经济研究会之前，我们有这样一个判读和认识：人民在实践中有许多创造，学术研究应该给予足够的重视。思想的舞台上应该"百花齐放，百家争鸣"，尤其需要以调研为基础的实证研究，毕竟"有调查才有发言权"。作为新时代的青年，"位卑未敢忘忧国"，将我们的热情投入国家的最基层，试图用我们的所学来理解中国，解决发展中遇到的问题。

为了满足在校青年学子对中国国情深入研究的需要，让学术研究与国情调研结合起来，体现学术研究的具体性、针对性和指导性，清华大学学生县域经济研究会①致力于对中国国情的密切跟踪与研究，关注现实问题。对于基层社会需要的专业、细致、深入的研究的期望进行积极回应，这是我们的使命，也是未来开展一切工作的基础。基于此，经清华大学学生县域经济研究会第一届理事会成员商定，推出"常规化调研"计划，即利用周六、周日及其他节假日时间对中国县域经济开展调研。常态化的调研意在让研究会会员开拓视野，了解基层，践行"知行合一"的精神，推进对基层典型经济案例或研究对象的长期追踪。这些案例、经验或做法事关中国社会主义建设的重要经验或成熟做法，对此予以重视是研究会迈开对中国国情深入认识的重要一步。在发现问题和认识问题的基础上，思考如何解决问题。该计划将以往寒暑假调研转型为常规化调研，以"热爱中国、研究中国、读懂中国"立志，以"立足实践，从脚底下走出学问"为治学品格，以"开拓视野，动态把握中国国情；与时俱进，关注基层经济前沿；立足中国，贡献智力思考"为指导，以更好地探求中国县域经济发展规律。回首过去4年多的发展历程，我们身居田野而论说，风雨无阻，追求我们心目中的理想。

"行四海，路下之八邦。"② 2017年，清华大学学生县域经济研究会的会员们秉承"立足中国县域经济，探索经济发展规律"的宗旨，深入中国基层社会，寻访奋斗在基层工作一线的农民、工人、政府干部、企业负责人，倾听他们对中国县域经济发展的体悟和建议，将论文写在祖国的大地上。我们穿行在一座座充满噪声和灰尘的小厂房，行走在一个个即将失去传统的乡村，敲开一扇扇紧闭的工厂大门，走进一个个静谧的农家小院。任背后的卡车扬起滚滚灰尘，任身边的机器发出轰鸣，任旁人扫过怀疑的目光，我们抓住每一个与受访者交流的机会，以笔记下我们的所见所闻。

过去几年，我们持续推动"常规化调研：行遍河北"项目，迄今为止已经调研了河北28个县区。同时，我们放眼全国，奔赴13个省份（宁夏、青海、四川、福建、河北、浙江、甘肃、安徽、内蒙古、广东、山东、河南、

---

① 清华大学学生县域经济研究会成立于2015年11月19日，是为适应中国经济转型、社会转型、基层政府管理体制改革及县域经济的特殊地位和作用凸显的大环境，进一步提炼基层经济治理的经验和智慧，总结新时期县域经济发展规律，而由清华大学在校学生发起成立的学术性社团，接受共青团清华大学委员会及社团部管理。研究会成立以来，先后获得的荣誉有2015—2016年清华大学年度优秀协会、2017—2018学年度清华大学优秀学生社团、2019—2020年清华大学优秀进步学生社团等。

② 语出曹操《气出唱》。

陕西)开展调研工作,累计完成调研 50 多次,完成了 30 多万字的调研报告和 50 多万字的调研纪实。调研的主题分布在棚户区改造、乡镇债务、新农村建设、富民产业、乡镇工业、土地流转、县域民营企业、现代农业、农村金融、精准扶贫、产业转型等方面,参与活动的人数达 600 多人次。我们怀揣理想,不愿碌碌无为,青春的热情为我们天马行空的想法添加了许多理想的色彩,而脚踏实地的调研查访给这些想法添上了理性的翅膀。回首过往,中国县域经济艰难转型,县域经济研究会会员们的思想也在不断进步。

自研究会成立以来,我们以河北省为重点调研地区,在这里我们收获了知识,收获了队员间的友谊,更进一步和基层群众打成一片。调研队的队员们吃苦耐劳,风尘仆仆,与民同宿,一步步探索基层经济治理之道,"虚其心,实其腹"。五年来,调研队的队员们访贫问苦,禾黍高低如相问。正如一位队员所写:北上太行山,艰哉何巍巍。山路多徘徊,薄暮有宿栖。多蒙有关爱,挥泪不忍返。

自强不息和家国情怀是赴基层公共部门工作的清华校友的共同精神底色,牺牲小我服务人民的使命感,决定了我们把这些共同精神底色作为自己的理想信念。截至目前,县域经济研究会会员中已经有 14 名同学通过定向选调生奔赴祖国最基层的乡镇工作,扎根基层,应世经务。从群众中来,到群众中去。

记得开始准备成立研究会的时候,我们征求清华大学一些校友的意见,尤其是在县区基层工作的学长,他们告诉我们:

"县级政府有诸多治理经验,也有一些弊端,希望通过你们让这些问题获得重视。"

"希望通过你们给我们提供有价值的报告和研究成果,适当的时候给我们推荐一些基层治理的书籍。"

"县域治理的书你们多看看,掌握一些共性的方法,尽管每个地方都不一样。"

"发展大城市甚至特大城市有必要,但未来中国的现代化更重要的恰是县这一级,无论是特色化城镇建设,还是激活基层治理活力和创造性,大一统的整齐划一不做区分的模式已经过时了。"

"一个好领导,最重要的是政绩观。政绩观最重要的,是你得知道什么是政绩!政治圈里需要有学问、有研究又有主见的人。县域这块很值得研究，如果你们想做，可以大有前景！当前学术界对中国基层问题的关注度不够，但是问题又较多，你们做这样的研究太有必要了！"

"我个人对扶贫这块比较有兴趣，未来几年要实现全面小康，农村和贫困地区的共同小康很重要。建议去不同的贫困地区做调研，借鉴扶贫工作做得好的县的经验。"

这些教导与叮咛是对我们的一种鼓励和鞭策，也让我们感受到了一种责任感和使命感。我们相信只要坚持不懈，认真调研，勤于思考，时间会证明我们的付出终会结出累累硕果。

我们当初把研究会定位成这样一个平台："旨在为学术交流和研讨提供一个平台，为传播基层经济治理智慧和经验提供媒介，促进知识界和实践界的交流。"目的在于先了解中国的实际情况，把握中国经验，而不是带着理论先验地看待中国的发展；在深入实际的基础上再去反思理论。这是一个开阔视野的过程，也是一个能深入思考的机会。

对经济学的理解离不开对历史事实的理解，在这里更为具体的则是对基层典型经济案例或对象的长期追踪，这要求对调研成果的阶段性总结。当我们完成这种总结时，也实现了对自身的评判，而这正是我们在做的事情。为此，倾听百姓呼声，了解产业变革，探索乡土中国，成了我们调研的一大任务，也是县域经济研究会学子的使命。

研究会刚成立的时候，我们感觉到颇有压力，开始时既紧张又有激情。偌大的中国，一时不知道该研究什么问题，从哪个地方入手。那个时候我们的目标就是能找一个愿意接待我们的县，去做一次调研，先熟悉基本情况。事情总是这样，开始的时候没有多少经验，摸着石头过河。随着大家进行了一些短时期的调研，我们就能够制订比较完善的调研计划，确定多个调研主题。其中既有中国县域长期存在的经济问题，也不乏一些热点问题，那个时候我们感觉离目标不远了。

记得刚开始和几位副会长聊天，说等有一天能做到与民同宿、与民同乐，才算是真正理解了农民生活。后来去河北阜平县和易县调研，白天走访农户和乡政府，晚上就在农民家里住。大家讨论一天来难忘的事情，讨论调研报告该如何布局，如何用经济学理论来解释和解决问题。夜晚的农村是那么安静和祥和，只听见鸟叫，看到大多数村民家的灯已经熄灭，而我们还在讨论和思考，真是"恰同学少年，风华正茂"。第二天我们在公鸡的鸣叫声中醒来，仿佛又回到了童年在乡村的日子。这是我们在喧嚣的城市里无法感受到的别样时光。

等我们去了好多县和农村，写出了具有一定质量和影响力的报告后，我们希望通过研究会会员的努力，产生一些有代表性的成果，结合现实情况思考一些重大的理论问题，如产业政策制定、政府与市场的关系、农村金融的发展。现实中诸多问题的解决需要有理论指导，但是西方经济学理论脱离中国实践，不能指导中国实践，缺乏实践针对性的学术研究品格。我们能做的就是以务实的精神，在打破理论迷信和权威迷信上做出自己的回应，总结中国基层的发展经验与智慧。至今回顾我们的定位，依旧深感任务艰巨，路漫漫其修远兮，吾将上下而求索。

范仲淹面对山川险峻、道路崎岖的恶劣环境和自然条件，忧心忡忡，曾有"秋霖弗止，禾穗未收，斯民之心，在犹如割"[1]的佳句。这一句话深深感染了我们，即使角色再小，也有自己的使命。因此，关注基层经济，关注农民的生活状况，成了我们调研的重要任务和使命。在调研中，我们收获的不仅仅是同学们之间的友谊，相互帮助、相互照顾，行走在中国的农村，感受着美丽的风景、淳朴的民风，以及那些需要思考的问题，都深深吸引着我们。记得调研小分队在涿鹿温泉屯的调研，使我们对农民的创收有了进一步的认识。三农问题是现阶段党和政府重点关注的问题，所以如何做好农村扶贫的工作，如何统筹安排吸取经验并改进技术，如何真正做到为老百姓谋福祉，是我们党和政府包括我们青年学生在内的所有人亟待考虑的问题。涿鹿县温泉屯的村民给调研队会员们提供了翔实的葡萄种植信息。他们那淳朴的脸庞、善意的微笑以及面对困难的能力，让调研队的会员们记忆犹新，也让会员们真切地感受到了"斯民之心，在犹如割"这句话包含的情感。

记得在讨论研究会章程的时候，我们希望通过"常规化调研"，让研究会的会员们最大限度地了解中国国情，培养和提高大家对经济现象的理解和分析能力。通过这个平台培养一批对中国基层经济熟悉、有思考、有见地并对底层人民有情感的精英。我们这个平台虽然给予大家的帮助有限，但是完成一次思想启蒙和社会主义建设再教育，这个决心我们还是有的。记得在永清县调研的时候，一位蹬三轮车的师傅坚决不收我们的车费，说："青年强则中国强。清华的学生就该这样，关心国家大事，关心老百姓。"老百姓的信任是

---

[1] 《范仲淹全集（上）》，四川大学出版社2007年版。

对我们最大的鼓励。每个人都在寻找归宿，我们希望在辽阔的县域找到我们的精神栖息地。

柳宗元在《答韦中立论师道书》一文中写道："故吾每为文章，未尝敢以轻心掉之，惧其剽而不留也；未尝敢以怠心易之，惧其弛而不严也；未尝敢以昏气出之，惧其昧没而杂也；未尝敢以矜气作之，惧其偃蹇而骄也。"调研文章的写作更是不能掉以轻心，要想写出水平，写出深度，实在是一大挑战。掌握的有效信息或者真实信息量会影响我们的分析和判断。而调研又是一项长期的工作，短期内要想尽善尽美，存在一定困难。我们常常面对这样一个难题，获得的调研地的信息是一段时间内或者更多是横向的信息，缺乏历史纵深，样本容量不够大，怕撰写的调研报告浮于表面，没有发现更为深刻的问题。记得在2016年我们针对调研中遇到的问题，还制定了《清华大学学生县域经济研究会调研指导意见书》，专门用来指导研究会的会员怎么样去调研，如何在短时间内获得更准确、更有用的信息，避免出现一些失误。

每个人的经历不同，人生经历是除了课本知识外最能给予前进力量和养分的途径。通过调研，我们开始更加深入地反思理论与实践、知和行的关系。王船山曾说："知行相资以为用。唯其各有致功，而亦各有其效，故相资以互用。"秉持这种知行观，我们一步步去落实研究会的活动计划，尝试以调研作为理解中国经济的途径，尝试通过案例的分析保持对现实的敏感性，在实践中增进对中国国情的认识。

在研究会成立之初，在调研活动开展之初，我们曾遇到过各种困难，一些是能够预见的：现存理论的冗杂、开展实践的艰辛、调研经费的缺乏……也有不曾预见的：调研对象的敷衍、时间不易协调、调研主题选择上的困难。然而在一次次的尝试中，我们或通过学校渠道与地方政府、企业取得联系，或亲自深入百姓的生活走访调研，逐渐整合各类资源，实现自身的发展，积累了一定的经验。

师长的帮助、同学的认同、调研对象的配合，使我们在近4年的时间里，开展了50余次的调研活动。开始从现实的人而不是象牙塔里的角度去理解社会问题，并开始尝试创造社会价值。成果的取得、地方政府的肯定，这些成绩让我们欢欣鼓舞，也更有激情，但我们也时刻保持冷静，依然用一颗谦逊的心来继续我们的事业。

关注现实，我们不能只是纸上谈兵，需要撸起袖子实实在在地干。记得《中国知识分子十论》一书中谈到，俄国的知识分子不是一个职业性的阶层，而是一个精神性的群体。① 这些人来自不同的阶层，在精神气质上有共通之处。俄国语境中知识分子的定义是，具有强烈批判精神，特别是道德批判意识。如果不参照我国典籍中关于知识分子的解释传统，如《礼记·大学》中强调"修身齐家治国平天下"，如顾炎武在《与友人书》中谈到"虽有子羔、原宪之贤，终无济于天下"，就无法理解中国知识分子经世济民的责任担当。一些知识分子甘于奉献，不怕吃苦，努力钻研，将广大人民的利益放在心上，如李保国教授，这样的知识分子令人肃然起敬。知识分子将自己的实际工作与远大抱负结合起来，才是时代的福音。知识分子要有全面观察现实并建设合理社会理想的诚实和毅力。② 既要准确认识思考当下，也要继承传统。

读万卷书，行万里路，而后明天下之道。作为一个学生组织，一群正在读博士、读硕士的同学，掌握的知识还不够渊博，人生阅历还不够丰富，但是有些道理是相通的，那就是对于中国国情的深入认识和思考，对策要言之有理有据。县域经济研究会的历次调研，不仅从基层治理的优秀案例中发现了经验与智慧，更从基层的优秀干部身上增进了对自身使命的认同。"士当以器识为先。"③ 若求经世要务、民生利病的治道，唯有融入实践才能有所作为、有所收获。

---

① 许纪霖：《中国知识分子十论》，复旦大学出版社 2003 年版。

② 丁耘：《现时代知识分子如何"以天下为己任"？》，选自《经学、政治与现代中国》，上海人民出版社 2007 年版。

③ 语出《宋史》。

序　二

与自然科学不同，经济学的理论体系并不唯一，也并非严格意义上随着时代而进步。单纯对理论的思辨，无助于现实问题的解决。正如前人讽刺的那样，成为"纯粹的思想领域"发生的"空前的变革"。在此，实践进入人们的视野。正如马克思所言："在思辨中止的地方，在现实生活面前，正是描述人们实践活动和实际发展过程的真正的实证科学开始的地方。"①

在经济学这一具体学科领域，正如熊彼特所言："经济学的题材本身就是一种独特的历史过程，因而在很大程度上不同时代的经济学涉及不同的事实和问题……任何企图表述'科学现状'的论述实际上是在表述为历史所规定的方法，如果一个人不掌握历史事实，他就不可能指望理解任何时代的经济现象。"② 从亚当·斯密到凯恩斯，几乎所有的经济学家在构建其经济学理论和模型的时候均严重依赖于历史经验。还应当理解的是，在这里现实体现为历史的绵延，而实践则表现为对现实的把握。而调研则为我们提供了了解现实的钥匙，因此我们协会把调研作为一个重要工作来做。

中国自改革开放以来，在40多年的时间里创造了无与伦比的经济奇迹，积累了丰富的发展与改革经验以及治理的智慧。为此寻求合适的理论解释，对现存理论的批判，以及对这些智慧进行总结提炼，都有着重要的意义。

我国宏观经济最重要的组成部分是县域经济。县域经济的发展迫切需要对该领域有透彻了解的人才，尤其是在转型过程中。目前主流经济学界对此关注不够，研究政策和理论的多，关注县域经济现实的学者相对较少。这一问题如何解决？应当注意的是，青年学子有了解国情的需求和愿望，这一特

---

① 参见：《德意志意识形态》。

② 约瑟夫·熊彼特：《经济分析史（一）》，商务印书馆2015年版。

点在清华表现得尤为明显。咨政建言、辅助决策是当今时代之要求。学生组织也有机会在实践基础上发出自己的声音。这是否意味着某种契合的可能呢？

我们对此给予肯定的回答：社会的进步，不仅意味着物质条件的改善，更意味着知识获取方式的转变。从之前漫长的言传身教、知识的线性获取，变为可以在短时间内收集针对某一问题的诸多信息，从天才式的创造发现变为工具的规范使用。"博学多能之士的时代的结束"恰恰意味着分工的趋向。在此背景下，诸多学子完全有能力投入了解中国经济的实践中，得出有价值的成果。而县域经济研究，更是成为良好的切入点。"倾听百姓呼声，了解产业变革，探索乡土中国"，这是贯穿我们调查研究的主题。

我们力图通过调研增进对我国县域经济的理解和分析能力。我们的调研要区别于县级智库诸如政研室等机构所做的工作，不仅要关注现实，还要把握理论研究现状。写出的报告既要有一般调研报告那样的理论分析部分，还要有政策内容分析，最后提出政策建议。通过全面深入地分析现实问题，架起关注经济现实和理论研究的桥梁，尝试弥补理论研究的不足或空白。在这个研究过程中要坚持关注中国问题，让经济学研究更接地气，服务于社会经济发展。通过与地方政府部门进行接触，了解现实问题，抛弃以往人们轻视对经济学的观点，不陷入"理论至上主义"或"政策至上主义"，真正扎实地了解现实问题，力求解决现实问题。

本书在案例选择中，尽量兼顾南方省份和北方省份、沿海省份和内陆省份。既有发展的典型经验，也有发展中存在的问题。在这里，我们坚持认为，人民在实践中有许多创造，而学习这些经验和智慧，是更好地为基层人民服务的必要之举。通过研究会提供的平台，广大有志于服务人民的学子对基层中国更加熟悉，对人民群众有深厚情感。在这里让我们安身立命，获得精神的富足。

本书在写作的过程中，重视通过比较的视野和对纵向历史的关怀，更好地认识县域经济。美国政治学家和社会学家李普赛特有一句名言："只懂得一个国家的人，他实际上什么国家也不懂。"同理，只懂得一个县的人，他实际上什么也不懂。本书是县域经济研究会会员学术性调查报告的汇集。学术性调查既要兼顾实践与理论的对话，还要兼顾时效性。随着我国县域经济的不断发展，本书的有些案例时效性有所弱化。县域经济研究会的目标在于研究县域经济发展的问题，这离不开大量的案例。需要将不同地区的基层案例搜集起来，做好归纳分类后，再进行有针对性的研究。

有不少经济学理论是在大学的象牙塔里产生的，这样的理论和建议经常与现实不符，当然不能奏效。① 正如在西方经济学强调价格机制之外，存在非价格机制引导资源配置，如地方政府普惠性支持和间接干预。教条式的西方宏观经济学对中国现实的洞察力不足，并不是本书要效仿的研究思路。本书对中国县域经济的一些规律进行了初步总结，并在理论研究的基础上，迈向政策研究。县域是乡村振兴的主战场和共同富裕的主战场，全书展现了政府扶贫工作的创新，展现了基层产业的发展历程，展现了内陆地区乡镇工业的起步和繁荣。本书收入的文章或总结规律，或介绍经验，或建言献策，或介绍方法论。聚焦乡土中国，聚焦和广大人民群众关系密切的产业，再现中国国家治理的基层实践，再现不同层级政府管理经济的方法和特征。

就县域经济论县域经济，这不是我们的目标。本书确定了求索务实的写作风格。通过论证，理解我国县域产业结构的长期性和规范化的调整，深入理解国民经济重大比例关系和空间布局，理解局部合理性与全局优化之间的关系和矛盾。本书在写作的过程中尝试处理调研信息的五大矛盾：真实与虚假、有限与无限、短期与长远、宏观与微观、整体与局部。这也是县域经济研究会调研员在处理调研材料中要深入探索和研究的五大矛盾。全书并没有构建一般性的宏大理论，而是展示了基层治理表现的创新、基层发展的活力。如从一村独立发展到村村联合，从割裂式发展到产业链的互补。书中既有省际的经验交流，也有国内大循环带来的市场壁垒消除，还有改革中的分散化试验表现的强大生命力，体现了中国基层经济发展中的共同特点。从中可以看到地方发展的积极性，地方政府有能力、有激励、有空间来发展经济。同时，又能看到中央在全国层面宏观调控的能力以及地方的适应过程。

书中部分文章写于 2018 年之前，以当时的情况和数据为准。当时存在的一些问题或已解决，发展困境或已得到改善。2021 年 7 月 1 日，习近平总书记庄严宣告：中华大地全面建成了小康社会。祖国各地发生了翻天覆地的变

---

① 小阿尔弗雷德·L. 马拉伯：《迷茫的预言家：当代经济学家的历史》，高德步等译，海南出版社 1997 年版。

化，本书调研所提到的农业县、工业县已今非昔比。党中央和国务院支持深度贫困地区脱贫攻坚，地方政府扎实推进脱贫攻坚，贫困地区农民生活实现由追求温饱到全面小康的提升，农村发展由城乡分割向城乡融合迈进。工业县通过转型升级走向高质量发展，逐步形成了更加科学合理的产业发展体系。① 经济发展一直是中国地方政府的责任。地方政府围绕更好更快发展，完善政府职能，实现政府调控经济与市场自我发展的平衡，强化保障和改善民生工作，展示了县级政府作为发展型地方政府和服务型地方政府的角色。本书的价值在于，记录了当时各级政府、人民群众奋斗的精神面貌和发展路径探索。本书尝试对特定历史时期基层经济现象的总结和分析，试图从中寻找一些具有时代特征的经济规律和思想。理论和实践的双重探索是推动我国县域经济发展的动力。

全书从写作到最终定稿，征求了多方意见。作者作为青年学子，在写作过程中对于学术的严谨性有了更加深刻的认识，对于真实世界经济学调查研究的客观性、全面性和建设性还要进一步提升，而对文章中寄托的美好理想，将鞭策我们继续努力，深入思考，认真做好今后的调查研究工作，不做书斋经济学研究，继续深入从事真实世界的经济学研究。本书内容为一家之言，仅供学术探讨，希望对有志于了解中国国情、研究中国基层问题的青年学子有参考价值。鉴于作者的学术水平有限，衷心期待读者对本书提出批评、建议或意见。

---

① 《国务院关于印发工业转型升级规划（2011—2015年）的通知》，国发〔2011〕47号。

目　录

第一篇 农村集体经济发展

农村集体经济发展壮大，能最大限度地激发农村经济活力，为实现乡村振兴、共同富裕打下坚实基础。在具体的实践中，要立足优势、因地制宜，积极探索农村集体经济发展新路径，整合农村资源要素，盘活农村资源资产资金，探索适合当地发展的模式。通过完善利益联结，实现集体有实力、支部有能力、农民有收益。因此，需要用发展的眼光看问题，用发展的办法解决难题。

走出困局：我国西部地区农村集体经济发展中的公共治理

李小云　李　淳　马吉兰①

【摘　要】从 LD 村延伸讨论到西部 N 省、H 省、Y 省的 10 县的 34 个行政村的集体经济发展，展现村集体经济发展对建档户脱贫的带动作用，分析当前村集体经济发展出现困局的原因。回顾 LD 村近几年乡村经济发展情况，对这种发展带来的收入结构变化进行研究，有助于了解生产性扶贫和社会性扶贫在 LD 村乡村经济发展中贡献的力量，总结"弱村集体经济+建档户"发展现状存在的原因及其对今后发展道路的深刻影响。分析基层政府对村集体经济管理的特点及利弊，探讨基层政府发展需求与上级政府财政资源匹配的机制。在村集体经济发展面临困局时期，使基层政府、村组织和社会三种力量实现发展的合力，对村集体经济发展中的公共治理提出新的要求。在脱贫攻坚和乡村振兴战略实施的衔接期，巩固和提升脱贫攻坚的成果，对二者的有机衔接进行探索，并提出政策建议。

【关键词】村集体经济　收入结构　政府干预　产业扶贫　公共治理

熊培云在《一个村庄里的中国》一书中说："我们习惯了从'中国'的角度往乡村看，得出许多高屋建瓴、高度统一的结论，却忽略了从'村庄'

———————

①　李淳，清华大学公共管理学院硕士，研究方向为区域发展与政策；马吉兰，清华大学人文学院人文科学实验班学士。本文发表于《政治经济学季刊》2020 年第 3 卷第 4 期。

的角度往'中国'看，重新审视社会发展的基础和动力。"① 在我国脱贫攻坚向乡村振兴迈进的历史关节点，对于讨论农村集体经济发展的特征及其对村民致富的带动作用，熊培云的观点依然具有启发意义。既要立足实际研究真实的中国，又要善于从村庄视角看中国。从村庄的比较研究中发现共性，再从这种共性中寻求一般性规律。

农村集体经济是中国社会主义公有制的重要组成部分。发展集体经济是人民公社解体后我国农村经济发展的重要命题。尤其是在 2006 年税费改革以后，农村集体经济的发展面临很大的困境：村级组织所要承担的公共事务日益增多，而所能运用的集体资源越来越少。② 本文从西部地区村集体经济发展困局出发，对农村集体经济的类型、基本特征、发展绩效、存在的主要问题、特色产业选择的依据进行汇总分析，提供西部地区最新的实践素材。以具体案例为分析对象，从公共治理的视角对我国西部地区今后农村集体经济的发展进行深入讨论。通过西部农村集体就经济发展的公共治理叙事，集中展现各地区党和政府组织带领群众发展壮大村集体经济的举措、经验及教训，以期为其他地区提供参考借鉴。

一、研究回顾及可能的创新点

近五年来，我国农村集体经济成为热点话题。由此产生的研究总体上呈现数据量大、文献类型多的特点。农村集体经济研究可以按照如下几个领域分类：发展模式、发展困境的产生原因、发展建议和方向。

在农村集体经济发展模式归类上，有学者认为，通过城市化和工业化发展集体经济的"苏南模式"③，以发展土地股份合作社为核心的山东"东平模

---

① 熊培云：《一个村庄里的中国》，新星出版社 2011 年版。
② 马超峰、薛美琴：《村集体经济再认识与集体经济再造——来自浙江省 126 个集体经济薄弱村的调查》，《经济与管理》2015 年第 1 期。
③ 洪银兴：《苏南模式的演进及其对创新发展模式的启示》，《南京大学学报》2007年第 2 期。

式"①，战略上集体经济与外资经济、民资经济和国有经济的发展并驾齐驱的江苏吴中"四轮驱动"模式，都是发展集体经济的典型成功案例。② 对于西部地区的农村集体经济发展模式，也有相应的研究。有学者通过调研总结归纳了西部地区发展集体经济的 8 种模式：资源依托型、产业带动型、综合服务型、物业管理型、村企合作型、社会治理（党建带动扶贫）型、金融扶贫型、合作社带动型。③ 另有学者指出，各地因自身的资源条件不同，使得农村集体经济的发展模式有三种：工业化模式、后发优势模式和集腋成裘模式。④

对于造成农村集体经济发展困境的原因，有学者认为，缺乏有效的发展资金影响集体经济发展，这是一个资源要素问题；该学者还提出了一个重要问题，即集体经济适应性问题。⑤ 还有学者指出，中国农村集体经济发展中现存的主要问题在于，缺乏稳定的资金来源，村干部思想认识不到位，缺少固定的经营性收入。⑥ 以陕西的农村集体经济为例，主要面临可支配收入较低、区域差异较大、普遍入不敷出的问题。⑦ 还有学者从农村集体经济的财政依赖性和区域平衡性角度出发，认为当前村集体经济增收渠道狭窄，收入来源单一，对上级政策补助的依赖性较强，不少村依靠上级下拨的村级组织运转经

---

① 杨嬛、陈涛：《生产要素整合视角下资本下乡的路径转变——基于山东东平县土地股份合作社的实证研究》，《中州学刊》2015 年第 2 期。

② 沈波：《吴中村级集体经济发展之策》，《江苏农村经济》2013 年第 10 期。

③ 陈亚东、郭淑敏、刘现武：《西部地区集体经济发展路径研究——以宁夏回族自治区为例》，《中国农业资源与区划》2019 年第 2 期。

④ 孔祥智、高强：《改革开放以来我国农村集体经济的变迁与当前亟需解决的问题》，《理论探索》2017 年第 1 期。

⑤ 马超峰、薛美琴：《村集体经济再认识与集体经济再造——来自浙江省 126 个集体经济薄弱村的调查》，《经济与管理》2015 年第 1 期。

⑥ 杨春宝、赵焕菊：《中国农村村集体经济壮大路径探析》，《农业展望》2020 年第 6 期。

⑦ 薛继亮、李录堂、罗创国：《基于功能分类视角的中国村集体经济发展实证研究——来自陕西省三大区域 494 个自然村的经验》，《四川大学学报》（哲学社会科学版）2010 年第 5 期。

费等维持运转；村集体经济发展区域之间不平衡，收入差距大。[①]

民族地区农村集体经济的屡弱，原因在于农村集体经济的弱势地位，这成为民族地区农村欠发达的诱因。[②]有研究进一步指出，从总体角度来讲，中国农村集体经济发展，不仅经营效率较低、市场竞争力偏弱、发展总体不足，而且经营机制落后、管理运作不规范，缺乏长效发展机制。[③]

农村集体经济的发展还与县域经济发展状况密切相关。改革开放以来，我国村级集体经济的发展环境发生了很大的变化。由于各地农村经济的发展模式不同，村级集体经济面对的发展条件和发展机遇不同，各地农村集体经济的发展状况各不相同。这种村级集体经济发展不平衡的局面，与本地经济发展水平无关，而是与县域经济发展状况相关。由于农村集体经济的发展途径较少，导致可持续的"内源性收入"比重较低。农村集体经济不得不依赖于政府对三农的财政投入。财政补助成为我国村级集体经济组织收入的重要来源。[④]

通过对西部 3 个省 10 个县 34 个村集体经济发展的特征和 LD 村民的收入结构进行调查，形成了相关一手数据。本文研究的创新点之一是立足新时期情况，深入挖掘造成农村集体经济衰弱的原因。创新点之二是寻找农村集体经济振兴的切入点，在脱贫攻坚与乡村振兴衔接之际，讨论村集体经济发展的方向和路径。创新点之三是总结西部地区农村集体经济发展有效实现的机制，研究在农村集体经济面临发展困局时，如何优化公共治理，让基层政府、村组织、社会形成合力，助力农村集体经济更好地发展。

---

① 宋沂峰：《财政扶持村级集体经济发展的实践与思考》，《当代农村财经》2017 年第 10 期。

② 李珍刚、罗华林：《走出困局：民族地区农村集体经济回归与成长中的公共治理——以广西德保县东凌镇新屯村为例》，《贵州社会科学》2018 年第 1 期。

③ 孔祥智、高强：《改革开放以来我国农村集体经济的变迁与当前亟需解决的问题》，《理论探索》2017 年第 1 期。

④ 张忠根、吴海江：《集体经济发展水平与收入结构：197 个村样本》，《产业经济》2013 年第 3 期。

二、农村集体经济发展的成就与挑战

从发展愿景来看，通过村民入股村级集体经济，以产业扶贫的形式建立利益共享机制，能有效激发贫困群众的内生动力和产业发展积极性，也能培育出致富带头人，为实现脱贫目标奠定坚实的产业基础。发展农村集体经济，打造当地"不走的产业"，除了让贫困户每年能从中领到分红收益外，还可以将收益用于村庄基础设施建设、教育、扶持本村困难群体等村级公益事业。农村集体经济一旦选准产业发展起来，还能起到示范引领效应。从发展实践来看，近几年，我国西部地区农村集体经济发展成绩是显著的，同时也面临机遇与挑战并存的局面。尽管不同农村集体经济的产业不同，但是面临着共同的问题。

（一）农村集体经济内容及特征

通过调研走访西部地区 3 个省 10 个县的 34 个行政村，完成了对 320 户建档户、34 个村的村"两委"干部及驻村工作队的访谈，对各村集体经济内容和帮扶单位两方面进行整理汇总，如表 1 所示。

以 N 省为例，J、L 两县所在的地级市 794 个行政村实现村级集体经济收入全覆盖，累计收入 1.21 亿元，收入 5 万元以上的村达 740 个，带动 25.9 万人受益。87 个村级集体经济组织已实现股份分红，累计为 7.69 万名村民分红 601.1 万元。H 省无稳定经济收入的村由 359 个下降到 35 个，占比由 8.7% 下降到 0.8%；有 2355 个村年经营性收入超过 5 万元，占 H 省行政村总数的 56.8%，较 2019 年底提高 19.3 个百分点。Y 省财政厅持续加大财政资金扶持力度，农村集体经济实力不断壮大，"空壳村"大幅减少。试点村在未实施项目前集体经济收入共计 5005 万元，实施项目后试点村集体经济收入 2016—2017 年总计增加 5965 万元，Y 省累计受益农户 191 万余人。

表 1　西部地区 3 个省 10 个县 34 个村 2019 年集体经济简介

省	县	村	集体经济	帮扶单位
N 省	J 县	GD 村	草畜产业、养殖业	J 县检察院
		XX 村	绿化公司	J 县检察院
		DP 村	绿化公司，2019 年盈利 5.2 万元	J 县邮政分公司
		FG 村	绿化公司	J 县编办
		YS 村	2019 年建成保洁公司（扶贫车间），生产餐具，目前还未投入运营	N 省医科大学总医院
		QX 村	从张掖购进 75 头牛，因村里没有养殖场地，在牧场养殖	J 县民政局
		LD 村	煤炭经营、绿化工程、养殖场	N 省发改委
		QS 村	饲草料配送、精准造林工程、县政府给一些招标信息、扶贫车间租金	J 县组织部
		SX 村	承包场地给私人用于煤炭经营，年承包费 3.6 万元，收取森林公园场地租借费	N 省林业厅
		CLD 村	煤炭经营公司	N 省经学院
		WD 村	扶贫车间，成立了村集体商贸公司，有村集体营业房	J 县畜牧局
		ZLD 村	发展牛粪有机肥	J 县文化旅游局
		ZY 村	煤炭销售公司	N 省民族大学
		XH 村	苗木合作社、中蜂养殖场	县总工会
		TS 村	农机具租赁、养蜂	中电投 Q 市铝业有限公司
		PS 村	苗木公司、养牛	县宣传部
	L 县	YN 村	自来水公司、扶贫车间（无纺布编织）	乡政府
		MS 村	4 个村共同出资联合经营养牛场，该村入股资金 60 万元	L 县融媒体中心（电视台）
		TZ 村	该村出资壮大村集体经济资金 100 万元，加上东西部协作帮扶资金，与其他 3 个村联合经营养牛场	L 县信用社
		YZ 村	种植马铃薯，与 HH 村种植大户联合经营	L 县教体局
		XH 村	养牛、养鹿，将 150 万元投资给村中养牛大户	L 县党校

续表

省	县	村	集体经济	帮扶单位
H 省	DL 县	JLD 村	光伏产业、养兔产业、固定资产收益（商铺出租）	H 省景区管理局
		LGM 村	固定资产收益（商铺出租）	H 省人民检察院
		ZY 村	固定资产收益（商铺出租）	H 省人民检察院
	TD 县	SHA 村	养殖业	H 省市人社局
	YH 县	WQ 村	生猪养殖、固定资产收益	H 省纪委
	HM 县	HM 村	光伏产业	H 省统战部
Y 省	M 县	XS 村	橡胶树 719 棵盈利 1 万元，产业资金 65 万元（利息 5.26 万元）	P 市组织部、M 县组织部、M 县中波台
		AM 村	村中的小农贸市场和公租房 15 万元，橡胶管理费 5 万元，水桶租赁费 1.2 万元	M 县边境经济合作区管委会、FD 银行 M 县支行
		ND 村	牛场租赁 6.1 万元	M 县扶贫办、M 县电力公司、M 县农场管理局
		AH 村	牛场租赁 5 万元，村民互助资金利息 3.6 万元	M 县人大、M 县统计局
	X 县	YW 村	门面出租 0.5 万元，入股采石场 10 万每年分 1 万元，借农垦集团 50 万元利息 3.5 万元，县级肉牛产业分红 1.76 万元	Y 省林业职业技术学院、X 县组织部
	Z 县	KW 村	茶地转包 5.5 万元	Z 县公安局交警大队
	L 县	TY 村	入股宾馆和村集体退耕还林 5.44 万元	L 县人民法院

来源：根据调研整理

从表 1 中可以看出，农村集体经济主要有以下几种类型：产业发展型、生产服务型、资源开发型、政府购买服务型（绿化公司）、固定资产租赁型。

政府购买服务型村集体经济对财政和基层政府有一定依赖。产业发展型农村集体经济又可以分为独资和共同出资两种方式，后者是按照实际出资比例来分红的。

表1中，多数行政村的集体经济组织所拥有的各类资源资产数量有限。资源的有限性导致集体经营性收入来源渠道狭窄，这导致集体稳定收入来源缺失。少数农村有着多元化的集体经济收入来源，且发展方式也比较多元化（如入股分红、租金）；多数农村集体经济收入来源单一化，经营方式不够灵活。对于集体经济收益的分配，绝大多数农村都是直接分红，极少数农村用于公益事业，剩下的收益作为积累资金留存。

表1中，村级集体经济发展极不平衡，受地域条件制约和资源禀赋影响较大，大多数村级集体经济组织收入不高。农村集体经济发展水平与本地经济发展水平有关，还与县域经济发展状况相关。正如有学者指出的，新型农村集体经济发展取决于区位条件、资源禀赋及村干部的素质；由于缺少集体资产，中部某县农村集体经济发展总体水平较低。①

当前农村集体经济的收益基本全部用于给村民分红，表1中多数农村在收益分配上还未能在村庄公益金、福利费提取上有制度规定，即收益分配方式还不健全。农村集体经济收益也没有建立与经营效益挂钩、以股份份额为基础的分配机制。这让承包人或者领头人不愿意冒风险，害怕承担投资项目失败的责任。

表1中的农村集体经济在整合现有优势资源形成特色产业上还不够明显，农村集体经济生产经营规模较小，在吸引外部资本投资扩大经营上几乎没有进展。农村集体经济抵御市场风险能力弱，主要体现为村与村之间面临市场同质化产品的竞争，各村的集体经济在核心竞争力上偏弱，产业品牌影响力弱，甚至存在营销思路滞后等问题，难以抵御市场经济带来的风险。

从34个村的集体经济管理来看，村委会代行村级集体经济组织的职能，只有极少数农村成立了专门的理事会，但这基本是有名无实。调查中，各个乡镇的村集体经济组织悬空，34个村中大多数没有设立村级集体经济组织。

推动农村集体经济发展，既要有好的项目，还得有足够的资金和先进的技术，尤其是需要有效的管理机构。扶贫车间相对来说满足这些条件。J县和

---

① 贺卫华：《乡村振兴背景下新型农村集体经济发展路径研究——基于中部某县农村集体经济发展的调研》，《学习论坛》2020年第6期。

L 县近几年有了扶贫车间，对农村集体经济发展来说，具有积极的促进作用。财政支持能够显著提升农村集体经济组织的发展水平。[①] 当前西部地区 3 个省 10 个县的绝大多数农村集体经济对财政依赖性强，能为农村集体经济创收的资源和资产较少。

总体来说，34 个村中绝大多数农村集体经济发展还相当薄弱，主要体现为绝大多数村没有可持续发展的集体经济收入项目。西部地区受自身经济基础、自然环境、地理位置等条件的限制，农村集体经济发展模式十分单一。

（二）农村集体经济发展面临的挑战

在没有资源优势、地理位置优势、交通优势的农村，发展集体经济便多了不少困难，对于农村集体经济的壮大来说亦是如此。通过访谈，本文认为上述 10 个县农村集体经济发展壮大主要存在如下几方面的共同难题或困境。

1. 村干部的开拓性不足

从大的宏观环境来看，农村市场化进程的推进在一定程度上进一步加剧了农民与集体、农民相互之间关系松散化程度。[②] 具体到一个农村，集体经济的发展壮大与本村村民或者本土能人利益缺乏紧密关联。10 个县中大多数农村还没有建立和完善干部工作业绩和收益挂钩制度，极少数农村明确了业绩与收益挂钩，规定农村集体经济超过 5 万元的部分可拿出 30% 及以内的份额，作为村干部的激励补贴。其他县因农村集体规模小，或者想要保证每年 5 万元的收入较为困难，没有做出业绩与收益挂钩的规定，进而无法充分调动农村干部发展村级集体经济的积极性，从而导致贫困地区农村集体经济发展内生动能不足。

从小的微观环境来看，村"两委"干部忙于镇政府安排的事务性工作，这与主动开拓进取的工作之间存在矛盾。J 县大多数农村都是这种情况。村"两委"干部工作主动性、创新性和前瞻性不够，只能按部就班，循规蹈矩。

① 丘永萍：《财政支持农村集体经济组织发展实证研究》，《财政科学》2018 年第 8 期。

② 郭晓鸣、廖祖君、张耀文：《贫困山区农村集体经济发展如何破局？——来自四川省珙县的创新样本》，《"三农"决策要参》2019 年第 14 期。

反映在农村集体经济发展上，也缺乏相应思路。村干部的业务能力、领导水平、带领村民致富的能力有限，短于长远规划。加之部分村干部对村集体经济发展的推动有待加强，今后要着力解决部分村干部思想认识程度不高、发展意识不强对村集体经济发展产生的制约。

当前农村经济社会生产主要以分散、无结构性关联的农户经营为主，这是一种农户组织，而非企业组织的生产行为。提高农村发展的内生动力，必须依靠由农民组成的组织。一种有目标、有约束的组织，才可以将组织化的成果与农民分享。而对这样的组织的领导显然落在村"两委"干部的身上。从理论上看，一个村庄的成功，需要一种内生性发展力量的孵化和发挥，而不仅仅是依赖政府财政或政府的农业补贴。若一个村子有了优秀的村干部，就会为坚强的乡村基层党组织、合作社和集体经济的形成奠定基础。有研究指出，要加大力度培养农村集体经济组织的人才队伍，包括发展带头人、职业经理人以及财务、信息化、审计等管理人员。[1]

2. 特色产业定位难

农村集体经济的发展壮大，关键之一在于产业的选择。产业选择的关键在于找准适合村庄发展的特色产业。有学者认为，发展特色产业，是提高贫困地区自我造血能力、促进集体经济薄弱村发展提升的重要举措。[2] 为此，要结合当地的自然资源与人文资源，寻找具有发展潜力和效益的特色产业。

有研究聚焦于组织建立、产业选择、资金来源与发展模式四方面，为西部地区如何建立组织、怎样选择产业和撬动资金提供借鉴与参考。该文指出，能够应用于实践的发展路径模式，具有一定的针对性、应用性和可行性。农村集体经济在产业选择方面的依据主要有因地制宜、调研市场的需求和导向，以优质第一产业为基础，重点考虑能够延长产业链结构。[3] 许兴亚等学者在上述产业选择依据上秉持相同观点，他们进一步指出，集体经济要适时调整自

①　高鸣、芦千文：《中国农村集体经济：70 年发展历程与启示》，《中国农村经济》2019 年第 10 期。

②　余葵、王刚、崔琳、谭蓉、罗超：《贫困地区发展壮大集体经济启示——基于贵州省剑河县 4 个村的调查》，《农村经营管理》2019 年第 12 期。

③　陈亚东、郭淑敏、刘现武：《西部地区集体经济发展路径研究——以宁夏回族自治区为例》，《中国农业资源与区划》2019 年第 2 期。

己的产业结构，必须坚持社会主义的共同富裕的方向不动摇。[①]

学者叶敬忠提出"生产扶贫"，认为这是完成脱贫目标任务最重要的举措。[②] 生产扶贫的主要方式是发展以市场为导向的地方特色产业。除此之外，我国广大贫困村还存在社会性扶贫，即兜底扶贫。结合一个贫困村来讨论生产扶贫和社会性扶贫的关系，讨论二者在农村脱贫攻坚中发挥作用的大小，有助于更深入地认识我国脱贫攻坚战略的实施。

从表1中看出，上述各个村在产业选择方面，要么是根据所在县的发展传统选择产业，如养殖业；要么是在最近几年东西部协作扶贫中，根据当地的市场需求建立扶贫车间；要么是个别村子围绕传统产业进行产业链上下游的完善，如饲料配送，牛粪制作有机肥；要么是对当地的自然资源进行加工出售，如将山泉水变成饮用矿泉水；只有极少数村庄是承接县政府项目而增加村集体经济收入，这类村庄一般成立相应的公司，具有招标资格。总体来说，村集体经济在产业选择上是根据当地的自然资源禀赋确立产业。

结合表1来看，"因地制宜+政策导向"是第一个产业选择的原则。如基层政府结合当地的传统，鼓励发展旅游、特色种植和光伏这三种产业。不过与此相伴随的是，西部地区分散、高低不平整的土地无法发展集约化农业，土地的生产效率和效益就无法提高；再加上农村种地所得收益不高，村民更愿意前往城市打工，所以农村集体经济在种植业方面的成效不大。

"资源禀赋+产业区位"是特色产业选择的第二个原则。关于这一点，YH县扶贫选择的是农牧业、养殖业，这与 J、L 两县的情况一样。西部地区作为生态脆弱、环保要求高的地方，农村集体经济发展要考虑环保问题。从这一点来说，当前的环境政策并不利于村集体经济的发展。这主要是因为将使可选择的产业种类变少。例如，尽管基层政府鼓励发展旅游产业和手工业，但是多数村都不具备发展这两种产业的条件。

表2中出现的情形，反映了村集体经济的不稳定性，不同年份有不同的发展思路，同一年份没有多元收入渠道。这也体现了 LD 村干部视野不

---

① 许兴亚、贾轶、牛志勇：《我国社会主义新农村建设的榜样——河南省竹林镇、刘庄村、南街村集体经济考察报告》，《马克思主义研究》2008 年第 7 期。

② 叶敬忠、贺聪志：《基于小农户生产的扶贫实践与理论探索——以"巢状市场小农扶贫试验"为例》，《中国社会科学》2019 年第 2 期。

够开阔，没有坚持"两条腿走路"，而是局限在诸如养育肥牛上。对于是否可以尝试青储饲料贩卖和加工，以及种植其他经济作物，并没有给出探索后的答案。如 LD 村建档户从事养殖业有利可图，体现为政府每年给每头基础母牛 3000 元的饲草补贴。对于其他非建档户来说，利润空间会因为饲草成本而受到压缩。为此，村"两委"干部对村上非建档户适合发展的产业探索不足。

从 LD 村延伸到当前我国一些地区的农村产业发展中，规划意识不强，规划思路不清晰，一般都是边想边干，主导产业不突出，各种产业都进行尝试，有些尝试失败了，影响了农民的生产积极性。

表 2　LD 村近三年集体经济收入来源

年份	收入来源
2018	煤炭经营
2019	承包绿化工程
2020	养牛

来源：根据调研整理

3. 农村集体经济发展带动能力小

表 1 中 34 个村的集体经济分红人均在 50~100 元，户均在 300~1000 元。上述 10 个县各村集体经济达标的标准是 5 万元。总体来看，这 34 个村中绝大多数集体经济总量小，仍处于起步阶段，至于未来的突围和发展，不是轻易就能实现的。J 县作为生态县，县域经济的整体情况决定了农村集体经济的发展思路和发展模式，农村集体经济带动能力弱，辐射面小，"弱村集体经济+建档户"的发展现状，成了 10 个县绝大多数贫困村发展中最大的现实。在实践中，只有极少数贫困村选择了"入股+托养"的模式，这些村的建档户参与了集体经济的分红，建档户入股 1 万元每年分红 1000 元，不过这种发展模式并没有大范围流行起来。因此，建档户的收入来自农村集体经济的分红是很少的。

农村特色产业的发展，要与新型经营主体、贫困户对接，建立健全利益联结机制，使农村集体和贫困户稳定分享特色产业发展收益。

4. 农村集体经济发展的资源约束性强

有研究指出，农村内部"资源—资产"结构发生变化将是未来趋势。在资源环境约束不断增大、社会治理成本与风险不断增加的情况下，有效分担交易成本与合作压力是发展集体经济的重要任务。① 这一点对西部地区农村集体经济发展有重要启发，原因在于，农村集体经济发展面临各种不可控的风险。

以 J 县为例，作为生态限制开发区，发展农村集体经济所需要的土地资源一直十分紧缺，这成为壮大集体经济的难点。J 县的农村集体经济发展受劳动力和土地成本的影响较大。农村经济中的个体户的劳动力成本主要是隐性成本。然而，随着土地流转加速、新型农业经营主体增加，加之土地资源的稀缺，农村集体经营主体要雇工和租入土地，这构成了农村集体经济成本不断抬升与农业基础竞争力乏力并存的局面。② 这一点也是上述 10 个县中几个生态县共同面临的问题。

在《摆脱贫困》一书中，习近平总书记指出，摆脱贫困要走因地制宜、精准施策的道路。③ "一把钥匙只能开一把锁"，凡事必须具体问题具体分析。表 1 中不少农村集体经济还存在运营资金缺乏的问题，如建立养牛场等面临资金不够的问题，还需要资金购牛和饲料。为此，两个村以共同出资的方式联合经营的思路一度受到 J 县一些村干部的推崇和向往。这表明，贫困村集体经济发展需要突破集体经济单个村发展模式的局限，大胆探索多村联营的发展模式，实现对多村资源的有效整合，形成"弱弱抱团"或"强弱互补"的发展格局。此类发展模式在宜宾市已经开始尝试，宜宾市以跨村联合经营作为手段扩大发展空间，底洞镇 28 个村各出资 2 万元组建镇级集体经济股份合作社。④

我国农业发展已经进入现代农业时代，但是不少地方的农村依然推行个体化、分散化发展思路；没有围绕市场做文章，没有抱团取暖。今后选准产业后，新型农业经营主体要跳出传统农业思维模式，开展相互合作，

---

① 马超峰、薛美琴：《村集体经济再认识与集体经济再造——来自浙江省 126 个集体经济薄弱村的调查》，《经济与管理》2015 年第 1 期。

② 彭超、刘合光：《"十四五"时期的农业农村现代化：形势、问题与对策》，《改革》2020 年第 2 期。

③ 习近平：《摆脱贫困》，福建人民出版社 1992 年版。

④ 郭晓鸣、廖祖君、张耀文：《贫困山区农村集体经济发展如何破局？——来自四川省珙县的创新样本》，《"三农"决策要参》2019 年第 14 期。

成立产业合作联盟。从政府扶持现代农业的角度来看，传统的支农政策的实施结果是支农力量分散、各自为战，今后需要形成全社会共同支农的强大合力，从整体规划的角度决定各个村子的发展，将大量的支农资金统筹安排。

5. 农村集体经济发展的内生动力不足

2018 年 3 月 8 日上午，习近平总书记在参加全国两会山东代表团审议时指出："要推动乡村组织振兴，打造千千万万个坚强的农村基层党组织，培养千千万万名优秀的农村基层党组织书记，深化村民自治实践，发展农民合作经济组织，建立健全党委领导、政府负责、社会协同、公众参与、法治保障的现代乡村社会治理体制，确保乡村社会充满活力、安定有序。"

农村经济发展的内生性不足体现为，除了政策扶持的产业，其他农村产业发展还是一片空白。在走访调查的 34 个村中，通过访谈得知，对于乡村振兴，在自上而下的工作推动环境中，村一级主观能动性弱。本文认为，村干部应该以村情为基础，以进一步解放生产力为标准，破除原有思维的条条框框限制，大胆探索自己的乡村振兴之路。尤其需要思考的是，一旦上级政府的政策、资金、技术等要素的输入停止，之前乡村振兴的思路可能会面临较大调整。因此，在脱贫攻坚的大环境下振兴乡村，关键是要培育乡村的内生性发展力量，而这种内生发展力量的培育需要解决人的思想问题，更为根本的是解决"关键人物"的思想问题。

6. 农村集体经济发展对财政的依赖性强

在表 1 中，绝大多数农村集体经济发展的启动资金来自财政资金，或者说来自农牧厅的专项扶贫资金，或者来自县一级政府的财政拨款。总之，发展前期都是各项专项扶贫资金的叠加，构成了农村集体经济发展的最主要资金来源。表 1 中，绝大部分农村集体经济都是靠政府输血的模式发展起来的。

三、LD 村各项惠民项目实施情况及村民收入结构

前面讨论了农村集体经济的内容和特征，对 34 个村集体经济发展面临的共同问题进行了分析。为了更清楚地了解村民收入结构与农村集体经济的关系，本文以 J 县 LD 村为例，展现各项惠民项目实施情况及村民收入结构，可

以清晰地了解到，脱贫攻坚战略实施后 LD 村各项惠民项目的资金分配情况，以及建档户由此获得的收入，由此还可以了解到特惠性政策给建档户带来的收入变化。

（一）惠民项目分配

以 2019 年为例，J 县的精准扶贫政策中，惠民项目主要体现为扶贫资金精准造林、金融扶贫贷款、安格斯牛补贴。土地流转费不是特惠性政策，而是面向全体村民。

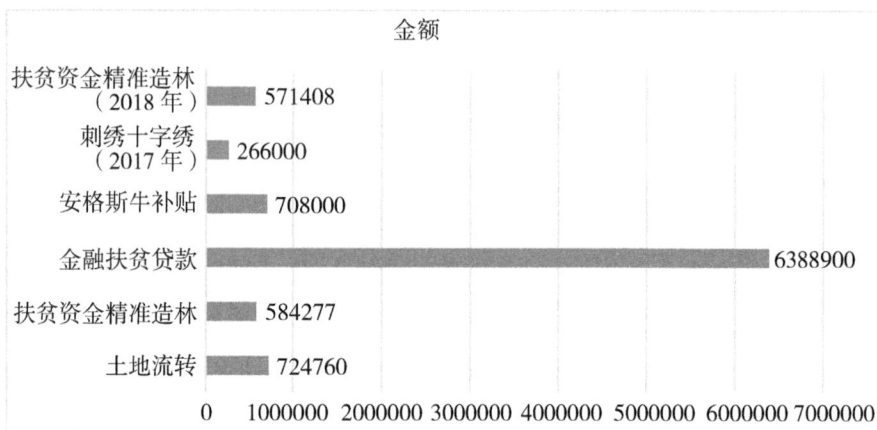

金额

项目	金额
扶贫资金精准造林（2018 年）	571408
刺绣十字绣（2017 年）	266000
安格斯牛补贴	708000
金融扶贫贷款	6388900
扶贫资金精准造林	584277
土地流转	724760

图 1　2019 年 LD 村各项惠民项目兑付总额（单位：元）

来源：根据 LD 村数据制作

从图 1 可以看出，除了金融扶贫贷款外，其他 3 项惠民项目的金额都在 80 万元以下。这些惠民项目由 LD 村的建档户所享受。不过还要考虑享受的户数情况，以及这些惠民项目是否由相同的农户来享受。

从图 2 可以看到，安格斯牛补贴、金融扶贫贷款、扶贫资金精准造林、土地流转 4 项中，最少的一项参与的建档户就有 98 户，其中有不少建档户在同一年同时享受了上述 4 项惠民项目。这并不违背政策，正因为如此，政府的扶贫力度之大，可见一斑。

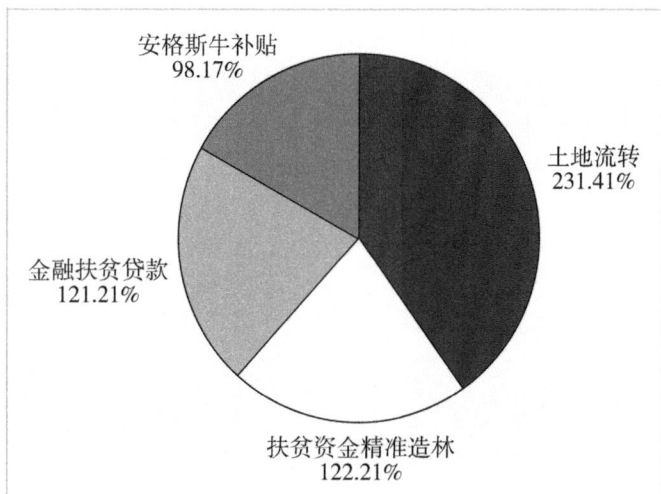

图 2　2019 年 LD 村各项惠民项目享受户数占比

来源：根据 LD 村数据制作

表 3　2019 年 LD 村各项惠民项目户均享受金额（单位：元）

项目名称	户数	单位	金额	兑付金额范围	户均金额
土地流转	231	1440	724760	400～11070	3138
扶贫资金精准造林	122	41975	584277	2103～11943	4789
金融扶贫贷款	121	无	6388900	30000～13000	52800
安格斯牛补贴	98	236	708000	1～6(头)	7224
刺绣十字绣(2017 年)	90	无	266000	3000～5000	2955
扶贫资金精准造林(2018 年)	31	29706	571408	7120～20000	18432

来源：根据 LD 村数据制作

在图 1 和图 2 的基础上，进一步分析各惠民项目上户均获得的金额，能帮助人们更深入地了解惠民项目在脱贫攻坚中发挥的作用。脱贫攻坚要做到"两不愁三保障"，在建档立卡户的人均收入上也有一定要求，这是分析户均享受金额的原因所在。根据表 3 所示，户均金融扶贫贷款金额在 5 万元以上，土地流转、扶贫资金精准造林和安格斯牛补贴的户均享受金额在 3000 元以上。其中，安格斯牛补贴户均享受金额在 7000 元以上。这些户均享受金额既能降低村民发展养殖产业的成本，还能就近解决就业，提高收入。

　　惠民项目的落实，是精准扶贫战略下县一级政府大力推进脱贫攻坚取得的阶段性成果。当前不少政府干部和学界人士担忧，一旦将原贫困县贫困村移出贫困县贫困村行列，可能对脱贫攻坚成果产生影响。鉴于当前我国贫困地区脱贫不脱政策、帮扶不减力度，短期内这一担忧的后果不会出现。

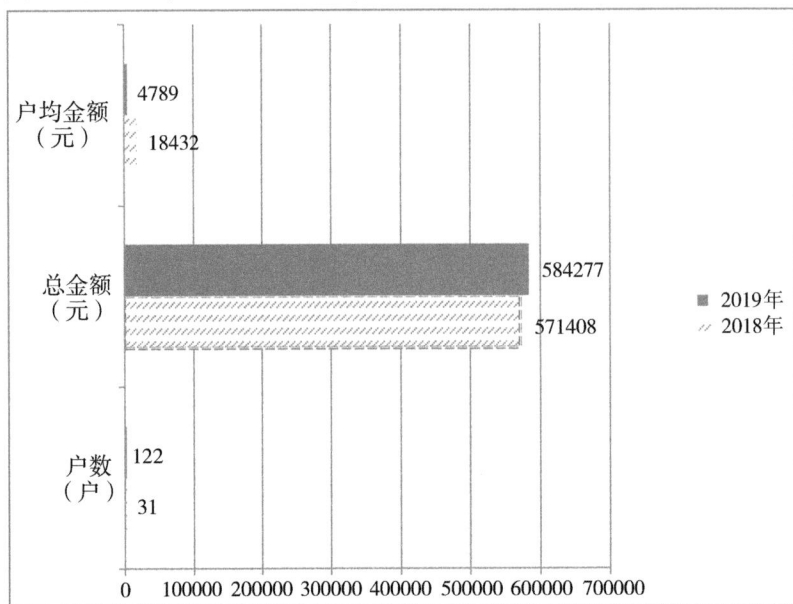

图 3　2018—2019 年 LD 村扶贫资金精准造林项目

来源：根据 LD 村数据制作

　　从图 3 中可以看出，从 2018 年至 2019 年，LD 村扶贫资金精准造林项目金额相差不多，但是在覆盖的建档户和户均金额上差别明显。因此，2019 年随着所覆盖建档户数的增多，户均金额较 2018 年小。这也是这一政策被更多建档户所熟知的结果。

（二）不同类型收入比较

　　在前述内容分析的基础上，进一步两两比较生产经营性收入、工资性收入、转移性收入，并以建档户人口为横坐标，将上述两两比较的结果以散点图的形式呈现出来。在本文中，生产经营性收入、工资性收入、资产性收入、转移性收入的单位为元，收入比较的散点图的横坐标是人口数量，单位为人口。图 4、图 6 和图 8 中一个圆点代表一个建档户一种类型的收入，其中，分析样本为 2019 年 LD 村 144 户建档户。

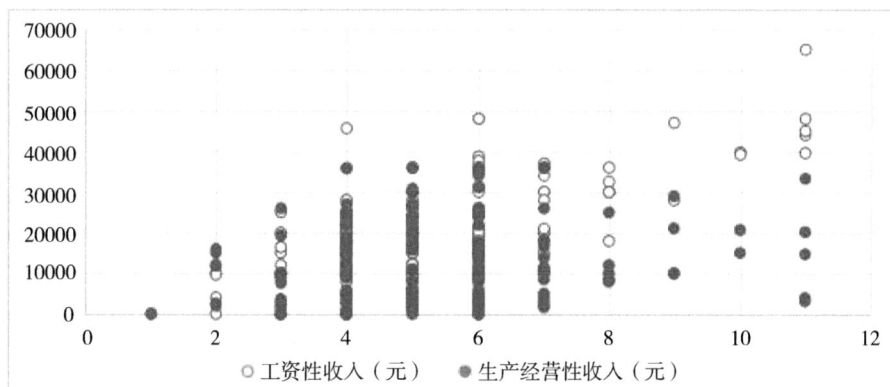

图 4　2019 年 LD 村建档户生产经营性收入与工资性收入比较（按人口分组）

来源：根据 LD 村数据制作

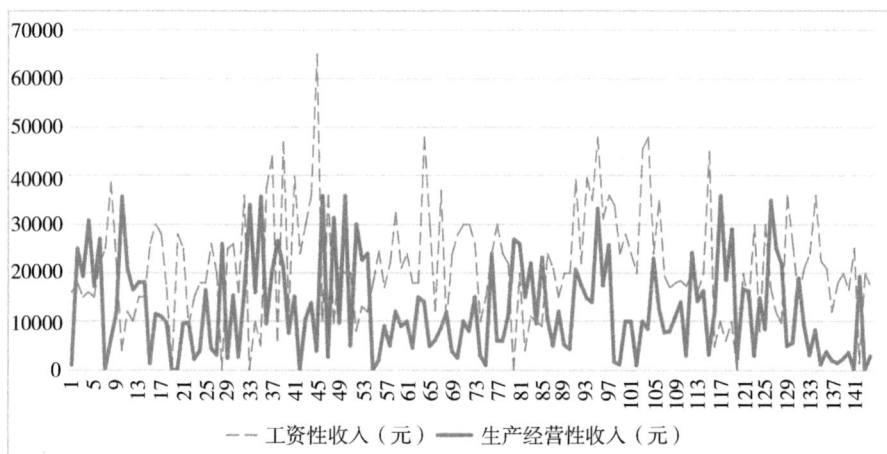

图 5　2019 年 LD 村建档户生产经营性收入与工资性收入趋势比较（单户）

来源：根据 LD 村数据制作

由图 4 和图 5 可以看出，从 8 口人到 10 口人，工资性收入要比生产经营性收入高，而生产经营性收入的总额有限，无法使人均收入水平达到 4000 元以上。可见，人口较多的家庭对务工的依赖性较强。而人口为 4~6 人的建档户，该区间外出务工的建档户人口数较多，工资性收入并没有与生产经营性收入存在明显的差距。本文谈到的生产经营性收入主要来自政府发起的惠民项目的生产经营活动所获得的扣除成本后的收入，如精准造林。在图 5 中，有近一半的建档户的工资性收入高于生产经营性收入，这些建档户中两种收入之间差额较大。

从 8 口人到 10 口人，工资性收入为建档户的绝大部分收入来源，生产经营性收入作为重要补充，而转移性收入所占比重较低。从 6 口人到 8 口人，建档户工资性收入依然占重要地位，不过生产经营性收入和工资性收入相差幅度不如 8~10 口人那么大。4~6 口人，少部分的生产经营性收入超过了工资性收入，而且这些家庭普遍都有转移性收入，有些家庭转移性收入和生产经营性收入相差不多。1~4 口人，工资性收入占家庭收入的比重较小，转移性收入和生产经营性收入占了重要地位。

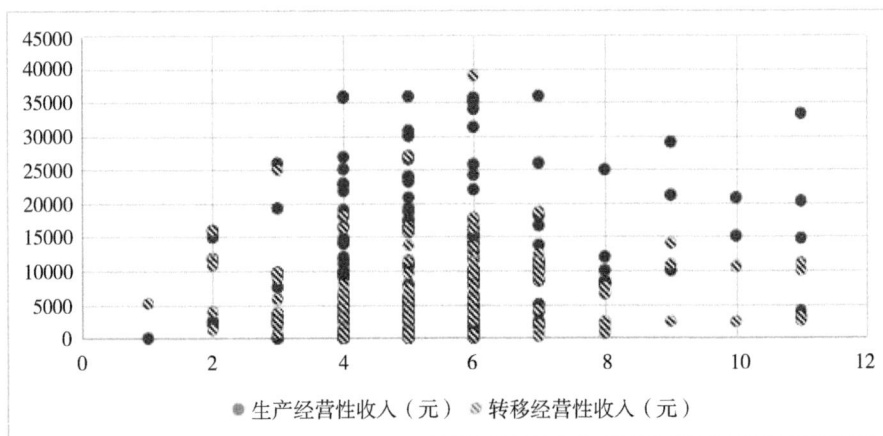

图 6　2019 年 LD 村建档户生产经营性收入与转移性收入比较（按人口分组）

来源：根据 LD 村数据制作

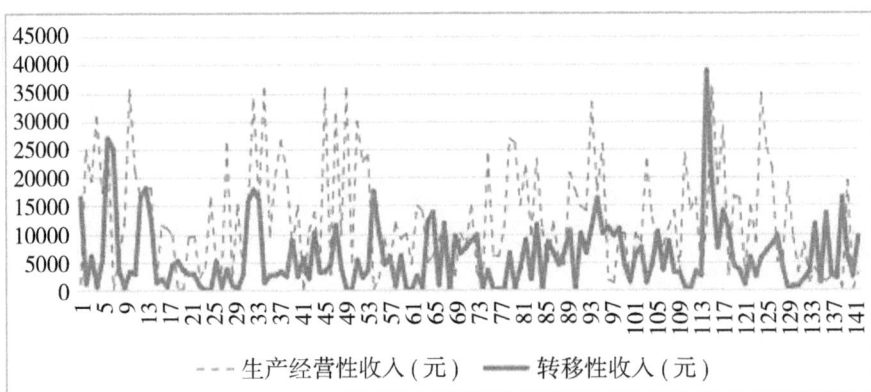

图 7　2019 年 LD 村建档户生产经营性收入与转移性收入比较（单户）

来源：根据 LD 村数据制作

　　从图6和图7中可以看出，除了极少数建档户外（这些建档户情况特殊，如家中有多名残疾人，或享受低保人数较多，或者家中无劳动力），建档户转移性收入低于生产经营性收入。

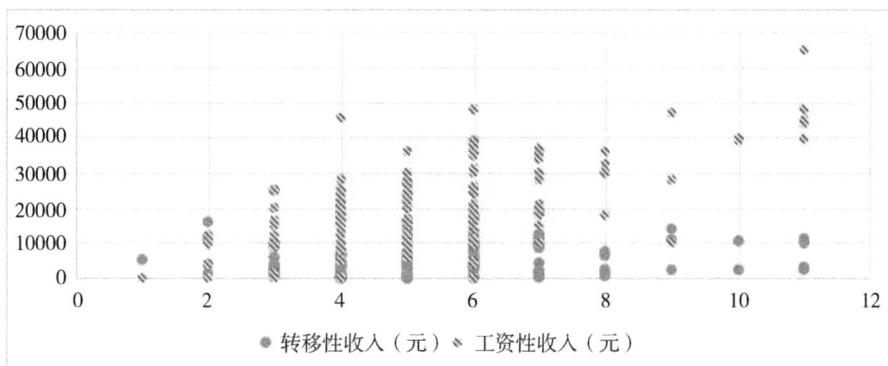

图8　2019年LD村建档户工资性收入与转移性收入比较（按人口分组）

来源：根据 LD 村数据制作

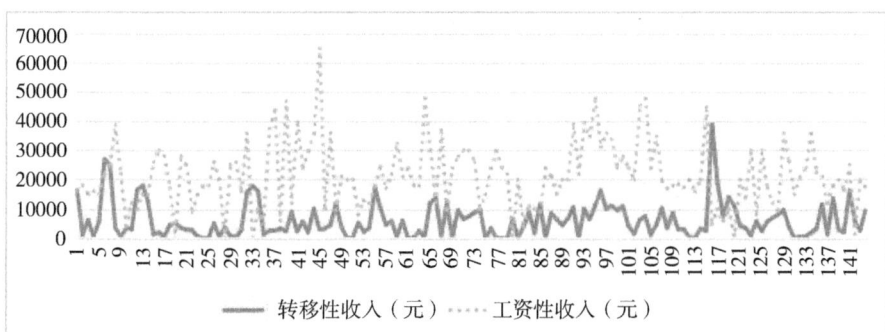

图9　2019年LD村建档户工资性收入与转移性收入比较（单户）

来源：根据 LD 村数据制作

　　在图8和图9中，绝大多数建档户家庭的工资性收入要远高于转移性收入。这说明，绝大多数建档户并没有将政府的转移性收入作为家庭主要收入来源。

　　由图10可知，2019年LD村144户建档户4种类型收入中，资产性收入占总收入的比重为0.85%，工资性收入占总收入的比重超过53.11%。其次是生产经营性收入，占比为31.20%，转移性收入占总收入的14.82%。由此可见，转移性收入是建档户家庭收入的必要补充，而生产经营性收入是建档户家庭收入的重要组成部分。LD村的资产性收入只有村集体分红，2019年人均收入 50 元，全村全年分红 5 万元。建档户的生产经营性收入由种植业收入和养殖业收入组成，这两个产业的发展都有政府的财政补贴（如发放玉米地膜、种子补贴，安格斯牛的饲草料补贴，基础母牛见犊补母补贴），这部分补贴由财政资金支付，可见政府财政补贴对建档户家庭收入产生了重要影响。

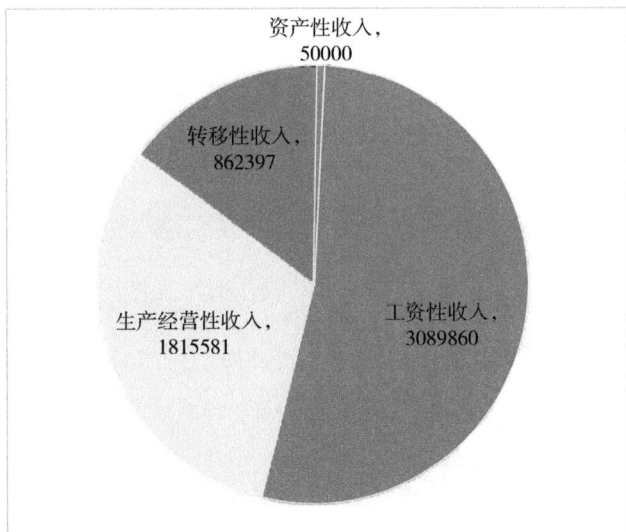

图 10　2019 年 LD 村 144 户建档户四种类型收入所占比重（单位：元）

来源：根据 LD 村数据制作

LD 村建档户在脱贫前后收入来源有一定的差异性，突出表现在生产经营性收入和转移性收入上。当前 LD 村收入来源种类呈现多样性的特征。如图 10 所示，脱贫后，生产经营性收入和转移性收入在总调查样本中占比均较大。这两种收入在一定程度上对农户收入增长起到促进作用，且农户享受多元化精准扶贫政策更有利于家庭收入增长。

（三）"弱村集体经济+建档户"发展现状与兼业化

在农村集体经济发展走向公共治理的历史进程中，不能忽略的一大现实是"弱村集体经济+建档户"发展现状与兼业化。上述 10 个县农村集体经济创收能力有所不足，且这些农村集体经济组织规模较小，无论是在集群效应，还是在发展势头上均呈现较弱态势。"弱村集体经济+建档户"是 J 县和 L 县等地方农村集体经济发展的最大特征。这种模式决定了建档户仅仅依靠农村集体经济发展的带动并不现实，直接决定了建档户收入来源的多元化结构。

因此，建档户兼业化既是发展所需，也是建档户今后相当长一段时期的常态化选择。这种农户兼业化现象尽管不是中国特有的，在其他一些发展中国家也存在这样的情况，但这种情况对中国的城乡关系、工农关系都产生了深刻影响。兼业化构成了中国农民收入的重要来源。务工收入作为农民收入的重要来源，决定了农民是否有进一步发展生产的资金。这种兼业化还决定了中国城镇化的渐进性。因此，乡村振兴必须立足于当地的情况，在小农生产和现代农业之间取得一个平衡，既要农民认可新的农业发展道路的合理性，还要农民从这种新的发展思路中有获得感。在今后的发展中，应提升农村外出务工群体的素质，使之从低端劳动力逐渐转变为较高素质的劳动力，进而提升农村劳动力的收入水平。

基层社会需要稳定，这种稳定不应该被狭义地理解为农民不上访，还在于小农经济和现代农业之间的一种选择或者搭配。盲目追求现代农业自然是行不通的，一来高额的农业投资成本无法负担，二来正常运营并带动周围的村民就业，更是一大挑战。进而，小农经济在社会稳定、单位面积产出率、单位劳动生产率方面保持了平衡，并在这三方面上的平衡已保持得比较久。乡村振兴就是要在这个平衡中走出新路，那么兼业化就成为提高农民收入的必然选择，更是在三方面保持平衡之外的一种突破。

（四）脱贫后农村经济发展可能的趋势

政府当前的扶贫政策是否会发生变化？这个问题是建档户想了解的。若贫困村脱贫后不再享受政策，可能出现如下几方面的结果。第一，产业可能出现变更，农民发展养殖产业的积极性会下降。以 J 县为例，户均土地资源稀缺对当地村民进一步扩大养殖规模影响较大（体现在建设牛棚和种植青储玉米上）。目前 J 县和 L 县制定养殖业补贴政策，对农民养殖基础母牛和育肥牛有很大的促进作用，饲草补贴能降低养殖成本。当前的扶持政策具有综合性，体现为从青储池、牛棚建设、动力电入户等多方面具有"扶上马送一程"的作用，能帮助农民更好地进入市场。第二，养殖业结构发生变化，关联产业也发生变化。草畜产业的种植积极性可能会下降，进而改为种植其他作物。第三，"社会兜底人群"与"产业扶贫"的配套，可能因不同人群特征而有所调整。不同类型的群体对产业扶贫政策的需求程度不同。社会兜底人群一般对产业扶贫政策的需求程度不高，若脱贫后不享政策，收入发生变化的可能性不大。这些人群主要包括五保户、单老双老户等，这些人群已经丧失了劳动力，需要政策兜底支持。第四，不享受政策后出现的情况，还要根据扶贫机制搭配的类型而定。第一种是"低保户+建档户"，若这种农户中没有人丧失劳动能力，对精准扶贫政策的需求度较高；若里面包含残疾人和老龄化人群，且都丧失了劳动力，则对扶贫政策需求度不高。第二种是纯建档户，尤其是那些较为年轻且有劳动力的建档户家庭，对图 1 至图 3 中提到的扶贫政策需求程度是很高的，它们是他们收入来源的重要组成部分。第三种是非档低保户，这些群体是没法享受扶贫政策的，只能通过国家兜底支持。2017 年全国贫困人口为 3046 万，而 2017 年 11 月民政部公布的农村低保户对象为4063.3 万人，即农村低保人数多于贫困户人数。2019 年，1796 万建档立卡贫困人口纳入农村低保或特困人员救助供养，全国保障城乡低保对象 4333.5 万人，城市、农村低保标准同比分别增长 7.4%、10.4%。截至 2019 年末，全国农村贫困人口从 2012 年末的 9899 万减少至 551 万。由此数据可见，我国贫困人口的减少，与部分贫困人口纳入低保户密不可分。这些纳入低保户的人口，即使脱贫后不享受扶贫政策，他们的生活水平和收入水平也不会受多大影响。上述数据还说明，扶贫与低保之间的重叠与错位，农村低保制度是扶贫制度的一个补充。[①] 第五，一旦不享受政策，村民收入来源可能发生变化，可能存在务农、务农+务工、纯务工三种形式，届时可能更多依靠务工来增加收入。第六，基层政府的深入介入、引导，频繁与建档户互动交流，让建档户学会了利用政策为自身解决困难，学会了向政府提出诉求，这也形成了一些人"等靠要"的思想。一旦不享受政策，可能造成他们从思想上难以理解、行为模式上难以改变，甚至导致出现对基层政府的不满和不信任。

四、公共治理：西部地区农村集体经济发展的合力

"脱贫攻坚与乡村振兴战略衔接研究"成为 2019 年学术研究的热点。这表明学术界和基层政府工作者对该领域的重视及困惑。多数贫困村产业基础薄弱，缺乏能人带动，尤其是当前不少农村的农产品价格较低，农民增收困难，无法发展壮大农村集体经济，因此，要走出一条新的道路。当前我国正在健全城乡基层治理体系，这与脱贫攻坚、乡村振兴交织在一起。

从历史的发展经验来看，西部地区农村集体经济的发展不仅需要农村内

---

① 贺雪峰：《大国之基：中国乡村振兴诸问题》，东方出版社 2019 年版。

在的凝聚力量，也需要政府及社会外在的支持力量，更需要制度资源的支撑。农村集体经济发展中形成的内外合力，包括政府投入的财政资金，还包括驻村工作队争取的项目资金以及社会力量参与的帮扶，这三种推动因素可以视作公共治理的要素。将村集体经济的发展视作公共治理，要求该项公共事务治理模式具备治理主体多元化、治理依据及方式多样化等特征。西部地区农村集体经济的发展，需要公共力量，而这种公共力量在实践中表现为政府的引导和干预。

西部地区的农村集体经济是在相应的规章制度的影响下发展起来的，这构成了农村集体经济发展的大的制度环境。在 34 个村的走访调研中观察到，上述各县的农村集体经济的管理主要为"村上自主管理+上级政府引导式管理"。前者体现了基层活力和基层发展需求，后者体现了上级政府财政资源匹配的机制。

（一）农村集体经济发展的制度空间

自 2019 年起至 2022 年，利用中央、N 省财政资金发展壮大农村集体经济，示范带动 N 省各地进一步加大政策支持、资金支持和统筹推进力度，每年中央和 N 省财政对约 370 个行政村进行扶持发展壮大村集体经济，每村扶持 100 万元，地方可根据财力配套或扩充行政村数。具体到 J 县、L 县各个乡镇，不是每个行政村都能获得这 100 万元扶持资金，对于未获得此款项的其他行政村来说，发展村集体经济面临着资金、资源短缺的问题。

LD 村是 J 镇下辖行政村之一。为了鼓励、支持和发展农村集体经济，J 镇出台了《J 镇村集体企业运营管理（暂行）办法》（以下简称《暂行办法》）。除此之外，LD 村集体经济的发展还要根据《N 省扶持壮大村级集体经济项目管理办法》（以下简称《项目管理办法》）来运行。《项目管理办法》强调，要开展监督考核，管好用好项目资金。

《项目管理办法》规定，在扶持项目的检查验收上，项目实施结束后，由乡镇党委、政府组织初验，县级组织、财政、农业农村部门进行验收。在项目的具体申报、实施上，县、乡两级政府发挥的作用举足轻重。尽管《暂行办法》规定，村依法享有独立进行经济活动的自主权，其合法权益受法律保护。不过在具体的农村集体经济运行中，独立主权也是动态变化的，其经营的风险也可能存在，主要体现在对经营成本的控制上，如基层政府对于村集体采购牛的规定或者下指标，会造成牛价格偏高。除此之外，表 1 中的部分村在养殖成本的控制上不尽理想，其原因如下：第一，部分村民家中土地少（户均 3~12 亩），青储玉米产量不足，村民还需要另外购置麦草等作为补充，产业发展—资源约束的矛盾较大；第二，以往农村养牛都会将山上的草作为蓄草，当前因政府给建档户补贴麦草，多数非建档户只能自己出钱购买麦草，无形中增加了养殖成本，从而也增加了经营风险。在控制成本上，村集体养牛和村民养牛面临的困难基本相似，都受制于土地资源稀缺导致的饲料储备不足。

农村集体经济发展需要在制度规定上提供空间，在本文看来，这种空间能为农村集体经济发展提供自主权，减少基层政府对农村集体经济发展不必要的、过多的干预，尊重农村的客观实际情况，实事求是，为村集体经济盈利创造好的环境。

（二）基层政府：匹配农村集体经济财政资源的主导力量

农村集体经济的发展置身于国家对促进农村集体经济发展的扶持政策的大环境中，这个大的政策环境又经历了中央、省、市、县、乡镇这五级政府之间信息的传递与交流，尤其是县一级政府，对村集体经济的发展产生了重要影响。

农村集体经济的发展，与基层政府领导的指导或过问又密不可分，个别领导调研基层工作时的具体指导过于详细，往往缺乏深入思考，反而给基层干部带来更多的困惑和繁忙的摊派任务，甚至做出违背经济规律的事情。作为主管和分管领导不应指导得过于具体，也不应该在自己不擅长的领域进行指导，让那些已经建立的有效的政策又失效，到底是听领导的还是按照经济规律行事？

学界将"压力型"体制概念定义为"一级政治组织（县、乡）为了实现经济赶超，完成上级下达的各项指标而采取的数量化任务分解的管理方式和物质化的评价体系"。J县政府组织HH乡等乡镇的村干部去G省引进育肥牛，但是育肥牛价格偏高，遭到了部分村干部的抵制。具体到各个乡镇各个村，每个村都有指标，每天都会进行通报购牛进度。压力型体制论认为，该体制下，基层政府的经济工作效率高，而工作效率与工作效益构成了一对矛盾。杨雪冬认为，有必要区分压力型体制在经济领域和社会管理领域中都具有有效性的原因。在经济领域，资本追求的目标是利润的最大化，需要政府给它提供更有利的经营条件和更有效率的服务。① 农村集体经济实现效益最大化，才是追求的根本目标。而压力型体制下上一级政府的指标任务对农村集体经济产生了不利影响。

基层政府对于农村有些事情的过度参与，也导致村民的积极性不高，以及所制定的政策遭遇的水土不服。自上而下的财政资源下沉与自下而上的资源需求如果不协调、不匹配，那么基层发展的活力就会受到压抑。为此，基层政府匹配财政资源的有效性需要和基层需求结合起来，才能发挥这些财政资源的最大价值。从目前来看，农村集体经济还属于艰难爬坡阶段，并不处于发展壮大阶段。如果从实事求是的角度出发，该判断将直接决定今后的农村集体经济发展政策的制定。

学者按照政府强制力的介入程度将政策工具分为传统型工具、市场化工具、信息型工具、自愿型工具。② 其中，传统型工具（财政拨款、政府直接管理）的优点是行政效率高，缺点是缺乏灵活性、经济效率低；市场化工具（政府补贴）的优点是治理主体多元化、灵活性强，缺点是执行成本高、管理难度大，问责较难实施。③ 在各地的具体实践中，政策工具在政策实践过程中往往不是以单一主体出现，通常以集群、组合的方式形成政策使用的"组合拳"。④ 基层政府在管理农村集体经济时，综合运用了传统型工具和市场化工具。在分析基层政府综合运用这两种政策工具时，要结合具体情况讨论其执行效果。

基层政府在发展当地农村集体经济中，在扶持与过度干预之间会出现摇摆，本文将此总结为"政府扶持—过度干预"悖论，这对基层政府今后如何更好地管理经济提出了挑战。在具体的经济管理活动中，为避免陷入这一悖论，避免自身不当作为对经济发展环境乃至企业主体产生的不利影响，则需要基层政府结合当地具体情况及发展阶段，制定更加科学的政策，及时听取市场主体的反馈，优化公共政策。

---

① 杨雪冬：《压力型体制：一个概念的简明史》，《社会科学》2012 年第 11 期。

② 王辉：《政策工具视角下多元福利有效运转的逻辑——以川北 S 村互助式养老为个案》，《公共管理学报》2015 年第 4 期。

③ 刘佳佳、曾盛聪：《政策工具创新与县域经济发展："晋江经验"的跟进与解读》，《中共福建省委党校（福建行政学院）学报》2020 年第 4 期。

④ 刘佳佳、曾盛聪：《政策工具创新与县域经济发展："晋江经验"的跟进与解读》，《中共福建省委党校（福建行政学院）学报》2020 年第 4 期。

从政府规制的角度出发，以行政化手段代替市场手段，去除一些容易造成环境污染的产能，关闭一些违法生产的企业，会产生一定的积极效应。不过，若基层政府规制体现为以村民为上选择产业，则可能出现一拥而上的现象，即不顾客观条件是否具备，生产经营经验是否充分，销售渠道是否畅通，户户发展同一产业，结局只能事与愿违。由此可见，基层政府在发展农村集体经济时，决策应当从"过度干预"转向"适度干预"再到"适当引导"，结合当地发展环境，确定引导的程度，确立引导的方式和政策工具，充分发挥市场机制的作用，依靠市场机制，如此才有可能不陷入"政府扶持—过度干预"悖论的怪圈。

（三）村组织：农村集体经济发展活力释放的主体力量

如表 1 所示，村集体经济对基层政府财政的依赖性比较强，农村集体经济发展途径不多，这让基层政府对三农投入力度加大更显必要性，对乡村集体经济的产业配套更有现实迫切性，进而财政补助成为村集体经济资金的重要来源。

当前西部地区乡村经济活力释放更多依赖基层政府的主导，基层政府对农村集体经济方方面面的规定限制了农村集体经济活力的创造，包括政府扶持什么，鼓励什么，不鼓励什么，都有明确的规定。长此以往导致的乡村社会问题就是社会产生变革的动力不强，农村集体经济的活力不足，发展的主动性有待提高。

我国脱贫攻坚经历了"兜底、区域性贫困、全面开发"三个阶段。这三个阶段中，农村对于资源的需求或者匹配诉求是不同的。以 LD 村为例，在兜底阶段，更多关注极少数家庭；而到区域性贫困阶段，关注的是农村的基础设施；到全面开发即乡村振兴阶段，关注的是政策到户情况，关注产业到户情况。调动农村社会的内在活力，如通过养牛补贴让更多的老百姓去养牛，发放玉米种子发展养牛产业的关联产业青储玉米，都是财政资源下沉农村后的一种引导。自上而下的资源与农民自下而上的需求偏好在村庄要实现有效衔接。

有了农村集体经济发展的组织，还不等于农村集体经济发展活力就能得到释放，要想促进农村集体经济发展，除了选好产业外，还需要优秀的经营承包人选。村级干部的意愿、能力、班子团结度对农村集体经济的影响很大。村一级的干部一般是支部书记、主任、会计和监委会主任。一般负责村级事务的是书记和主任，所以农村集体经济发展能否起步、发展好坏与书记、主任的意愿强弱、能力高低等有很大的关系。体现在两方面：第一，他们有没有积极的意愿推动发展农村集体经济；第二，他们在村里是否有能力，有眼光，在村里是否有足够的凝聚力、话语权，村民是否愿意跟随他们发展集体经济。

农村的组织化水平决定着农村的发展。一个有坚强领导力的村组织是基层政府和村民之间的纽带，是农村集体经济发展的推动者。若村组织将每个村的经济能人整合到村庄发展的大局中，则产生的示范效应是明显的。以此让村党组织发挥引领带动作用，发展农村集体经济。当前的困局在于，村组织在发展农村集体经济中的带头作用不强，筛选适合本村发展的特色产业的能力欠缺，协调农村经济能人和贫困户关系的主动性不足，这让村组织的纽带作用较小。

（四）社会：西部地区农村集体经济发展的参与力量

公共治理强调治理主体多元化，除了基层政府等公共部门外，非营利组织、企业等社会组织也是公共治理的主体之一。在民族地区，发展农村集体经济资源有限，受到的约束较多，更离不开社会层面的大力支持和参与。

为此，鼓励社会力量参与乡村发展，对增强村集体经济可持续发展后劲有益。从当前的发展来看，各地党政机关、企事业单位、高等院校都参与扶贫事业，派驻驻村工作队帮扶村子。有些驻村工作队通过带资金、带技术、带项目参与贫困村集体经济发展。仅从当地"两委"班子上调整村干部还不够，农村急需驻村干部年轻化、专业化。让驻村干部的外部资源和本地干部的发展意愿结合起来，加大对定点帮扶村发展村级集体经济的帮扶力度，是当前农村集体经济发展的迫切需要。

调研中发现，尽管有帮扶责任人和帮扶单位，一些帮扶单位会给帮扶村建档户捐献物资，但这些帮扶单位发挥的作用主要集中在各自的专业领域，一旦帮扶单位的擅长领域和农村集体经济的产业诉求匹配程度较低，那么，农村集体经济长远发展的可能性就较小。

以 LD 村为例，贫困小农户连接大市场的方式比较被动，只能通过中间商进行联结，贫困小农户处于产业链底端，农产品只能以低廉价格出售。这种匹配诉求常常与贫困小农户生产性资源的分散性、多样性相矛盾，只有某一产业颇具规模，基层政府才能制定覆盖范围更广的政策，释放基层社会活力。

五、展望：衔接之际的农村经济发展

农村集体经济的发展，带有自身的历史使命，即带动更多的贫困户从中受益。建档户作为小农的一部分，在脱贫攻坚向乡村振兴迈进之际，既有自身的一些特殊性，又存在与其他非档户的相同之处。小农户在不同程度上处于人格依附和市场依附的状态，这决定了建档户和非档户在衔接之际有共同的增收致富诉求。

从西部3个省10个县的扶贫实践来看，政府扶贫和市场扶贫各具优势，社会力量的帮扶亦不可或缺。若能培育多元化扶贫主体，构筑多元化扶贫平台等，将对反贫困事业产生重要推动力。而优化公共治理，将为农村集体经济发展带来更好的成效，为贫困村乃至贫困户做出更大贡献。

（一）乡村振兴的困境及破解

乡村要振兴，产业发展是关键。发展壮大农村集体经济是新时代实施乡村振兴战略、打赢脱贫攻坚战的重要支撑和保障，也是引领农民实现共同富裕的重要途径。当前我国乡村振兴存在几大困境。第一，村民发展生产困境，普通的村民没有足够的资金或者知识更好地发展生产。第二，干部不积极作为的困境，村"两委"干部谋事成事的积极性和能力不高，村日常的事务性工作较多，使得村干部忙于应对，而缺乏主动谋划的意识。尤其是对于欠发达地区及生态限制，缺乏好的主导产业进一步促进农民增收。第三，驻村和包村干部缺乏资源的困境，驻村和包村干部的社会资源或社会关系层次不齐，不一定能为当地带来实质性的资源，反而在宣传政府惠民政策、鼓励村民、增强感情和对政府信任方面具有一定的优势。第四，西部欠发达地区难以吸引社会资本进入当地，地方政府只能充当投资的主体，这种以政府行为为主的投资，是以当地的财政收入作为支撑的，不具有持续性，且政府负担和压力较大。政府更多是考虑扶贫资金的安全性和公平性，对扶贫资金的投入与产出考虑较少。扶贫尽管带有一定的社会公益性，但还是要有严格的项目论证，更要有正确的地方官政绩观，在农村集体经济发展中，既不能拔苗助长，也不能竭泽而渔。正如温铁军所说，乡村振兴是国家应对经济危机的一种形式，是一种中国式凯恩斯主义财政刺激方式。

乡村振兴的关键在于如何振兴，走什么样的产业发展道路。没有产业支撑的振兴难以改变乡村的面貌，而产业支撑将是乡村经济发展和村民收入增长的重要保障。不同的乡村情况不同，带头人的数量也不尽相同，这个群体如何在挖掘当地优势、结合政策支持、争取社会资源支持、取得村民支持上有所进展，直接决定了乡村振兴的效果如何。

从乡村振兴主体来看，要在保护农民主体性地位的基础上，让农民享有产业链环节中的绝大部分附加收益。乡村振兴的关键在于振兴小农，而非振兴资本或振兴大的经营主体。从经营思路上来讲，要清醒地认识到当前小农生产存在的合理性、必要性和长期性。乡村振兴战略要力求实现小农户与现代农业发展的有机衔接，即造福小农户，而不是边缘化小农户。在肯定小农户和小农生产方式继续存在的基础上，允许存在现代农业，并让二者有机衔接。而小农户在不同程度上处于人格依附和市场依附的状态，这又为政府干预提出了要求，由此，基层政府对农村集体经济的干预，成为发展之需、理论破解之急。

（二）特惠性政策向普惠性政策转变

在脱贫攻坚与乡村振兴衔接的历史节点，除了要关心建档户的发展之外，还要在乡村振兴阶段着眼于全村发展，要从之前的因户施策、因地制宜出发找准产业扶贫着力点，转向全村村民的全面发展，对非档户中的致富带头人给予更多的产业扶持或鼓励政策。即要在当前的历史节点着眼于制定普惠性政策与特惠性政策相配套、扶贫开发与社会保障相衔接的机制。

脱贫攻坚后要实现乡村振兴，需要产业兴旺与分类分层救助相结合的制度安排。唯有如此，才能巩固脱贫攻坚成果。产业兴旺是实现大部分村民脱贫增收的保障，而分类分层救助体系是对兜底群体的保障，也是应对农村经济发展中的意外情况的办法，对于脱贫攻坚后巩固脱贫成果来说，是实现保障性和应急性的结合。

以提升劳动力素质为目标的乡村技能培训，是由特惠性政策向普惠性政策转变的重要抓手。当前农村居民外出务工常面临务工时间短、务工地点多变、寻找务工机会时间长等困难。在今后的培训中，应该尝试让帮扶单位联系外部单位，进行"订单式人才培养"，为这些外部单位培养技能人才，让村民能有稳定性、长期性的务工单位。乡村振兴要强化产业和人才支撑，"订单式人才培养"既可以为大批农村青壮年劳动力提供去处，还能为今后的"能人返乡"解决农业产业边缘化问题奠定基础。

（三）建立农村集体经济发展的容错机制及科学管理制度

从财政资金的使用来看，要鼓励贫困薄弱村从实际出发，选择有一定发展基础和长远发展预期的产业项目，所以如何找准特色产业，就成为当下各村亟待思考的问题。在农村集体经济发展的过程中，作为公共治理的主要力量，基层政府要建立农村集体经济发展的科学管理制度，避免乡镇一级对农村集体经济发展的过度干预，给农村集体经济发展一定的自主权，通过采取"一村一策"等举措，因村制宜，推进农村集体经济发展提档升级。要建立健全容错机制，允许资金项目短期出现亏损，给予农村集体经济足够的成长空间和时间。为了防止在农村集体经济起步阶段对它的拔苗助长行为，要鼓励实行农村集体经济承包人上缴利润的动态比例制度。即在原定利润的基础上，根据实际利润额确定一个浮动的多缴比例。以此给承包人更多的灵活自主权，从而让更多的建档户从农村集体经济发展中受益。

坚持农村集体经济发展时间服从发展质量，不脱离实际赶进度，不变相兜底保一时，农村集体经济分红不寅吃卯粮，不搞拔苗助长。西部地区农村集体经济要结合实际确定本地区集体经济增收标准和分红标准。

（四）推进消除集体经济薄弱村三年行动

针对一些农村地理位置比较偏远、空心化严重，创收渠道少、发展资金缺乏，农村集体经济整体薄弱等实际情况，基层政府应该持续发力，找准壮大农村集体经济的突破口，如通过抱团发展，打造增收新引擎，激发农村集体经济发展壮大新活力。

对于年经营性收入5万元以下的村子，开展集体经济收入动态监测，加强项目帮扶，防止"返薄"。对此，各县可以成立由区县委书记担任小组组长的发展壮大村级集体经济专项工作组，研究制订具体工作方案，乡镇按照"一村一策"要求，制订"三年行动计划"。建立县发展壮大村级集体经济联席会议制度，定期研究、聚力破解重难点问题，构建形成党委统一领导、部门协调推进、乡镇和村具体落实的工作格局。

在建设示范村的同时，专项工作组应聚焦空壳村、薄弱村，跟踪问效、持续用力，促进各县村级集体经济发展水平整体提升。

（五）加强对农村集体经济经营负责人的培训指导

农村集体经济的健康有序发展，离不开村"两委"干部、村集体经济经营负责人等关键群体。值得注意的是，农村集体经济经营负责人对市场信息及销售信息等捕捉的滞后性，以及可能出现的对市场信息解读的偏差，将严重影响农村集体经济拓宽发展空间。今后要加大对这些关键少数的教育、培训、引导、监管力度，不断提升他们遵守执行制度的能力和水平，防止腐败行为发生。对农村集体经济发展中出现的技术问题和管理问题给予及时指导，使他们真正成为推动农村集体经济发展、维护集体成员利益的合格带头人。

（六）完善农村集体经济收益分配方式，坚持效益优先

农村在处理集体经济收益分配事宜时缺乏法律法规依据，在一定程度上造成农村集体经济组织的具体收益分配行为权威性不足，存在某些不规范分配现象。这影响了农村集体经济发展后劲。因此，建立合法、公平、竞争、激励局面，对于发展农村集体经济来说意义重大。

处于发展起步阶段的西部地区农村集体经济，可持续性盈利能力不强，可持续发展面临挑战。因此，对于分配收益不足 5 万元或户均可分配收益不足 200 元的，可以尝试经集体经济组织成员同意，不向成员进行收益分配，主要用于集体公共积累和发展集体经济。

为了更好地激励农村集体经济发展，除了现有的提取公积公益金、提取福利费、向投资者分配、向成员分配等方式外，在其他分配方面应该有制度上的规定，比如，奖励对村级集体经济有突出贡献的人员。对贡献人员的奖励，要严格控制、合理分配，原则上不超过当年度农村集体经营收益增量的 10%。

（七）强化农村集体经济发展综合性政策支持

当前各村集体经济发展获得了一定的政策支持，但是依然面临着资源性约束。因此，今后应该在继续加大和优化财政政策支持的同时，更有针对性地为村集体经济发展薄弱的农村提供土地、产业、金融、税费等方面的支持政策。

要营造有利于我国农村集体经济发展的政策环境。在此基础上，制定符合农村集体经济发展要求的优惠特惠政策，进一步完善财政引导、多元投入

共同扶持农村集体经济发展的机制。在经营性领域，尤其是农村集体经济发展起步阶段，面临各种困难，要突围出去，需要给予农村集体经济组织完全的市场主体地位，并在税费上给予优惠，减免农村集体经济组织成立和运营过程中涉及的相关费用，一定时期内减免集体经济组织成员获得的集体收益个人所得税，探索形成具有新型农村集体经济组织特殊性的制度化税费政策体系。

（八）设置支持农村集体经济发展的专项基金

当前农村集体经济的发展更多的以财政资金作为启动资金，容易在进一步的发展中面临流动资金缺乏的问题。为了更好地帮助和激励农村集体经济发展，今后县一级可以尝试整合现有各部门资金，设置支持农村集体经济发展的专项基金，以此作为资金实力薄弱农村集体经济发展的启动资金或贷款贴息、融资担保资金。

（九）鼓励多种农村集体经济经营模式

应充分发挥资源和区位优势，尝试多种形式发展壮大农村集体经济，如"资产经营型"模式、"土地经营型"模式、"入股分红型"模式、"产业带动型"模式、"服务创收型"模式。以区位条件来看，鼓励条件具备的农村实现村村合作，从一镇一县全局给农村集体经济创造条件，实现强弱互补。

农村集体经济增收方法不多，渠道单一，可持续性不强。带动村集体经济发展的龙头企业数量少，成效不明显。今后若条件具备，可以尝试"一企帮一村"帮扶工作，组织规模以上企业帮扶集体经济薄弱村，努力做到村村有主导产业、户户有增收项目、人人有脱贫门路。项目帮扶突出针对性，要立足帮扶村的实际，走特色化帮扶之路。

访谈问卷

一、面向农户

1. 2019年户均分红是多少？

2. 是否在村集体经济上入股？

二、面向村干部和驻村工作队

1. 村集体经济的主要产业是什么？

2. 2019 年村集体经济收入是多少？

3. 本村的帮扶单位是哪里？帮扶单位对本村的主要帮助是什么？

4. 本村集体经济的产业选择依据是什么？

5. 村集体经济对财政的依赖性强吗？

6. 村集体经济的可持续性如何？

7. 政策环境上哪些方面不利于村集体经济发展？

8. 村一级干部人事安排对村集体经济的影响有哪些？

9. 村集体经济收益是怎么分配的？村集体经济是否先积累再分配还是盈余直接分配？

10. 群众出资入股村集体经济的人数多吗？

11. 村集体经济采用了哪种发展模式？

12. 村集体经济的发展最需要上级政府提供的支持是哪些？

13. 县乡干部对村集体经济发展的指导或干预有什么负面作用吗？

14. 村集体经济发展最大的困难是什么？如缺乏人才还是缺乏资金？

15. 村委会是否代行村级集体经济组织的职能？

后记：

温铁军在《八次危机：中国的真实经验》一书中认为，政策研究基于与基层民众一起工作得来的经验。[1] 本文对于农村集体经济的考察，是三位作者对脱贫攻坚工作参与式观察提炼出来的。为了发掘农村集体发展的共性和面临的共同问题，以 3 个省的 34 个行政村为研究样本。穿行在乡间小路上的农村调研，可以上升为对农村集体经济规定和发展模式的探讨。从农村的小视角到西部地区的贫困村，实现从村到区域，折射出中国西部农村集体经济发展的现状与困境，实现洞察微观与总结宏观相结合。

---

[1] 温铁军：《八次危机：中国的真实经验》，东方出版社 2013 年版。

第二篇　小农经济和现代农业

　　农业县小农经济出现的新变化、新模式，正成为各地政府探索乡村振兴的重要依托。从我国区县一级行政区域来看，面对不同的地理位置、资源禀赋和产业基础，不同的农业区县发展现代农业的思路有所不同。今后如何激发小农经济的生命力，如何维护小农户的经济利益，将小农户纳入现代农业的发展轨道，有序推进中国特色农业现代化，将是本篇重点回答的问题。

小农经济迈向现代农业的路径选择

——基于三个农业县的比较研究

李小云

2021 年 2 月我国 832 个贫困县全部摘帽，12.8 万个贫困村全部出列，区域性整体贫困得到解决。这 832 个县几乎全部是农业县，第一产业占国民生产总值比重较大，从业人口众多，拥有上亿零散的小农经济从业人口。"农业大县、工业小县、财政穷县"的特征显著。我国脱贫攻坚及乡村振兴都是在"大国小农"的基本国情下开展的。近年来，以宁夏泾源县、河北易县和湖南新晃县为代表性区域的产业快速发展，为当地村民增收致富做出了贡献，以家庭为单位的小农经济，在农村劳动力转移和土地流转的推动下，家庭经营规模出现逐步扩大趋势。在社会快速转型的背景下，本文从泾源县养牛产业的现状、挑战及本县企业在养牛产业链中的地位展开讨论，分析在当前的政治经济环境中，泾源县"企业+农户"和农户自营增收模式遇到的挑战。之后选取易县坡仓乡产业扶贫的模式，坡仓乡的小农经济发展在生产组织、生产管理、生产经营方面，出现了与传统小农经济不同的特征。新晃县联合社抱团养牛给出了当地贫困户脱贫的一种新思路。

一、研究方法与问题

本文通过对泾源县、西吉县、隆德县产业扶贫的参与式观察，对乡村干部访谈并填写调查问卷。对新晃县采用文献研究法。结合 2017 年在易县的调查研究，将西吉县、隆德县的调查材料做辅助论证之用。对上述农业县产业发展前后的变化进行观察，并广泛搜集了近年来县级层面和各乡镇的数据和资料，特别是有关基层政府运作产业发展资料为基础开展研究。立足 3 个农业县当前发展阶段，以国内大循环为主，不讨论 3 个县农牧产品的国际竞争力和国际农牧产品价格对本土市场的冲击或影响。

本文坚持从调研获得的实践事实出发，试图通过对我国 3 个农业县的调查研究，考察 3 个农业县产业发展中制度变迁演化出的各种模式的生命力。比较三个农业县建立的针对当地特色农牧产品的 4 种市场类型，讨论 4 种市场类型下小农利益保护的实现程度。比较不同的农业县产业发展实践面临的困难、挑战，梳理处在不同发展阶段的 3 个农业县农村生产力发展的客观要求。探寻我国农业县小农经济的主要特征、面临的矛盾、发展中遇到的错配问题及迈向现代农业的可能趋势。在此研究基础上，本文试图回答如下几个问题。从区县一级行政区域来看，面对不同的地理位置、资源禀赋和产业基础，不同的农业区县如何发展现代农业？从这些区县的实践中思考，小农现代化是否有中国选择？是应该走多元化、多样化的路线，还是走大农场思路，或是走小规模的家庭农场的路线？

二、泾源县养牛产业现状及挑战

泾源县位于宁夏回族自治区最南端，因泾河发源于引而得名。泾源县总国土面积 1131 平方千米，耕地面积 26.1 万亩，其中基本农田 20.83 万亩，全县人均耕地面积 2.7 亩。草畜产业作为泾源县的一大支柱产业，成为带动广大农民群众增收致富的主导产业，是农村经济社会发展中主要的经济增长点。2017 年，全县牛存栏 63890 头，同比下降 8.8%；全年出栏 71363 头，同比下降 10.0%。泾河源镇全镇牛存栏 19816 余头，户均存栏 4 头。

泾源县牛存栏量尽管较高，但是全县养殖户并没有因为这一规模优势而获得更多收益。泾源县绝大多数牛都是以活牛贩卖等方式销售，初步探索生鲜加工领域。如何提升活牛市场价格，提高养牛利润，需要从降低养殖成本和牛的伤亡率、提高牛肉价格和科学养殖水平、增强产业发展的资源支撑水平着手。

（一）田间道路状况影响饲草运输

部分行政村田间道路未硬化影响村民饲草运输。近几年，脱贫攻坚政策对优化生产条件、节约生产成本发挥了重要作用。泾河源镇各行政村主干道已经硬化，但是还有少数村田间道路需要硬化。这些田间道路附近土地较多，主要种植牛饲料青贮玉米。加上泾源县夏秋两季多雨，一年中还下两三次冰雹，田间道路泥泞不堪，导致青贮玉米无法从田间运输出来，养殖户只能去市场买麦草。泾源县各行政村对于外地麦草的需求量大，使得从河南运往泾源县的麦草源源不断，从 2019 年的每吨 960 元上涨到 2021 年的每吨 1150 元，增加了饲养成本。灾害性气候给小农户的生产带来了波动和风险。

（二）产业发展——资源约束的矛盾影响养殖成本

泾源县面临的产业发展——资源约束的矛盾较大。尽管村民种植青贮玉米，其作为主要牛饲料仍存在以下不足：第一，全县大部分村民家中土地少，户均土地 3~12 亩，土地资源不充裕，导致养牛所需青贮玉米产量不足，村民还需要另外购置麦草作为补充；户均宅基地规模小，暖棚圈舍和青贮池面积偏小，影响养殖规模。第二，以往农村养牛都会将山上的草作为蓄草，当前因政府给建档户补贴麦草，多数非建档户只能自己出钱购买麦草，增加了养殖成本。第三，之前泾源县将一般农田用来种经济作物（如松树），使得种植青贮玉米的土地变少。据调研估算，每头牛每天饲草消耗花费 10 元，一个月饲草成本最少需要 300 元。建档立卡的户饲草料有地方财政补贴，正因为此，建档立卡户一头牛每年能赚 5000 元左右，非建档户一头牛一年赚 2000~3000 元，其中，饲料成本就占了 3000 元。进而，如何节省养殖成本成为村民广泛关心的问题。

若在当地建立一个饲料加工中心，就近回收当地的麦草和田间地头的草，为当地养殖户供应饲草料，可使养殖户降低对外省麦草的依赖程度。此举既能有效利用当地资源，还能带动村民收割草，解决部分就业岗位，提高村民养殖的抗风险能力和饲料自给率，提高养牛利润。此外，通过给饲料中加入一些药物，预防牛生病，通过科学助力，为养殖提供安全保障。

相比之下，泾源县的邻县西吉县面临的产业发展——资源约束的矛盾较小。近年来，西吉县大力推动梯田改造，"十二五"期间，西吉县可增加 25 万亩梯田。同时，宁夏水利厅将西吉县坡耕地改造项目的建设标准由以前的每亩 80~120 元提高到 350 元左右。旱作基本农田建设项目开建，使得西吉县的耕地面积大幅增加。这为养殖业的发展奠定了坚实的基础，产业发展有了后劲。西吉县土地资源对产业发展的支撑作用十分明显，土地流转费低，每亩为 20~50 元，为产业发展降低了成本。西吉县想方设法增加土地面积用于发展养殖业，增加养殖业的资源支撑力，把种植马铃薯的几万亩耕地腾出来改种青贮玉米。西吉县围绕养殖业发展农业，通过延伸产业链发展农业，提高种地收益。

（三）养殖方式和防疫水平影响养殖成本

从养殖方式来看，在实地调研中发现，绝大多数养殖户都是圈养，这可能需要较高的饲养成本。若是选择那种长势快的品种，可以尽快出栏，节省不必要的饲料消耗，这样才能增加效益。除此之外，还要考虑出栏时间。若没有做好防寒保暖措施，肉牛用于冬季御寒的能量消耗自然会增加，长势就慢。

从养殖数量来看，若村民的养殖规模较小（在 20 头以内），村民通过收集当地的粗饲料能节省不少养殖成本。不过目前泾河源镇村民绝大多数都是购买粗饲料，这压缩了养牛利润。这就要求村民在选择牛犊大小时一定要考虑出栏时间。以圈养为例，春季进牛犊，在冬季出栏，选择 300～500 斤的牛犊。夏秋季进牛犊，在冬季出栏要选择 500～700 斤的。秋冬季进牛犊，下年冬季出栏，要选择 300～400 斤不宜太大的牛犊。

从养殖的科学防疫水平来看，包括泾源县在内的各地区还存在明显短板。2020 年 9 月 27 日，农业农村部组织辽宁等 7 个省农业农村部门分管负责同志座谈研讨，并选取云南、陕西、河北等 13 个有代表性的省份开展专项调研。总的看，各地动物防疫体系工作力量薄弱、基层队伍不稳定、基础设施投入和财政保障不够等问题较为突出，迫切需要抓紧补短板、堵漏洞、强弱项。结合泾源县的情况来看，养殖户和村集体经济的基础母牛牛犊存活率不高，给养殖户造成了很大的损失。泾源县各行政村缺乏有经验、有水平的兽医，各乡镇没有及时足额选强配齐特聘动物防疫专员。各养殖户存在整体素质低、专业养殖人才缺乏、年龄偏大等问题。县一级动物防疫经费投入不足，兽医社会化服务[①]机构力量薄弱，总体上仍存在覆盖不全面、服务不专业的问题，导致农村养殖业防疫体系弱化，不能有效发挥基层动物防疫工作的组织协调、培训和指导职能。

（四）本地加工能力与品牌知名度影响农民增收

我国部分地区形成了以品种改良、规模养殖、饲草加工、疫病防控、屠宰加工、冷链储运为一体的肉牛全产业链。目前，泾源县缺少牛饲料加

---

① 《农业部关于推进兽医社会化服务发展的指导意见》农医发〔2017〕35 号。兽医社会化服务是农业社会化服务的重要组成部分，是兽医服务的重要实现形式。

工场、上规模的牛交易市场和大规模熟食牛肉加工能力。泾源县本地只有一家企业有完整的肉牛加工链条，从粗加工到精加工基本都可以实现本地化。不过，完整的生产链条上日常却仅仅只运转着 1/10 的加工能力，每日百头屠宰能力的加工车间实际上每天只宰杀 20 多头牛，熟食牛肉销路不畅影响再加工产能，导致农业消费链条形成了不良循环：生产者获利少，终端消费者买价高。

目前，泾河源镇小部分牛供本地居民消费，大多数活牛销售到其他省份。据调查，每头牛的盈利在 3000~5000 元，若刨去饲料成本，则利润在 1000~3000 元。若饲草成本无法降低，则养牛利润就无法提高。如果在当地企业对牛肉深加工，通过冷鲜及熟食形式销售出去，既能增加企业的收益，还能带动养殖户增加收入。

牛肉销售面临的最大问题是销售周期过长。当地牛肉加工厂生产的牛肉种类可以粗略分为两类：一类经过深加工，做成牛肉干之类的产品，其特点是保质期长；另一类没有经过深加工，保质期短，需要成熟的冷链车进行运送。从理论上来讲，只要有稳定的客源群体，深加工产品保质期长的特点完全可以解决销售周期过长导致的销路不畅问题。不过，目前深加工产品的附加值低，主要原因可能有两方面，首先是产品品质问题。农产品的高附加值主要体现在品牌销售上。泾源黄牛肉的优势在于牛肉肉质鲜嫩、瘦肉多、脂肪少，口感鲜美柔嫩，但精加工后与我国十大风干牛肉品牌影响力相差悬殊。和精加工牛肉干相比，生牛肉是更为巨大的市场。其次泾源县黄牛肉还有一个加工成本问题无法克服，即专人宰杀一头牛的成本是 50 元。

若是沿着冷鲜肉的方向加工牛肉，这将对农民增收产生积极影响。近年来，随着消费结构的升级，以及物流体系的完善，我国消费者对牛肉的健康、口感的追求越来越高。原来的消费习惯受到冲击，卫生、营养、口感好的冷鲜牛肉将逐渐取代热鲜肉成为牛肉消费的主流。随着消费者对牛肉质量要求的提高和牛肉分级、分割理念的普及，经过排酸处理、精细分割的中高档牛肉消费量将大幅增加。截至目前，2020 年泾源县农产品仓储保鲜冷链设施项目建设正在公示，2021 年智慧冷链物流园项目正在招商引资。

牛肉销售情况还受品牌的影响。作为区域性农产品，"泾源黄牛肉"是国家地理标志产品，在品牌强度上表现不错，区域特征显著，但品牌的外界影响力弱，市场推广率和市场占有率难以在短时间内大幅提高，给养殖户并没有带来多少实实在在的好处。泾源县的养殖户还无法直接对接城市消费者。

养殖行业处于"散弱小"的状态，销售渠道不畅，养殖户既抓育肥又抓销售。品牌影响力没有打出去，在市场上很难获胜。泾源县同其他一些贫困地区一样，在推动产业扶贫时出现了与周边地区产品同质化、经营风险大等问题，而农户分散经营又面临规模小的难题。在今后养殖产业发展中，泾源县要努力从区域品牌向区域强势品牌迈进，增强品牌在区域内的整体竞争力，提升区域内产业的优势，让产业链条上的养殖户从中受益，推动产业向高附加值方向迈进。

（五）区域市场受国际环境波动的影响大

近年来，国际牛肉价格波动原因较多，牛肉市场不确定性增加，很少有国家能在牛肉生产方面拥有长期的盈利能力。区域性市场受到国际价格波动的影响，突出表现在肉牛出售价格处于买方市场，活牛价格被拉低；居民对牛肉的消费相对较弱，社会零售数据较差。

生猪和活牛期货属于不可储存类期货品种，因此，在套期①保值操作中存在特殊性的风险，会影响套期保值的效果，但总体来看，国际活畜类期货品种较好地发挥了规避价格波动风险的作用。2020年10月之后泾源县村民在牛价高的时候补栏量太高，在牛价高位的时候没能套期保值，到2021年上半年恐慌性出货，使得农牧产品价格风险很大。泾源县的养殖户并没有通过套期保值这样的金融工具规避价格波动带来的损失。行情差的时候应该慢慢购入，行情好的时候应该及时出栏。政府扶贫工作出台的到户养殖补贴政策保持了连贯性，释放了扩大养殖规模的激励信号。但是，从事养殖的村民对于经济的预期过于乐观，对于未来形势判断不清，一股脑养牛，造成2021年上半年的被动局面。

（六）产品的文化属性影响销售区域

泾源②黄牛肉是一种带有当地文化属性的农牧产品，体现在其特有的宰杀方式。信教群众对黄牛肉的来源和宰杀方式有严格要求，不符合宰杀程序难以在本地找到市场，而外部市场又难以寻找到稳定的消费群体，缺乏稳定长期的订单。泾源黄牛肉的食客最可能拥有的人口学特征包括当地或外地消费

---

①　套期指投资者为预防不利的价格变动而采取抵消性金融操作。

②　泾源县是回族聚居区。

者，以及传统伊斯兰教信教群众。泾源黄牛肉在文化与市场的矛盾中要寻求出路。为此，泾源黄牛肉应当直接去寻找消费终端的机会——直接面对中东部广大市场的牛肉类主打餐馆，突破牛肉产品的文化属性对产品销售带来的不利影响。目前泾源县的养殖户和牛肉加工企业还没有和特定商家合作，没有提高产品附加值，也没有创造出"泾源县特供"，进而无法创造更大的品牌效应。

综上，泾源县小农户养殖业面临如下问题：养殖业作为"短平快"产业，养殖户既抓繁育又抓销售和流通；青贮玉米少而饲料成本走高，养殖成本高与市场风险叠加；长期粗放养殖而科学养殖水平低；家庭宅基地小限制养殖规模，农户散养多而现代养殖场少；脱贫攻坚到户政策稳定导致分散养殖和小户养殖的必然性；屠宰加工数量少而村民依靠中间人压价贩卖；对于国内宏观趋势把握能力低而不能适时购进或卖出，受限于宗教文化属性打不开销路。

从本章中可以看到，泾源县的养殖业市场具有以下特点：农户尽管进入市场化网络，但是他们无法掌握定价权，"市场定价"特征更为明显，即千家万户小生产与千变万化大市场存在矛盾。规模化养殖的集中度较低，养殖户由于缺乏影响市场的力量而处于弱势地位，无法拥有更多的选择集合和筛选余地，只能坐等贩牛经纪人上门收购。大量的小农户没有融入农业产业链。由于市场销售端区域不固定，当地农牧产品的价格跟着变动。市场带有明显的地理区域特征，远离大的中心城市，无法为中心城市优先供应农牧产品。这是一种典型的资源依托型农牧经济，即依靠当地的土地资源和便利的牲畜饮水资源发展养殖业。这种类型的市场不是新古典市场，市场上的农牧产品不会自动出清，可能会出现滞销，市场存在多个均衡价格。县政府的农业补贴政策只聚焦在生产环节，养殖业市场几乎没有组织化带来的优势，没有销售信息上的优势，是一种典型的小农市场，一种典型的小区域市场。

三、易县巢状市场小农扶贫模式

易县位于河北省中西部，总面积 2534 平方千米，总人口 60 万，是一个"七山一水二分田"的山区大县。2010 年起，中国农业大学人文与发展学院的师生组成了一支队伍——蜂芒公益团队，开始在河北易县坡仓乡桑岗村，展开"巢状市场小农扶贫"的行动实践，探索出一条产业扶贫之外的"巢状市场小农扶贫"路径。

（一）巢状市场小农扶贫模式的形成

"巢状市场小农扶贫试验"最早在青林乡的柳村发起。在柳村的带动下，邻近的宋村和桑岗村后期也开展了同样的扶贫行动。[①] 易县桑岗村距北京只有190千米，四面环山，山场面积19000亩，耕地面积720亩；2015年全村有710人，属于典型的人均土地资源稀少的农村。随着2018年易县正式退出贫困县，桑岗村也退出贫困行列。桑岗村尽管地处易县，但是离中心城市北京的距离较近，为今后发展巢状市场小农扶贫模式奠定地理位置优势。

贫困地区在推动规模化产业扶贫时面临产品同质化、经营风险大等问题，农户分散经营农副产品又面临规模小、信息闭塞的难题。如何解决这些问题？中国农业大学教授叶敬忠指出，探索"巢状市场"小农扶贫模式，将较好地解决这些问题。

从2012年开始，河北易县坡仓乡桑岗村探索形成巢状市场小农扶贫模式。巢状市场将一家一户比作一个"蜂巢的窝"，顾名思义，被称为"巢状市场"。该村发起成立巢市利民林果种植农民专业合作社，合作社发挥了自组织作用，不定期对农户进行检查。在基础设施建设方面，桑岗村建立了冷库、48立方米的烘干房，购置了一辆可载重3.18吨的冷藏车，确保农产品在储藏、运输环节中保质保鲜。"巢状市场小农扶贫"模式将农民现有能够生产的绿色农副产品进行整合，集纳起来达到足够的数量，再借助移动新媒体手段，将生产者与消费者之间直接对接，从而使农民增收。

对于消费者为什么选择参与柳村巢状市场，他们希望看到有益健康、定价合理、乡土性产品，还能在一定程度上参与政府的扶贫事业。从贫困农户中选出一批人成立生产小组，并选出组织者，在组织过程中监督生产过程，把关产品质量、组织配送、与消费者进行互动，在城市和农村之间互动搭桥。村民之所以热衷巢状市场，一个关键原因是，在巢状市场中，农产品的价格普遍高于当地市场30%~60%，但是又低于城市市场上带有"生态""有机"

---

① 叶敬忠、贺聪志：《基于小农户生产的扶贫实践与理论探索——以"巢状市场小农扶贫试验"为例》，《中国社会科学》2019年第2期。

标签的农产品价格。① 这让农民有利可图，也让城市消费者获得安全放心、绿色环保、质优价廉的农产品。

（二）巢状市场小农扶贫模式的意义

农村经济的发展要与工业化、城市化紧密融合，而如何实现农村经济发展融入城市消费需求，实现城乡融合，不能听之任之，顺其自然，而是要通过一定的组织建设和制度建设彰显共享、协调的发展理念，即小农户与现代社会有机衔接。

坡仓乡政府拿出 50 万元，用于巢状市场农产品配送交通补贴、销售奖励补贴及北京等目标城市的市场推介费用。北京市居民对传统方式生产出的农副产品感兴趣。桑岗村村民最开始邀请亲朋好友、同事等，相关信息在朋友圈、业主群、微博等载体快速传播。桑岗村依托社会关系网络，社群营销收到了良好效果，桑岗村已在北京建立了 8 个固定配送点，有近千个家庭稳定从易县乡村购买农产品。

巢状市场的发展空间取决于小农经济的特点，如基础设施状况、乡村文化、人力资源等方面。这种市场类型也是社会组织或政府对原有农村农贸市场的一次再组织和再优化，其中，村庄社会工作者、大学生"村官"、村干部等承担起组织者和发动者的角色。巢状市场的核心是重建市场嵌入社会的特征，直接联结生产者和消费者，并通过市场来重建社会信任和共享价值。②

韦尔曼（Wellman）认为，社会网络是指相关个体之间构建的一种比较稳定的关系，随着应用范围的不断扩展，经济事务和经济活动内嵌于其中并受到相应影响。③ 巢状市场小农扶贫模式融入了农村生产者和城市消费者之间固定的社会网络，改变了农民分散式经营模式竞争力不强、产品容易滞销、收入无法提高的困境。这是一种"互联网+"农业发展模式，也是数字乡村建设的探索，探索多种利益联结机制，将小农户融入现代产业发展链条。

---

① 叶敬忠、贺聪志：《基于小农户生产的扶贫实践与理论探索——以"巢状市场小农扶贫试验"为例》，《中国社会科学》2019 年第 2 期。

② 叶敬忠、贺聪志：《基于小农户生产的扶贫实践与理论探索——以"巢状市场小农扶贫试验"为例》，《中国社会科学》2019 年第 2 期。

③ 朱庆华、李亮：《社会网络分析法及其在情报学中的应用》，《情报理论与实践》2008 年第 2 期。

巢状市场的顺利运行是建立在生产小组及村庄内部的熟人社会监督和参与式质量监督保障机制的基础上。在长期持续的互动中，消费者出谋划策，积极帮助村庄应对产品包装、组织配送等方面的问题和挑战，形成了良性发展。

巢状市场小农扶贫模式有一个最大的特点，就是农业县离中心城市北京距离较近，中心城市的辐射效应对易县桑岗村影响很大。农业县对中心城市的依附性是通过区位来获得发展上的便利，显著扩大了农业县产品的有效市场半径。如果说社会资本是嵌在社会网络中可利用的资源，那么易县的这种社会网络属于自发建构起来的社会资本，与那种乡村产业发展中村民相互模仿所表现出的自发扩展式社会网络有所不同，前者更能体现当地干部和村民的一种主观探索。

四、新晃县联合社抱团发展的探索

湖南怀化市新晃县总面积1508平方千米，总人口27万，森林覆盖率70%，属于名副其实的山地县。从人均耕地看，怀化市人均耕地0.98亩，新晃县人均耕地仅0.97亩，属于典型的人均耕地少、耕地质量总体不高、耕地后备资源不足的农业县。

小农经济中农民是价格接受者。农户的分散化经营，使得他们在面对农产品收购企业或参与农产品市场交易的过程中势单力薄，无法与组织化程度极高的农产品购买集团相抗衡，获得平等的谈判地位。[1] 新晃县联合社抱团发展对此问题给出了有益探索。

在诸多黄牛肉中，具有"国家地理标志保护产品"的有湖南新晃黄牛肉和泾源黄牛肉。湖南新晃黄牛肉含有更多的可溶于水的风味物质和营养物质，受到消费者热捧。近几年来，新晃黄牛在扶贫兴农富民、助推县域经济发展上发挥的作用而受人关注。2017年1月成立的新晃朝辉黄牛养殖专业联合社是新晃县抱团养牛的新思路。联合社由新晃县22个养牛专业合作社组成，养牛"小团"抱成"大团"。为了提高牛肉价格，联合社统一采用上午放养、下午圈饲等科学方法生态养殖黄牛，养出的"跑山牛"肉质鲜美、脂肪含量低，牛肉价格要比市场价一斤高10元。[2] 这种抱团发展获得了市场激励，增

---

① 曹东勃：《小农经济改造与中国农村改革》，《财经问题研究》2009年第1期。

② 湖南省农业农村厅官网：《养牛"小团"抱成"大团"新晃黄牛"牛"成啥样》，2017年7月27日。

强市场竞争力和抗风险能力。

联合社规定，养牛养出"名堂"的社员，被要求3人一组去帮扶带动一户贫困户养牛。联合社根据实际情况为贫困户提供资金、养殖技术、优质牧草。贫困户把牛养大后，联合社按市场价回收。当被带动的贫困户养牛产生效益后，也要加入帮扶队伍中去帮其他贫困户。贫困户脱贫再帮其他贫困户。在生产环节进行互助合作，建立了社会网络。① 这样一来，形成一个脱贫的良性循环，使得脱贫效果更好更持久。

新晃县为了保障食品安全，真空包装印上了相关责任人的名字，建立了质量保障与追溯体系，可以知道产品在哪个环节出了问题。新晃县的实践实现了农资"统购"、经营"统管"和产品"统销"，合作社来负责日常服务维护，充当村庄和企业的联动桥梁。新晃县改变了以往各类资源得不到高效整合、难以形成合力的局面，形成了产业和电商双向互动的良性循环。

泾源县的现状是，牛肉加工企业还没有通过牛骨、牛血等副产品加工，提高单头肉牛的产品附加值；加之饲养成本较高，使得农户在增收上有一定困难。泾源县养牛产业受制于养殖成本高、规模化程度低等因素，养牛产业在存栏量、生长速度、饲料转化效率、产业化水平等方面还存在进步的空间。

结合新晃县的经验来看，新晃县把农村家庭的小规模养殖、能人大户的中等规模养殖、社会资本的大规模养殖有机结合起来，推行企业订单生产、"公司+基地（合作社）+农户"等模式，做大黄牛产业。新晃县的贫困群众既可以通过参与黄牛的繁育、加工来增加收入，也可以通过参与牧草种植、修建标准栏舍等黄牛附属产业来增收。

为了实现经营"统管"，宁夏隆德县村集体经济探索出共同出资联合经营的模式。该模式是针对各村村集体经济发展面临运营资金缺乏的困难，如建立养牛场、够买牛和饲料。隆德县张程村3个行政村共同出资建成3座牛棚，分别出资70万元、70万元、100万元。目前该集体养牛场决策权属于出资多的一方，其他两方每年获得5万元的分红收益，未来目标是建成联合董事会。张程村共同出资联合经营的思路一度受到隆德县一些村干部的推崇，被当地干部称为"隆德模式"。这表明，贫困村集体经济发展需要突破单个村集体经济发展的局限，大胆探索多村联营的发展模式，实现对多村资源的有效整合，

---

① 叶敬忠、贺聪志：《基于小农户生产的扶贫实践与理论探索——以"巢状市场小农扶贫试验"为例》，《中国社会科学》2019年第2期。

形成"弱弱抱团"或"强弱互补"的发展格局。

隆德县这种共同出资联合经营方式的优点在于，第一，统筹几个村的资源用于发展养殖业，建设优化养殖业空间布局，控制养殖成本，主要是饲草料成本；第二，抱团发展，可以作为集体和外界市场协商，能提高肉牛销售价格；第三，成立联合董事会，便于各村之间进行协商；第四，让各村的能人参与集体经济管理；第五，成立联合董事会进行透明化管理，让各个村共同商讨共同决策；第六，能降低一村发展养殖业上的固定资产投资量，各村避免了重复投资和低水平建设。新晃县的实践与"隆德模式"有异曲同工之妙，也是对"隆德模式"的超越，即在养殖全产业链推崇抱团发展。

五、产业扶贫模式比较

(一) 范围经济与市场销售

巢状市场的规模体现为一种"范围经济"（Economies of Scope），即特定范围内的市场。这个市场有边界，它是确定性的，能将生产者和消费者联系在一起。[①] 与无限市场强调"规模经济"（Economies of Scale）相比，后者追求的主要是产品专业化程度和交易量的多少，尤其是少数商品的巨大生产规模。规模经济的这种追求在泾源县和易县这样的农业县显然并不现实。

与易县巢状市场小农扶贫模式相比，泾源县的养殖业户在融入产业发展链条上还有很大差距。泾源县的养殖户既不能在牛源上控制风险（如价格水平或者防疫风险），更无法在活牛销售上掌握主动定价权。牛源短缺的困难日益加剧，买牛难成为常态，"牛源"将成为泾源县养殖行业长期激烈争夺的资源，而加大基础母牛保护将成为产业可持续发展的关键。泾源县不少牛来自外省，甚至村集体经济的牛源也来自东北通辽和甘肃张掖，这使得广大农户购进牛时形成了卖方市场，无形中抬高了牛价，影响了农户的养殖利润。从这个角度来看，泾源县的养殖业还无法称得上真正的"规模经济"，养殖规模有限，销售波动大且渠道不畅。泾源县黄牛肉的销售市场狭窄，本地市场消费体量较小，消费能力较弱，还面临周边县区同质化产品的冲击（彭阳县、原州区、西吉县、隆德县均养殖安格斯牛），更没有瞄准合适的消费群体，消

---

① 叶敬忠、贺聪志：《基于小农户生产的扶贫实践与理论探索——以"巢状市场小农扶贫试验"为例》，《中国社会科学》2019 年第 2 期。

费群体的不确定性增加了销售的难度。泾源县既没有易县那样的互惠经济所需要的外部扶植和内部组织，如政府在理念、政策和资源等方面的倡导和支持，又无法实现小农户的团结合作，只能以"散弱小"面对市场竞争及可能带来的风险。

泾源县仅仅依靠产业扶贫政策，还不足以解决市场销售终端存在的问题。"巢状市场小农扶贫试验"呈现了一种"产业扶贫"之外基于小农户生产的扶贫和乡村发展的实践探索和理论思考。对于当下泾源县养殖业存在的问题，既无法凸显健康农产品和地方特色农产品的特征，更无法了解城市消费者对健康食物的需求，没有建立城市消费者和农村生产者之间的互动信任及交易组织。泾源县养殖户既想融入市场，又高度依赖市场，销售及客源的不确定性让养殖户的利润受到了市场的巨大影响，主要原因在于养殖户无法把握中间环节带来的不确定性。

（二）市场类型与农民增收

拓宽群众增收渠道，创新增收模式，是脱贫攻坚完成以后农村经济发展的重要目标。以产业带动村民增收，通过创新运营模式，增强村民与企业或者市场的利益联结，让村民有更多的获得感。在全国各地实践中，"企业+农户"的模式有多种形式，如"镇政府+村集体+企业+农户"模式、"合作社+企业+农户"模式、"银行+企业+农户"模式、"党支部+企业+农户"模式、"党组织+合作社+企业+农户"模式。

在不同类型的市场中，对于农民利益的保护程度也不同。近年来，各地农民在政府指导下，力求寻找一种适合自己的经济组织形式。经过这几年的探索与实践，各地出现了一些成功的组织形式，如"龙头企业+""农户、专业合作社+农户"等，前者能把周边的农民组织起来，成为企业的生产者，使农户从盲目生产纳入了公司产销一体化的有计划生产。而"龙头企业（公司）+农户"或者"公司+专业合作社+农户"，使龙头企业（公司）与农户结成经济利益共同体，共存共荣，谁也离不开谁。[①] 在"专业合作社+农户"类型中，农民可以维护自身利益。小农户联合起来成立专业合作社作为中介组织，

---

① 丁俊发：《经济组织创新——解决农业小生产与大市场矛盾的根本途径》，《人民日报》1999 年 8 月 3 日第 12 版。

联合起来与市场打交道，从中可以获取更大的利益。①

目前，泾源县肉牛产业结构还没有发生大的变化，个体生产经营模式居于主导地位，"企业+农户"的增收模式并不普遍，原因在于，泾源县没有大型的养殖企业，养殖规模较大的主要是几个村的村集体经济、养殖合作社和各村少数养殖户。当地政府想积极探索"企业+农户"模式却苦于没有像样的上规模的企业带动。展望未来，增加农民收入要通过"公司+基地+农户"模式及一体化全产业链经营模式，才能实现这一目标。如何跻身高端牛肉市场，出现几家全产业链经营的品牌企业，将成为泾源县养殖企业在规模和品牌上努力的方向。

表1　市场类型

市场类型	主要特点	组织优势	信息优势
巢状市场	由贫困人口和城市人口共同参与，生产者和消费者建立了信息和社会网络，是一种长期稳定性的可持续生产扶贫，形成了区域性市场	村民自发成立合作社，乡政府拿出专项资金用于农产品配送交通补贴、销售奖励补贴及北京等目标城市的市场推介费用	建立了以城市市场为导向的地方特色产业生产、销售体系
农超对接	为购销双方构建了便捷、畅通、高效的流通渠道和对接平台，促进了农产品与大市场的对接，缓解了"卖难买贵"问题，降低了农民生产的风险，把产品流通的红利留给了生产方和消费者	相关政府部门为保证产品质量，提高产品附加值，提倡产品多元化，组织企业和农户签订战略合作协议	明确经营规模，市场需求及合作意向，帮助超市减少中间采购环节
订单农业	通过数字化信息管理的供应体系，配合线上线下联动的营销工作模式，建立起了符合新零售种植技术标准	农户与大市场或经济合作组织签订协议，通过直采基地，买家绕开了中间环节，在消费者和农民的终端的上游带来了创新	对顾客的需求进行分析，创造新的需求。给农户一整套符合社会消费新趋势的标准

① 陈健、苏志豪：《小农户与现代农业有机衔接：结构、模式与发展走向》，《南京农业大学学报》（社会科学版）2019年第5期。

续表

市场类型	主要特点	组织优势	信息优势
非组织化小农市场	农民组织化程度比较低，小农户与大生产、大市场矛盾突出，市场交易成本居高不下	农户处在单打独斗状态，是一种非组织化状态	农产品卖难问题亟待破解，小农容易面临"敲竹杠"问题，没有信息优势

来源：根据互联网信息整理

由于农产品的季节性较强，贮藏难度较大，农户获取市场信息便显得尤为重要。农产品产出和农产品消费在时间上不能有错配。在泾源县的养殖业市场中，农户在获取市场信息上是被动的，只能通过熟人圈子打听，价格上也无法掌握主动权。表 1 中前三种市场类型，都是在实践中创造出来的，使农产品的销售从没有网络和渠道到有渠道和网络。前三种市场类型具有市场嵌入社会的特征，是一种进入社会网络的小农生产，在局部地区建立了区域性的市场，具有重建社会信任和共享价值的作用，将农户现有的产品和社会资本转化为他们的收入。前三种类型的市场也是一种契约农业，作为近年来出现的一种新型农业生产经营模式和产销模式，能较好地适应市场需要，避免了盲目生产。前三种类型的市场都有一定的组织优势，这表明，小农经济更好的发展离不开小农之间的合作和政府的有效介入。前三种市场还有一个共同点，生产者与消费者直接进行对接，绕开了中间环节，生产者有了稳定预期，有了信息优势，可以通过社交电商这种形式销售产品，在相互了解和彼此信任的氛围中完成购销，也在一次次的购销互动中增进情感和信任。

小农户整体上处于分散、封闭的状态，组织程度低，在要素市场和产品市场上处于近乎单打独斗的状态。[1] 农民合作组织在帮助小农进入市场中的作用显著，其帮助小农增收的效率是一种帕累托改进。[2] 而在第四种非组织化小农市场中，靠小农自身的力量难以与现代农业发展有机衔接，小规模的、分散经营的农户如何进入市场是一大难题，农户如何在市场中保护和增进自身

---

[1] 王新志：《面临着更大的市场风险和不确定性》，《理论学刊》2020 年第 5 期。

[2] 徐旭初、金建东、嵇楚洁：《组织化小农与小农组织化》，《学习与探索》2019 年第 12 期。

利益也是一大难题。

巢状市场不同于新古典经济学中的市场，后者价格水平可以自动调节供需平衡，现实中的市场往往不仅仅只是抽象的价格、偏好、供应、需求和自动形成平衡的体系，而是发生在特定区域和特定人群中的交易行为。

除非组织化小农市场外，前三种类型的市场都可以称为"范围经济"，即不是在任何市场都能生存下来的经济。从这一点来看，中国不同地区的小农经济面临异质化的市场，即各自的产品不同，特色不同。前三种类型的市场具有区域性特征，不同地区的消费者对特色食品的认可或偏好程度不同，即产品的规模化生产与可推广性的矛盾，今后要发展以区域性市场为导向的地方特色产业。本文还要回答，前三种类型市场的小农经济建立在补贴基础上，小农经济需要一个什么样的市场？

在宏观层面，"巢状市场小农扶贫"这种模式需要面对国内其他市场的竞争。如何确保不偏离扶贫和乡村发展的价值规范，如何在巢状市场共同体中构建共享和分享的机制，如何提高组织者的能力等，将是长期的挑战。[①] 这些挑战也是泾源县养殖业市场需要直面的难题。

六、小农经济迈向现代农业的路径思考

2021 年中央农村工作会议以及 2021 年中央一号文件将小农户发展放到了重要位置，并提出要采取有针对性的措施。

"发展壮大农业专业化社会化服务组织，将先进适用的品种、投入品、技术、装备导入小农户。"

"突出抓好家庭农场和农民合作社两类经营主体，鼓励发展多种形式适度规模经营。"

"大力开展农户小额信用贷款、保单质押贷款、农机具和大棚设施抵押贷款业务。"

中央一号文件对走组织化路线、专业化社会服务和精准的金融服务提出了要求。这与当前上述 3 个农业县农户面临的"缺资本""缺技术""缺服务"的困难相对应。

当前，我国小农经济赖以生存的内在环境和外部环境均发生变化。对小

---

① 叶敬忠、贺聪志：《基于小农户生产的扶贫实践与理论探索——以"巢状市场小农扶贫试验"为例》，《中国社会科学》2019 年第 2 期。

农经济的特征、发展面临的矛盾、演化的路径选择，可以从两个维度观察小农经济。一是历史观。小农经济还会长期延续，这是小农经济的顽强性。二是发展观。随着全球现代农业的发展以及经济社会环境的巨大改善，小农的历史性演变正在发生且走向纵深。

（一）小农经济发展面临的七大矛盾

小农经济的发展，要从生产关系适应生产力角度以及现代农业发展的规律出发，进行深入的讨论。本文基于 3 个农业县小农经济发展的案例研究，发现 3 个县面临着共同的矛盾，主要体现在以下 7 方面：

第一，产业发展的集中化、规模化和标准化与小农户生产性资源的分散性、微型性和多样性相矛盾。不同农业县的小农经济发展的条件不同，如土地规模（如零散程度）、土地地势平缓程度、当地资源禀赋、地理位置和气候条件，进而决定了不同农业县在推进农业现代化时所具备的前提条件和准备工作有所不同。

第二，产业发展的规模与资源支撑之间有矛盾。青贮玉米和饲草种植面积逐年增大，粮食生产面积受挤压，粮经饲争地矛盾日渐突出。但同时有些区县支撑养殖业发展的土地资源不充足，养殖户只能依靠外地饲草的输入维持。

第三，土地细碎化导致难以运用现代生产技术。种植业收入水平远低于从事兼业所得，养殖户单纯依靠自己力量打破农业生产低水平均衡、发展现代农业的能力和动力不足。小农经济与农业现代化、机械化相适应的难度各有不同。

第四，发展现代农业的时代需要性和当前小农经济存在的合理性之间存在张力。2021 年 2 月 21 日中共中央、国务院出台《关于全面推进乡村振兴加快农业农村现代化的意见》，"十三五"时期，现代农业建设取得重大进展；解决好发展不平衡不充分问题，重点难点在三农，迫切需要补齐农业农村短板，推动城乡协调发展。脱贫攻坚完成以后，小农经济对于提升农户收入意义重大，县政府的到户政策项目强化了小农经济存在的合理性和持久性。不过不同区县在现代农业发展上推进程度不同，部分地方农业现代化还有更进一步发展的空间。

第五，小农经济向现代农业迈进的发展所需资金积累不足。泾源县和西吉县建档立卡户发展产业持有资金量积累不足，绝大多数建档立卡户发展产业的资金来自财政贴息贷款，贷款金额为 5 万~20 万元，尤其是家中养 10 头牛以上的农户对财政贴息贷款需求迫切。其中，只有小部分产业发展资金来自建档户自有资金。若有 10 头带犊基础母牛，一年就可以还清银行 10 万元贷款。不过这与养殖技术和充沛的饲料密切相关。

第六，农业区域性品牌影响力弱小与农户扩大品牌知名度的迫切性之间存在矛盾。3 个农业县中，泾源县尽管有地理标志产品，但是区域品牌影响力弱小，而广大养殖户迫切希望扩大品牌知名度，转变之前的销售劣势，增强区域性农产品的市场认可度。

第七，农业县产业链全部落户当地的必要性和产业链部分环节对外依赖性高之间存在矛盾。在泾源县，本地养殖业知名品牌缺乏，下游深加工产业稀少，产业链的综合产值低，提升产业综合产值，推动"特色产业"向"优势产业"升级十分必要。

（二）新时期小农经济的主要特征

小农经济发展面临的六大矛盾，是外部环境（规模化发展的时代要求、现代生产经营方式、农业品牌化诉求等）和小农自身条件（资金积累不足、收入的兜底性、产业发展的资源支撑不足等）相互作用下产生的。具体来看，泾源县从之前种植农作物更换到养殖业，受制于资源支撑的限制，产值难以大幅度提高。泾源县农业发展收益主要表现为作物更换带来的而不是作物产量增加带来的，这一特点在微观层面印证了黄宗智在《中国的隐性农业革命》中提出的观点：中国农业近 30 年来的发展，"是个由消费变化导致的农业革命，它更多地体现于产值上的变化，而不是传统模式中的那种产量上的变化"[1]。这 3 个人均耕地少的农业县农产品产量已经接近极限，提质增效成为解决"产业效益低"的关键。

之前泾源县农民在人多地少的情况下种植粮食，是"过密型"的农业经营模式，家庭劳动力处于"隐性失业"状态。这种"隐性失业"的存在是农村劳动力就近打工或拥入城市打工的重要原因。农村人口的结构性特征，如年龄大小、是否照顾家人、是否有劳动力，是否能进城务工，决定了隐形失

---

[1]　黄宗智：《中国的隐性农业革命》，法律出版社 2010 年版。

业。与"过密型"农业不同，发展养殖业是一种"劳力—资本双密集型"农业。[①] 首先，农民转入养殖业以后，单位面积土地劳动投入和资本投入增加，且比粮食种植密集。当前，泾源县建档立卡户发展养殖业持有资金量积累不足，新晃县的集中养殖需要更多资金。发展养殖业的贷款需求要高于种植粮食作物（当地政府给村民发放玉米地膜种子），从这个角度来看，养殖业具有"劳力—资本双密集型"的特征。

结合 3 个农业县的小农经济发展情况，还需进一步概括小农经济的特征及今后的演化趋势。

易县的巢状市场小农扶贫模式，体现了小农经济散弱小、关联性（和国内某个市场紧密相连，如北京的社区）、中心城市辐射性、网络性（生产者之间的合作，生产者与消费者之间建立的交易网，政府与生产者之间建立的网络）、销路确定性（产销对接）等特征。

新晃县农业发展的特征是数字型、资本密集型、多元经营主体合作性、区域性（如区域品牌）、规模化、销路确定性。

泾源县小农户养殖业的特征是小农经济的顽强性（有其存在现实需要，向现代农业迈进有一定困难）、脆弱性（易受宏观经济波动影响和其他不可控因素影响而遭受损失）、广泛性（小农养殖的户数多，涉及人口多）、关联性（国内国际肉价波动对小农生产影响大，养殖行业也易受其他行业影响）、兜底性（小农户散养对于一些贫困户而言十分重要）变得十分明显，成为新时期泾源县小农经济的五大特征。

3 个县的农业发展表现出了各自的特征和规律，这些规律有一定的共同之处，肯定了小农生产存在的合理性。正如考茨基在研究大生产与小生产的时候，肯定了前者在技术上的优越性，但是同时认为不可忽视极其多样化的农业关系。在实践中运用理论规律必须注意这种多样性。而农业生产的特点在于复杂性和多样性，要使得大生产具有优越性的规律完全适用，就要受到更加严格的条件的限制，即农业大生产只能在一定的限度内具有优越性。[②] 这为农业县大生产如何扩展提出了理论参照。

---

① 黄宗智在《隐性农业革命》一文中指出，新农业是资本和劳动双密集化的农业，既需要资本投入，也需要更高密度的劳动投入。来源：经济观察网，2014 年 7 月 13 日。

② 《列宁全集》（第 4 卷），人民出版社 1984 年版。

（三）小农经济发展中的错配问题

从上述 3 个农业县的发展来看，小农经济发展面临着如下 4 方面的错配问题。

第一，要素集约化错配。大量资源分散在小农户中，针对单个农户的到户补贴政策，无法产生规模化发展优势。有些县区发展养殖业的土地资源在不同作物之间存在着错配（如泾源县面临的产业发展—资源支撑的矛盾），即用于发展养殖业的资源承载力不强。今后现代农业发展要集约投放生产要素，实行规模化、标准化经营。

第二，产业链错配。大量的小农户没有融入农业产业链。小农经济面临高投入、低产出的困境，如养殖成本趋高，防疫成本只增不减，农牧产品附加值低。今后，以合作社为代表的各类新型经营主体，要把分散的农户集结起来，按产业链的标准组织生产，如易县那样推行有约束机制的现代生产方式，降低生产成本，提升农产品的市场竞争力，提升广大农业生产者在产业体系中的话语权。

第三，小农经济劳动力错配。当前小农经济发展，一方面，出现农村劳动力的用工成本不断攀升的局面，农业种植劳动成本也逐年上升；另一方面，农村劳动力市场富余，大量的剩余劳动力滞留在农村与城市之间，形成了隐性失业人口。小农经济发展之所以存在，主要是小农经济中家庭劳动力不计成本的投入。有经验、有技能的劳动力不愿意留在农村发展养殖业或种植业，大量滞留在农村的老弱劳动力对小农经济发展的效益又有一定影响。如泾源县养殖业主要由老弱劳动力来承担。

第四，农产品产出和农产品消费有时间错配，产销衔接失衡。这导致农产品滞销或者低价售出，农户会遭受损失。而减少供给侧资源错配和低效供给，建立有效的区域市场，扩大有效供给和中高端供给，成为今后发展的重中之重。如表 1 中非组织化小农市场这种类型。

（四）小农经济迈向现代农业的可能趋势

小农经济迈向现代农业的道路上，不仅要解决生产效率问题，而且还要解决小农分散养殖或生产带来的环境污染和食品安全等问题。在上述 3 个农业县，农民同样面临"三缺"难题，即缺资本、缺技术、缺市场，只不过各县缺乏的程度不同。在这种情况下，如果仅仅依靠小农，农业现代化山高路远；如果过度依赖资本又会出现许多国家转型"农业现代化、农民边缘化"的社会病。[①] 山东省茌平县耿店村的经验则展现了另一种可能性：在市场经济环境中，小农家庭经营仍将存在，同时会调整其内在的经济逻辑以适应市场经济。在耿店村，农户家庭的蔬菜生产已经变成高度面向市场，以谋求利润为首要目的，这与传统小农为了满足家庭的温饱需要而进行农业生产完全不同。[②]

从本文的案例中可以看到，我国小农现代化具有紧迫性、艰难性、长期性。上述 3 个县人地矛盾现状未发生根本变化，农业发展受市场风险冲击。小农户的生产规模较小，和采购商难以建立稳定的销售关系，单位农产品市场交易成本较高，在流通环节上缺乏竞争优势，面临生产成本高与市场风险叠加的环境。当前的金融保险制度能为小农经济进行兜底保障，通过提升金融服务小农户的水平和拓宽小农户的农业保险覆盖面来扶持小农户。不过小农户对于市场因素导致的一些农牧产品的价格下降却无能为力，需要现代衍生金融工具[③]为小农经济发展保驾护航，对冲风险。

当前我国小农面临融入全球化趋势，我国农业面对激烈的市场竞争和经济全球化带来的冲击。国内农业还处于全球农业价值链的中低端，高端产能不足与低端产能过剩问题比较突出，亟须通过"走出去"实现产业链延长和价值链提升，全球农产品供需匹配将更困难。[④] 如何在新型全球化格局下，保护小农利益，需要在小农服务体系的建立和完善上着力。世界各国通过合作社、农协、生产者联盟等多种形式，为小农经济提供服务。[⑤]

结合 3 个农业县发展情况来看，小农经济迈向现代农业，其路径不是消

---

① 杨小平：《工商资本下乡要做好小农户和现代农业发展这篇文章》，《清华大学中国农村研究院"三农"决策要参》2019 年第 51 期。

② 高原：《市场经济中的小农农业和村庄：微观实践与理论意义》，《开放时代》2011 年第 12 期。

③ 如期货合约。

④ 任泽平、彭廷军：《全球贸易体系大变局与我国农业国际竞争战略取向》，新浪财经，2021 年 1 月 13 日。

⑤ 张红宇：《小农现代化的中国选择》，《农民日报》2021 年 7 月 10 日。

灭小农经济，而是要突出对小农的帮助、改造和升华。小农现代化有两条路径：一是对农业从业人员进行专业化培训；二是对传统小农进行改造。当前泾源县和易县的小农经济主要以家庭经营为主，以家庭成员为主要劳动力，在要素投入、生产作业、产品销售、成本核算、收益分配等环节，都以家庭为基本单位。家庭经营规模适度，既能满足家庭成员劳动力所能支撑的经营活动范围，达到土地资源和劳动力资源配置的均衡点，又能确保收入水平能与当地从事非农产业家庭收入水平相当。

小农经济迈向现代农业的现实选择，既要因地制宜，还要准确定位本地区的未来趋势。3 个农业县在迈向现代农业上可能会出现如图 1 的演变趋势。

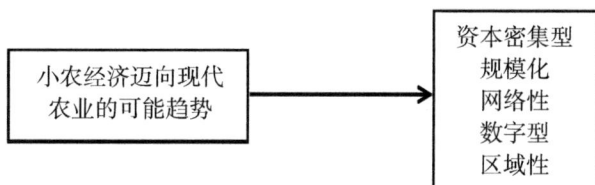

图 1　小农经济迈向现代农业的可能趋势

综上，针对不同类型的农业县，要清醒地认识到当前小农生产存在的合理性、必要性和长期性。重视和扶持小农生产，从部门协同、产业规划、政策制定、融资贷款、财政惠农、技术服务上强化对小农生产的扶持，还需要借鉴易县的"巢状市场"打造属于农业县的专属市场。重点培育家庭农场、为农民社员服务的合作社等新型农业经营主体，通过订单农业、巢状市场等方式，将小农户融入农业产业链。我国农业县的异质性决定了不能以统一模式强制推行小农经济向现代农业迈进。我国农业现代化的道路选择，既是一个时代命题，也是一个历史命题，必将在实践中给予回答。

调研提纲

一、市场方面

1. 村民及乡镇干部对国际牛价波动对中国区域市场影响的了解程度。

2. 村民购牛的地方是哪里？当地价格如何？

3. 村民卖牛的方式（卖给企业或者卖给贩运经济人）、渠道对牛价的影响。

4. 农牧产品品牌做得如何？占据的市场份额和影响力。

二、产业链方面

1. 该产业最近几年都经历了哪些大的变化？
2. 产业发展中经验、技术是否重要？
3. 产业规模扩大后是否做好了产业配套？
4. 本县相关企业在产业链中的地位与今后突破方向。
5. 本县冷链运输行业发展现状及对农牧行业的影响。
6. 本县"企业+农户"带动模式效果如何？具体是怎么操作的？

三、政府对产业的干预

1. 政府对产业实施提出了什么要求？带来的影响是什么？
2. 产业发展中出现了哪些问题？哪些是不可控因素？

四、资源支撑方面

1. 全县或者全乡畜牧业所需土地规模和粮食种植规模。
2. 户均土地亩数和农牧产品种养殖的土地利用情况。

五、防疫水平

1. 种养殖业的整体科学防疫水平。

后记：

《山坳上的中国》一书认为，要从全局的视角来针砭现实，倾听新时代挑战的呼声；避免一些能够避免的失误，减少一些付出的代价。[1] 研究处于不同地理位置和不同发展基础的农业县的小农经济，有助于笔者从整体上把握我国小农经济与现代农业的关系。在事关我国农业发展道路上，正如温铁军所言："若按照美国梦的发展模式走下去，中国一定会受到自身多方面的制约。"[2]

---

① 何博传：《山坳上的中国》，贵州人民出版社 1989 年版。
② 温铁军：《八次危机：中国的真实经验》，东方出版社 2013 年版。

杜润生生前经常强调研究人员的历史使命感和工作精神。在宣布农研室和农研中心成立的第一次全体人员会议上，杜润生说："我们的任务明确，就是要探索研究中国共产党领导农民走什么样的道路，制定什么样的方针政策。这都是带战略性的问题。"①

基于调查基础上的研究，在给政府提建议时，必须明白政府在进行决策时候的约束条件，政策建议不仅仅是未来发展的畅想，政策研究的标准似乎更要考虑它的可操作性。正如在本文中的讨论分析，"政策研究"并非简单等同于"对策研究"，而是对现实问题进行深刻分析与理解，制定能照顾到多数农业县的政策。而"对策研究"往往针对的是特定的时间、特定的问题和特定的目标下的政策分析。二者有很大不同。为此，发达国家经验是否具有参考性，还需要考虑我国作为农业大国的定位，以及土地制度、政策和国情。

---

① 赵树凯：《杜润生当年怎样做政策研究？》，《财新》2021年9月15日。

第三篇　金融扶贫

实现共同富裕，是社会主义的本质要求。消除贫困，改善民生，提高农村居民收入是我国农村经济发展的重要目标。作为助推脱贫的手段，金融将发挥重要作用。新时期我国农村金融体系不断完善，形成了商业性、政策性和合作性金融互补的局面，但是依旧没有全面覆盖一些贫困地区，这些地区的金融需求无法得到满足。金融扶贫如何扶持农村产业发展，带动农民增收，进而促进欠发达地区的农村经济发展，是本篇试图回答的问题。

金融精准扶贫与富民产业选择

——基于河北省阜平县的调研

李小云　　刘向元①

【摘　要】 我国县域农村地区内部存在明显的金融抑制现象，金融抑制程度影响了农民收入增长。实体经济的多层次性和不平衡性，要求金融供给模式也应呈现多层次性和多样化。阜平县引导金融资源流向贫困地区，探索实施"保险+贷款"的金融扶贫模式，在全国率先推出成本价格损失保险，发放扶贫担保贷款，金融与产业选择结合起来实现金融扶贫。这解决了农民在产业发展初期面临的资金短缺的问题。我国农村经济发展需要外围的保护壳，这样农村经济发展才会有一个相对有利的发展环境。在农村大力推行金融扶贫和发展富民产业具有现实意义，既是解决农村人口出路问题的措施，也是发展农村经济的办法。

【关键词】 阜平　扶贫　富民产业　农村经济　金融抑制

2016年4月2日至4月5日，清华大学学生县域经济研究会调研队赴阜平县东成铺村调研。之前在河北县域经济网上了解到阜平县通过金融精准扶贫、王林口镇马驹石村肉鸡养殖实行自然灾害和疾病险种的政策、北果园乡东城铺村实施红枣减产保险取得了良好的效果。为了了解这一金融扶贫的典型案例以及特色金融服务近一年的实践效果及发展状况，调研队决定在前期了解资料的基础上，深入实地进行调研。

在农民脱贫致富的过程中，金融扶贫取得效果的大小与产业选择是否有密切的关系？这是本次调研的主题。之所以选择这个主题，主要是金融精准扶贫与产业选择密不可分。如果没有好的产业选择，单纯依靠金融扶贫，则农民的脱贫致富之路也是漫长的。

---

① 刘向元，清华大学工程物理系学士。

一、阜平金融扶贫的基本做法

阜平为山区县，山场面积 326 万亩，占总面积的 87%；耕地面积仅 21.9 万亩，人均 0.96 亩，俗称"九山半水半分田"。阜平全县贫困村 164 个，占全部行政村的 78.5%；贫困人口 10.81 万，占总人口的 47%。[①] 当地农民主要种植大枣、核桃和养殖肉牛、肉羊。一些特色农业前期投入大、收益慢，特别是种养殖户面对市场波动带来的风险时心存顾虑。阜平县经济起步比较晚，加上土地贫瘠，特色农业不够突出，企业较少，缺乏产业集群。对此，阜平县在全国率先探索"保险+贷款"的金融扶贫模式。"保险"指的是成本价格损失保险，专门保护肉羊、肉牛、大枣、核桃因市场价格波动造成的成本损失；"贷款"体现在对符合条件的企业、合作社、农户提供一定的贷款支持。这三方经济主体在按时偿还贷款利息后，县级财政给予 50%的贴息。在调研中了解到，阜平的金融扶贫主要集中在红枣和养殖领域。

（一）农业保险与红枣产业

调研队选择了东成铺村调研红枣产业。该村是贯彻金融扶贫政策比较彻底的村子，因其取得较好的成绩，被央视和河北地方电视台报道。目前关于阜平金融扶贫的情况介绍以新闻报道居多。作为一个比较典型的案例，从学术研究的角度深入挖掘其运作机理，有一定必要性。

东成铺村地形多山地，村内的农作物主要是玉米和小麦，最近两三年只种一季玉米，是在村子的小河旁边的地里种植。经济作物主要是红枣。不只是东成铺村，其他的村也种枣树，东城铺村的红枣种植规模比较小。东成铺村农作物与经济作物的种植几乎是靠天吃饭。工业经济方面没有工厂，只有一个不起眼的红枣"加工厂"，该厂负责简单处理红枣加工，没有产业延伸的功能。

从东城铺村村民处和乡政府多方面了解到，红枣保险的入股标准是 1 亩地农民每年出保费 14.5 元。但村和村之间差别很大。东城铺村每户最多可以入股 10 股，每年保费 145 元，不过有些村入股没有上限要求。因为入股费并不多，农民希望能多入股。保费即保险费，其中一部分保费由中国人寿保

---

① 数据来源：阜平县政府官网。

险公司承保的，另一部分保费是由政府补贴。在保费缴纳上，政府拿大头，群众出小头。政府和人保财险公司通过"联办共保"来"兜"住农民种植、养殖风险的底。实施"联办共保"是在不断的实践中总结出来的经验，即将政府、保险公司、农户三方的积极性调动起来的一种办法。在保费收取上，政府与保险公司按照一定的比例分别承担。如此一来，政府和保险公司分别承担相应的风险责任，组成责任共同体。一般由政府发挥主导作用，负责组织推动、收缴保费和沟通协调，而保险公司发挥其精算、管理、服务等优势，依据商业保险的原理和运作规则，为农业生产者提供优质的保险服务。该模式较好地把政府和保险公司有机结合起来，优势互补，风险共担。此举亦是打通资本下乡、金融进村通道的办法。如果遇到减产的情况，由保险公司来衡量是否达到了减产的赔付标准，然后给予赔偿。赔偿数额虽然不多，但是弥补了老百姓一定的损失。红枣的生长受天气的影响大，因而红枣的产量波动较大。这样的保险在一定程度上降低了村民种植红枣的经济风险。

（二）担保贷款与养殖业

在调研中调研队了解到，在阜平县王林口镇五丈湾村黄合沟毛驴养殖基地，一位养殖毛驴专业户 X 村民，刚起步的时候苦于没有资金。后来在县里政策的支持下，X 村民和其他村民获得贷款 30 万元，买来 60 头小毛驴开始试养殖。2015 年 9 月，毛驴育肥出栏，净赚 6 万余元。阜平县为支持养殖户更好地发展产业，将每户贷款的额度由原来的 5 万元提高到 10 万元，帮助养殖户进一步扩大养殖规模。阜平县通过省财政每年安排的财政资金，注册成立了阜平县惠农担保有限公司，作为担保贷款运作的基础。通过担保贷款，阜平县撬动金融资金参与支持扶贫产业发展，建立起连接农户和资本的桥梁。扶贫担保贷款的出现，解决了养殖户在发展初期资金短缺的问题，让农村金融与产业发展实现了较好的融合。

调研队注意到，阜平县《2016 年政府工作报告》中提道："建立了县乡村三级金融服务机构；成立了担保资金 1.6 亿元的惠农担保公司，2015 年通过担保发放扶贫贷款 1.84 亿元；2015 年办理农业保险 505 单，理赔 1483 万元；阜彩蔬菜、亿林枣业、春利牧业 3 家企业在石交所挂牌；成立了注册资金 3.8 亿元的阜裕投资有限责任公司，搭建起县域发展投融资平台。"政府工作报告中还提道："快速推进金融扶贫。全力创建金融扶贫示范县，推进农村金融服务体系、金融支持企业发展、金融诚信体系、农业保险和贷款担保全覆盖，为富民强县提供金融支撑。"阜平县把金融支农、支企作为着力点。"继续深化完善金融扶贫工作，不断研发农产品保险险种，实现主要种植养殖品种全覆盖，不断扩大参保率，力争大枣、核桃、肉羊、肉牛、肉鸡、设施农业参保率达到 80% 以上。年内发放扶贫担保贷款 5 亿元以上，支持 1 万户农户发展产业，实现户均增收 2 万元。"可见，对于农民来说，这是降低产业发展风险，助力产业致富的政策红利。

二、阜平金融扶贫的机制及创新

先前有调研指出，阜平农村产业发展过度依赖农信社。[①] 因为农信社占有阜平县大部分金融资源，其他商业性金融机构经营效益相对较差，导致金融环境对商业性金融机构的进驻缺乏吸引力。[②] 该结论与本次调研了解到的情况基本吻合。这说明，阜平县村级组织脱贫主要依靠国家扶贫政策性资金，政府发挥了重要作用。

阜平对农村金融抑制的改变效果是明显的。我国其他地区的农村金融抑制依然存在。有研究指出，我国县域农村地区内部存在明显的金融抑制现象，收入越低的农民因为自身资本积累的天然不足和外源资本获取能力较差，使其所受到的金融抑制程度越大而越难以摆脱其收入增长困境。[③] 不同的是，收入高的农民自身拥有资本积累和外源融资能力的优势，其收入增长不断走向良性轨道。也就是说，如果要使农村经济发展呈现良性循环，需要普惠金融，尤其是对那些缺乏发展经济资金的经济主体给予扶持，使其获得一定的发展能力，以此逐步解决农民内部收入不平等的问题。

我国贫困地区发展因为财政投入不足，可能存在金融财政化的现象。有研究指出，经济增长对于减少贫困存在影响，但是二者的相互关系还取决于收入在人群中的分配等情况，对经济增长成功的分配越发不平均，则经济增

---

① 2016 年 3 月 28 日中国农村金融杂志社官网报道，《河北保定阜平县联社创新信贷扶持特色产业》指出，阜平县农村信用合作联社以发展、支农、扶贫"三位一体"为信贷工作要求，积极扶持特色产业，创新信贷扶贫方式。在支持种植业方面，阜平联社已经重点支持了 40 万亩核桃基地种植，以及东城铺大枣园区种植。

② 河北金融学院暑期社会实践课题组：《浅析金融在扶贫工作中的作用——以阜平县为例》，《河北金融》2014 年第 10 期。

③ 王小华、温涛、王定祥：《县域农村金融抑制与农民收入内部不平等》，《经济科学》2014 年第 2 期。

长带来的贫困减少效果越差。①

引导金融资源流向贫困地区，一直是我国欠发达地区县域经济发展的一大目标。广泛地引入社会上其他机构参与阜平县金融扶贫事业，也是一大亮点。阜平县以农业保险作为金融进农村的突破口，建立"政府+保险+银行""政府+银行+企业+农户+保险"等扶贫模式，构建农业保险和扶贫贷款担保体系，既能在农村经济发展初期给予刺激，又能帮助其兜住风险。引入中国人民保险公司是阜平县金融扶贫事业的一大亮点。除此之外，中国人民保险公司还与阜平县惠农担保公司签订了首期 1 亿元的融资合作协议，同时与阜平县首批涉农客户签订了融资合同。

"政融保"金融扶贫项目是支农融资专属资管产品——"保支农融资"，专门为阜平县内从事生产经营活动且参加农业保险的农户和涉农企业提供保险资金融资，并安排 1 亿元专项额度支持农户发展规模种植、养殖等生产经营活动。"政融保"金融扶贫项目在我国其他省份也是罕见的，该项目实行"政府政策支持+保险资金融资+保险风险保障"的运行模式。中国人民保险公司作为中国保监会首家批准试点保险资金支农融资业务的保险机构，将阜平县作为开展支农融资业务首家试点地区，通过发挥保险保障、保险资金等优势，提供保险、融资等综合金融服务。阜平县在此基础上发挥组织协调优势，提供一定的保费补贴、担保增信等政策支持。

"人保支农融资"产品具有以下特点：方便快捷、额度大、期限灵活（融资期限为 6 个月，最长可达 3 年）、成本低。一般程序如下：农户提交申请，经过政府增信担保机构联合调查和人保公司审查后，方可签订融资合同，实施放款。这种融资减少了中间环节，降低了融资成本，解决了其他商业银行等金融贷款的不足的问题。

截至调研之时，调研队了解到，由于自然灾害及价格波动，全县种植业损失较为严重。阜平县赔付的产业和数额如下：玉米、核桃、大枣，理赔金额已达 1400 多万元；肉羊、种羊、肉牛、奶牛、肉鸡、蛋鸡、能繁母猪等，受到疫病及价格波动影响，共计赔付 300 多万元，惠及 200 多家养殖场及农场主。

有研究基于对 375 个贫困县的调研认为，对农产品市场需要实施宏观调

---

① See Richard H. Adams, John Page: *Poverty, Inequality and Growth in Selected Middle East and North Africa Countries*, 1980—2000, 31 (12) World Development (2003).

控及防灾救灾以及相关政策性金融服务提供商的扶持，要建立健全公共财政政策保障环境，推动农村金融实现可持续经营，并根据不同区域的现实情况进行产品和服务的创新。① 可见，在产业发展初期政府发挥了一定作用，也有发挥作用的余地。在产业发展初期，农村的金融资源匮乏，金融资源总量极其有限，需要政府的介入，不过政府不必介入市场，而只是扶持经济个体实现初期的资本积累，使其步入良性发展轨道。

纵观近些年来的农村经济发展，外部环境充满了不确定性，农产品受市场波动影响较大，流通体系不畅。即使是当地的特色产业或传统产业，也势必受到影响。农村经济的发展也像"幼稚工业"保护理论所强调的那样，需要对其进行保护，其脆弱性和对农村增收致富并存的局面，使得这种保护更加有意义。无论是农产品价格保护性收购机制，还是为农村经济增加抵御风险能力的金融机制，都是必要的，也是解决民生问题的举措。

相对于城市金融的发展，我国农村金融的发展显得落后，主要体现在流向农村的资金供应数量少，不能适应农村经济发展的需要；金融服务产品少，尤其是针对农村特点和需求的金融服务还不够。为此，要解决金融体系在市场化经营与农村实体经济结构不匹配问题，除了市场手段外，还需要政府通过财政支持和政策性金融支持，为贫困地区的经济发展输血和造血。而从全国来看，差异化甚至是倾斜性的财政及金融政策对于经济均衡发展有重要意义。

除了从政策角度发力，阜平县还从组织队伍建设上入手，派出了金融机构的驻村工作组。值得一提的是，阜平县金融工作办公室（金融服务中心）由常务副县长分管，从组织机构及其重要性上就可以看出金融扶贫的重要性。

通过以上内容可以看出，阜平县从顶层设计入手，为金融扶贫提供全面的政策指导；县、乡、村三级金融服务网络为金融扶贫奠定了组织保障；农业保险和扶贫贷款担保体系的结合，为打通金融扶贫的"最后一公里"排除了障碍。适时地回应了农民在致富道路上的诉求，既能兜住经营底线，还能降低贷款风险，让产业扶贫的精准性落到了实处，增强了群众自我发展的内生动力。

总之，阜平县政府与保险公司联保互保模式为全国首次尝试。经过一年

---

① 徐荟竹、车士义、罗惟丹：《公共财政、农村金融改革和可持续金融扶贫研究——基于连片特困区 375 个贫困县的调研分析》，《金融发展评论》2012 年第 1 期。

的实施，在提升政府参与政策性农业保险管理的程度、降低贫困户产业发展风险、使更多的农户得到保险保障等方面起到了积极作用。阜平县农业保险全覆盖体系具有重要的民生意义和创新精神。

三、金融扶贫与富民产业选择

对于富民产业还没有比较权威的学术定义，但是发展富民产业的目标是清晰的。对于这个经济增长极，要以解决和扩大社会就业，提高城乡低收入者和低劳动素质者的收入为目标。以上群体在市场竞争中并不具有优势，本身的人力资本价值也不高，富民产业要对这些目标进行积极的回应。

在我国地方经济发展过程中，对于优势或主导产业的选择，一直是各地重点探索的领域。不过不同产业发展带来的效果不同，一些产业是强县产业，一些产业是富民产业。地方发展中一些"小产业"具有地方性、区域性、传统性、民族性等特征，要么是因为对县级政府贡献税收不够多，要么是政府追求产业的创新，进而对这些"小产业"忽视了其传承性。

产业的发展要顾及其实际功能。富民产业要以产业适应性广为前提，其投资规模要小，不然难以为广大的农民群体所接纳。富民产业要关注其可行性和操作性，并且有其选择的参考标准，如市场空间、可持续性和发展潜力等。富民产业的选择需要突出经济性、市场性、产业性和效益性，尤其是效益性，在连片扶贫、帮助农民增收、帮助下岗职工致富上成为其选择和培育的重点。如此一来，即使农村富民产业没有为县域经济贡献多少税收，但是只要体现"小产业大作用"，体现其增收作用，那么就是在市场经济发展中体现了收入效益。

一个地区的特色优势富民产业作为具有相对差别化或绝对差别化的产业，往往体现着该区域的比较优势，蕴藏着发展潜力。通过阜平的做法，人们看到在加快改造传统产业，用传统产业进行"保位"；又通过加强培育新的产业进行"补位"，实现了村民在不同产业之间的切换，保证了收入的增加。

阜平县农村种植业经济的发展，除了东城铺村的红枣这样世世代代经营的传统产业外，还有蘑菇这样的新近引进的经济作物，也就是说产业选择与产业发展是农村经济发展的一个重要环节。农村经济比较脆弱，近年来由于政府的财政政策以及保险公司的作用，在一定程度上把这种风险降低了。中国的市场经济环境并不是均质的，农村地区还没有健全和完善的市场，对风险的抗拒能力也比较低，金融资源的使用也不理想，或者说有些农村经济发展还难以获得金融资源。这就使得农村经济的发展需要在财政政策的补贴和政府引导帮助下，才能走上一条惠民的道路。农村经济对风险的抵抗能力差，市场的波动会极大影响农民收入。农村的产品是城市居民所需要的，而如何才能形成良性循环，让产品变成商品，并获得一个较高的市场价格回报，就需要政府、农民以及制度等共同作用。

政府根据发展阶段的主要特征选择施政的着力点，这在阜平得到了明显的体现。有观点指出，一部分企业开始围绕某一核心产业，在其上下游寻找配套服务，并迅速繁衍扩散，形成产业群落。① 不过阜平的红枣虽然种植面积广，但是终究没有多少企业围绕这个产业整合产业内的资源，形成更强的竞争力。没有企业带动的产业发展，这样的农村经济发展更多的是一种自发演进状态。即使是农村收入来源的主要支柱产业，因为各种不确定性，一时难以成为富民产业，而真正成为富民产业，还需要进行培育，至少要减少不必要的经济损失。而阜平县大量农村剩余劳动力的外出务工，使得要从"半工半耕"的视角去理解转型经济时期中国农村经济发展的思路和走向。这就表明在农村从事农业生产活动的机会成本过高，从而"半工半耕"具有存在的基础。在这个时间节点，政府的作用依然突出。富民产业的培育和发展，才能使得半耕取得更多的收益。

四、阜平县金融精准扶贫对农村经济发展的启示

（一）金融需求和金融供给相契合

通过阜平的金融扶贫实践，可以看到，政府有整合资源的优势，通过一定的利益联结机制，用市场运作的办法，让保险公司与银行间建立的"风险共担"机制，撬动金融资金参与支持扶贫产业发展。金融扶贫是一项系统性工程，在调研中可以看到，金融政策已经与产业政策、财政政策实现协调联动。金融进入的渠道和环境很重要，而这正是微型金融革命发生所必须要经过的一步。农村的经济发展如果没法实现竞争力和自我发展能力，则会导致

---

① 李晓浩：《产业集群与县域经济发展》，中共中央党校经济学博士论文，2006 年 5 月。

贫困村产业市场竞争力不强，势必影响到农村的可持续发展和原始积累。[①]

实体经济形态与金融供给模式相互结合，才能较好地促进实体经济发展，而实体经济的多层次性和不平衡性，就要求金融供给模式也应呈现多层次性和多样化，也就是说要关注并解决好实体经济和金融供给相契合的问题，所以必须正视现实，直面农村与城市金融供给的差距，探索出多样化的金融产品，在防范风险的同时，有效支持农业和农村经济发展，实现微型金融的进一步发展。

（二）要处理好政府与市场的关系

阜平金融扶贫还涉及政府与市场的关系。我国市场经济发展历程中，出现了不同层次或不同发育程度的市场，实体经济市场与金融市场的匹配也在加强。市场演进有三种模式：欧美的市场自发演进模式、东欧等国家的激进模式和中国政府主导的市场建立模式。[②] 中国的金融为了适应经济形势，开发金融产品，更好地服务于经济发展。结合中国市场经济的实践，既有自然内生，也有人工培育，后者主要体现在政府主动进行的体制或制度建设，通过完善的制度体系，保证市场的良性运转。当前中国政府主动对市场失灵的领域进行弥补，不再被动弥补市场缺陷，并主动建立市场和培育制度。结合东亚的发展经验来看，市场的形成受到所处历史阶段和经济基础的限制。同时，政府在市场经济发展中的作用依然关键。关于转轨时期政府经济职能，斯蒂格利茨认为向市场经济过渡绝不是要弱化而是要重新定义政府的作用。[③] 因此，阜平县金融扶贫实践的成功是对我国新时期政府与市场关系的新的注解。

（三）要解决好农民的出路

温铁军指出，外出劳动力回到本村，一般不再秉持基本的农户理性，也不再是一个对村社理性起积极作用的因素，反而会不断加速"小农村社制"

---

① 田莹莹、陈晨：《保定市金融扶贫精准度探究》，《合作经济与科技》2016年第6期。

② 国家开发银行、中国人民大学联合课题组：《开发性金融论纲》，中国人民大学出版社2006年版。

③ ［美］约瑟夫·E.斯蒂格利茨著，周立群、韩亮、于文波译：《社会主义向何处去：经济体制转型的理论与证据》，吉林人民出版社2011年版。

的解体。因为外出务工的劳动力因被外部市场条件完全定价，即使回到乡土社会，也不会选择继续下地干活，耕作粮田，也就不能为家庭综合安全打造一个粮食安全基础。① 不过广大农村地区农民增收的主要来源不能缺失。劳动力外部定价使得农村的劳动剩余被城市资本部门占有，导致农业自身不能形成资本积累。金融扶贫虽然解决了资本积累不足的问题，但是富民产业的选择又是一大挑战，这直接关系到农村发展是否能吸引这些劳动力回乡发展。劳动力外部定价的过程并不是不可逆的，一旦乡村经济发展较好，也是能吸引劳动力回流的。

从更广阔的视野来看，关于农村现代化，法国学者孟德拉斯1967年出版的《农民的终结》提出一个重要命题：在欧洲这一类的发达国家，农民作为一个传统的阶级已经终结。② 这个观点代表西方的一般性路径。不过，中国农村的现代化的路径与西方不同，也不是一味地减少农业人口和加速城市化的进程。中国农村大量人口与孟德拉斯指出的道路或前景不同，这些人口需要解决其出路，这是一个大问题。③ 通过多年的发展，实践经验表明乡村重新变成一个生活的场所。城市化的缓慢让中国农民乡村生活城市化，就地改造农民，改造农村，改造农业，成为一条可行的道路，一条能看到希望的道路。借鉴费孝通讲的"志在富民"可以看出，这个论断有现实意义。中国乡村的发展可以在"原地发展"（"乡土"发展），而不是"易地发展"（去城市发展）。那么从这个角度来看，在农村大力推行金融扶贫和发展富民产业就具有现实意义，既是解决人口出路问题的措施，也是发展农村经济的办法。

关注农村经济，需要关心农民的收入。而农村内部不同收入层次的农民如何实现增收，方法较多。如果从金融资源供给角度来看，金融供给也应该有不同的供给主体和性质，以实现区别对待以及贯彻普惠性金融理念：对最低收入阶段和中低收入阶段的农民，国家主导的政策性农户贷款将对其具备积极的作用。④ 而对于中等和中高收入阶段的农民，可以借助民间借贷及某些

---

① 温铁军、高俊：《重构宏观经济危机"软着陆"的乡土基础》，《探索与争鸣》2016年第4期。

② ［法］孟德拉斯：《农民的终结》，李培林译，社会科学文献出版社2010年版。

③ 朱炳祥：《中国农村现代化路径省思——兼评徐杰舜、贺雪峰的"新乡土中国"概念》，《广西民族大学学报》（哲学社会科学版）2015年第6期。

④ 王小华、温涛、王定祥：《县域农村金融抑制与农民收入内部不平等》，《经济科学》2014年第2期。

商业性贷款。总之，要增强农民发展经济自生能力。

通过全文的分析，本文认为我国农村经济发展的外围保护壳有以下几方面：

一是有约束的金融支持。要健全适合农业农村特点的金融体系，引导督促金融机构下沉服务重心，加大对小农经济等薄弱环节和重点领域的支持力度。

二是正确而民主的产业决策规则，适当时候进行产业政策评估，掌握某项产业政策实施的影响、效果，适时调整产业政策的覆盖面和补贴额度。

三是稳定的、有利于农村发展的宏观经济政策，如产业发展初期财政资金的扶植。

四是规模化、组织化的经营体系。传统农业经营方式面临诸多新挑战，如经营规模小、劳动力老龄化、方式粗放、组织化程度低、服务体系不健全等。今后我国农产品品牌发展要走专业化生产经营和科技创新之路。

五是安全网络建设，健全小农经济的社会保险及农民的社会保障体系。

通过上述几个外围保护壳，为农村经济发展提供一个相对有利的、稳定的、有支持的发展环境，使其逐步步入正轨。而理解我国农村经济发展，要放在城镇化的进程中来，城镇化进程比较缓慢，以及农村大量的剩余劳动力的存在，都决定了富民产业在提高农民收入上具有重要意义。

后记：

在本次调研中，调研队走进了革命老区阜平。这里的人民善良淳朴，热情好客，调研中给成员们留下了难忘的回忆。本着深入了解政策在实际执行中遇到的问题及挑战的初衷，调研队来到这里希望了解农民最真实的想法。在调研中，一位大爷说："搞调研，不能提前通知，只能微服私访。一旦提前通知，人家会给你安排几个专门讲好话的人，你能了解的真实情况就是5%。剩下的真实情况怎么办呢？这达不到调研的预期。"自此，县域经济研究会将"5%原则"贯彻于之后的每一次调研，以此了解真实民情。还有一位大娘说："如果你们是今年十一假期来，让你们尝尝最好的枣子，可惜来得不是时候，这些枣子品质不好，都不好意思拿出手。"

顾炎武遍历华北各地、观察山川形势、了解民生疾苦，又能在"尚行"基础上呕心沥血写作《日知录》，以"明道""救世"为宗旨。深刻诠释了读书与器识的关系。所谓器识，即器量与见识，它不等于知识，而是一种眼光敏锐的判断力，一种洞见深刻的谋断力，一种知行合一的行动力。调查研究正是在读书的基础上，通过与人民接触，与基层接触，培养个人和团体的"器识"。

阜平之行，给调研队留下了极其难忘的回忆，成员们明白了老百姓对公共政策具有较强的辨识能力，政策能否造福百姓，能否发挥作用，他们都有自己清晰的判断。

第四篇　产业扶贫

　　"凡治国之道，必先富民。民富则易治矣，民贫则难治矣。"中国传统文化中包含的经济思想，至今对社会经济发展依然不乏其积极意义。农村经济的发展是一项系统性工作，是一代又一代人前赴后继努力的结果，能进一步认识我国基层经济的发展现状并进行思考，本身就是一件有意义的事情。而如何在以市场为导向的大环境下，创新扶贫机制，选准扶贫产业，提高贫困地区和贫困人口的自我发展能力，处理好短期脱贫与长期增收的关系，进而推进国家扶贫开发战略的实施，是本篇所要回答的问题。

新时期国家级贫困县"能人"带动致富研究

——基于四川万源市的调研①

李小云　杨　苏②

【摘　要】在调研地的农村，大量劳动力外出务工，农村空心化现象普遍，农村作为生产性场所的功能有所下降。在这样的人口结构中，经济"能人"和政治"能人"带动致富意义重大。本文主要探讨万源经济"能人"和政治"能人"带动农村致富过程中面临的积极因素和消极因素。报告将展现万源扶贫工作开展的整体环境、取得的成绩和值得借鉴的经验，以助于更加全面地了解县域经济扶贫工作的难度。

【关键词】扶贫　能人　专业合作社　产业扶贫

不同区域经济板块上的县域经济纵向上在进步，但是横向差距在不断拉大。以往的扶贫思路，在取得阶段性的成绩后，逐渐掏空了制度红利，扶贫政策产生了低效性，同样的资金不再产生以往的扶贫效果，如资金使用已不能持续带动贫困地区的经济增长。新时期扶贫思路的转变，也是基于扶贫制度红利的边际作用递减而做出的。扶贫是一项复杂的工程，并不能通过简单的办法就可以达到目的，经济增长的成果并不会自动流向贫困地区和贫困人口，各种经济要素和经济增长的效益并不总是按照政府的意愿或要求流动、组合，资本的趋利性使得它总是流向利润高的行业和领域。约瑟夫·斯蒂格利茨在《大转型：我们时代的政治与经济起源》新版前言中认为，广泛流行的渗透经济（Trickle-Down Economics）的教义，即包括穷人在内的所有人会

①　感谢清华大学唐仲英计划对本次调研的资助。本文写于 2015 年 9 月，获得清华大学中国农村研究院 2015 年"农村调查研究奖"优秀奖。

②　本文由清华大学四川万源市农民增收调研支队完成。李小云，清华大学社会科学学院博士；杨苏，时任四川万源市旧院镇政府办公室主任。

从增长中受益，这得不到历史事实的支持。① 特别是贫困发生率降低到一定程度和经济增长的边际效应开始下降时，改善收入分配对缓解贫困作用较为明显。② 这也为研究中国市场经济发展过程中如何反贫困提供了理论支撑。

我国经济增长速度从高速增长转为中高速增长、结构不断优化升级，从要素驱动、投资驱动转向创新驱动的经济新常态，给脱贫致富工作带来诸多不确定性。首先，建立在强劲经济增长实力和雄厚财政基础上的"一体两翼"扶贫战略③难以为继，各地必须重新思考扶贫思路与战略。其次，经济增速下降、结构优化升级将大大压缩中低端产业的生存空间，由于厂房关闭或开工不足，使得部分农村劳动力回流，农村脱贫致富面临更加复杂的局面。因此，当前我国扶贫工作已进入"啃硬骨头、攻坚拔寨"的冲刺期。

一、"能人"带动致富的背景及相关概念阐述

分析中国经济长期增长潜力，必须具体分析中国经济增长机制。④ 不仅要在宏观层面关注区域经济增长，更要关心村域经济增长。如何将农村在退耕还林和农作物种植不受重视后再次变成一个生产性场所，变成农民致富的天地，就值得研究。

本文主要探讨农村致富的积极因素和消极因素，展示国家级贫困县扶贫工作开展的整体环境（如制度环境和财政环境）、取得的成绩和值得借鉴的经验，这有助于更加全面地了解县域经济扶贫工作的难度及切入点。

（一）"能人"的内涵及发挥作用的农村环境

以往的研究中，将能人型村级治理界定为主要依靠一个或几个具有超凡能力的能人支配。他们的特点是阅历丰富、门路广，有较强的经济实力和协调管理能力，能够给其他村民指引一条致富奔小康的道路，在自己的事业发

---

① 王绍光：《波兰尼〈大转型〉与中国的大转型》，生活·读书·新知三联书店 2012年版。

② 张新伟：《市场化与反贫困路径选择》，中国社会科学出版社 2001 年版。

③ "一体两翼"指以"整村推进"和"三到村三到户"为主体、以金融扶贫和转移就业技能培训为两翼的扶贫战略。

④ 刘海影：《中国巨债：经济奇迹的根源与未来》，中信出版社 2014 年版。

展过程中能给予村庄集体或个体以实际的贡献和帮助。① 可见理论界已经认识到了能人在村级治理中的重要作用。这些能人精英经过培养加入党组织，能增强党组织的战斗能力和号召力，增强政府与村民的互动，起到纽带的作用，对新时期扶贫工作意义重大。

本文中将"能人"界定为新时期促进万源农村脱贫致富的群体，这个群体中包括村支书、本地或外来投资者、有着丰富的发展经济经验的政府干部。即经济能人和政治能人的总和，不再是狭义的农村致富带头能人。这一批人是懂经营、善于管理，在农村经济发展中具有超凡能力并卓有成效的人士。"能人"生长的环境是中国农村的熟人社会，发挥作用面临的对象是中国农民及其小农意识，制度环境则是一系列正式和非正式制度。这些"能人"有的是由原农村基层干部转换而来，积聚了一定的政治和社会资源，随着新时代的来临，他们捷足先登，抓住了机遇，在发展经济上获得了成功；有些是外来或本地的投资者，通过带动村民致富，成为经济精英，其身份被赋予政治含义。这些"能人"对社会需求和民众的政治反应十分敏感，了解基层情况，并致力于村域经济的发展。在这样的一个众多"能人"带头的环境下，新时期中国农村脱贫致富已经与以往有所不同，他们以齐头并进的方式作用于"386199 部队"这样一个人群，这也是本文选择论述农村"能人"群体带动致富的原因。②

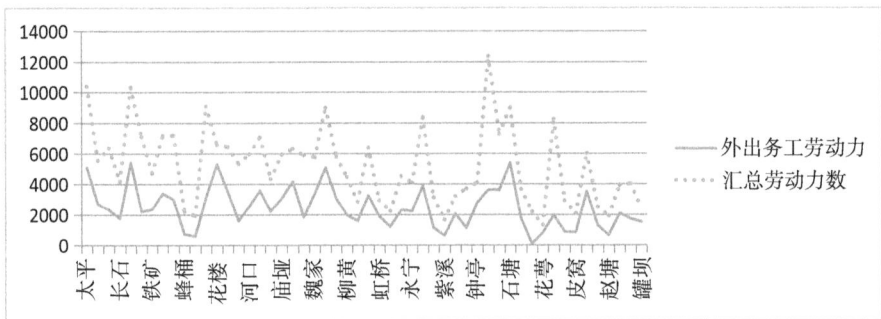

图 1　万源市各乡镇外出务工劳动力与汇总劳动力比较（单位：人）

数据来源：万源市农业局

---

① 唐绍欣：《非正式制度经济学》，山东大学出版社 2010 年版。

② 《中共万源市委万源市人民政府关于实施农村能人培育工程的意见》，万委发〔2014〕3 号。这份文件就培育农村"能人"提出了意见。

从图 1 中可以看出，太平镇、花楼乡等乡镇外出务工人数超过了各自乡镇总劳动力的一半。

总的来讲，万源农村劳动力大量外出，社会流动性加强，乡村空心化、社会原子化严重，村民参与经济组织意愿低、参与能力弱，产业项目组织难度大，加之农民的小农意识，农村扶贫面广，扶贫人口众多，从而使得"能人"带头致富有着深刻的社会背景和必要性。在这样的大环境下，如何带动农村进行脱贫致富，就需要在以往的基础上做出创新。国家扶贫工作的落脚点就是这样的一个农村群体，产业政策和"能人"都发挥了扶贫的带动作用，而产业政策更需要"能人"带头实践并起到示范作用，这是为了适应新时期扶贫工作的新思路。

（二）何谓扶贫？

扶贫，从狭义上讲，是农民的增收，是在农业领域等获得较好的报酬，是就业渠道的增加；从广义来讲，是农村脱贫，还意味着农民身上的负担减轻，能享受到政府提供的公共产品，有更多的可支配收入，各种民生工程让农民获益，就是扶贫攻坚的另一种体现。

二、万源市主要经济社会指标分析

（一）万源主要经济社会指标

根据 2014 年万源统计局的数据，万源在四川扩权强县的主要经济社会指标中，城镇居民人均可支配收入位居 78 个县的第 72 名，农民人均纯收入位居第 76 名，地方公共财政收入排第 62 名，地区生产总值（GDP）排第 37 名。根据县市区（达州市）主要经济社会指标来看，城镇化率排第 4 名（总共 7 个县区），城市居民最低生活保障人数 1.52 万人，是达州市低保人数最多的县区，占总人口的比重为 2.5%。万源金融存款 109.7 亿元，是达州市倒数第一。2014 年万源农民人均纯收入位居达州倒数第一，城市与农村恩格尔系数均高于四川平均水平。

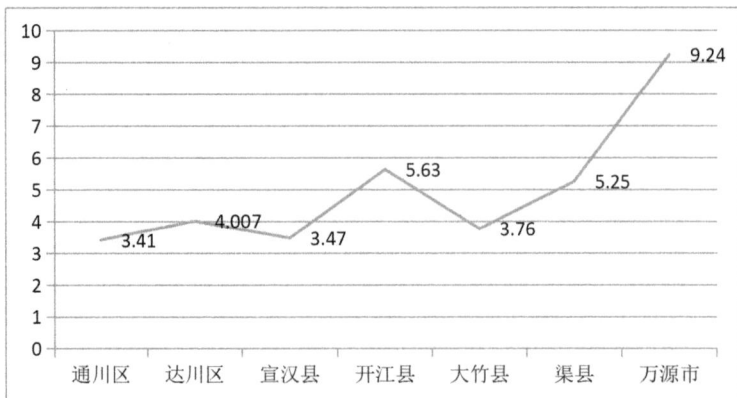

图 2　达州市县区公共财政预算支出与预算收入比

数据来源：万源市统计局

如图 2 所示，2014 年，万源公共财政预算收入 3.39 亿元，公共财政预算支出 31.42 亿元①，公共财政预算支出是公共财政预算收入的 9.24 倍。由上述数据及图 2 可以看出，万源属于典型的依赖国家财政运转的县级市。

（二）万源市农民负担分析

农民获得各种补贴不仅可以降低生产成本，提高从事农业生产的积极性，还可以增加可支配收入，为脱贫致富积累一定的资本。

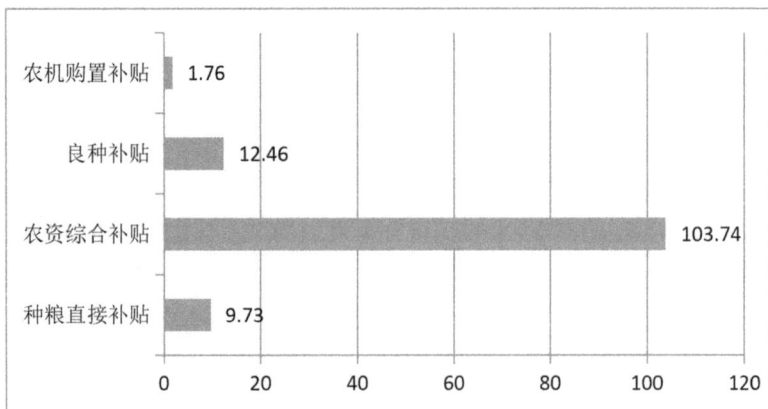

图 3　万源市农民获得补贴情况（单位：万元）

数据来源：万源市农业局

① 数据来源于万源市统计局文件《2014 年万源市经济运行情况分析》。

农民负担包括其支出和收入，收入主要包括各项补贴，其中，农业四项补贴金额最多。农民支出如图 4 所示。

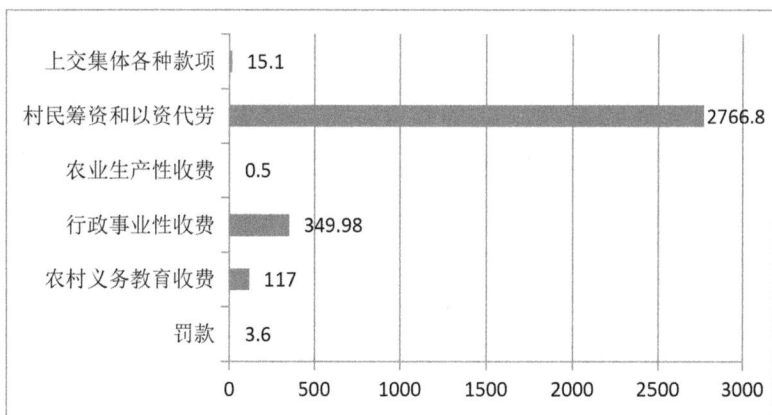

图 4 万源市农民负担情况统计表（单位：万元）

数据来源： 万源市农业局

结合图 4 的情况来看，农民的负担主要集中在义务教育收费、行政事业性收费、筹资和以资代劳及各种款项上，其中村民筹资和以资代劳最多。

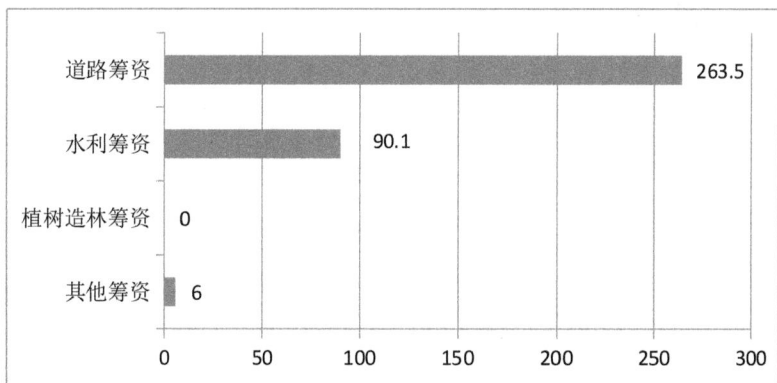

图 5 万源市"一事一议"筹资（单位：万元）

数据来源： 万源市农业局

农村税费改革后，集体生产生活等公益项目的建设在充分尊重村民知情权、决策权、参与权、监督权的基础上，村民也承担了不轻的筹资筹劳压力，如万源地区"一事一议"项目资金来源大体为财政奖补、农民筹资筹劳，比例为 1.5∶1，只有在农民筹资到位后，上报项目一般才能通过市级审批。从

图 5 可以看出为了享受到更好的生产生活条件，一部分农民不得不让渡出一部分经济利益，对于收入门路不多的农民来说，这将成为不小的负担。

三、"能人"带动致富与产业支撑式扶贫的结合

当前区域性贫困问题突出，经过十几年的努力，整体性贫困到局部性贫困成为趋势，扶贫投资效率不高，这些都是摆在扶贫工作中的突出问题。[①] 开发性扶贫优于救济性扶贫，要对贫困地区建立输血机制，形成当地经济发展的能力，而不是只是通过拨付扶贫资金后再不管资金的使用情况，反而助长了地方政府和贫困人口的依赖行为。[②] 扶贫方式的比较成为当前时期必须要思考的问题，这是一个必然的过程。依靠产业发展的带动是目前促进村民增收致富倚重的做法，而对接产业发展、突出农民自我致富能力更多的是专业合作社。

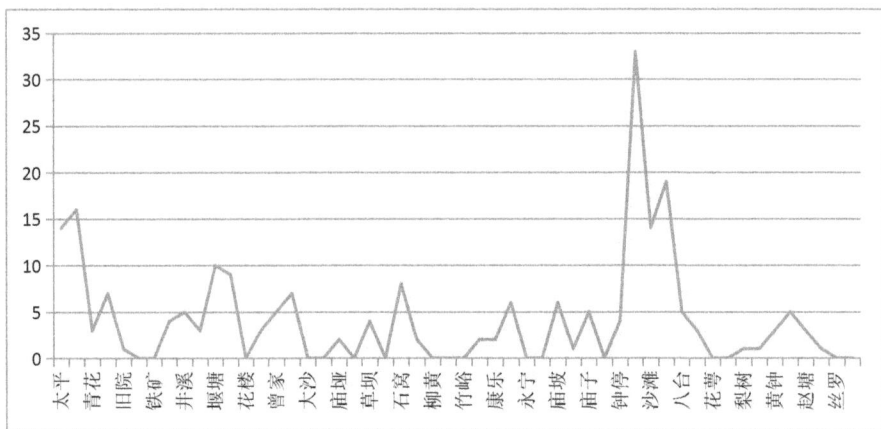

图 6　万源市各乡镇农民专业合作社数（单位：个）

数据来源： 万源市农业局

由图 6 可知，万源 52 个乡镇的农民专业合作社分布极其不均，有些乡镇专业合作社多，如太平、白沙、八台、沙滩、石塘和茶垭，而有些乡镇的合作社数为零，还有一些乡镇的专业合作社的数量分布在 3~7 个，这从另一个侧面反映了万源市各个乡镇经济发展水平的严重不均衡，使得各个乡镇人均

---

① 朱玲、蒋中一：《以工代赈与缓解贫困》，上海人民出版社 1994 年版。

② 朱玲、蒋中一：《以工代赈与缓解贫困》，上海人民出版社 1994 年版。

农民收入水平的差距较大。

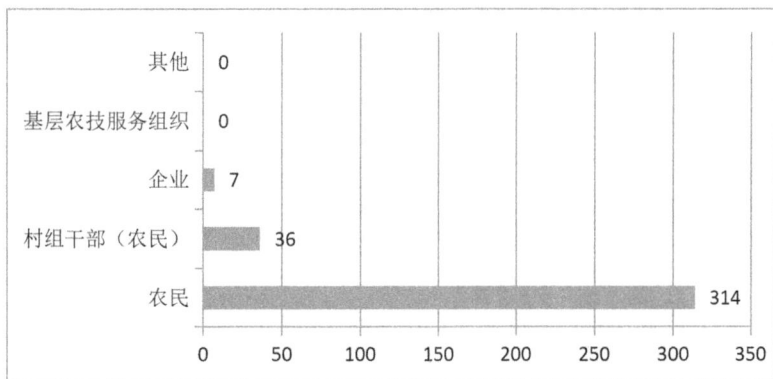

图7　万源市专业合作社牵头人身份划分（单位：个）

数据来源：万源市农业局

　　结合万源的专业合作社牵头人身份来看，目前主要由农民牵头成立，而农民牵头的314人中有36名村组干部，政治"能人"带动的局面已经形成，这对乡村致富来说具有重要意义，可以使得村民得以了解"能人"牵头致富的路径和效果，发挥能人示范作用，形成可复制、可推广的致富路径。其他村民经过深思熟虑后加入专业合作社或成立合作社，这种做法也能降低风险，节约成本，积累管理经验。另外，农民专业组织可以有效地解决"小农户"和"大市场"的对接问题，是农民以较低的交易成本进入市场，有序地参与商品和要素流通，合理分享市场利益必不可少的组织保证。[1]

　　目前万源市的专业合作社主要以畜牧业为主，其次是种植业。在畜牧业行业里，又以生猪产业（97个）、肉牛羊产业（28个）为主要组成部分，这与大量的社会需求有关，还在于这两方面的养殖上，当地老百姓已经积累了丰富经验，且容易获得规模收益。在种植业方面，值得注意的是粮食产业仅有8家，而食用菌生产就有25家，这也反映了种植粮食成立合作社不太受当地老百姓青睐。

---

① 李成贵：《国家、利益集团与"三农"困境》，《经济社会体制比较》2004年第5期。

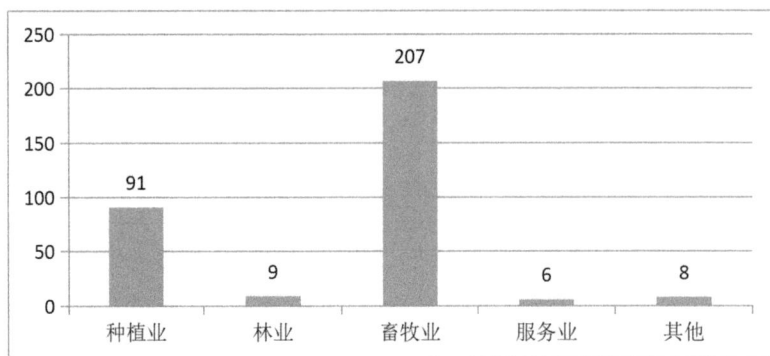

图8 万源市专业合作社按从事行业划分（单位：个）

数据来源：万源市农业局

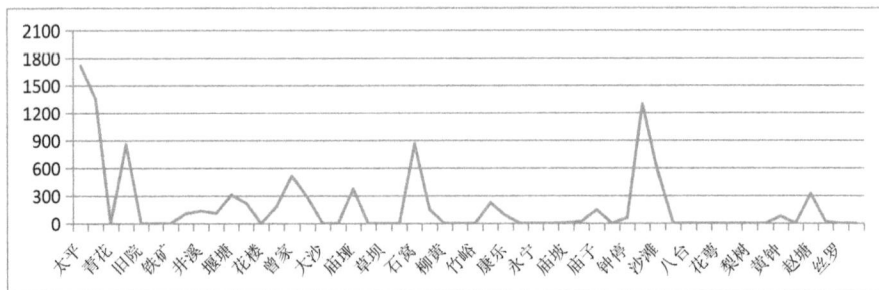

图9 万源市各乡镇农民专业合作社带动非成员农户数（单位：户）

数据来源：万源市农业局

农民专业合作社带动非成员农户数的多少表明了该专业合作社的经济辐射能力和带动能力，带动的非成员农户数越多，说明合作社的经济发展前景良好，能吸引更多的农户加入进来。从图9中可以看出，太平镇、石窝乡等少数几个乡镇的专业合作社带动能力强，在大量劳动力选择外出务工的新常态的环境下，对乡镇留守的农户脱贫致富带动作用明显，带动范围广。但是不可否认的是大部分乡镇的专业合作社带动能力弱，与图6中的数据正好互相印证。

毛泽东在《湖南农民运动考察报告》中论述农村合作社时充分肯定了金融方面的紧迫性。世界各国把合作社的资金困难放在突出位置上提出来。产业扶贫更多地体现在对专业合作社的支持上，由政府规划并给予财政支持。结合万源市农业局的数据来看，2014年当年获得财政扶持资金的合作社有3

家，开展"农超对接"的合作社有 2 家，实施标准化生产的合作社有 14 家。
这些情况都表明，政府对专业合作社的扶持力度不够，尤其是获得财政扶持
资金的专业合作社太少，即便是农村有政治"能人"和经济"能人"的带
动，但是大量的专业合作社急需资金投入，才能使其获得长远的发展。由此
可以看出，万源市乡域经济发展不均衡，这也制约了那些贫困乡镇农民的脱
贫致富。总之，政府的资金扶持政策及其执行情况是影响农民专业合作社服
务功能实现程度的重要因素。①

四、精准扶贫——分解任务到干部的扶贫工作

（一）干部的扶贫任务

对于留在本地的贫困户，竹峪镇也紧跟国家和万源市的政策进行点对点
"精准扶贫"，并要求镇干部与每个对口贫困户每年至少见面两次，做到"脱
贫一户摘帽一户"。在精准扶贫这一块，竹峪镇人大主席负责 28 户，这种带
动能力相对有限，不足以解决这么多户的脱贫，但是责任到户有利于干群关
系的改善，帮助这些家庭理解扶贫政策，并为一些困难户提供一些帮助。为
此，地方干部能做的只有去给贫困户解释他们不明白的政策，以及在他们真
正需要帮忙时，帮他们指出什么政策能帮上他们的忙。换句话来说只是起到
"科普"和"指导"的作用。

精准扶贫在实践中一人一档，到 2020 年保证脱贫，这项宏伟目标依然存
在诸多的挑战，解决房子后能否真正解决贫困问题。国家也不能一直补贴，
后续收入来源是个问题。而当前在农村实行精准扶贫，意味着要对"386199
部队"提供增加收入的机会。因此，农村呼唤致富能人。

从图 10 中看到，万源市旧院镇在省外务工的劳动力占到了绝大多数，这
与万源市大多数人在省外务工的整体情况一致。旧院镇在县外省内与乡外县
内的务工人数不相上下。

旧院镇的农民专业合作社成员数有 17 户，全为普通农户，而且都分布在
石柱坪村，从事畜牧业，牵头人是农民，实现了产销一体化服务，2014 年统
一组织销售农产品总值 58 万元。红岩村有农民专业合作社成员 38 户。旧院

---

① 黄祖辉、高枋玲：《农民专业合作社服务功能的实现程度及其影响因素》，《中国农
村观察》2012 年第 7 期。

镇红岩村是典型有"能人"带动的村，所有的村干部都是农家乐的老板，全村有53家农家乐；高峰冠村没有"能人"带动，村子里仍有几处未通公路，走路到城万快速通道①需要2~3小时。虽然位于快速通道边，高峰冠村的产业发展目前仍无任何起色，到现在村支"两委"班子都未配齐，支部书记是镇上下派的一位50多岁的老同志，只是推进日常工作。村民表示急切希望出现一个致富带头人，可以发展农家乐、旅游休闲产业和黑鸡产业。只有在农村经济增长的内生潜力得到释放后，才能让精准扶贫工作取得更大的成绩。

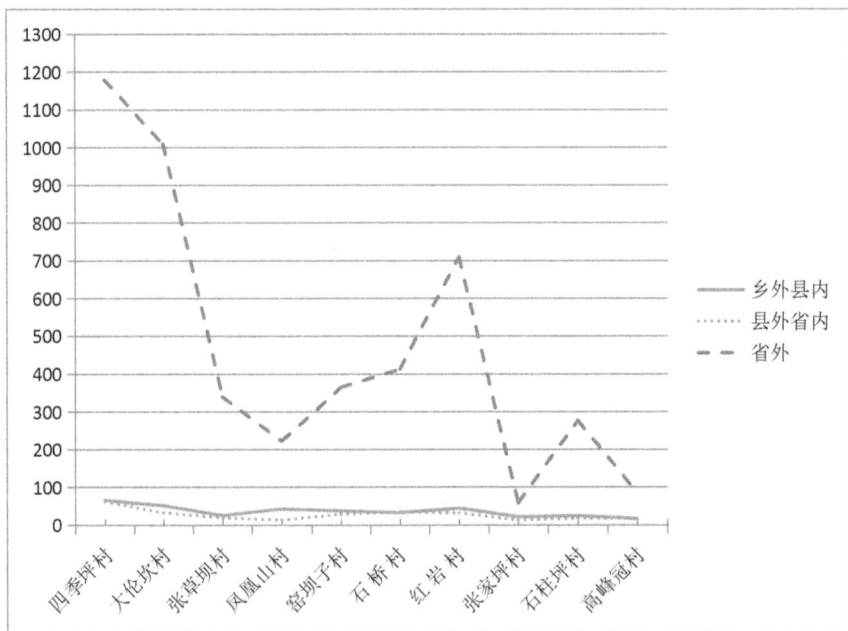

图10 2014年万源市旧院镇外出务工劳动力人数分布（单位：人）

数据来源：万源市旧院镇政府

（二）"拐杖逻辑"与干部的扶贫着力处

黄宗智曾经提出过小农生存的"拐杖逻辑"。"过密型"生产的小农就像一个虚弱的病人只有靠佣工、家庭手工业和副业等兼业收入这根拐杖的支撑才能生存下去，这就是"拐杖逻辑"②。

---

① 城万快速通道是重庆市规划"四小时重庆"中的控制性工程之一。

② 黄宗智：《长江三角洲小农家庭与乡村发展》，中华书局1990年版。

中国经济发展成为吸引中国农村剩余青壮劳动力的重要途径,这样的经济增长在短期内为农村剩余劳动力提供了改善家庭收入的就业机会,但是容易受到政策影响或者国际经济形势影响。从长期来说,这部分外出的劳动力依靠外部经济增长来获得就业岗位,本身就是脆弱的,不具有持久性。进城农民可以通过保护型城乡二元结构①为自己进城失败提供返乡回家的通道,这种缓冲机制为农村带来了稳定,农民离土不离乡,以代际分工为基础的半工半耕结构的劳动力再生产方式,也减少了地方政府的压力,降低了中国现代化进程带来的压力,也使得中国消化掉了农民工失业带来的影响。但是这不是长久之计,农村如果没有经济增长的内生潜力,何以在农民工进城失败返乡后获得收入?虽然这在宏观上来讲提供了一个时间缓冲,但是不能因此成为放慢农村改革的理由。精准扶贫的难度不在于仅仅使得"386199部队"有增加收入的机会,还在于如何在大量劳动力外出务工的时候,让村域经济成为生产型的场所,具有经济增长的内生潜力,降低对外出务工的依赖性,这是长远之计。而干部扶贫的着力处更多的应该是支持产业发展,帮助规划农村专业合作社,培育农村致富能人。

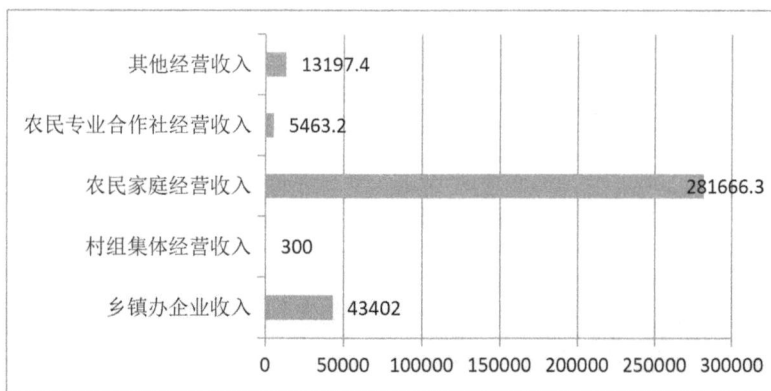

图11　万源市农村经济收益按经营形式划分(单位:万元)

数据来源: 万源市农业局

根据万源市农业局的数据,万源农村经济总收入为344028万元,其中,

---

① "保护性"的功能不断增强,使广大农民在市场经济中"进可攻退可守"。林辉煌、贺雪峰:《中国城乡二元结构:从"剥削型"到"保护型"》,《北京工业大学学报》(社会科学版)2016年第6期。

农民外出劳务收入135722.9万元，占到了39.45%，外出务工经济给农民经济收入带来了很大的改观。但是农民专业合作社的收入在农村经济收益中所占份额仅高于村组集体经营收入，当地乡村集体经济基本有名无实，可见专业合作社经营收入不太乐观，但是又发挥着不可替代的作用。

新"贫困陷阱"的一大特征就是出现了阶层性贫困陷阱和区域性贫困陷阱。[1] 新时期农村不同群体的人在经济发展中获益不同，乡村里出现了明显的收入差距，形成了一定的阶层性贫困，一些群体在经济发展中和其他群体之间的差距越来越大。尽管中国再次成了例外：没有漂泊无根，城市没有大规模的城市贫民窟，[2] 但农村出现的阶层性收入分化却不可忽视。

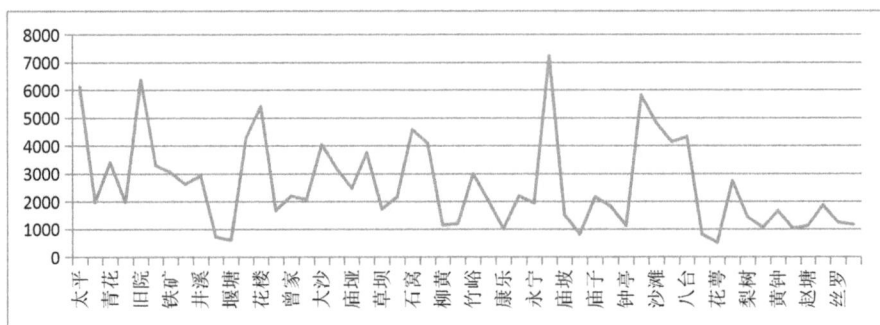

图12 2014年万源市各乡镇农民外出劳务收入（单位：元）

数据来源：万源市农业局

从图12可以看出，万源市各乡镇的劳务收入是农民收入的主要渠道，是支撑农民生活生产的不可或缺的"拐杖"。不过各个乡镇的农民外出劳务收入差异较大。结合万源的情况来看，种植粮食作物无法致富，还需要其他途径为家庭收入带来保障，因此，这种"拐杖逻辑"在万源依然存在。

五、政治"能人"在扶贫政策上的争取

作为"能人"的一个重要群体，乡镇干部素质的高低直接决定了扶贫政策能否得到坚定贯彻。在涉及村社发展规划、致富门路拓展、具体事务解决以及乡村矛盾处理上，乡镇干部发挥的作用是其他干部所不能替代的，这几

---

① 康晓光：《中国贫困与反贫困理论》，广西人民出版社1995年版。

② 贺雪峰：《城市化的中国道路》，东方出版社2014年版。

年驻村干部就扮演了这样的角色。农村的资源也是处于动态变化之中，如何整合资源，收集村民是否愿意加入合作社等信息方面，乡镇干部具有天然的优势。

（一）干部争取来的扶贫政策支持

在县一级政府，要想在扶贫中取得好的成绩，没有上级政府的政策支持是不行的。政治"能人"在扶贫政策争取中发挥着重要的作用。赣州各级干部经常到中央争取政策支持，最终得到了国务院的认可并让各部委落实。国务院及国务院办公厅相继下发10个文件，分别批复了罗霄山片区扶贫攻坚规划、赣闽粤原中央苏区振兴发展规划等重大规划，38个部委出台45个具体实施意见或支持政策，39名干部到赣州挂职。截至2013年，已经给予赣州各项补助资金583亿元，组织了1.8亿元产业扶贫资金项目，扶贫力度很大。

功能定位明确后，贫困地区应有较好的定位，应该发展什么产业，建设什么项目，这都是需要思考并有政策支持的，尤其是需要一些国有企业扶贫，如央企对口扶贫。国家要重视贫困地区产业带动当地经济发展，企业带动的效益比较明显，单纯靠国家的财政支持不可持续。总之，赣州市对于自身的定位和发展规划有着明确的认识，加上政治"能人"的不断争取，才使得产业扶贫、精准扶贫等工作有了持久开展的财力支持和制度保障，这也是值得万源学习的思路。

（二）扶贫工作的公共政策议程设置

王绍光在《安邦之道》中提到我国公共政策议程设置的模式：关门模式、动员模式、内参模式、借力模式、上书模式和外压模式，今天六种模式依然并存于我国公共政策议程设置中。[①] 其中，上书模式是指给各级决策者写信，提出政策建议，不包括为个人或小群体利益申述之类的行为。上书模式成为我国议程设置的主要模式之一，在公共政策的制定中发挥了一定的作用。鉴于上书人往往具有知识优势和社会地位，拥有一定的话语权，他们的建议才可能被重视。

在广义扶贫中，县级政府部门在扶贫和农村工作方面有经验的地方精英，

---

① 王绍光：《安邦之道：国家转型的目标与途径》，生活．读书．新知三联书店2007年版。

汇聚了地方政情民情的上书，发挥了一定的影响力。在此以万源的一件事情为例。万源做不到全面解决农村地区饮水问题，就不会把全面解决饮水问题写进地方人大报告。后来国务院政研室的同志来万源调研，询问为何举全市之力难以做到安全饮水问题。万源的情况是，光解决十几户人的饮水问题就得投入几千万元的资金；有些地方没有水源，自然环境的限制使得饮水成了问题，所以没法全面做到安全饮水。按国务院规划，前五年解决饮水问题，后五年解决饮水提质问题。后来四川的督查组调研万源的饮水问题，通过这些汇报和积极争取，使得上级部门对万源饮水问题给予了高度重视。

万源的"一路二水"是重头戏，住在山上增加了饮水解决的困难。在调研队调研中发现，万源的几个局及市委领导在联系国务院相关部门及智囊机构人士来万源调研上不遗余力，通过各种途径和办法"为民请命"，如实汇报了万源的实际工作，才使得广义扶贫工作的推动有了支持。可见干部政治"能人"在扶贫工作中起到了多么关键的作用。

（三）如何在现有考核体系下评价扶贫工作成绩？

达州市召开了两次会议，文件规定每个县都要有重点项目，一般是两个，不能重复，规定要有新东西，上下半年各检查一次，目的是推动达州市项目建设。而这种推进工业化的思路，将发达县市的经验或者一般思路用到万源，可能会有一些水土不服。万源自然灾害频繁，道路狭窄弯曲，用地指标难以解决，土地又不能轻易占用，严重限制了招商引资。而现有的政策不允许开绿灯，贫困县市要和发达县市一样进行考核，用同样的指标，一视同仁，难以做到因地制宜。据调研队了解，现有的考核方案都是市级政府统一下达考核方案，在特殊性这一块强调不够，难以突出贫困地区在自身基础上做出的成绩，一个模式套下来，不太现实。四川省还规定了农业增收指标，全省后几名的县的主要领导要做述职报告。万源利用特色增收是当前一段时间的重点工作，取得了不少成绩。问题在于基础设施条件的改善是农民增收脱贫的前提，目前基础设施改善依旧任务艰巨。在发展产业上，一些产业不是一年两年就能提升起来的。因此，干部"能人"的扶贫工作是在这样的政策环境下进行的，在享受政策优势的同时，还有着政策带来的行为界限的约束。

六、经济"能人"带动下的合作社经济

实际扶贫工作中，可能出于扶贫工作的艰难或者干部工作的不扎实，为

了应付扶贫工作考核存在农民"被动扶贫"的问题，在今后要更多地发挥农民自主性，实现自主式发展。"一方水土养一方风物"，当地百姓对本地能种什么、能养什么，自己是否有意愿和经验都有深刻的了解，因此让老百姓自主参与进来，能实现农村内生型发展。农村经济"能人"村支书带动下的合作社经济就为此提供了较好的致富路径，合作社经济是克服农民出资能力弱、承受风险能力弱及小规模生产弊端的有效模式。

在调研队调研的几个乡镇及村里，经济"能人"主要包括村主任或村支书，这些经济"能人"在村里致富不仅仅需要政策优势，还需要在投资初期的资金和勇气。目前他们已经取得了一定的成绩，有一定的资本积累和致富经验，身上担负的经济功能的色彩更浓，致富示范作用更明显。

（一）茶叶合作社：灵活的模式与保障农民利益的机制

白羊乡的茶叶种植采取的是"公司+专业合作社+农户"的形式，目前由一位 30 多岁的村支书当社长，将 200 多户的土地整合，合作租赁土地 1100 余亩，入股土地 900 余亩。2013 年年产茶叶 19500 千克，实现经营收入 526 万元，带动周围农户 698 户，户均增收 7300 元以上。[①] 利润实行四六分成，农户占 40% 的利润，公司占 60% 的利润，使社员在最大程度上获得收入。未来几年准备继续增产 1500～2000 亩的茶园。合作社成了社员致富增收的主力军。据合作社负责人介绍，合作社的制度制定得比较规范，但是在实践中无法完全执行，合作社对农户的约束力较低，基本上属于加入与退出自由，也不会要求农户缴纳一定的准入金来约束他们；同时，这也是保障社员利益的制度底线。农户更加看重短期收益，有利则留，无利则退。前些年土地租赁给合作社较多，让合作社出资人来种植和经营，农户每年收取一定的租金。近几年有了转变，更多的农民种植茶叶，并和合作社建立合作关系，获得了收入，也降低了合作社出资人自己管理茶园的高昂成本，如种植成本和采摘成本。而农户自己经营和管理时则可以分散风险。经济"能人"的谨慎经营和对社员的负责，使专业合作社逐渐被更多的村民信赖。

茶叶采摘的劳动强度与在建筑工地工作来说差别不大，每年 3—8 月都可采摘。采摘的时候可以选择在清晨或傍晚，避开酷暑，是可以有时节选择性

---

① 数据来源：万源市白羊乡政府。

的劳动。种植茶叶不容易受天气影响，不像粮食作物，干旱缺水或者大风都会影响粮食作物产量。据当地合作社负责人介绍，目前白羊乡种茶一亩地收入可达 1000 元，而种植粮食每年收入最多 400 元/亩。

在调研茶叶合作社时，听取了 2 位专业合作社负责人的发言，其中一位的合作社有 105 户农户，出资人有 2 名；另外一家合作社有 100 亩茶园。一个合作社的农户介绍，现在都是雇人采摘茶叶，而且该乡镇还有一支营销队伍，他自己也是这个队伍的一员，每年还可以获得一定的销售利润，不过人数依然不多，对白羊乡茶叶品牌推广总体上还显得不够。这次调研的村有 916 人口，其中从事种茶、采茶的有 400 多人，这个人数在逐年增加。当地老百姓看到种植茶叶有较好收入后开始模仿学习，村民相对来说还是比较看重短期收入。

近年来，白羊乡茶叶的知名度越来越高，冒充的也越来越多，这需要工商等部门的通力合作打击假冒伪劣才行。这表明农民增收不是一项简单的工作，而是一项系统性工作。白羊乡的专业合作社通过加大培训人次以及二次返利机制，提高了专业合作社成员的积极性，并着力解决产品无法变卖的问题，为可持续发展奠定了基础。合作社的经营依然存在着一系列难题：如何让更多的农民留在村里种茶？如何形成稳定、专业的营销队伍？如何把产品变成商品？产业发展的瓶颈如何突破？这些都是需要政府和村民进一步思考的问题。

（二）村支书带动下的养殖合作社发展

1. "专业合作社+农户"模式的养牛场

罗文镇有一家养牛场，共养牛 280 头。这家合作社的负责人是村支书，不过他占的份额不大。养牛场分为 2 个场地，一个肉牛饲养棚和一个小牛饲养棚。这个合作社中 12~15 头的户数占到了 50%以上，15~18 头的占 20%，30 头以上的仅占 5%左右。相比其他合作社，负责人并没有绝对优势。合作社采取这样的思路：农户购买合作社的幼牛苗，等喂养大了以后可以自己出售，也可以选择卖给合作社，合作社的牛出售是按照活牛斤数来称量，不经过深加工。负责人介绍，牛的饲料是玉米秆，玉米秆以 400 元/吨的价格从本村农民手中购买而来。而每亩地的玉米秆产量最少也超过 1 吨，这对当地农民来说也是增收的一个途径。不过目前最让这位负责人头疼的是政府不让进一步扩建厂地，要保护基本耕地面积，不能将基本农田变成养殖场。这家养殖场喂养小牛的地还是"向山要地"，土地资源紧缺。在实地调研中，询问了几家当地农民，最多的一家有土地 2 亩，依靠这点土地获得的收入太微薄，种植的粮食也无法保证自己家里食用。当地农民有相当一部分外出务工了，就是因为靠自己家的土地无法保证脱贫致富。在人均耕地少、偏远落后的山区发展养殖业，是一个不错的致富路子。因此，需要政府的政策支持和资金支持。

自 2020 年以来，牛肉价格有所下降，每斤下降了 1 元，一头牛少卖 1000多元，这对当地农民来说是一笔不小的损失，再加上销路不畅，让村支书很犯愁。"互联网+"思路的提出，对解决农产品出路是一种好思路，至于怎么操作，需要详细认真的研究，并需要一定的实战经验。

目前，万源部分乡镇农村中介组织发展相对滞后，不能承担起有效连接各生产基地和分散农户的任务，农户生产盲目性大，与市场结合不紧密，导致企业、基地、农户利益无法得到充分保证。

2. "公司+基地+农户"模式的养猪场

相比养牛场，养猪场是一家公司，这家公司规范，标志鲜明，厂房整齐，防疫水平高，公司有专门的粪便处理系统，污水经过处理达到了排放标准。公司有沼气池，免费供公司的员工使用。这个公司起初由 3 个人出资建设，3人共投资 500 万元。3 人均不是本地人，是商业投资者，属于本文界定的经济"能人"，带动周围 100 户人家，年产出商品猪 4000 头。在销售方面，这家公司有 2 家门市，实行自产自销，最多一天能售出 10 多头，合作社猪肉价格稳定。一般都是让农户购买育苗后喂养，喂养的是粮食作物秸秆，如玉米秸秆，即青饲料，以保证肉更便宜、更安全。农户可以把喂养大的猪卖给市场或者卖给合作社，合作社产品销售模式灵活，农户可以自由选择卖给市场或公司，保证农户的收益最大化而不致受损失。让农户自己饲养的优势在于，自己养殖具有低成本特点，饲料和劳动力成本都可以不计。与旧院黑鸡不同，黑鸡长到一定程度就不再增重，再喂养粮食会增加成本。这家采用的是"公司+基地+农户"的模式，无论是在育苗、疫情防止、销路上都具有优势，加之饲养技术成熟，风险降到了最小程度。这样的"公司+合作社"的制度创新，其致富效果已经超过了单纯的"合作社+农户"的模式。经济"能人"在带动的过程中，资本规模发挥了重要作用。经济"能人"采取什么样的经营方式和管理方式，都决定了致富效果的不同。该公司在市场风险与价格波动方面做出了有益的探索，在增收致富上取得较好的成绩。

对比上述两个案例可以看出，不同类型的经济"能人"或经济组织带动村民致富脱贫的能力不同，企业与农民的利益联结获得的效果要好于单纯的"专业合作社+农户"的模式。龙头企业带动的模式还不能取代单纯的专业合作社模式，龙头企业是从利润最大化角度出发的，其支出—收益的行为逻辑使得它为农民服务会打折扣，这已被农业产业化发展实践所证明。[1] 以美国的农业合作组织为例，其运营不是以赚钱为目的，而是给成员提供经济利益，追求有限的资金利润率。部分农民专业合作社走向综合化、企业化，供应链色彩日益浓厚[2]，农产品供应链管理环境对合作社的影响日益显著。

（三）村支书带头致富的案例

立川食品公司成立于2007年9月，是一家农产品加工企业，是四川省农产品加工优秀企业，也是万源市龙头企业。立川食品公司与西华大学建立了合作关系，有专门的研发团队，公司还有专利。鉴于公司优秀的业绩，村支书也被省委评为优秀村支部书记。2014年税收超100万元，并获得中国农业银行贷款1000万元。这表明，合作社社长情况对合作社能否获得银行信贷有显著影响。郭红东等研究指出，获得过"劳动模范""优秀党员"等称号的社长所在的合作社相对容易获得正规信贷。[3]

立川食品公司总经理是村党支部书记。在调研的访谈中，他一再强调企业带动农民致富的必要性，认为龙头企业带动的辐射面大。这位支书刚开始创立了一个腊肉加工的专业合作社，收购周围农户的生猪，当时的带动效果较好。经过七八年的发展，积累了一定资金，后来建立了四川立川食品有限公司，专门以加工豆干和核桃仁为主，2010年扩展到2000吨豆制品。本地豆制品品质优良，配料多样，口感好，传统生产方式制出来的产品生态环保。目前公司已经建立了生产线，生产豆干、红豆腐和腐乳。成都是立川食品公

---

① 胡振华：《中国农村合作组织分析：回顾与创新》，知识产权出版社2010年版。

② 李炯：《美国农业合作组织现状、特征分析与启示》，《中共宁波市委党校学报》2001年第6期。

③ 郭红东、陈敏、韩树春：《农民专业合作社正规信贷可得性及其影响因素分析——基于浙江省农民专业合作社的调查》，《中国农村经济》2011年第7期。

司的批发中转地，产品以成都为中心面向全国，产品远销上海一些超市。在访谈中他一再强调希望得到政府的扶持，以使得公司得到长线发展。用他的话来说就是"不依赖政府，而是依靠政府"，主要体现在从政策角度上，集中打造一些种植片区。如以一个村为单位的大蒜种植区，配套到老百姓身上的政策或者资金，不如直接拿来帮助龙头企业做长远规划，以更好地体现扶贫攻坚的价值和效果。但是目前种植还没形成产业，缺乏连片区的配套政策。目前的实际情况是万源财政资金缺乏，财政收入有限的情况下，需要配套支持的项目又太多，就无法做长期规划。

大竹镇染房村种植大豆、大蒜、辣椒、核桃和板栗等，基本上都是农户分散种植。有了龙头企业，就可以消化当地农产品，将产品变成商品。如果对专业合作社进行扶持，让公司周围更多的村子种植豆干的原产品，对产业进行延伸，就能带动周围的就业，商品原料也能得到保证。目前公司一部分原料是从其他地方购买的，大竹镇不具有交通优势，增加了物流成本。不过制作豆干等产品需要的矿泉水来自公司附近，可以节省一些成本。在公司发展方面，政府可以做如下事情：搭建平台，如与院校联姻，进行基地建设。村支书列举了恩施茶叶基地的例子，政府为茶产业建厂，给种茶农户补助，对茶叶加工公司一定的税收优惠。万源市政府对该产业的配套不到位，对当地农民脱贫带动不够明显。万源大竹镇一些青壮年劳动力外出务工，不能吸引他们回村发展，就无法让豆制品加工行业发展得更好。为此，村支书认为应该从县到村进行总体规划，不是要政府补贴多少钱，要解决制约发展的因素。村支书作为经济"能人"的代表，已经从产业规划角度去思考和实践脱贫致富的思路，这与文章前面列举的几位负责人所站的高度已经有所不同。

鉴于目前农户分散化的种植局面，只有让更多的农户参与到种植豆制品行业的原料中来，既能解决企业原料来源，还能带动农民增收。如果依靠土地流转来规模化生产这些产品的原料，面临着几个问题：一是缺乏土地流转的出资人；二是土地流转费用是一笔不小的成本；三是当地老百姓目前空置的土地较多，一旦听说流转，流转费用也会水涨船高；四是当前流转过程中只能流转经营权，不能流转承包权，一旦流转承包权，那么就涉及安置补偿，而如果仅仅流转经营权，可能会发生一些纠纷，如农民收回经营权，因为违约的成本低。在这样的情况下，就需要对村域经济发展进行定位，是种蒜还是种豆，并且需要政府在前期给予一定的激励，如产业补贴。产品链从源头到产品，都需要政策支持。

面对全国范围内的村域经济来说，贫困地区的共性问题与差异化问题并存，为了致富制定的政策似乎难以满足全国范围内众多的政策需求，为此需要从中找出一些共性问题，给予政策支持。

总体来说，合作社经济能带动周围农民致富，这点不像走养殖大户的发展思路，扶持规模化养殖实际是让个别人增收致富。合作社负责人在实际管理中必定会遇到各种难题，如来自市场的风险、资金的短缺、生产成本的上涨、土地的紧缺等，都使得合作社的规模扩大受到限制。合作社在带动农户致富方面的效果还是显著的，不过问题总是有的，有客观因素导致的问题，也有主观因素导致的问题，不能一概而论。这也表明政府如何树立在人民心目中的形象，不仅仅是给他们发一些补助等，而是能对他们面临的问题及时倾听并予以解决。

（四）产业联动助推发展

旧院镇有养鸡育种设备的只有文均禽业有限责任公司。据该公司负责人介绍，一些农户的黑鸡生长不好的原因是在培育上的细心程度和所花的时间不够。这家公司带动了周围五家合作社。不过专业技术人员缺乏是限制农户养黑鸡的一大因素。因此，依靠专业协会的技术帮助是很有必要的。时任四川省委书记刘奇葆提出"千万黑鸡下江南"的口号。以目前产量来看，5000只以上的有 3 户，旧院镇总体规模偏小。

旧院镇以特色产业助推旅游产业。当地进行了基础保障，如道路拓宽和硬化、修停车场、通水通电、建立垃圾池和医疗服务中心，这样一来旅游项目就有基础条件支撑了。旅游项目的典型代表是"大巴山第一漂"的漂流项目。漂流中心附近是高山移民村，目前有 2000 多人口，400 多户，开了 30 多家农家乐，家中闲散人员可以去漂流的工作中兼职，常年在景区务工人员达 100 人以上，带动周边农户年户均增收 2 万元以上。① 旧院镇的黑鸡养殖户把黑鸡送到各个农家乐，实现了不同产业之间的联动和带动，效果不错。

---

① 数据来源：中共万源市委农办。

基础铺垫的工作主要由政府来做，才能获得农村农业部、省的财政支持。从产业互动与协调角度看，目前的产业配套能力、产业带动能力在不断发展，其潜力也待进一步挖掘。万源的发展情况表明，注重经济效率，不能仅强调GDP的总量，还要看GDP的三次产业分布，即是否带动了农民增收。

总体来看，研究减贫道路的政策自觉渐趋成熟，扶贫方式也日趋多元化，尤其合作社的模式灵活多样。万源市政府对贫困地区的民情村情认识也更深刻，不过扶贫道路依然任重而道远。

七、政策建议及研究结论

本文力求详细的展现调研的信息，全方位展现国家级贫困县万源如何在现有的环境下依靠"能人"来带动致富。总体上看，万源部分农民通过外出务工获得收入，以及专业合作社对农民致富的带动等，形成了多种脱贫致富的局面，在这种局面下，万源市"能人"群体共同发挥了不可替代的作用，才有今天的成绩。

"能人"带动是万源脱贫致富工作中的生力军，发挥着重要的、不可替代的作用，但是目前面临着"能人"稀少的情况，一些乡镇或贫困村不能覆盖，一些能人的素质还有待提高，尽管以往有培育"能人"的做法，但是这种做法依然有提升的空间。

从产业扶贫的角度来看，通过龙头企业的带动，扶贫取得了较好的成绩。但是一些企业运营还不够规范，缺乏可持续发展能力且效益不稳定。目前万源当地龙头企业总体规模偏小，科技含量低，整体实力弱，市场开拓能力不强。龙头企业资金严重不足，影响基地建设、产业发展和升级，制约着企业的发展速度和产品质量的提高。龙头企业的生产成本还有降低的空间，品牌知名度不高，营销网络不健全。

（一）政策建议

1. 进一步扶持龙头企业

龙头企业并不能取代专业合作社，而是应该扶持产生更多的合作社。除此之外，要进一步加大对龙头企业的扶持力度，扩大龙头企业的发展规模，全力打造龙头企业产品品牌，大力发展农民专业合作社，有效加强企业与农民的利益联结。

2. 采用多种模式发展专业合作社

农民，必须是有适当组织的农民，才能成为新农村建设的真正主体，成为脱贫致富的主力军。因此，需要对以往原子化状态进行改变，而政治方式组织农民又会面临失败的可能。通过建立农村合作组织是解决这个矛盾的必然选择。基于历史与现实的考量，发展专业合作组织，不应拘泥于一种模式，而应采用因地制宜的模式。鉴于以往出现的农民听命于村"两委"领导的主观决定，农民很难行使监督权，集体利益时常受到侵害的情况。[1] 新时期制度建设应该坚守底线思维，保障农民利益，进一步创新机制保证农民的低成本投入和高收益，为农民持续稳定增收奠定基础。合作社作为农民利益的代言人，其经济意义和政治意义都不可轻视。

3. 尊重客观规律和农民意愿开展扶贫工作

在调研过程中，发现个别地方的领导在没有征求老百姓意见的情况下，便给当地联系一些扶贫项目，但对于项目是否符合当地的地理自然环境缺乏论证，对产品生产出来后怎么进行深加工、如何进行销售缺乏思考，使得一些项目盲目上马。因此，针对农民"被动扶贫"的问题，在今后要更多地发挥农民主体性和主动性，实现自主式发展。

4. 进一步培育农村致富"能人"

"能人"是农村致富一张有说服力的名片，他们的致富行为和示范带动作用会被周围人模仿。为此，政府要进一步发挥"能人"的引领示范作用，使他们在脱贫致富中发挥重要带动作用。而"能人"群体全面发挥作用的局面对万源脱贫致富有着重要作用。未来这种局面依然需要巩固，而发现"能人"、培育"能人"、重用"能人"是未来脱贫致富工作的重中之重。"能人"所拥有的致富经验是最好的能力证明。

5. 重视基础设施建设

目前扶贫工作存在重个人、轻集体的情况。在精准扶贫战略下，很多单位和党员干部把扶贫致富的重点完全放在贫困人口身上，而忽略制约当地发展的基础设施建设。为此，要进一步争取上级政府财政支持，进行基础设施建设，尤其是村道建设，为农村脱贫致富奠定最基本的基础支撑。

---

① 邢古城：《农民利益保障问题的制度因素分析》，《贵州师范大学学报》（社会科学版）2006 年第 2 期。

6. 加大对农村专业合作社的财政与金融支持

农民专业合作社的发展面临着资金匮乏的问题，资金已成为农民专业合作社为成员提供各项服务所需的稀缺性资源。当前一段时期，万源市的金融机构对农村专业合作社的支持力度有待加强，以农村信用社为例，将更多的精力放在吸纳存款和给中小企业贷款上，对于专业合作社的扶持并不是其重点工作，这种局面有待改变。为此，合作社需要政府更强有力的财政、金融支持。政府支持对合作组织的发展不可缺少，作为"第一推动力"来弥补个别能人的不足，帮助这些合作组织走上正轨道路。

7. 进一步向上争取转移支付资金

不同地区可支配的财政资金不同，对中央政府的财政资金依赖程度不同。万源作为国家级贫困县，其生态环保方面的要求使县域经济功能更多的是服务于下游经济，这就使得万源的发展受到限制。而如何更好的对贫困县的县域经济功能进行定位，是非常迫切的，一旦定位好，才有政策支持。因此，县域经济功能划分非常重要，具体到每个县的发展思路及规划上，既不能让个别县损失发展良机，也不能施加过多的约束限制。因地制宜的背后，不能把一些困难都交给一些县级政府来克服，而是要给予这些县更多的政策倾斜。在新的历史起点上，全面深化财税体制改革有着现实的需求，要增大县域经济可支配的财政力量，尤其要加大对国家级贫困县的转移支付力度。

（二）研究结论

总体来看，由于政府能力的影响范围有边界，在新常态下政府主导的扶贫模式无法作为农民脱贫致富的唯一模式。劳务输出易受到宏观经济环境及务工人员观念的影响，具有很大的不确定性。产业扶贫模式在万源这个仍然缺资金、缺人才、缺市场的环境中，要真正发挥作用还有较长的路要走。合作社经济在小农意识浓厚、"能人"培育工程正在进行的环境中，发挥的作用很重要，但是存在作用范围依然有限、惠及的人群不多的难题。个体经营虽然有灵活性的特点，但因为不成规模，辐射带动作用有限。社会参与在整个经济发展程度还不高，参与的主体、范围及深度都有限。综上，经济形势、扶贫工作、农村社会环境进入新常态的背景下，单独强调任何一个主体的作用都是不够的，作为国家级贫困县的万源的脱贫致富只能走多种"能人"带动的复合型发展模式。

万源作为秦巴山区的一个国家级贫困县，其扶贫工作及扶贫工作开展的整体环境具有一定的代表性：像万源这样的贫困县在西部较多，本地经济增长潜力小，一般性公共财政预算收入少，无法较好地在扶贫上投入大量资金。依靠农民自发努力进行扶贫，进展缓慢。而一些农村公共产品的供给，更是需要政府的投入。即便是解决了狭义上的扶贫，广义上的扶贫依旧需要万源这样的贫困县投入大量的资金才行。本次调研的一般性意义在于，国家如何更加有针对性地指导贫困地区开展扶贫工作，在地方政府现有的财力基础上，制定产业扶贫政策等，帮助地方政府更好的脱贫致富。

我国农村要想再次作为一个繁荣的生产性场所，龙头企业、专业合作社以及个体户共同发挥作用就是应有之意，不仅能增强农村经济的内生增长能力，还能带动农民脱贫致富。在这个历史过程中，需要做大量的工作，不仅要有宏观战略，还要有微观指导，更需要政策、资金、人才等支持。政府更是要在发展村域经济中关注微观个体的情况，这些个体的心声往往能反映出一些共性的问题，通过这些方面的努力，为新时期万源农村脱贫致富做出新的贡献。

后记：

王夫之在《礼记章句·中庸衍》中提出："知行相资以为用。唯其各有致功，而亦各有其效，故相资以互用。"[1] 知和行都有自己的功效，两种功效互相作用才是一个完整的过程。调研工作涉及对知和行关系的理解及处理。

在调研中，没有地方政府干部的陪同，调研队可以和老百姓聊一些深入的话题，真切地听他们的心声。有些当地的新闻宣传与现实的情况还是有一定的差距，这也是调研队做深入调研的必要原因，梳理现状，发现问题，思考问题，是调研队需要做的事情。因此，扎根中国乡土，既有必要，也有意义。

农村有共性问题，也有个性问题。农村的问题既有其历史合理性，也有改进的空间。青年学子为此发声才是其职责所在，也是恰当之举。

林则徐的授业恩师是清人郑光策，郑光策认为，"为治之术，以得民心为本"，而本中之本则是"劝农桑以重本计，明礼度以正风俗，躬勤俭以节民用"。结合本文来说，让农村变成繁荣的生产性场所，劝农桑以富民。《林则

---

① 王夫之：《礼记章句》，《船山全书》第四册，岳麓书社，第1256页。

徐评传》提到林则徐的"恤民""重民"思想。① 因为出身贫寒，他对广大人民心怀大爱，肯定人民的力量。他看到了人民的力量，对此心怀敬畏。扶贫工作让人民群众有看得见、摸得着的实惠，又要为后人做铺垫、打基础。扶贫工作更需要"能人"的带动。恰如"得其人而行之，则为大利，非其人而行之，则为大害"② 所言。

①　林庆元：《林则徐评传》，浙江文艺出版社 2000 年版。
②　王安石：《上五事札子》。这是一篇关于熙宁变法的札子。

四川万源市旧院黑鸡产业发展与农民增收研究

傅琦佳　兰艺华　沙金地　刘凌星①

【摘　要】旧院镇把发展特色养殖业作为促进农牧业增效、农牧民增收的突破口，充分利用当地自然环境和地理优势，使得特色养殖业成为当地经济发展不可忽视的重要产业。本文通过讨论黑鸡产业发展现状、经营模式、影响黑鸡销售价格的因素等，全面认识黑鸡产业发展的整体环境和面临的困难。本次调研采取参与观察、无结构式访谈等方式，以农户为主体，考察政府、企业、合作社等外部支持与农户自身发展情况，探究旧院镇黑鸡产业存在的问题，并就该产业的发展前景以及如何发挥农村特色产业的潜力、带动农民增产增收提供政策建议。

【关键词】旧院黑鸡　农民增收　合作社　产业链

中国是农业大国，畜牧业在农业中占有重要的位置。目前，中国的农业经济单位仍以家庭为主，除了种植必要的粮食作物，每家饲养的家禽家畜也是农民增收的重要来源。鸡作为较为常见较为广泛的家禽之一，农户饲养相当普遍。由于鸡分为不同的品种，有的品种受环境和生物特征影响，具备地方特色和更高的市场价值，特色鸡和相关产业在市场竞争中较普通鸡种有着更大的品牌优势。随着农业现代化的发展，一些地方养鸡产业的发展逐渐形成规模，有的办起合作社和工厂，分散的小农模式也转变成现代工业化的工厂模式。养鸡为农民脱贫、增收和致富提供了一条路径。

---

①　本文写于 2016 年 8 月，由四川万源市旧院黑鸡调研支队完成。刘凌星，清华大学社会科学学院硕士研究生；傅琦佳、兰艺华、沙金地，中央财经大学社会与心理学院本科生。

一、研究现状

关于特色鸡产业与农民增收效果的相关研究大多采用案例分析的方式，深入探讨某一地方养鸡产业的现状、特点、存在问题和相关经验；同时联系国家整体发展环境对农业和农村政策提供思考与建议。汪登秀详细介绍了林下养鸡产业的模式优势，提出政府支持、集约规模化和打造品牌的发展方向。[①] 潘爱銮、李朝国等通过考察湖北省各地的鸡种以及选育情况，指出繁育体系不完善、生产方式落后、产业化程度低、地方鸡品种开发程度低等一系列典型问题。[②] 文培忠强调企业对分散的农户的带动和示范作用。[③] 雍长福强调动物防疫和产品质量安全问题。[④] 陶利文、王力峰等分析了养鸡产业中的生态养鸡模式，发现生态模式本身和市场、品牌的距离比较远，存在宣传渠道不畅等问题。[⑤]

通过上述案例研究可知，我国养鸡产业总体存在的问题和我国农业经济的基本形式息息相关。由于小农家庭单位广泛存在，且农村处于基层，许多信息、政策和市场变化信息传导不畅，现代化的管理形式不能普及，各地的特色鸡种产业和整个养鸡产业普遍存在生产方式落后、规模小且分散、品牌意识和集约产业化程度低等问题。

与此相对，一些学者分析了发达国家养鸡产业发展现状。胡定寰通过介绍国外经验，为中国养鸡产业的发展提供了参考。伴随着城市化、产业化及大批龙头企业的出现，美国养鸡产业从农民家庭农业到郊区农业到现代农业演进，而日本现代的养鸡模式也采用"企业+农户"的方式。[⑥] 龙头企业以孵

① 汪登秀：《重庆市林下养鸡产业的优点及发展对策》，《现代农业科技》2010年第7期。

② 潘爱銮等：《湖北省规模化生态养鸡产业发展探讨》，《湖北农业科学》2013年第23期。

③ 文培忠：《邕宁区扶持龙头企业，做大做强养鸡产业》，《广西畜牧兽医》2013年第2期。

④ 雍长福：《对宁夏中卫市沙坡头区养鸡产业健康发展的思考》，《第七届（2015）中国蛋鸡行业发展大会会刊》，中国畜牧业协会，2015年。

⑤ 陶利文、王力峰：《武汉市生态养鸡发展现状及建议》，《湖北畜牧兽医》2015年第10期。

⑥ 胡定寰：《日本养鸡产业的一体化经营模式》，《科技致富向导》2009年第9期。

化场和饲料加工场为源头，委托农户生产，企业在高度集约化的养鸡业中起着主导作用，既组织农户进行生产，也推动各个环节生产方式的改进和产业水平的提升。

由此可知，中国养鸡业的产业化和集约化虽然正处于一个上升趋势，但与发达国家有一定差距。小农意识强烈使得政府的政策扶持和企业的带动对于知识、资本贫乏的农村有着重要的引导作用。具体到一个实际的案例，特色鸡的养殖模式与养鸡产业总体情况有何差异？农村养鸡业规模难以扩大是否存在其他独特的原因？特色养殖业如何更好的发展？通过对本次调研经验资料的分析总结，本文希望对这一问题有更深入的认识与探讨。

二、研究设计

（一）基本思路

黑鸡产业作为当地扶持的特色产业，以增加农民收入为目的支持农民收入来源多样化，需要从投入、产出两个方面开展调研，以便对黑鸡产业在农民增收中的作用进行评估。从投入角度看，要考察政府、企业、合作社等外部支持力度、农户自担成本和对原有农业生产安排的影响等；从产出角度切入，要调查农民当前的收入结构、前后的变化情况和黑鸡产业的发展现状，包括企业产供销链条的运营状况、农村环境和基础设施的变化、电商化趋势等。在评估黑鸡产业发展绩效的基础上，总结成功经验，分析潜在问题，提出相应的扶持政策建议。

（二）研究方法

本文主要采取参与观察、无结构式访谈的方法，了解农户、政府、消费者眼中旧院黑鸡的发展前景。访谈对象需要满足以下条件：农业户口，长期在当地生活，有或曾经有一定规模的黑鸡饲养经历（将其作为主要收入来源）。分别选取散户经营的小农户与合作经营的大户，开展深度交流，对比分析不同经营模式，探究不同模式的有机结合与优势互补之路。本文尝试将农户的声音传达给政府部门，再从行政管理部门的反馈中探究存在的问题，站在不同主体的立场思考黑鸡产业将何去何从。重点围绕黑鸡的价格、经营模式、发展前景与政策建议进行信息梳理整合与专业思考，以期对地方黑鸡产业的转型有所参考。

三、旧院镇黑鸡产业发展现状

(一) 基本情况

万源市位于四川东北部，大巴山腹心地带，总人口 558307，其中农业人口 471968。2015 年，全市国内生产总值 1187788 万元，城镇人均可支配收入 21654 元，农民人均可支配收入 7484 元。畜牧业是万源农业的支柱产业之一。万源市按照"立足优势抓特色，调整结构促发展"的思路，坚持稳定发展生猪，加快发展草食牲畜，力求大做"黑（旧院黑鸡）、白（板角山羊）、黄（肉牛）"三篇文章，取得了较好的社会效益和经济效益，促进了农村经济的全面发展。

2011 年前后，全市以旧院镇为主产区的近 20 个基地乡镇中，饲养黑鸡的农户超过 70%，饲养 1 万只以上的养殖场 4 个，5000～9999 只的大户 6 户，1000～4999 只的大户 164 户，500～999 只的中产 675 户，100～499 只小产的 1765 户，形成 9 个专业养殖村、14 个旧院黑鸡养殖小区、15 个旧院黑鸡养殖专业合作社。旧院黑鸡年饲养量达 380 万只，年出栏 300 万只，年产商品蛋 6000 万枚，实现产值 4.3 亿元。该产业有望成为支柱产业，为当地的经济发展和农民增收开辟新的致富之路。[①]

旧院黑鸡虽然一直处于供不应求的状态，但是当该地的农户扎堆涌入养鸡行业时，利润却不尽如人意，甚至赔本经营。目前，对于多数农户，养殖黑鸡的收入仅占家庭总收入的 20%。有些大户的黑鸡销售收入可观，但这部分群体所占比例较小。因为不同村子具备的机会和条件不同，所以黑鸡产业的发展水平大相径庭，村与村之间、村民与村民之间收入两级分化现象较为明显。基于此，2016 年 8 月，县域经济研究会调研支队前往旧院镇进行考察。

(二) 经营模式

旧院黑鸡的养殖主要有两种模式：一是散户经营模式；二是合作社经营模式。散户经营是传统的山区农村的生产方式，走"精耕细作"的生产路线，

---

① 资料来源：《旧院黑鸡的利用价值及饲养》，四川万源市畜牧局。

合作社则属于现代的集约化、规模化生产，集体合作借助组织的力量提高效率。二者养殖方式都属于散养，鸡的品质和价格没有明显差异，但是经营和管理方式各具特色。

1. 散户经营模式

散户经营是指利用自家院舍，依靠自家劳动力，亲力亲为，自产自销的一种养殖模式。需要指出的是，黑鸡是中国四川万源的地方特色品种，每家每户都会养殖黑鸡，只是规模不一。有的农户养殖三五只到十来只，有的农户养殖五六十只，甚至几百只。前者主要供自家食用或赠与亲朋好友，不作为收入来源，并未形成特定的经营模式；后者是基于市场需求进行养殖，有一定的市场依赖性，是养殖户重要的增收渠道之一，本文以后者作为散户经营模式的代表。散户自家的房前屋后就是散养的场地。黑鸡养殖需要 6 个月左右，前期一两个月需要食用饲料，之后农户会用自家种植的玉米、谷物喂养黑鸡，自己购买疫苗给鸡注射。销售同样是亲力亲为，农户自己在赶集日带着几只鸡在路边叫卖。

黑鸡养殖的一大特点就是生态养殖，散户养殖对地方水土的影响很小，对每只鸡的照料相对更为精心。养殖规模虽然难以吸引大的收购商，但由于十分优良的品质，散户的黑鸡一般处于供不应求的状态，不必担心销路。农户通常采取直销的销售方式，不愿意把辛苦养大黑鸡挣得的利润让渡部分给中间商，而这导致散户的黑鸡销售出现渠道单一、市场窄化的弊病，农户不得不独自面临旺季紧缺淡季滞销的困境，抗市场波动能力大大降低。除此以外，以规模经济视角看，分散经营时资源利用率不高，每一户都要承担前期高昂的固定成本，黑鸡的边际收益虽不低，但总体的净利润微薄。从市场价格上看，由于是各个农户自己销售，无法形成统一价格，往往会出现价格战和两败俱伤的局面。

2. 合作社经营模式

合作社经营模式是指农户自愿参加，共同出资，建立合作社，合作社中的养殖大户领头，统一育种，统一配给饲料、疫苗，即"合作社+农户"的创新型经营模式。合作社中的大户把种鸡零散出售给各个农户，农户可直接购买，也允许先赊苗有利润后再反本。养成之后，合作社会以统一价格收购，如果农户有更好的销路也可自行出售。

农户加入合作社有诸多好处，一是饲料、疫苗有保证；二是销路不用愁，收入较稳定，而合作社也由此得以扩大规模。在合作社经营模式下，黑鸡养殖一般能达几千只甚至上万只。合作社会搭建大型鸡舍，雇佣工人，开展专业化养殖。此经营模式不仅使农民增收，还能缓解农村就业压力。合作社的大规模养殖吸引了来自全国各地的收购商，有的直接与大城市的宾馆和酒店对接。在合作社中，农户采用网上销售的方式拓宽销售渠道，一只、两只都可以运用保鲜快递。此外，合作社还致力于技术创新，引进投资商，投入资金技术对黑鸡的保鲜、烹饪及其他精加工手段进行研发，致力于高端消费路线。专业化极大提高了生产率，产生了显著的规模经济，净利润随之倍增，一个养殖大户的年毛利达一二百万元，净利润高达几十万元。但这种合作社经营模式也具有一定弊病：一是黑鸡数量多，死亡率高，防疫工作的难度大；二是对当地生态环境产生较大压力。万源市是国家的重点生态功能区，生态保护的敏感性较高，农牧业生产不可避免地会受生态承载量的限制。

四、黑鸡价格与农民增收

理想情况下，黑鸡的收益是比较可观的，一只黑鸡的净利润可以高达30元，一年养殖两批，每户每年可以增收1万元左右。养殖黑鸡只是农民增收的一种方式，并不是唯一的收入来源，从销售看，黑鸡的市场不稳定，有明显的淡旺季，旺季大多出现在大的节日，如春节。从成本上看，黑鸡经营前期投入较大，如鸡舍、饲料、疫苗、雇工等成本。

（一）供不应求推高价格

随着经济的发展和人民生活水平的提高，健康消费越来越受到重视，尤其是对食物品质的要求越来越高，营养价值极高的黑鸡拥有广阔的消费市场。旧院黑鸡之所以具有旺盛的市场需求，一方面取决于自身独特的造型和较高的营养价值。万源特有的自然环境，富硒的土地，加上生态养殖，黑鸡的品质极佳。它全身羽毛呈乌黑色带翠绿色光泽，冠形奇特，富含人体所需蛋白质、钙、磷、铁、锌、硒、各种维生素及不饱和脂肪酸。[①] 另一方面有赖于民

---

① 经四川农科院检测，旧院黑鸡肉和蛋的硒、氨基酸含量均远高于当地土鸡和良种鸡，获农业部农产品地理标志认证保护。

间的美誉和官方的肯定。[1] 中科院称之为"世界稀有，中国独有，万源特有"，素有生命之源的绿色食品；省政府新闻办、省农办将其评为"天府十宝"。2008 年"中国天然富硒农产品基地"新闻发布会的召开以及中央电视台第七频道《致富经》栏目的播报进一步提高了旧院黑鸡在国内的影响力和知名度。

尽管黑鸡的知名度高，饲养规模却远远不足。旧院黑鸡的供给无法满足市场需求，有两个方面的原因：一是成本高。黑鸡的饲养成本较高，尽管有优越的自然地理环境，规模化饲养所需的人力资本也相当大。旧院黑鸡虽是散养，早晚还要补饲，用玉米、豆粕、麸皮等杂粮配以 20% 的青饲料喂食。由于地表水匮乏，饲养人员需要为之提供大量的凉开水。如果后期销售不顺，大量人力、物力、财力的投入便付诸东流。二是风险大。一只鸡从鸡苗到出栏约半年，这期间的存活率并不高，若不注重疾病预防，剩下的鸡存活率可能不到一半。加上种种不利因素压价使利润微薄甚至亏本，黑鸡的供应量就更低了。

（二）脆弱的销售体系拉低价格

旧院黑鸡虽有注册商标，但防伪标识尚未建立，品牌缺乏保护。消费者对于旧院黑鸡真伪的辨识力不足，外来鸡 18 元/斤，本地的良种鸡 30 元/斤，冒牌黑鸡很容易利用价格优势将良鸡逐出市场，农户易受冲击。旧院黑鸡不仅受到外来鸡的竞争，而且黑鸡市场内部也打起了价格战，造成两败俱伤的局面。由于是农户直接外销，难以形成统一的价格体系，同样是优质的旧院黑鸡，价格低者销量好，最终价格只会一降再降，贴近成本达到次优均衡。更关键的是，黑鸡产业虎头蛇尾的产业链，生产上游的质量有所保证，而下游的营销却十分混乱，定位不清，价格不一，加工粗糙，销售渠道单一，贻误商机。

供不应求的供需结构原本有机会推动旧院黑鸡走上高端消费行列，现在却因下游销售链的问题而走了下坡路，而脆弱的销售系统使得规模小的弊端更为突出，进一步窄化了销售渠道。黑鸡的外销依赖几个大的经销商，但供

---

[1]　1982 年被列为四川省优良品种，1983 年被列为全国地方优良品种，2006 年"万源旧院黑鸡（蛋）"产地证明商标被国家工商总局商标局核准注册，2007 年 12 月旧院黑鸡（蛋）成功申报为有机产品。

给不足提高了经销商的成本，包括多次运输的成本、存货的成本（批量装载的活鸡易死亡，死鸡不易保鲜销不出去），这无疑会降低经销商的热情。在调研中了解到，之前经销商要求每周保证供应几百只鸡，散户都不敢签。于是，当外销的数量减少后，价格亦随之回落。

五、黑鸡产业发展的推力与阻力

（一）产业发展的有利条件

黑鸡产业的发展离不开方方面面的支持。首先，万源得天独厚的生态坏境对黑鸡的养殖提供了极大的支持，使得黑鸡成为万源独有的特产。茂密的丛林为黑鸡的散养提供了场地，万源富含硒元素的土地孕育出富硒黑鸡，而硒元素是人体必不可少的微量元素之一。其次，农户自身依靠多年养殖经验的积累，黑鸡养殖技术逐渐成熟且不断创新。再次，政府的帮扶发挥了关键作用，精准扶贫政策的落实在一定程度上解决了农户的资金问题，水利设施的修建满足黑鸡的用水需求，大型鸡舍的建造为黑鸡的规模化生产提供了必要条件。此外，社会的关注也具有十分重要的意义，许多科研学者前往调研，为黑鸡产业的发展与农村致富问题提供了专业视角和宝贵建议。

（二）产业现存的问题

黑鸡产业面临着大大小小的问题，归根结底是资金不足，技术欠缺，人才稀缺，从而导致黑鸡的市场需求未得到满足，农村的养殖潜力也没有充分发挥，养殖规模亟待扩大，同时有瓶颈亟待突破。

在资金方面，黑鸡的产业化需要前期投入大量资金，用于培育鸡苗、修建鸡舍、采购饲料、注射疫苗、雇佣工人等准备。然而，农户的积蓄有限，贷款要承担风险，虽然有贷款优惠，受限于文化水平，农户不大清楚具体的条款，也无法有效利用这一资源，还考虑到在贷款周期内未必能回本更不愿意去尝试。至于招商引资的法子，该产业的吸引力不是很大。调研队成员在火车上偶遇一位来自成都的老板，他十分看好万源的生态，投资了当地的健康养生服务行业，但他对旧院黑鸡信心不足，认为其产业链尚未成熟，配套设施都没跟上。单纯依靠政府投入也非旧院黑鸡发展的长久之计。近年来，镇政府几乎没有多少财政收入，主要依赖转移支付，采用项目审批的方式运用资金。由于当地修路、修水库等公共设施建设的需求更为迫切，对地方产业的扶持只好暂且搁置。

人才与技术也是一大难题，如何育种，如何防疫，如何管理，如何营销，都是不可回避的问题，村民的文化素质较低，视野相对狭隘，需要引进专业技术人员和管理、销售人才加以引导。据了解，养殖黑鸡的一般都是五六十岁的老人。年轻人大多外出务工，学业有成也很少返乡从事农业。老人的体力渐衰，养殖理念也跟不上时代潮流，很难迎合市场需求、满足新一代消费者。"黑鸡爸爸"胡先生之所以能依靠黑鸡发家致富，还拉动了整个村的经济，很大程度上得利于其专业背景。他毕业于北京农学院，儿子在四川农业大学学畜牧专业，女儿也是大学生。他的思想先进，见识也广，曾被其他村请去传授养殖经验，他还有效仿韩国的营养早餐汤底制成黑鸡汤底的构想。劳动者素质决定了产业可以走多远，但在旧院乡镇这样的农村"能人"还是少数。

除此以外，黑鸡的高利润招致许多假冒伪劣产品，不仅压低了黑鸡的市场价值，还有损黑鸡品牌的建立，更重要的是使旧院黑鸡面临优良品种基因流失的巨大风险。在这种情况下，防伪工作尤为重要，但目前其防伪措施只是依靠黑鸡图片，宣传力度不够，辨识度不高。因此，无论从硬件还是软实力上看，旧院黑鸡产业还是比较脆弱的。

精准扶贫的无息贷款为旧院黑鸡产业的发展创造了条件，不过亦存在资金被农户闲置或挪作他用的情况，这些有违政策初衷的做法也给该产业的持久发展带来了更大的挑战。如何缩小城乡差距，如何合理配置资源，如何拉动农村经济，如何有效发挥农村、农民、农业的巨大潜力，这些都是亟待关注和解决的问题。

六、黑鸡产业发展的政策建议

县里农产品贸易可以区分为长距离贸易与短距离贸易，两个名词只是个相对概念，如果只按照农产品运出县境即算长距离贸易，这对分析县域农村经济有一定的启发意义。如果认为中国的农村小市场贸易是"余缺调剂"[1]，具有补充自然经济的性质，那么这种观点忽略了产地市场的重要性，这些产

---

[1] 慈鸿飞：《二十世纪前期华北地区的农村商品市场与资本市场》，《中国社会科学》1998 年第 1 期。

地市场汇集起来就产生了巨大的数量。而且长距离贸易也是基于产地市场产生的。农村基础设施建设和政府在农村经济发展中的投资使得进入长距离贸易的农产品比例显著提高。政府们需要丰富农村发展的内涵，致力于提高农业生产力、农民增收以及社会组织水平。现阶段农村的发展的着眼点在于小农上，但是即便如此，现存的市场体系对农村发展工程依然产生无力感，一些老大难问题依旧存在。

从旧院黑鸡经济的发展与成长中可以看到，一些农牧产品无法销售出去，在满足自身需要的基础上，调剂农村不足后，应该能找到销路，但是相当部分农产品的滞销，在于农产品交易市场不完全。农村虽然有集散市场或者中转市场，但是并不是每个农村的市场都具有优越的条件，比如，是否靠近大城市，周围是否有大的消费区。如果农产品直接进入消费市场，可以减少中间环节，如果多数农牧产品都留在农村，对农民来说则是莫大的经济损失。

基于上述对旧院黑鸡基本情况、经营模式和发展推阻力的实地调研，结合旧院黑鸡品质优良、市场需求大的优势和生产方式落后难以满足市场需求的困境，提出以下建议。

（一）发挥政府引导作用，扶持大户

旧院黑鸡市场需求旺盛，但是由于万源地处山区，同时远离各主要大城市，信息闭塞。农户受市场起伏影响，养殖规模不定，难以满足市场需要。政府成立专门的黑鸡养殖发展小组，跟进黑鸡产业的发展，并制订详细的发展计划，严格到期验收。政府可以结合中央配套惠农政策，提高农户养殖黑鸡的意识和积极性，加大供给。通过政府扶持引导，提高产业化水平。同时要注重发挥养殖大户的带头作用，协助其建设现代化的养殖鸡舍，通过养殖大户提升黑鸡养殖的专业化水平，优化养殖人员素质结构，留住人才。再以大户的示范效应提高整个片区的养殖积极性和水平。

（二）进一步推广合作社养殖模式

在调研过程中发现，旧院黑鸡养殖仍是以小农养殖为主，养殖规模小且分散，销售时还会出现单一农户之间的恶性竞争。为了扩大规模，标准化生产，提高集体议价能力，政府应该进一步推广合作社模式。合作社能够发挥的具体职能有负责旧院黑鸡选种、育种、养殖和销售的统一管理。合作社可以为单一农户免费提供鸡苗，待鸡养大出售时再返还，如果没能卖出去还有保底价，起到风险共担的作用。建立专门的养殖鸡舍，保证黑鸡鸡苗的质量。合作社的运作模式和现代企业类似，股权和资本的投入分配比较正规，便于调动其他农民养殖积极性，提高标准化生产水平，从而起到增收的作用。最后，合作社模式还能防止单一农户之间的恶性竞争，保证黑鸡价格平稳。

（三）扩大宣传，建立专属品牌和防伪标识

由于旧院黑鸡的富硒属性，特色黑鸡在市场上能卖出比其他普通鸡种更高的价格。但是黑鸡缺乏品牌建立和防伪标识，市场上也出现了一些假冒黑鸡，冲击了黑鸡的价格。因此，有必要建立专属的品牌和防伪标识，政府应该牵头组织整个片区，建立统一的养殖标准和品牌标识，适应现代化集约生产的需要。也可以举办一些全国性的活动，如"旧院黑鸡节""黑鸡美食节"等来对黑鸡文化进行全方位的包装、推广。这样一来可以提升其知名度，凸显其品牌地位，二来还能够有效防止"劣币驱逐良币"的现象，提高整个片区的黑鸡养殖整合度。

（四）延长产业链，发展相关产业

在现代的产业化模式和市场运作条件下，农产品想要卖出好价钱，就必须要提高自己的市场辨识度。由于黑鸡优良的品质，政府可以与一些企业和个人合作，鼓励其在大城市开设黑鸡主题餐馆。与此同时，把农户纳入标准统一的供货渠道之中，保证供给。延长产业链，从屠宰，分割，冷冻，包装等各个方面采取标准化，流水线作业的现代公司产业发展模式。通过现代的餐饮业来带动黑鸡的养殖，提高农户的收入，逐渐形成良好的产业循环流。与当地的旅游业相结合，使之相互促进。

七、结语

党的十八届三中全会通过的《中共中央关于全面深化改革若干重大问题的决定》要求加快构建新型农业经营体系，坚持家庭经营在农业中的基础性地位，推进家庭经营、集体经营、合作经营、企业经营等共同发展的农业经营方式创新。鼓励承包经营权在公开市场上向专业大户、家庭农场、农民合作社、农业企业流转，发展多种形式规模经营。通过此次的万源黑鸡调研，调研队明白了小农家庭在养殖产业中的基础性地位，同时农村也出现了多种

方式并存的养殖模式。

如何把每个政策条文结合当地实际情况落到实处是一项浩大的工程，农业现代化还有很长的道路要走，合作社模式和养殖专业化应该是下一步的重点发展方向。同时，养殖业也需要适应现代工业模式，结合相关产业和先进的知识管理，提高产品的附加值，延长产业链，让更多农民有更多的获得感。

后记：

不光是旧院镇，整个万源市乃至四川省都是人口净流出的地方。旧院镇几乎所有的青壮年都外出务工，老人承担起生活的重担。黑鸡的养殖业大多是靠家中的老人，规模不大也有其中的原因，而缺乏人才正是黑鸡产业发展遇到的一大难题。

基层的官不好当。一周以来，调研队接触最多的还是地方政府的工作人员，他们的协调带领为调研工作提供了很大帮助，在此深表感谢。成员们尽心尽力地做好本职工作，争取资源，合理配置引导，逐步改善发展，谆谆善诱启民智。

智者在民间，见识在田野。本次调研让成员们走出概念理论，走进实地农村，在全新的环境中获得学术研究的现实依据，通过实地考察，了解基层社会的真实面貌，持续关注与小心摸索破解之道显得十分必要。

河北涿鹿县温泉屯镇葡萄产业与农民增收研究

李小云　刘向元　刘凌星　刘建昆①

【摘　要】温泉屯镇的葡萄种植历史悠久，作为当地农民增收的主要作物，对当地经济发展发挥着重要作用。但该镇的产业发展在市场经济环境下也遇到了一系列挑战，影响了农民增收。从产业规划的角度来看，温泉屯镇的葡萄种植更多的是当地农民自发的行为，并没有进行统一规划。缺乏稳定的销售市场使葡萄价格受市场经济波动影响较大。本文在实地调研考察、座谈的基础上，掌握当地葡萄种植、销售等方面情况，并就温泉屯镇葡萄种植业未来发展提出政策建议。

【关键词】温泉屯　葡萄　农民增收　产业规划

温泉屯镇是涿鹿县著名的葡萄生产专业乡镇。从 2010 年起，温泉屯镇就开始致力于做好"一村一品"申报工作，打造农业品牌，搞好特色农业建设。② 2016 年 7 月，县域经济研究会调研支队前往涿鹿县温泉屯镇，以葡萄产业与农民增收为主题开展调研，主要内容涉及葡萄种植基本情况、影响收入的因素、保存葡萄的冷库条件、销售体系、价格体系和政策支持等方面。

一、关于葡萄产业的研究文献

中国作为世界上重要的农业生产大国，一直以来，对葡萄的培育种植和生产销售成了中国农业现代化发展中的一项重要课题。许多技术人员对中国葡萄事业的生产现状、问题以及如何改进、未来的发展进行了一系列深入的研究，并取得了较为丰硕的成果。总结发现，对研究葡萄产业发展的文献分

---

①　刘建昆，本科毕业于合肥学院经济学系，硕士毕业于上海理工大学。
②　张满胜主编：2010—2014 年《涿鹿年鉴》。

为两类：一类是直接从宏观的角度，以目前整个中国葡萄产业的发展状况为着眼点，对以往的生产经验进行总结，并结合一些突出问题提出未来良性发展的改进措施和生产建议；另一类则是从中国几大不同的葡萄种植产地这一微观视角入手，根据不同省份不同种植状况，对以往的成功经验进行系统总结，以结合其他地区的最新技术经验对当地的葡萄种植提出一些合理化的建议。

具体而言，在宏观层面，高扬、田淑芬、晁无疾、李华等几位学者的研究文献具有一定代表性。高扬从中国葡萄种植的历史谈起，结合世界粮农组织的统计数据，并且从品种种植、栽培技术以及运输销售等几个专业角度对我国各地的葡萄种植情况进行了系统的分析。并结合法国、英国等葡萄酒产业发达的国家的种植经验，从砧木的使用、发展设施栽培和注重产地酒庄建设三个方面对中国葡萄种植业提出了合理化的建议。[1] 天津市林业果树研究所的田淑芳结合大量的统计数据，从葡萄的种植面积、产地、目前主要种植品种、葡萄的加工运输以及出口销售等方面系统地对国内葡萄种植业的状况进行一个全方面的回顾，得出了国内葡萄业的多元化品种种植、出口潜在优势区域化、产业的利益共同体出现、酒庄式种植生产等一系列结论，并提出了实施标准化葡萄品种生产来确保质量，实行品种区域化、砧木化与苗木标准制度化，以及建设现代葡萄的精准农业模式等建议。[2] 晁无疾[3]和李华[4]则从时间变迁的大背景出发，从葡萄业生产种植规模、葡萄品种的培育与创新、葡萄科技教育体系的建立和科技法规的完善等几个方面对几十年来中国的葡萄业发展进行了回顾，并得出了葡萄栽培面积将逐步扩大、葡萄酒产品整体质量的提升得益于科学严谨的生产流程、政府制定了一系列法规对中国葡萄酒业健康发展起到了促进作用等结论。通过上述文献发现，这些文献是从中国整体的葡萄种植情况出发结合世界发展的统计数据，对中国宏观葡萄业进行对比分析，总结出成功经验，并结合世界上其他国家的成功案例对国内葡

---

① 高扬等：《中国葡萄产业的现状、趋势与发展建议》，《河北果树》2007年第2期。

② 田淑芬：《中国葡萄产业态势分析》，《中外葡萄与葡萄酒》2009年第1期。

③ 晁无疾：《建国60年中国葡萄产业发展历程与展望》，《中外葡萄与葡萄酒》2009年第5期。

④ 李华：《改革开放30年中国葡萄与葡萄酒产业发展回顾》，《现代食品科技》2009年第4期。

萄种植所面临的问题进行批评建议。但这些建议具体到各个不同的省份，则面临适用性不强、市场差异大等一些独特的问题。

其他学者则以每个省份或城市为立足点，研究当地的葡萄种植情况。如马爱红针对目前河北省葡萄产品的质量口感较差、机械化程度低、缺乏区域化种植和繁殖体系不健全等问题提出了加大推广种殖、区域化栽培、加强对新品种的科技创新研发，构建合理的葡萄产业链等建议。[1] 刘俊则着眼于张家口市，分析了张家口市几大葡萄种植县气候、环境以及葡萄产业链的发展经营情况，以及张家口市近几年来葡萄种植户普通面临的一些问题，提出了包括科学规划，加大招商力度，依靠科技来改良葡萄品种，进一步加大惠农力度等建议。[2] 王建军侧重从宁夏葡萄种植情况出发，对当地葡萄产业、葡萄种植户进行了系统的调研，发现宁夏葡萄种植面积少、市场率低、营销手段落后等问题，并提出了应进一步进行合理统筹规划分布，实施科技品种升级，并充分利用宁夏当地优越气候的积温增值作用，发展现代葡萄种植业，提升宁夏葡萄在全国的市场占有率等建议。[3]

通过对以上代表性文献加以回顾和梳理，本文发现，当前中国各个地方的葡萄种植业基本上能结合当地的气候环境特征，按照适度的生产规模加以培育生产，但在许多地区仍存在葡萄苗产业培育体系混乱，对葡萄生产管理不到位，机械生产率低，市场品牌营销运作差以及产业化率低等普遍问题。本文试图通过对葡萄产业发展现状及产业政策进行研究，从未来当地葡萄产业发展走向的角度探讨，讨论农村经济发展与政府发挥作用的关系。

二、温泉屯镇葡萄种植调研分析

（一）葡萄种植基本情况

涿鹿县温泉屯镇拥有 500 多年的葡萄栽植历史，栽植葡萄具有得天独厚的自然条件。葡萄产业是温泉屯镇的传统产业也是主导产业。目前全县葡萄种植面积 3 万余亩，每亩地年产量 4000~5000 斤，葡萄的常年产量 1 亿公斤

① 马爱红：《河北省葡萄产业发展现状与对策》，《河北农业科学》2009 年第 4 期。
② 刘俊：《张家口市葡萄产业发展建议》，《河北林业科技》2013 年第 2 期。
③ 王建军等：《宁夏葡萄产业发展存在问题与对策》，《宁夏农林科技》2011 年第 10 期。

左右。该地葡萄一年一熟，每年的葡萄树在 3 月底 4 月初发芽，6 月初左右开花，6 月底 7 月结成葡萄，8 月底 9 月葡萄进入成熟期，9 月底 10 月为葡萄采摘期，11 月至春节后是库存出售期。

（二）影响收入的因素

调研队走访温泉屯镇孟家窑村发现，农民都在抱怨最近几年葡萄的收入不好，并且对未来几年都持担忧态度。近几年来，村里种植葡萄的农户呈现递减趋势，葡萄产量也在下降，不少人选择外出打工。

前些年葡萄的价格较高，农民的收入可观。然而，自 2015 年以来，葡萄价格大幅下降，使农户蒙受了巨大的损失，甚至出现赔钱的情形。以走访的一位农户为例，该农户共种植 12 亩葡萄，每亩地能带来 4000 元左右的毛收入，然而毛收入还包含着人工、水费、农药、化肥等前期投入。这些投入合计每亩 1000~2000 元，除去这些成本，农户每年的收入只有 2 万~3 万元。这对一个依靠葡萄生活的家庭来说不尽如人意。葡萄种植对于劳动力的时间投入要求较高，因此，在农民看来，在比较外出务工与留在本地种植葡萄之间选择，后者时间的机会成本更高，而葡萄作业的特殊性使农民无法选择半工半耕的生产方式。

1. 市场环境与自然环境

目前，葡萄的整体市场处于萎靡状态，市场上的葡萄供大于求，村里葡萄的销路出现了问题。近年的冰雹、持续降雨天气使葡萄大量减产。葡萄的常见病害，如霜霉病、炭疽病、白腐病也一直困扰着农民。葡萄的产量受冰雹的影响较为严重，严重的雹灾不仅会使当年的葡萄产量急剧下降（最低 1亩地只能收 500~1000 斤，减产高达 80%），还会对接下来几年的葡萄产量造成一定的影响。葡萄受灾后村民急于将质量差的葡萄售出，这样又会拉低葡萄的收入水平。

2. 葡萄品质与葡萄价格

当地葡萄的质量不过关也是影响收入的一大因素。由于前些年销路较好，农民种植时只重数量不重质量，现在市场对葡萄品质提出了越来越高的要求，葡萄就缺少市场竞争力，导致成交价格下跌，而且难以卖出。当葡萄的销量出现问题时，价格也会下降，这就形成了恶性循环。

品种决定销路。如红提葡萄与龙眼葡萄相比，前者销路较好并且价格也较高。又如一些葡萄早熟，上市早，在销售与市场价格方面都有着很强的竞争优势。然而葡萄品种的改良也存在着现实的困难：有些农户反映，虽然不同的葡萄品种在价格上存在差异，然而在产量和生产投入上同样存在差异，折算下来各品种的净利润差异不大，早收葡萄的价格较好，但仍需及时解决销路问题，否则不仅需要一定的贮存费用，其在市场上的优势也将不复存在。

葡萄属于经济作物，不像玉米、小麦等粮食作物能够当年种当年收，葡萄在种植的前几年基本无产出，导致改种的成本较高。因此，农户不会轻易改种。

3. 葡萄种植成本

目前，村里种植葡萄的机械化程度很低，农户们经常整天在田里劳作，十分辛苦。种植葡萄的成本高，包括人工费、水费、农药、电费等，每亩的种植成本为 1000~2000 元。

在调研的前些天，当地有一场冰雹，村里的葡萄大面积受灾，需要农户手动剪掉无法继续生长的坏葡萄（带有明显暗色痕迹），以保证葡萄的整体产量与质量，在剪枝之后还要给葡萄枝喷上农药，以防止感染。这是一项极为辛苦的工作，由于雇人的成本高（每天 100 元，不计食宿），只能由农户自己来完成，忙碌时一周都要待在田地里。

经了解，龙王堂村里的灌溉用水来自机井，这些机井都由个人承包。这些机井使用时按使用时间收费，每小时 30~90 元，用水费用因村庄而有所差异。龙王堂村的灌溉用水价格为每小时 42 元，每亩地仅仅在用水上的花费就需几百元。

4. 葡萄保存成本

事实上，由于附近村子都以种植葡萄为主，葡萄在市场上供大于求，难以一次性售出，需要储存在冷库里，支付的租金平均约 2 角/斤。建立冷库需要考虑三个方面：一是建立的资金大多是以借款的方式，每年利息额较大；二是建立冷库意味着一旦冷库启用，就需要人在几个月的时间内不间断的管理，不能外出打工等；三是冷库不易转手，前期投入大，成本不易收回。

龙王堂村现有 40 多个冷库，全部是私人建成的，冷库的贮存能力从几万斤到七八十万斤不等。调研队走访的一个家里的冷库贮存量为 40 万斤，当时投入了 50 多万元建成，绝大部分资金来自贷款，其余既有亲戚朋友的资金，也有社会闲散资金，贷款用自家的住房做抵押，农户向农行、信用社贷款数额很少。冷库负责人认为，由于村民的经济实力都不强，以贷款建冷库的形式占绝大多数。这家的冷库已经投入使用五年，一年使用一次，秋天开启，春节前后关闭。冷库开启后必须根据经验人工调节温度，所以这位负责人长年留在家中，没有外出务工。

冷库负责人谈到，前几年葡萄销路好时，有冷库的村民都会向周围农户收购葡萄，自己贮存并销售，现在由于葡萄的销路不好，收购葡萄利润不高，而且存在着亏损的风险，所以冷库都转为向农户提供租赁服务，代为贮存葡萄并收取租金。这家村民依靠冷库每年能收取 3 万~4 万元的租金，而花费的电费在 8000 元左右，看似收入尚可，然而村民表示，由于建冷库的时候贷了很多钱，现在还在还债中，背负的利息沉重，前几年每年 3~4 万元的利息，近两年由于已经偿还部分贷款，利息负担有所下降。这算是经营相对较好的冷库。据介绍，村里现有 40 多个冷库，不少冷库存在资金链断裂的情况，一些冷库的投建者由于无法还清贷款，出现"跑路"情况。

该负责人直言，现在村里依靠冷库能赚的钱很少，主要的收入来源还是自家种植葡萄，由外来客商收购，这与调研队之前了解的情况一致。这位户主说："如果认为冷库的未来收入会逐步改善，那就错了，这几年种植葡萄收益越来越不好，种植葡萄的人也会减少，冷库的作用可能会减小。"

冷库虽然使用年限长，不会轻易出现故障，但建立一个冷库需要几十万元，对于村里的每一个家庭都是一项数额很大的投资。前几年，村里兴建很多冷库。近几年，因为葡萄销售难等原因，大多改收购为代储存的方式，收取租金（按斤与天数收取）。但是，因为冷库前期投入巨大，收取的租金较少，导致投资回收速度慢，很多拥有冷库的村民叫苦不迭。

5. 现有销售体系的挑战

目前当地的葡萄主要销往东北、西北、内蒙古、山西等地。虽然温泉屯镇交通便利，距离北京较近，然而个别葡萄品种在北京不受欢迎，销量有限。而且还有个别品种的葡萄在南方也不受欢迎，一直无法打开销路。

以前葡萄销路较好时，各地客户都会主动来村里收购葡萄，由于这种方式对于收购方存在较大风险，现在很少采用，取而代之的则是农户支付一定的代办费给各地的销售者，由他们代为销售葡萄，而代销费约合 0.6 元/斤。由于这两年葡萄价格下跌得厉害，对农户来说这种方式很可能是赔钱的。也有少部分农户尝试自己解决葡萄的销路问题，不过据孟家窑村村支书透露，这些农户最终都赔钱了。

目前，温泉屯镇种植葡萄的村联合起来，通过各种方式尝试开拓销售渠道。如孟家窑村的支书就通过朋友寻找到几个山西的客户，每逢葡萄丰收的时节，便带着他们来到村里挑选葡萄，客户挑选葡萄时纯凭自愿，主要考虑葡萄的质量，再与各农户商量确定价格。

温泉屯镇还有一定数量的酒厂，原来还有部分农户专门种植酿酒葡萄，然而由于酿酒葡萄无法食用，销路单一，随着这几年收购价格的下降（最低时每斤仅 0.2 元），农户们不愿再种植酿酒葡萄，纷纷改种鲜食葡萄。虽然酒厂也收购鲜食葡萄，也只能解决一小部分的销路，主要原因是酒厂出于成本的考虑，只愿去收购那些品质最差的葡萄，而且随着葡萄酒销路的萎靡，葡萄的需求也受到影响。

葡萄的运输条件比较苛刻，怕挤压、怕受冻、易腐烂，因此难以通过目前的物流运输到各地。个体户零售又不可能建立在专门的物流渠道上，因此网上销售也难以开展。相对而言，不成熟的葡萄更易运输，但是能够向外销售的葡萄品质都不好，不易获得市场认可。这是农村经济发展的一个困境：既要考虑农产品品质，又要面临顾客对品质的要求，处于两难之中。

6. 现有价格体系

不同品种、不同时节的葡萄价格都不同，以当地种植最多的龙眼葡萄为例，2014 年收购价格为 2.5 元/斤，至 2015 年跌至 1 元/斤，部分农户的葡萄甚至以 0.8 元/斤卖出。

温泉屯镇的葡萄历史悠久，远近闻名，已经与客户建立长期的关系，在与客户交易时遵循平等自愿原则。但是，现在市场上葡萄供大于求，客户有很多的选择，使得农民可能处于不利的地位。

（三）土地流转与葡萄种植规模化

温泉屯镇孟家窑村目前共 500 口人。全村共有 700 多亩耕作用地，农户占有的土地少的 7~8 亩地，最多的不超过 20 亩。有的土地是从其他村民手中"买"过来的，以每亩 1 万元的价格获得土地的承包经营权，"卖"出土地的村民则寻找其他的谋生方式，如外出打工。但是现在因为葡萄收入不好，导致很多土地流转不出去，已经出现土地被荒置的现象。在调研中，不少农户表示，目前规模化种植在温泉屯镇还难以展开，因为有些家庭还要依靠现有土地维持基本的生存，即土地的社会保障功能。加之土地亩数总量有限，机器设备运用严重不足，都使得规模化经营难以实现。这使得葡萄产业难以在规模经济上实现更好的发展。

孟家窑村之前有港商成立企业在此种植 2000 亩葡萄，政府还为此提供了补助。由于葡萄销路的问题，大量的葡萄树被砍掉，改种果树，还有一部分土地被荒置。原来该企业每年给予村集体 40 万元的土地资金，由于前任村支书擅自更改合同，现在每年只向村集体支付 12 万元的资金。这表明了前期规模化经营的失败，当然原因较多，这限制了农民增收。

三、现有葡萄产业政策

二十几年前，温泉屯镇的葡萄种植可以购买农业保险。由于种植中面临的风险较大，现在的保险公司不提供保险服务，无人来分担农户的损失。葡萄产业风险的兜底没有办法建立。

葡萄作为涿鹿县温泉屯镇的主导产业和传统产业，调研发现政府的政策支持只体现在种植的技能培训上，如"涿鹿县举行新型林果栽培管理技术培训班""涿鹿县植保植检站举办新型职业农民培育工程培训班"。在葡萄销路存在问题时，未积极主动寻找潜在的客户，替农户解决难题；未牵头联系保险公司与银行解决葡萄种植的保险和贷款问题，给予农户基本的资金保障。

虽然葡萄种植是当地的特色产业，可农户仍然只能以此作为维持生计的手段，想要借此致富存在着种种困难。由于葡萄近年来的市场价格波动较大，销路不好，一些村民的生活还处于较为困难的境地。涿鹿县并非贫困县，孟家窑村非贫困村，扶贫政策没有覆盖，不仅没有扶贫资金，贫困户指标也不足，目前仅有 13 户建档记录的贫困户，而实际的贫困户不止这个数。

产业政策的目的在于消除产业发展的瓶颈。涿鹿县的葡萄产业虽然历史悠久，但是并没有做大做强。我国一些行业的产业政策存在政府过度干预情况，但是涿鹿葡萄产业政策方面政府干预或介入不足，温泉屯镇体现得尤其明显。温泉屯镇的葡萄产业延伸链的企业太少，无法较好的吸纳当地的葡萄，对于当地村民的带动作用小。

四、葡萄产业发展的若干政策建议

根据全文的梳理和分析，温泉屯镇葡萄产业的现状与村民的收入亟待改善。根据上述分析，下面提出五点政策建议。

（一）营销技能培训

葡萄市场的大环境一时很难改变，目前葡萄销路出现了问题，很多葡萄卖不出去或以低价卖出。而农产品的销售是葡萄产业发展的关键与核心。因此，现在对农户的营销技能培训显得尤其重要。客户直接到农村收购葡萄一直是主要的销售方式，但这会导致收购价格多为客户压低后的，直接影响到农民的收入。营销技能的培训可以教会农民掌握在交易时的技巧、如何提高交易价格、拓展新的销售渠道等。

（二）葡萄品种改良

在市场经济中，产品只有不断的创新才能赢得市场。要深化科技创新能力，促进科学技术在葡萄产业的推广。农民的"重数量，轻质量"观念依然存在，低质品、同质品现象严重，这也是销路出现问题的一个原因。现在消费者对葡萄的质量提出了越来越高的要求，"绿色葡萄""有机葡萄"是葡萄产业发展的趋势。如涿鹿县在 2015 年 9 月 29 日举办的"首届全国有机葡萄（酒）产业发展研讨会"，这都向人们预示未来的发展方向，这也正是农产品应该创新的方向。

（三）科学精准规划

农民种植什么葡萄、种植多少葡萄完全由自己决定，而且农民缺少精准的市场预测能力，这很容易被未来的市场行情所左右，由农民掌握的市场行情信息所带来的预期，无法较好的规避种植风险。政府可以借鉴已取得成功的经验，牵头成立生产合作社，进行生产、管理、销售上的科学规划，改变传统的小生产、分散化模式。这更适合竞争激烈的市场环境，也能提高抗拒风险的能力。

（四）标准化生产

目前，农村的葡萄产业大多是粗放式生产，不利于节约成本，增收效益。

实施葡萄生产的标准化、科学化、规范化管理，采用平衡施肥、综合防控病虫害、简化修剪等技术，可以达到降低成本，提高劳动生产效率的目的，使农民从劳累的生产中释放出来，也能保证葡萄的平均质量和安全水平。

当前要想较好地增加农民收入，如何降低葡萄种植成本，至关重要。在销售前景不佳的情况下，农民增收充满了挑战，因为成本的高昂使得农民的增收空间被压缩。

（五）培育专业合作社

成立葡萄专业合作社，实施产业化发展战略，创造有利环境。专业合作户可以发挥集体的优势，统筹购买、种植、管理、销售等环节，增强抵抗市场风险的能力，提高产业素质和葡萄户组织化程度。

（六）延伸葡萄产业链

葡萄产业的发展不应仅仅是工农业的简单结合，还应与旅游业紧密结合。发展观光葡萄园，每年金秋举办葡萄节，进行贸易洽谈活动，使国内外游客既观赏到美丽的葡萄园，又品尝到甜美的葡萄酒，形成葡萄种植、加工、旅游三位一体的立体发展模式。不过延伸产业链是一个漫长的过程，还要在现有农村经济的基础上研究和开拓。

（七）财税政策补贴

当地葡萄经营主体处于起步阶段，普遍存在资金短缺、技术短缺、信息短缺等问题。根据国际经验，在经济的不同发展阶段，财税补贴的重点是不同的。对于发展处于起步阶段并且历史较为悠久的葡萄产业，要根据其经济发展阶段和所在区域确定有区别的财税政策。在经济发展的初期阶段，财税补贴的重点是促进农业生产发展，提高农业综合生产能力。[1] 根据其他省份的经验，河北省应该进一步形成区域特色明显的产业带，着力培育和打造一批名牌产品，由点向面推进河北现代农业的发展。

---

① 张潇、周振娥、周建霞：《河北省转变农业发展方式的财税政策研究》，《合作经济与科技》2011 年第 12 期。

五、结语

通过实地走访调研，调研队发现温泉屯镇农业发展存在种种困难：农产品易受到价格波动的影响，增产不增收的现象时有出现；政府对农业发展的关注有待增强，单纯提供技术支持远远不够。农业保险等公共服务仍有很大的发展空间；村集体经济基础薄弱，缺乏建立合作社的条件，仍须"能人"带动经济发展。

县域经济的发展，不仅仅是要扶持现代农业，重视民营经济，还需要直面现实：我国农村依然有相当一部分农民仍然处于温饱线或者刚超过温饱线，小农经济依然是不可忽视的现实问题。让农村经济发展起来，仅仅靠几个农业示范点是远远不够的。农村经济的发展涉及的人多面广，树立典型的做法的受惠面窄。而针对一些已经具有一定种植规模的乡镇，需要进一步关注并给予支持。因此，应呼吁政府让更多的有潜力的农村得到重视。

温铁军认为，需要承认强调城乡二元结构作为基本体制矛盾的长期性，现代化进程中的中国农业发展的方向并不是城市"化"农村。[1] 可见我国农村经济的发展不是要"异地发展"，而是要就地解决农村经济发展中的问题。现在我国农业发展已经出现了技术密集、资本密集、参与全球资本化竞争的产业的迹象。而大多数农村的"拐杖逻辑"依然明显，农民打工收入占总收入比重高。农村大量剩余劳动力被释放，之前被压低的农业劳动力价格也上升，使得农业生产中劳动力投入的机会成本上升，这导致一些地区发展传统农业缺乏市场竞争优势。在温泉屯乡的调研中，调研队发现，构建城乡之间的新型"公平贸易"显得至关重要，但是现实是农产品经过各种环节，其利润空间被大大压缩，而规模化、现代化的农业发展能否为农村经济发展带来福音？这就需要考察工商资本下乡进入农业的情况了。

农业的发展需要这样的视野：不能仍局限于农户或村庄，而是需要在更大的范围和产业链条上规划农业发展，打破传统的农产品生产的观念，通过政府的努力和农民及投资主体的积极参与，形成产前、产后、产中的大产业观念。要进一步吸引加工龙头企业，改善和优化农业发展和农民增收的模式。现代农业不仅是技术问题，而是涉及政策、管理以及自然科学领域的多学科

---

[1] 温铁军、董筱丹、石嫣：《中国农业发展方向的转变和政策导向：基于国际比较研究的视角》，《农业经济问题》2010 年第 10 期。

交叉问题。理解农村问题，尤其是城郊农村问题，更需要与城市化相结合。

以上建议都离不开政府的作用，葡萄产业想要发展，政府必须给予更多的帮扶。产业的改变不是一朝一夕的事，政府与农民应有足够的耐心与细心，在实现农民增收的前进道路上，认真谋划，准确把握新时期三农工作的要点和主要矛盾，制定正确的政策，做出新的成绩。

后记：

《颜氏家训》有云："吾见世中文学之士，品藻古今，若指诸掌，及有试用，多无所堪。居承平之世，不知有丧乱之祸；处庙堂之下，不知有战陈之急；保俸禄之资，不知有耕稼之苦；肆吏民之上，不知有劳役之勤，故难可以应世经务也。"调研队通过对涿鹿温泉屯的实地调研，对农民创收的耕稼之苦有了进一步的认识。"潦者莫如农，知水草者莫如马。"① 调研作为了解乡情民情的一个窗口，让调研队明白了政策的执行情况，明白了当地老百姓内心真正的渴望。

麦克米兰在《重新发现市场》一书中认为，要弄清楚市场和政府之间的相互作用，最好的办法并不是对其进行抽象的争论，而是考察现实经济在不同程度的政府干预下实际运作的效果如何。他认为，市场有自己的局限性，它不是万能的，它也有做不到的事情。甚至许多本来可以做好的事情也没有做好。只有当市场机制做到合理的设计以后，它才能良好地运行。② 本文通过详细考察温泉屯镇葡萄市场的实际运行，明白了问题的症结所在。制订政策更需要进行长期、细致和及时的政策跟踪。

习近平在《调查研究的过程就是科学决策的过程》③ 一文中指出："通过深入基层、深入实际、深入群众，我们可以了解群众在想什么、盼什么、最需要我们党委、政府干什么。"保持对真实世界的市场体系的深入了解，才能知道群众所思所想，各项政策才能体现民意，反映民情。希望调研报告能够提出一些葡萄种植的新思路，也真心祝愿他们的生活能够越来越好。

---

① 出自刘伯温：《专心》。

② 约翰·麦克米兰：《重新发现市场：一部市场的自然史》，余江译，中信出版社2014年版。

③ 习近平：《干在实处　走在前列——推进浙江新发展的思考与实践》，中共中央党校出版社2006年版。

福建省武夷山、安溪茶叶生产与茶农增收调研①

李俊杰　成　鹏

【摘　要】福建省是我国重要的茶叶产区之一，其境内的安溪县和武夷山市一南一北，都是福建茶叶的重要产地。武夷山市和安溪县在茶叶生产和茶农增收方面积累了许多经验，同时面临着许多问题，如科技水平不高、生态保护亟待加强、市场信息不对称、茶农销售渠道单一、自然灾害影响大等。本文在实地调研的基础上对武夷山市、安溪县茶业发展情况进行梳理总结，对于发现的问题给出尝试性的解答。

【关键词】武夷山市　安溪县　茶叶

福建省是我国重要的茶叶产区之一，而境内的安溪县和武夷山市一南一北，都是福建乌龙茶的重要产地。安溪所产的"铁观音"是乌龙茶中的极品，武夷山出产的"大红袍"则是武夷岩茶中的名品，二者都被列入中国十大名茶。为了深入了解福建省茶叶生产及茶农收入现状，以期为当地茶产业的可持续发展提出切实有效的建议，调研支队对武夷山市和安溪县两地的茶产业进行了为期半个月的实地调研。通过领悟茶文化，考察茶企业，走访茶农、茶商、制茶艺人和当地有关政府部门，对两地茶叶的生产、制作、销售等环节进行了全面的考察；通过对近年来两地茶叶市场的发展与茶叶价格的波动变化的观察和了解，试图在本报告中对两地发展过程中面临的问题、茶农增收的瓶颈、未来茶叶经济的出路等方面进行深入地分析和探究。

---

①　本文写于 2017 年 6 月，获得清华大学中国农村研究院 2016 年暑期调研报告优秀奖。

一、武夷山市茶叶发展历程

（一）武夷茶叶远古来

武夷山市是福建省南平市下辖的一个县级市，位于福建省北部、武夷山脉东南侧。地形以山地和丘陵为主，土壤多为火山砾岩、红砂岩及页岩风化形成，土层深厚，表层腐殖质层较厚，有机质含量高，并含有丰富的矿物质元素；气候冬暖夏凉，无霜期长，年降水量大。这样的天气十分适宜茶叶生长，所产之茶以乌龙茶和红茶为主。武夷岩茶，尤其是其中的名品"大红袍"，是武夷山最负盛名的茶叶品种，由武夷山独特的生态环境、气候条件和精湛的传统制茶工艺所造就，为乌龙茶中的极品。据有些专家考证，武夷山还是世界红茶的发源地，所产的"正山小种"红茶驰名中外。

武夷山的茶叶种植历史悠久，最早可追溯至唐代，文学家孙樵的《送茶与焦刑部书》有云："晚甘侯十五人遣侍斋阁，此徒皆请雷而摘，拜水而和，盖建阳丹山碧水之乡，月涧云龛之侣，慎勿贱用之。"其中"晚甘侯"即武夷岩茶，这也是武夷岩茶见于文字记载之最早形态。以武夷山市最大的茶叶产地星村镇为例，早在宋元之际，其所产的茶叶就已经成为全国闻名的贡茶。宋徽宗有《〈大观茶论〉序》一文，其中"本朝之兴，岁修建溪之贡，龙团凤饼名冠天下"之"龙团凤饼"制作精细，开启了武夷岩茶作为贡茶的历史。明清之时，星村的茶叶生产已经达到一定的规模，成为当时重要的茶叶集散地，相关文献记载称："山中土气宜茶，环九曲之内不下数百家，皆以种茶为业，岁所产数十万斤，水浮陆转，运之四方。"然而，清末民国以来，受印度、斯里兰卡等茶叶产地的兴起和中国在国际贸易中长期处于劣势地位的大环境影响，以及武夷茶叶经济自身存在的一些问题的制约，武夷茶的地位逐渐衰落，茶叶经济辉煌不再。一直到20世纪七八十年代，当地人都不是以茶叶为主要的收入来源，而是依靠种植果树及其他经济作物为生，许多适宜种茶的山地没有得到合理的开发与利用。

改革开放以后，在国家政策的鼓励下，一些当地人开始承包荒山，种植茶树，武夷山的茶叶种植缓慢恢复。但此后的20多年里，武夷茶在全国茶叶市场上依旧默默无闻，缺乏竞争力，给当地人带来的收入十分有限，人们种植茶叶的兴趣也不高。2006年左右武夷岩茶在中国茶叶市场崭露头角，2008

年张艺谋拍摄了宣传片《印象大红袍》后倍受热捧，市场价格直线上升，直到最近两三年才逐渐平稳且略微下降。广阔市场前景和巨大的利润空间使武夷山政府和人民对武夷岩茶的前景充满信心。武夷山政府开始重视茶叶的发展，编制了《武夷山市茶产业发展规划》，投入了大量的财政资金扶持茶产业的发展，并有意将之打造成当地的特色产业甚至是支柱性产业。武夷山种植茶叶的人数也成激增之势，茶园面积大大扩大，大大小小的茶企业如雨后春笋般涌现。茶叶收入成为当地茶农主要的收入来源，同时茶园面积、自然灾害造成的减产以及茶叶价格的变动也都时时影响着茶农的收入。

（二）武夷山茶叶经济的现状

武夷山茶叶经济的迅速崛起是政府、市场及当地民众共同努力推动的结果。在这十年间，武夷山岩茶"大红袍"、红茶"正山小种"等迅速跻身中国名茶之列，市场售价长期居高不下，当地经济在茶产业的带动下获得了长足发展，茶商和茶农也因种茶、制茶、卖茶而获得了丰厚的收入。茶叶作为传统的农产品，其生产、加工、销售与茶农收入直接相关，任何一个环节出现问题都可能影响茶农的收入，不利于该产业的健康发展。下面将对武夷山市茶叶以及与茶叶相关的情况进行梳理。

1. 武夷山市政府的"茶政"

在现在的产业分类中，茶叶种植与初级加工仍然在第一产业即农业的范畴内。按照国家政策，农业生产者销售的自产农产品免征增值税，企业从事农、林、牧、渔业项目的所得可以免征、减征企业所得税，其中从事茶的种植、采集和简单加工的企业其所得减半征收企业所得税。这些优惠政策对茶叶生产者和加工者等小经营者来说无疑是利好的消息，刺激了他们种植、加工茶叶的积极性。2014年，武夷山市全市茶叶总产量1.45万吨，茶业收入总产值15.8亿元；2015年，精制茶产量7800吨，涉茶产值15.36亿元。无论在数值还是在比例上，涉茶产值在全市全年的财政收入都不是最重要的纳税大户。但是因为围绕着茶叶形成的茶产业与民生紧密相关，对于增加农民收入、减少贫困、提高人民生活质量具有重要的推动作用，因此，大力发展茶业，并将茶业与其他产业相结合协同发展也成为武夷山市"茶政"的重要内容。

（1）制订武夷山茶叶经济发展的中长期规划，明确武夷茶"名优茶"的定位，保证武夷茶的质量和口碑。武夷茶在市场上走红之后，武夷山的茶产业出现了井喷式的发展，大量的武夷山人为利所驱纷纷从事茶叶生产和销售。但是，武夷茶的制作有很高的工艺要求，许多盲目跟风、不懂制茶工艺的外行生产的茶叶质量低劣。然而他们在市场上以次充好，仍然打着武夷茶的旗号出售，给武夷茶的市场声誉造成了严重的负面影响。曾有一段时间，在全国茶叶市场上，武夷茶的质量层次不齐，市场定位十分模糊，品牌方面也相当混乱，严重影响了武夷茶的市场地位。为了解决茶叶经济发展中出现的这些问题，武夷山市政府在顶层设计方面制定了武夷山茶叶经济发展的中长期规划，明确武夷茶"高端名茶"的定位，控制茶叶种植和销售规模，以便保证武夷茶的质量和口碑。武夷山市委、市政府先后制定了《武夷山市茶产业发展规划》《中共武夷山市委、市政府关于加快茶产业发展的若干意见》，明确了茶叶经济发展的指导思想、发展目标、发展规划、建设标准以及保障措施。

（2）保护生态环境，确保武夷茶的品质。武夷茶的优良品质是由武夷山良好的自然生态环境造就的。比如，武夷岩茶特有的"岩韵"便是因武夷山独特的的地质环境而产生。因此，如果武夷山的自然生态环境遭到破坏，武夷茶的许多独特品质也将不复存在，质量将会大幅下降。受市场利润的，武夷山的一些民众破坏森林植被，违规开辟茶山，导致生态环境出现恶化的苗头，武夷市政府及时发现和遏制了这种现象，并加大生态环境保护力度，对违规开辟的茶山一律进行恢复，并在一些不适宜种茶的地方实行"退茶还林"，保护生态环境，保证武夷茶的品质。

（3）发掘武夷茶的文化内涵，推广和发展与茶叶有关的旅游业，延长茶产业的产业链。武夷山茶文化内涵十分丰富，武夷岩茶大红袍手工制作技艺已经获得国家级非物质文化遗产称号。近年来，武夷山市政府依托茶产业发展，开展各种茶事活动，积极培育武夷山特色的茶文化，并将茶叶与旅游相结合，发展"茶旅文化"，延长了武夷山茶产业的产业链，同时为茶文化注入了新的内涵和活力。

除了以上宏观整体的政策以外，政府还"对症下药"，给茶企和茶农分别"量身定制"了一系列帮扶政策：

（1）贯彻执行国家关于从事茶叶种植、采集、加工的个人和企业的税收优惠政策，以及农机补贴政策，减轻个体茶农和茶企业的负担，提高茶叶生产的机械化水平。

（2）举办一些以"茶"为主题的大型活动，如茶王赛，农业博览会中设立茶叶专位，为茶农和茶企推广产品搭建舞台。武夷山市星村镇已经成功举办了八届"中国茶乡杯"茶王赛，并将于2016年11月举办第九届茶王赛。

（3）注重茶叶的科学化生产。目前武夷学院成立了茶学院，福建农林大学在武夷山也设立有茶叶技术研究所，还有其他一些研究所也相继成立。这些科研机构也与茶企密切合作，为茶业培养人才和提供技术指导，实现产学研相结合。如武夷山市星村镇的永生茶业与武夷学院合作，武夷学院的茶学专业的学生可以到该企业实习实践。同时对茶农进行技术培训和指导，提高茶农的制茶工艺，提升茶农的茶叶粗加工能力，增加其收入。

（4）规范商标注册，保护企业的知识产权。茶农也逐渐认识到商标于产品推广的重要性，纷纷注册商标。调研队走访的一个村子有90多户有自己的茶叶加工作坊，其中约一半注册了自己的商标。

（5）加强茶叶市场监管，强化质量认证，打击假冒伪劣产品。

（6）创新茶农生产与销售模式，探索走茶叶生产合作社道路，开展合作化经营。紧跟"互联网+"潮流，在茶农中推广"电商"销售模式，帮助其拓宽茶叶销售渠道。

（三）武夷山市茶叶的发展现状

武夷山茶企众多，规模不一。目前武夷山市在工商部门登记注册的茶企业大大小小约有211家。调研队考察的永生茶业和正山堂茶业都是武夷山市的龙头企业，两家企业历史较长，且在茶叶品种的自主研发方面有所作为，其中正山堂的金骏眉、银骏眉更是享誉国内外。调研队也相继走访了典典生态岩茶厂和恒红茗茶叶有限公司，其主要是家庭作坊式的生产加工模式，是当下武夷山市茶业的普遍方式。前者沿袭线下自主寻找客商的传统的销售模式，而后者已向电子商务方向迈出试探性的一步，其半年的淘宝销售额已达到10万元。

茶企的发展也促进了当地茶农增收。茶企的壮大增加了就业岗位，而这些新增的就业岗位大多由当地的茶农填补。以永生茶业为例，其茶园管理的工人、生产车间加工的工人以及茶叶采摘时节临时雇佣的采茶工人基本上都是当地茶农。永生茶业正式员工在八九十人的规模，其中1/3~1/2是本地人。

总结武夷山茶企的特点，其中不可或缺的一步是追溯武夷山茶叶种植的历史。如前文所述，武夷山地区茶叶在近代一度没落，中华人民共和国成立以后，茶厂也基本上属于国有企业，生产的茶叶主要用于出口创汇。20 世纪七八十年代，改革开放的春风吹遍了东南沿海，国家允许私人创办茶厂，同时期福建省号召人们开垦荒山，其中要求领导干部起带头作用。武夷山紧靠武夷山脉，之前许多山被荒废，正是从那时起人们纷纷开辟山林，种植茶树和果树。正因为如此以及其他因素的影响，现在武夷山市的茶农茶园面积各不相同，多的可达上百亩，少的只有一两亩。而上面提及的企业，其最初的资本都是在这个时期积累的。

武夷山市具有一定规模的茶企多为家族企业。如永生茶业、骏德茶业。永生茶业虽为股份制公司，但股东只是游永生的家族成员，并不向社会集资募股。不过现在许多企业在市场化大潮中也已经努力转型，如聘用职业经理人、成立股份制公司等，一些企业则为上市做准备。对于一些有一定资金的茶农来说，注册成立一个小的茶厂，在自己家中对茶叶进行粗加工或者精加工，自己寻找客商则是一个更普遍的选择。如典典生态岩茶厂，厂长从其父手中继承了 100 亩茶山，购置了采茶机、分割机、综合做青机，在自家厂房生产茶叶，每年可对 4000 斤茶叶进行加工。还有许多茶农直接向将茶青或者简单处理的茶叶卖给茶厂，一部分是因为茶山面积少，茶青较少；一部分是没有足够的资金来购置机器，也没有足够的地方来放置机器。单一个采茶机就需要 8000 元，一套设备购买下来则需要 12 万 ~ 14 万元，占地 150 ~ 200 平方米；还有一部分是因为自家茶山处于武夷山自然保护区的核心地带，茶叶质量上品，茶叶价格较高。

武夷山岩茶虽然在清末就已享誉国外，而且是世界红茶的发源地，但是时过境迁，现在的武夷山市茶企的销售市场仍以国内市场为主，在国际市场开拓方面的努力乏善可陈。所谓的出口多是通过外贸公司，而且出口的茶叶多质量差、价格低。这种出口方式在改革开放前的国营茶厂时期就已存在。这一困境的产生既非一时之所为，也非一日之功可以化解。正山堂茶业的创始人在接受调研队的采访时提到个中原因。他认为核心问题在于国家力量的不够强大，现行的茶叶生产加工的国际标准以及茶叶的定价机制是由欧洲人制定的，而欧洲并不生产茶叶，中国在国际茶叶市场是缺少话语权。另外，中西文化的差异也是造成包括武夷岩茶在内的中国茶叶出口困难的重要原因，地域和风俗习惯的不同使得中西饮茶方式不同，西方国家的人民在短时间内很难接受中国的茶叶。各国的绿色壁垒、贸易壁垒也阻碍了武夷茶叶的出口。另外需要说明的是，武夷山当地人对武夷茶叶有着浓厚的感情，他们认为自己的茶叶和饮茶方式是最好的，普遍存在一种对西方的饮茶的不解。

正如前文所言，武夷山市茶厂大多数为家庭作坊，规模以上的龙头企业屈指可数。众多的茶厂难免存在同质化高的问题。另外，许多生产经营者大多安于采用落后的小农生产工艺，而没有注意在保留原有传统特色的同时，根据市场需求改良品种、改进制作工艺。个体小茶厂在原料收购、产品加工、质量等级检验等重要环节中各自为政，缺乏统一的标准进行规范，有些产品实际质量与标识不符。武夷茶销售市场出现的无序竞争、相互压价、恶性竞争、以次充好、假冒伪劣等行为，在损害消费者利益的同时，也损害了企业自身和武夷茶的市场形象。

知识产权意识薄弱也让武夷山的茶企吃到了苦头。金骏眉就是一个经典的案例。正山堂茶业在 2005 年研制出金骏眉后，在没有申请专利和注册商标的情况就将金骏眉推向市场。金骏眉进入市场后引发茶市的轰动，大受欢迎，一时间"洛阳纸贵"。与此同时，许多打着金骏眉品牌的假茶叶也大量流入市场，质量参差不齐，价格相差悬殊，甚至出现几元一斤的金骏眉。这一乱象严重破坏了茶叶市场，也损害了金骏眉和正山堂的名誉。当正山堂意识到这一问题，试图为金骏眉申请专利并注册商标时，却发现金骏眉的商标已被别人抢先注册，正山堂茶业才开始重视知识产权的保护。令人欣慰的是，正山堂茶业注册了"正山堂"商标，生产的金骏眉也以"正山堂"金骏眉行世。

武夷山市茶业虽然近年来涌现了许多像"武夷山大红袍""正山堂"等著名商标，但是名茶优品仍然不多，它们在生产销售规模及商标影响力等方面，仍然与国内茶业知名品牌如铁观音、西湖龙井存在着一定的差距。加上企业宣传营销不够到位，武夷岩茶的价值仍不能得到完全体现，整体营销效益偏低。据有关部门统计，武夷岩茶年销售产值一度还不到全国市场的 5%。

人力成本高依然是制约茶业发展的重要因素。人力成本主要体现在采茶季节所请采茶人的工资和制茶师傅的工资。在当地人看来，最好的茶叶一定是经过人工精心选择采摘的茶青制作而成的。据典典生态岩茶厂的负责人介绍，茶叶采摘季节需要雇佣采茶工人。这些工人主要来自邻省江西，如果用机器采摘则一亩茶山至少需要 6 名工人，全部人工采摘的话则需要更多，而每名工人的工资是每天 200 元，而且还要包吃住、包路费。这样算下来，则工资部分要达到一人一天 230~240 元。另外，初加工至少需要技工 2 人，技术高超的制茶师傅的薪金都在 10 万元以上，日常的茶山管理还需要雇工。随着中国人口红利时代的结束，东南沿海地区的人力成本势必还要继续上涨。

这也凸显了提高机械化水平对降低茶叶生产成本的重要性。如前文所提，提高机械化水平又不得不面临与茶叶有关的农机的机器投资巨大，并且占地较多的问题。现在规模较大的企业也无法实现像斯里兰卡、印度那样全自动化一条链式生产。

武夷山市作为福建省乃至全国重要的茶叶产地，许多研究院所在此落户，但是仍然不能解决武夷山茶业领域缺乏高端人才的问题。正山堂的负责人直言即使像正山堂这样的大企业也无法留住人才，尤其是名校的毕业生。同时，茶企在科技研发上的投入也寥寥无几，其中既有企业经营管理理念上的原因以及自身利润空间的限制，也有科研院所的教学与实际生产脱钩的因素。茶叶生产领域缺乏袁隆平式的人物，现在大学院系培养的农学生以基础理论为主，在实际经验方面则不尽如人意。

销售是沟通生产与消费的桥梁，而销售渠道单一或者不畅同样是武夷山市茶业面临的不容忽视的问题，这在众多的中小茶厂表现得尤为明显。大的茶企有多种销售渠道，总结起来主要有以下几种：一是专卖店，在一些主要城市或者消费地设立专卖店，专卖店内只能买这个企业的品牌的茶叶；二是加盟店，这种方式比较灵活，加盟店里会有某一企业或某一品牌茶叶的专柜，其他的柜台可以卖其他企业或其他品牌的茶叶，这种销售点可以扩大销售范围，降低市场风险；三是通过外贸出口公司向海外出口，这一部分所占销售量的份额一般较大，但占销售额的比例并不高，原因前述已说明；四是其他销售方式。而对于中小茶企来说，个人关系网的大小则是影响销售的最重要因素。经调查，许多从事茶叶生产销售的茶农，有的是亲戚从事茶业，起到带动作用，大多数都有着丰富的生活经历。调研队在调研中了解到，许多农户试图开拓市场但苦于没有人际关系或者渠道，中小茶企也表示如果有足够的资金和更大的市场，他们是很愿意扩大投入发展企业规模的。

（四）武夷山茶叶发展面临的挑战

针对武夷山市茶叶生产存在的问题，调研队在走访调研和与一些有识之士交谈中得到许多启发，也在不断思考武夷山茶产业发展前景。

武夷山"奇秀甲于东南"，武夷山优美的自然风景和良好的自然生态是武夷山人自豪的资本，也是武夷山茶叶质量上佳的自然基础。武夷岩茶的"岩韵"历来为名人雅士所称道，而"岩韵"是武夷山茶叶特有的，其产量很大程度上取决于茶树生长的自然环境。党的十八大将"大力推进生态文明建设"

作为战略目标提出，指出建设生态文明的重要性，"是关系人民福祉、关乎民族未来的长远大计"。武夷山市要守护住武夷山这片青山绿水，加大对武夷山自然保护区的保护力度，利用申请国家森林公园的契机，坚决打击破坏生态环境的违法犯罪行为。

据走访得知，目前武夷山市茶山面积已没有继续开辟的空间，武夷山市严格控制茶山面积，但在一些偏远的山区，仍有一些茶农无视生态保护，向山上更高海拔开垦种植茶树。武夷山市应该继续加强生态保护区的巡视，及时发现和劝阻私自扩大茶树种植面积的行为。同时发动基层工作人员的积极性，做好生态环境保护的宣传工作，引导人们树立尊重自然、顺应自然、保护自然的生态文明理念。武夷山市也要加快生态文明的制度建设，建立体现生态文明要求的目标体系、考核办法、奖惩机制，将生态文明建设纳入制度的轨道。茶企应该加强生态茶园的建设，强化茶园管理，严格控制农药、化肥的使用，避免农药残留。当下市场消费者对有机茶的关注也说明保护生态，发展生态茶园对提高茶叶的质量的知名度具有正面积极的作用。希望武夷山的每一片蓝天、每一朵白云、每一滴雨水都可以在武夷山的茶叶中体味出来。

茶叶在一定意义上仍是农业，而农业生产受自然灾害的影响最大。在走访中调研队了解到，2016年由于清明采茶季节连续阴雨天气，迫使武夷山市茶叶采摘时间推迟，茶叶产量和质量受到很大的影响，但是由于没有农业保险，茶农的损失无法得到补偿，茶农承担的风险比较多。

中国是农业自然灾害高发的国家之一。据统计，2015年农作物受灾面积21769.8千公顷，其中绝收2232.7千公顷，直接经济损失2704.1亿元。中国现在的农业保险仍未得到普及，农业保险的险种比较少，门槛比较高，赔付的金额低，对农民的吸引力不大。其中关键的问题在于，中国没有成熟完善的农业保险制度，农民即使想投保也缺乏渠道去咨询了解。反观美国，美国农业保险分为产量保险和收入保险两类，其主要险种保单和费率由政府统一制定，政府为参保农民提供较高的保费补贴，业务由商业保险公司承担。

政府应该结合茶农实际情况，探索建立适合茶叶生产的保险制度，降低农民承担的风险。政府应该为茶农的种植、生产提供全方位的服务，包括气象灾害的预警、虫害防治的宣传指导、茶叶市场信息的及时通报等。其中，市场信息的掌握对茶农生产非常重要，许多决策上的失误是由于信息不对称造成的。武夷山市茶叶种植也面临着这样的问题，如果前一年肉桂价格高，那么茶农就会把原先种的茶树砍掉全部种上肉桂；第二年可能因为市场供应充足，肉桂价格大跌，茶农损失惨重。茶树一般 3 年长成，5 年成熟，经常换种茶树无论对土壤肥力还是茶农的人力、财力都是一种浪费。政府应该引导茶农多种经营分散风险，避免"姜你军""蒜你狠"的悲剧。

在农业领域进行农业生产合作社的实验方兴未艾，各地都积累了一定的经验。武夷山市的一些村庄也存在农业生产合作社，在茶叶生产、销售方面起到了一定的积极作用。但是，总体而言，大多数合作社并没有实现人们的预期效果。据了解，武夷山市的农业生产合作社才刚刚兴起，现在的职能还是以提供茶树种植、灾害防治等方面的宣传为主，而且多是一个家族或同村同姓的几个人联合，在拓展茶叶市场，提高全体茶农的收入等方面作用有限。政府应该规范合作社合作方式和内容，取缔僵尸合作社，树立典型。合作社的成员可以共同集资购买机械设备，制定办法合理高效使用这些机械，同时政府可以鼓励大的茶企将多余的机器设备租给有需要的茶农使用，提高机械的使用效率，这也间接提高了机械化水平。

中央八项规定出台后，对中国高端消费市场的影响较大，武夷山市高端茶叶的销售也受到了不同程度的冲击，武夷山市茶业对政策变化及市场突发情况的应对机制较为迟缓，许多企业的效益有所减少。面对如此境况，武夷山市茶叶企业应该转变传统的走高端茶叶市场的道路，对市场消费转向进行深入的调查，坚持以市场为导向，把握住市场消费导向，生产适销对路的茶叶，加强中低档茶叶的生产能力，迎合大众化、平民化的消费品味。同时，企业要制定明确的战略目标，积极拓展国际市场，响应"一带一路"倡议，充分利用福建是海上丝绸之路起点以及武夷山是万里茶道起点的地理优势，积极开展与中亚、俄罗斯的茶叶贸易，利用福建自由贸易区建设的契机，推动武夷山茶叶走进欧美市场，利用海峡两岸博览会等平台，加强与台湾茶企的交流互动，扩展台湾市场。福建省近年来积极实施"走出去"战略，试图引导和促进包括福建茶叶在内的福建特色产业走出国门，走向世界，武夷山市的茶企应该抓住机遇，不惧挑战，为中国茶叶在国际市场上占据一席之地做出自己应有的贡献。

在互联网大潮中，武夷山市也不应该落后。2015 年，国务院发布《关于积极推进"互联网+"行动的指导意见》，"互联网+"一时间成为大家街头巷尾讨论的焦点。"互联网+"区别于传统的经济发展模式，是指利用信息通信技术以及互联网平台，让互联网与传统行业进行深度融合，创造新的发展生态，其中电子商务表现尤为活跃。目前中国已经有比较成熟的电子商务平台，淘宝、京东最为人们所熟知。武夷山市有些茶农已经在尝试电商、微商，在电商平台、微信上推销自己的茶叶，如前述的恒茗茶厂。但是从事这方面探索的茶农并不多，大家依然固守传统的线下交易方式。一方面，政府应该对茶农进行电商销售方面的培训，提高茶农对电商运作的认识和操作能力。弘桥智谷在武夷新区投资兴建的"武夷弘桥智谷众创基地·互联网经济产业园"就可以为农民提供免费的电子商务方面的培训；另一方面，茶农应该解放思想，发扬福建人"爱拼才会赢"的精神，积极参与到电商的队伍中来，改善自己的销售渠道，扩展自己的茶叶市场。

科学技术是第一生产力，武夷山市茶叶的新腾飞应该以先进的科学技术为依托。第三次科技革命以后，科技产品的更新换代周期缩短，提高企业的生产能力是武夷山市茶企在全国乃至世界茶叶市场上立于不败之地的重要筹码。武夷山市应该借助福建省高层次人才引进计划，积极引进与茶叶有关的高端科技人才，为武夷山市茶产业发展注入新的活力与动力。茶企也应该加强与国内其他地区乃至国外茶企的交流与合作，学习它们先进的生产技术，尤其注重学习、引进印度、斯里兰卡等主要茶叶出口国的生产经验和设施设备。武夷山茶企可以尝试进行茶叶的深加工，延长产业链，如利用茶叶残渣生产茶饮料，将茶叶融入食品生产加工中，这些新的产业的探索都离不开科学技术的支撑。

二、安溪县茶叶发展历程

安溪县位于福建省泉州、厦门、漳州、三明、龙岩中间接合部，通山达海，气候温和，水量充沛。独特的自然地理环境使安溪县成为世界名茶铁观音的发源地。如今，在这个土地面积达 3057 平方千米的古老茶乡，到处绿波荡漾，茶香飘逸。据粗略统计，在安溪从事茶产业的人数约 70 万人，茶叶经济在安溪经济格局中长期占据着主导地位。

本次在安溪的调研，成员们紧紧围绕如何促进安溪茶叶经济的可持续发展这一主题，对安溪悠久的茶文化、茶产业发展的历史、现状等进行深入了解，并努力找出影响安溪茶叶经济可持续发展的因素，最后尝试提出了一些看法和建议。

（一）安溪茶史

安溪县的茶叶生产具有悠久的历史。早在唐末，安溪的寺庙便已开始种茶。在调研中了解到，在安溪县城西部的阆山（今为城厢镇同美村新岩山），有一座始建于唐末的古刹阆苑岩，历史上就以产白茶闻名。宋元时期，随着泉州港的兴起，安溪茶叶作为重要的交易商品，通过海上丝绸之路走向世界各地。

18 世纪初，安溪茶叶生产已初具规模。不久之后，名茶铁观音的发现和推广，使安溪茶叶经济向前迈进了一大步。清初，安溪茶农就已经远涉南洋开拓新的茶叶市场。据《安溪县志》记载，250 多年前，安溪人在东南亚各国开设的茶行至少 100 家，形成初具规模并较为完整的产供销体系。例如，在清乾隆年间（1736—1795 年），安溪县西坪尧阳茶商王冬就到越南开设冬记茶行，并在越南 12 个省开设分店，配制"冬记"大红铁观音，驰名印度支那半岛。

民国时期，由于战乱，安溪茶叶受到了巨大的冲击。据《安溪县志》记载，由于抗日战争和解放战争，全县的茶叶种植面积只剩下 2 万多亩，茶叶产量仅为 419 吨。

新中国成立后，安溪茶叶经济经历了恢复、受挫、快速发展 3 个阶段。改革开放以来，安溪县的茶叶经济获得了快速发展，茶园面积不断扩大，茶叶产量大幅度增长，茶叶质量显著提高，茶叶市场不断拓展，茶叶科研方面也取得了累累硕果。近年来，安溪县制定了"优质、精品、品牌"的发展策略，全方位地加快了安溪茶叶经济的发展速度。2006 年，安溪县政府提出并实施安溪铁观音"和谐健康新生活"的新兴茶叶政策以来，以提高质量为核心，以保护品牌为重点，以规范市场为出发点，一步步由家庭小作坊向社会化分工转变，产业模式也开始由单一种植业向多元经营转变。2009 年，安溪县政府又做出决定，实施借鉴法国葡萄酒独特的生产经营模式，提升安溪茶产业发展水平，推动安溪县茶叶经济的发展。

（二）安溪茶叶发展现状

1. 安溪茶叶经济概括

通过对安溪县的政府部门、茶企以及其他知情人士的调研，调研队对安溪县茶叶经济的整体面貌有了大概的了解。

政府部门提供的统计数据显示，2004 年，安溪全县茶叶交易达 40 亿元，农民年纯收入中有一半以上来自茶产业的收入。同时茶产业的发展，带动了包装印刷、机械制造、交通运输、茶文化旅游等相关产业的发展，形成"一业兴、百业旺"的可喜局面。2005 年，安溪县茶叶加工企业达到 500 多家，单单这一年加工成品茶叶 4 万多吨。至 2006 底，安溪县茶园由过去的 42 万亩增至 50 万亩，约占全国乌龙茶种植面积的 30%；单是这一年茶叶产量约为 5 万吨，占全福建省的 50%，约占全国的 33.3%。加工企业也由过去的 500 家增至 1000 多家，其中更有年产值超过 100 万元的企业占总数的 10%。2009 年，安溪茶叶产业总产值约为 73 亿元，比 2008 年多了 8 个亿。安溪农民茶叶收入均值为 4200 元，占全县农民人均纯收入的 54%。

同时，调研队也了解到，安溪县对茶产业实行产业化经营、工厂化生产、项目化运作、科学化管理、社会化服务。其中，优质茶叶品种种植面积占全县茶园总面积的 90% 以上；茶叶加工企业采用"公司+基地"的模式，茶园逐渐向大规模公司集中，不断培育种植大户、加工大户和经销大户，并且引进先进工艺，购置完整、先进的制茶设备等。全县茶叶主产区基本实现了"种植大户—规模制茶—专业经商"三大群体，有力地促进了茶叶产业的规模化、集约化生产，有效地促进了茶叶生产和制茶工艺技术的提高。

目前，安溪县茶产业最大的变化就是初步实现了从传统的粗放型经营向现代化管理过渡。安溪县茶叶管理委员会带头组建了县、乡、村三级茶叶科技推广服务队伍，建立示范片、示范点，指导茶农综合防治病虫害，有效实现茶叶绿色生产。绿色茶叶受到市场青睐，安溪县除形成闽、粤、长江流域和北方四大内销市场外，外贸市场也由东南亚扩大到俄罗斯、美国等 40 多个国家和地区，每年出口 7000 多吨，创汇 3000 多万美元。

2. 安溪茶叶经济的优势分析

（1）历史悠久，文化底蕴强。千年的历史为安溪茶叶塑造了无数动人的故事，而正是这种悠久的历史使安溪茶叶具有了独特的文化底蕴。安溪县有效地把茶产业与茶文化紧密结合，并进行大力的宣传，充分运用"安溪铁观音"历史品牌和取得的"证明商标""地理标志产品""中国驰名商标"等优势，强势开展安溪茶文化的挖掘和宣传。

在安溪县，"评茶王、唱茶歌、演茶戏、颂茶诗、讲茶历史故事"是每年政府与企业联手拓市场的重头戏。县城晋江两岸修建的汉白玉护栏上，镌刻了 7700 多块从古至今的咏茶名诗名辞碑文，打造出数公里长的"晋江茶刻"文化长廊景观。通过持续宣传打造，安溪成为国内外知名的茶乡，极高的知名度和影响力吸引了大量的资金、人才、技术投入安溪茶产业中，为安溪茶叶经济的发展创造了极好的发展机遇和巨大的经济效益。在创品牌、树品牌、保品牌活动中，政府大力引导，文化媒体大力支持，茶企、茶农踊跃参与，"安溪铁观音"对外知名度不断提升，涌现出了"八马""魏氏""华祥苑""华福""三和"等一批安溪茶业的著名企业品牌，为茶叶产业持续、健康、高效发展营造了浓厚的文化氛围。安溪茶都的建立、两岸交流会的顺利举办，都为安溪茶叶产业的经济发展起了很大的作用。

（2）独特的栽培生产加工技术。在1000多年的历史中，通过历代安溪茶人不断的经验积累，安溪茶叶的种植选材有其独特的一面，加上其适宜的环境，安溪茶叶有着独特风味。又通过不断加工培育，安溪茶叶更是精品中的精品。安溪茶农在长期生产实践中，从茶树枝条压在土壤中能生根发芽而得到了启发，创造出茶树整株压条繁殖法，这就是从有性繁殖到无性繁殖的重大发明。而"优质、精品、品牌"的现代发展策略使安溪茶叶产业更上一层楼。

（3）曾经取得的一系列成就反过来助推安溪茶叶经济的发展。素来有"乌龙茶"之乡的安溪县由于这几年茶叶产业的蓬勃发展，使得大量人才涌入，同时也吸引了大量外来者，包括外国人对安溪茶叶的渐渐熟识，使得安溪茶叶产业的进一步发展得到更有利的空间。过去的成就与将来的发展相辅相成，互相促进。

3. 安溪茶叶经济可持续发展方面存在的问题

在调研中发现安溪茶叶经济在可持续发展方面依然存在着一些问题。

（1）强势企业的带动力小。安溪还有一大部分企业存在规模小、厂房破旧、设备落后、标准化程度、低粗放经营等问题。带头企业不够强大，带动能力不强，难以发挥产业优势。安溪八马茶业有限公司等十佳生产企业年销售茶叶约1.2万吨，依旧处于从属地位，安溪茶叶仍然依靠千家万户的分散企业在销售。企业与企业之间仍各自为战，无法形成统一的协调的发展关系。时至今日，安溪的茶园仍以一家一户分散经营为主，给茶叶的标准化生产和先进技术的推广、普及，尤其是确保茶叶卫生质量达标工作带来了许多制约因素，阻碍了现代茶业的发展步伐。

带头企业之间由于存在各自利益关系，很难相互促进、相互协调的发展，而随着各强势企业之间竞争的激烈，使得原本应有的带头作用失去效用。高不成，低不就。小规模企业也失去了龙头企业带来的引导作用。小规模企业由于缺乏应有的流动资金，而导致企业无法正常运转，久而久之，小规模企业就会渐渐出现一系列问题。如组织结构不合理、生产质量每况日下。大企业之间则渐渐出现不正当竞争、人才走失等问题。

（2）产业自身结构障碍。安溪茶产业的自身结构也相当有问题。茶产业关联度高，全面覆盖了一、二、三产业，涉及工业、农业、林业、水利、交通、文化、工商、卫生、税务、质检方方面面。然而现行的一个领导分管，一个部门实施的体制难以承载大整合、大发展、大提升的职责。茶叶协会形同虚设，行业管理难以凑效，会员章程一纸空文，政出多门、各自为政现象普遍存在，产业应有的效益在内耗中大量蒸发。不仅如此，企业自身还存在资金问题。小企业流动资金不足，导致在选购茶叶、加工茶叶等步骤上存在应付式问题。并且在组织上存在如一个小部门却要应付多个制茶流程，而有些部门却存在偷工减料、制茶工人懒散应付等问题。而大企业组织则因为设立过多的相关茶叶部门，导致资金浪费。组织结构之间不协调，且规模大，使得茶叶公司难以管理。无法及时更新茶叶材料，旧茶叶无法在相应时间内卖出，堆积成废品。

（3）国际影响力小。安溪茶叶产业的国际影响力，也是影响其发展的一个因素。随着其他国际知名品牌进入中国茶叶市场，安溪茶叶在国际竞争中面临着更大的考验。如国际知名品牌联合合利华公司的进入，该公司虽然不产茶叶，但却拥有每年销售量额高达数十亿美元的茶叶市场。还有台湾也有数十家企业在安溪县生根发芽，特别是像天福这样实力雄厚的企业，在某些程度上虽然增加了安溪茶叶的宣传力度，扩大了其影响力，但是有利有弊，并且弊大于利。其公司凭借着雄厚的资金、技术、人才实力，以及还有先进的销售管理方式、制度、经验，市场开拓能力，不断冲击着安溪本土市场。相较而言，安溪茶叶就相对不占优势，因此面临着前所未有的激烈竞争。

（三）对安溪茶叶经济可持续发展的建议

（1）科教兴茶，重视技术开发，重视人才培养。首先，必须实现指导思想从资源开发转到整体素质的提高上来，必须重视技术开发和人才的培养。其次，坚持不懈地改善茶区生态环境和生产条件，把茶业科技真正放到第一生产力位置；不断提高茶叶产品的技术含量和科学技术对茶业经济增长的贡献率。"科教兴国"体现在茶产业发展上就是"科教兴茶"。正确运用生物工程和信息工程等现代科技手段，不断在茶树育种、生态茶叶、高效栽培技术、茶树病虫害预测与生物防治、茶叶深加工等方面取得新成果和新经验，并在大面积生产上推广应用这些新成果和新经验，促进茶业可持续发展、茶叶经济增效。使得茶农普遍增收，农村落后面貌彻底改观。

（2）加大支持力度，鼓励企业自主创新。安溪茶叶产业可以通过以下几点实现自主创新。一是加大对企业茶叶科技创新的财政与信贷支持。据调研发现，安溪茶叶产业中有一部分企业，如八马茶叶有限公司等公司建立了自己的实验室，并聘请组建了博士、硕士等科技人才队伍。可以利用当前的三农政策加大补贴和奖励力度，鼓励其完善科研设备和科研体制、加快研究进度、加大创新力度，并通过示范、联合等方式带动其他有条件的企业的自主创新力度。二是通过项目给予支持。大力鼓励企业根据自身条件加以创新，联合安溪县内外科研单位申请国家、省级、市级科研项目，并加大资金力度，适当的对企业加大自主创新力度。三是鼓励企业通过资金合作、技术购买等方式积极学习国内外其他产地茶叶加工技术、先进的管理方式，引进新设备，提高茶叶的科技含量。四是完善自身的保护制度。注重商业保密、专利、商标、植物新品种等措施保护企业自身的合法权益。

（3）结合企业当前的发展状况，实现可持续发展。安溪茶叶的发展群体各式各样，企业的规模也大小不一，是无法真正做到统一处理、统一管理的。因此，必须根据其自身条件寻找最佳的可持续发展策略，将自身优点发挥，改善企业自身条件的不足。

三、福建省茶叶发展展望分析

基于以上对武夷山市和安溪县的调研，调研队尝试着给福建全省的茶叶经济发展及茶农增收给出如下四点建议。

（一）保证绿色生产，确保茶叶的质量

茶叶现作为一种文化饮品，被大众深深喜爱，必须保证对人体的安全，才能让消费者长期接受，才能持续发展。

1. 树立绿色食品理念

随着人民生活水平的提高，消费者对茶叶产品健康性和环保性的要求越来越高。福建茶叶的生产者应该自觉树立绿色食品理念，根据自身条件和能

力选择其中的一种或几种绿色食品茶生产，按照国家标准行业标准来生产，不断提高产品的卫生质量。

2. 综合防治、科学施肥，保证原料来源安全

茶叶农残主要来自那些农药、化肥的不合理使用，所以，降低农残的关键是研究和推广茶树病虫综合治理技术以及采取科学施肥。①病虫害的综合防治。研究和掌握茶树病虫害、天敌的发生规律及其在生态环境中的地位，做好茶树病虫害的预测预报，引导企业、茶农掌握防治时期和防治方法。努力降低茶叶中农药残留量和其他有害物质降低到标准允许水平内。②科学施肥，推广配方施肥。如通过测土施肥、计算机推荐施肥等计量施肥方法，根据茶园的目标产量和土壤养分含量的测定值、确定施肥量、施肥种类、施肥时期等。改单一偏施为复合配方施肥，以利于土壤养分的平衡供应，避免盲目施肥，减少浪费，减少对环境的污染。施肥以有机肥为主，有机肥与无机肥相结合，改良土壤结构，并活跃微生物，提高土壤生态活力。大力发展和施用微生物肥料，用来减少对化肥的使用量。

3. 推进茶叶加工清洁化，保证加工过程不受污染

要生产绿色食品，就得保证生产过程的清洁。第一，厂房必须选择在茶季季风下风向的高燥地段，使烟尘随风吹散，防止在低空滞留弥漫。第二，加工机械、场地要符合相关卫生标准，并定时清理，保持整洁。第三，茶叶加工过程中，必须保持车间清洁卫生、不落地，防止一切污染物的进入。第四，包装时也要注意防止污染，如有关器具、合金材料、铅等对茶叶的污染。第五，加工人员的清洁化，清洁工人自身的清洁问题也影响着茶叶的质量。

（二）大力发展绿色茶园

近年来，许多茶企业、茶农通过扩大茶园面积来增加茶叶的产量，因此忽略了环境的承受力，更没有按照生态原则来建设茶园，经常都是从山脚到山头，几乎不留树和草，导致过度开发和环境的破坏，水土流失严重。这样超自然负荷不利于福建省茶叶生产的持续进行，所以应该因地制宜地大力建设绿色茶园，而非盲目大量建设茶园。

（三）发展茶叶循环经济

循环经济指的就是在可持续发展的思想指导下，灵活应用生态学规律指导人类利用自然资源和环境容量，遵循自然生态系统物质循环和能量流动规律重构经济系统，把资源、清洁生产及其废弃物的综合利用、生态设计和可持续消费融为一体，使经济系统和谐地纳入自然生态系统的物质循环过程中。循环经济作为人类社会发展中的一种新理念，逐渐被人们认可，俨然是国际社会经济发展潮流和趋势，所以引入循环经济将有助于福建省茶叶产业的进一步发展。

（四）实施多元化的经营模式

福建茶叶经济的可持续发展还依赖于茶叶经营理念的改善，推进茶产业的经营信用、诚信经营、建设茶文化并且构建多样化、多元化市场体系，从而促进福建茶叶品牌的升级和推广。

四、结语

武夷山、安溪茶叶经济的不断发展带动了两地经济的飞速发展，但同时也不可避免地在发展中会出现一些制约进一步发展的问题。本报告中对这些问题都有不同程度的揭示，并给出了思考和建议。本报告认为，整个福建省茶叶经济的可持续发展还需要走过一段漫长而艰辛的路，才能真正的立足于世界市场。在解决这些问题的过程中虽然会产生阵痛，但如果有"壮士断腕"之决心，最终一定能取得成功。

后记：

中国茶叶在19世纪就已经卷入世界贸易之中，在经济全球化浪潮中起起伏伏，命运多舛。清华大学历史系教授仲伟民在《茶叶与鸦片：十九世纪经济全球化中的中国》中就指出，近代以来，中国茶业现代化的步伐迟缓而沉重，与印度、锡兰茶叶的种植与加工完全采用近代化生产经营方式不同，中国茶叶生产与加工完全是前近代的传统经营模式。[1] 一个多世纪过去了，人们探访武夷山和安溪，寻陌茶山，问道制茶，观摩茶艺，清茗一杯，近距离地感受"采茶溪路好，花影半浮沉"，惊奇地发现这里依然保留着传统的茶叶生产与制作技艺，茶农在手工与现代机器中寻找平衡，在精制与规模之间徘徊。

---

① 仲伟民：《茶叶与鸦片：十九世纪经济全球化中的中国》，生活·读书·新知三联书店 2010 年版。

没有改变的是，茶叶依然是中国与世界交流的使者，茶业依然将茶农与国家紧紧联系在一起。只有走进茶山，与茶农深入交流，才会知道当地人最珍视的是什么，才不会陷入单一的国家主义视角。调研队热烈地期盼中国茶叶依然是中国味道，也无比憧憬中国茶叶在当今世界市场上重振雄风。

在此次调研访谈中，调研队把问卷中涉及的经济学理论知识转化为老百姓喜闻乐见的内容，如何让他们听懂是至关重要的。各行各业都有自身的经验知识储备，这决定了"三人行，必有我师"的必然性。在超越自己认知范围的领域要谦虚好学，在复杂的局面跟前要有把握主要矛盾、分析局势的本领。文须有益于天下。[1]

---

① 出自顾炎武：《日知录·文须有益于天下》。

河北省沽源县架豆产业发展考察与研究

李小云　徐长松　张霁初①

【摘　要】本文讨论了河北省沽源县产业扶贫的现状及主要成效，概括出西幸营乡产业扶贫的经验和启示：发挥比较优势，着力培育适合贫困户的富民产业，是产业扶贫的基础。通过政府主导，沽源县着力解决产业扶贫的关键环节，着力提升贫困户自我发展能力，让贫困户共享产业发展成果，是产业扶贫的重要保障。文章通过延伸讨论我国其他地区的富民产业发展思路，总结出一般性经验，并与沽源县的富民产业发展进行比较，进而得出富民产业发展的启示。通过平台型政府的发展理念，发展农村经济，推动富民产业发展，不失为新时期农村经济发展的一个思路。

【关键词】精准扶贫　富民产业　西幸营乡　架豆

费孝通在《江村经济》中提出：人多地少，以恢复农村副业，增加农民收入来解决中国的农村和土地问题。其中，农副相辅、农工相辅、工业下乡、科技下乡、草根工业是实现富民的途径。② 费孝通的富民主张来源于农村实地调查，这对沽源富民产业调研一定的启发。河北沽源县将架豆产业当作富民产业主抓，就是农副相辅的思路。

农业是农民收入重要的、不可或缺的来源，劳动收入仍是大多数农民获取收入的最主要方式。关于我国农村经济发展的思路，既需要考虑长远，也需要着眼于当下的现实需求，即富民。一般而言，农民的收入可以由劳动收

---

① 本文由沽源县富民产业调研队写出。徐长松，中国农业大学硕士研究生；张霁初，中国劳动关系学院本科生。本文写于 2017 年 10 月，获得清华大学中国农村研究院 2017 年"农村调查研究奖"优秀奖。

② 费孝通：《江村经济》，商务印书馆 2001 年版。

入、经营性收入、财产性收入和转移性收入组成，但是各个收入所占农民总收入的比重往往能衡量富民的效果，而提升农民的劳动收入至关重要。展望未来，如何设计我国富民的发展路径？我国的农村发展道路是什么样的？

一、富民产业扶贫的研究进展

改革开放 30 多年来，中国在减贫领域取得了巨大成就，按照我国扶贫标准，累计减少 2.5 亿贫困人口。参考国际扶贫标准，中国共减少 6.6 亿贫困人口，全球贫困人口数量减少的 93.3% 的贡献来自中国。[1] 但是，进入扶贫攻坚阶段以来，我国扶贫工作又面临很大挑战，为了落实全面建成小康社会的目标，中国政府提出要在未来 5 年内，将使现有标准中 7000 多万贫困人口全部脱贫。要完成此项任务，根据测算平均每个月要减贫 100 万人口。多年以来，我国在农村反贫困领域已经形成了由生存型反贫政策、支持型反贫政策和开发型反贫政策三方面构成的政策体系[2]，反贫困已经从过去的救济式扶贫转变为开发式扶贫。有的地方开始发展富民产业。富民产业即在国家必要支持下，利用贫困地区的自然资源，进行开发性生产建设，逐步形成贫困地区和贫困户的自我积累和发展能力，主要依靠自身力量解决温饱、脱贫致富，使扶贫工作实现从"输血"到"造血"的转变。富民产业是开发式扶贫的核心内容。2015 年《中共中央　国务院关于打赢脱贫攻坚战的决定》明确提出，为实现精准扶贫、精准脱贫目标，在具体实现路径上，要按照贫困地区和贫困人口的具体情况，实施好"五个一批"工程，即发展生产脱贫一批、易地搬迁脱贫一批、生态补偿脱贫一批、发展教育脱贫一批、社会保障兜底一批。而在这"五个一批"之中，富民产业扶贫涉及对象最广、涵盖面最大，是能够实现好精准扶贫的关键。

对于富民产业扶贫，不同学者持有不同的观点。白丽、赵邦宏认为产业化扶贫可以极大地调动农户参与产业化经营的积极性，促进贫困地区增产增收，是一种行之有效的扶贫方式；并指出要确立龙头企业带动型产业扶贫模式，企业要通过组建园区加强对基地的控制，主动吸纳广大贫困农户参与产

---

[1] 数据来源：2014 年 10 月 14 日国务院扶贫办副主任郑文凯在国新办新闻发布会上的讲话。

[2] 王春光：《社会治理视角下的农村开发扶贫问题研究》，《中共福建省委党校学报》2015 年第 3 期。

业化经营。① 韩斌认为产业扶贫形成了贫困家庭收入的主要来源，同时缓解了贫困地区脆弱生态环境面临保护与发展的危机，有利于可持续发展。应该统一规划、扩大规模，促进对群众收入的推动。② 黄承伟以重庆市涪陵区农民创业园产业扶贫为例，阐述了该案例在统筹城乡发展中的具体运作组织架构、运作模式和过程，提出了以农民创业园区为平台、以扶贫责任书为纽带的贫困农民自我发展扶贫机制。③ 张跃平以武陵山区的三个村为例，着重阐述了"大推进"理论对于破解武陵山区贫困循环陷阱的重要性，并且介绍了产业扶贫在农村基础设施改善、农民收入水平、职业转变等方面的功能。④ 另外，宋彦峰以甘肃省一贫困县连片开发为例介绍了以产业开发为主要内容的连片开发减贫机理，认为连片贫困地区的产业扶贫需要从优化产业选择、统筹片区开发、吸纳农户参与等几方面来推进。⑤ 徐志明主要从产业扶贫的扶持政策方面来进行规划，认为产业扶贫重在激发贫困农户的内生动力，要从改善农村金融服务、扶持农村经济组织、建立产业风险基金等方面完善产业扶贫的一系列政策。⑥

还有学者提出了与上述观点相反的看法。孙兆霞通过对贵州产业扶贫的调查，发现政府主导的产业扶贫项目因为缺乏村庄社会性参与及村庄公平平台的承接与运作，往往会导致扶贫目标偏移、拉大贫富差距、加速村庄原子化溃败以及降低农民对政府的政治信任等后果。⑦ 马良灿认为产业项目扶贫运作逻辑受到上级政府、基层政府和农民群体三个行为主体利益博弈的影响与塑造，产业化扶贫政策运行脱离地方实践和贫困群体的实际需求，导致国家

① 白丽、赵邦宏：《产业化扶贫模式选择与利益联结机制研究——以河北省易县食用菌产业发展为例》，《河北学刊》2015 年第 4 期。

② 韩斌：《推进集中连片特困地区精准扶贫初析——以滇黔桂石漠化片区为例》，《学术探索》2015 年第 6 期。

③ 黄承伟、覃志敏：《我国农村贫困治理体系演进与精准扶贫》，《开发研究》2015 年第 2 期。

④ 张跃平、周基农：《民族地区扶贫工作制度创新》，《黑龙江民族丛刊》2000 年第 2 期。

⑤ 宋彦峰、夏英：《资源整合、产业扩张与扶贫新方式探索——基于甘肃省 TZ 县连片开发个案的研究》，《农村经济》2011 年第 2 期。

⑥ 徐志明：《宝华镇拓宽高山生态产业扶贫新路》，《云南日报》2015 年 10 月 11 日。

⑦ 孙兆霞：《脱嵌的产业扶贫——以贵州为案例》，《中共福建省委党校学报》2015 年第 3 期。

意志和贫困群体主体性需求难以实现。① 肖唐镖通过对 12 个扶贫样本村调查资料的分析，发现投向改善村民生产活动类的项目呈现正效应，而直接投向生活的产业发展类项目呈现负效应。②

总的来看，以往关于产业扶贫的研究有以下两方面不足：第一，宏观理论讨论比较多，缺乏个案经验研究支持；第二，关于产业扶贫失败的原因主要归结没有尊重市场规律和地方实际，缺少就产业扶贫本身运行的机制与过程分析，也缺少对扶贫有效的管理与监督机制的分析；第三，缺乏针对富民产业发展的比较研究，没有概括出一般性的理论和观点。

二、西辛营乡架豆扶贫产业发展现状

在沽源调研期间，调研队走访了西辛营村和东辛营村 15 户农户，走访了沽源县宣传部、扶贫办、农开办，西辛营乡政府、农资店，与 4 位政府干部进行了深入座谈。基于这些调研访谈，对富民产业发展的情况有了总体把握。本节对西辛营乡架豆产业发展现状和政府出台的产业政策进行介绍，通过访谈获得的数据和信息来评估扶贫绩效。

（一）架豆发展的背景

河北沽源运用取点示范而后全面推广的方式，在西辛营乡率先发展架豆产业，之后在小厂、黄盖淖、白土窑等乡镇重点推广。2017 年西辛营全乡耕地面积 6.4 万亩，仅种植架豆就达 1.2 万亩，产值突破 7000 万元，占全乡农业总收入的 80% 以上。

沽源大力推行"产业扶贫"，重点突出、集中打造了沿"张沽线"的设施大棚架豆种植带，稳步推进大棚菠菜和架豆两茬种植。通过对贫困户的大棚补贴，推广大棚种植，极大增强产业聚集效应，亩均大棚产值突破万元。通过改良种植品种，不断引进新优品种，增强抵御市场风险能力，提升市场竞争优势，架豆种植户收益大幅增加。

西辛营乡积极打造蔬菜产业发展平台，靠龙头带动种植、靠市场拉动架

---

① 马良灿：《农村产业化项目扶贫运作逻辑与机制的完善》，《湖南农业大学学报》（社会科学版）2014 年第 3 期。

② 肖唐镖、石海燕：《农村经济增长政策的扶贫效应分析》，《新视野》2009 年第 2 期。

豆销售，形成了市场连基地，基地连农户的销售局面。发展农民专业合作经济组织，通过专业合作组织销售架豆，增加了农民收入，帮助贫困户实现脱贫。

（二）扶贫产业介绍

1. 产业政策

（1）贫困户每户补贴半亩大棚（共 4100 元，其中棚架 3300 元、棚布 800 元）。

（2）贫困户在扶贫办申请领表后经过审核，可从邮政储蓄、农商行、农行 3 家银行获得贴息贷款 2~3 万元。

2. 产业发展现状

西辛营乡全乡 1.2 万余人，耕地 6.4 万亩，架豆产业大棚种植近 5000 亩，露天种植 1.3 万亩，共 1.8 万亩，全乡人均种植架豆 1.5 亩。大棚每亩收益可达 1.2 万元/年，露天每亩收益可达 5000 元/年。

3. 扶贫绩效

西辛营全乡贫困人口由 10 多年前比例过半到 2016 年的 2247 户 4097 人，到 2017 年减少到 1914 户 3512 人。目前全乡共近 1.2 万人，贫困人口比例小于 30%。在国家逐年提高贫困人口标准的同时，西辛营乡的贫困人口比例正在逐年减少。目前西辛营乡存在的贫困人口大多是只能靠政府兜底的低保、五保户。

（三）农户调研结果讨论

1. 优势

（1）品种改良。目前已经有金龙王、巨龙王、鲁寿、荷兰、绿冠、白不老、泰国架豆王 10 多个品种在全县得到了推广。每个品种各有特色，农户可据其成本承受能力与偏好进行选择。如泰国架豆王，亩产 3000~4000 公斤，相较于其他 2000 余公斤的架豆品种，产量上有了极大的提升，但由于其从播种至收嫩荚的周期需要 75 天左右，也较长于普通架豆品种 50 天左右的收购周期。因此，每个品种各有利弊。种植周期、产量、品质等各不相同给西辛营乡架豆的错季销售与产品差异化提供了基础。

（2）错季销售。架豆种植的一个关键是要避免高温，因为一般架豆的正常生长温度为20℃～30℃，温度过高，架豆坐荚困难，会严重影响产量。如果加上空气潮湿，炭疽暴发，极难控制。温度太低则有霜冻灾害。沽源县地处北纬41°，气候属温带大陆性草原气候，"冬无严寒、夏无酷热"。全年温度最高的7月、8月也极少有超过32℃的时候，基本可以忽略高温对架豆种植的影响。但沽源县无霜期日数仅为117天，所以可进行架豆种植的时间区间并不长，正好与我国其他地区的春、秋季架豆形成了错季。

沽源县每个大棚可种植两茬蔬菜，6月底种植架豆前可种植芹菜、菠菜等，一般亩收入都在3000～5000元；第二茬架豆上市时，可以说是独特的夏季架豆，正好错季高价，除去当年投资，年内棚均纯收入可达7000余元。

（3）产业聚集优势。2017年，西辛营乡全乡除去未确权土地共在册6.4万亩，种植露天、大棚架豆共1.8万亩，是中国的架豆之乡。西辛营乡虽然无20亩以上的种植大户，但家家户户三五亩，多则10亩。架豆种植在西辛营乡具有普遍性，架豆产业在这个特定地理区域内高度集中。

（4）劳动力稳定。西辛营乡的农业种植劳动力年龄集中于中年。由于下霜期长，西辛营乡的农户有很长的农闲时间，但农户在农闲时间外出务工比例极低，9月下霜以后大都赋闲在家，不选择外出务工，直到来年开春继续务农。因此，劳动力稳定的同时也造成劳动力大量闲置，影响了整体收入。

（5）收益高。架豆每亩平均收益远高于大部分其他同季蔬菜的收益。以同地区种植大白菜为主的白土窑乡为例，大白菜亩产4000～5000公斤，产量是架豆的近1倍，但价格仅为1.6元/千克，相较于架豆3.5～6元/千克来说，总收益还是稍显逊色。

（6）种植技术含量较低。架豆种植主要是搭架、施肥、田间湿度管理和杂草防除，加之目前滴灌技术成熟，田间湿度管理调节易于控制，搭架简单易学，施肥和农药使用易于推广。西辛营乡还有专门的农业技术人员，因此，架豆种植基本上不存在技术问题。

（7）病虫害少。病虫害危害较大的仅炭疽一种，正常气候环境易于防治。病虫害主要发生在积水、排水不良和湿度大的田块。农作物炭疽病非常普遍，目前炭疽病防治方法也较为成熟。病虫害少为农户种植提供了方便，也降低了农户的风险。

2. 劣势

（1）没有品牌效应。西辛营乡虽然是中国架豆之乡，但其架豆种植普遍、聚集，而品质没有明显好于其他地区，缺乏独特性与影响力。架豆品种多，而西辛营乡各个种植架豆的农户选择不一，且每户种植量小，导致种植杂乱，品质不一，难以形成统一的品牌。

（2）劳动力成本高。雇佣劳动力采摘需 120 人/天，一亩采摘完成需一人干两天，即采摘成本为 240 元/亩。

（3）农户知识水平不足。架豆种植户普遍知识水平不足，对科学种植缺乏认识，目光不够长远，吝惜前期投入，贪图便宜使用低劣种子，农药防治量不足、不到位，乱用农药的现象普遍存在。将对别的作物和病虫害有效的农药，想当然的直接用于架豆，不听专业人员劝阻与建议，农药越打、病虫害越烈的事情时有发生，导致当地对炭疽闻之色变。

（4）缺乏专业销售队伍。沽源县架豆协会于 2017 年 7 月成立，尚处于起步阶段，还未在销售环节发挥明显作用。此前，架豆销售主要为收购商直接从"田间地头"收购，收购商自己挑拣、装箱、打冷和运输。

（5）无再加工体系。架豆本身可再加工的潜力不高或尚未被发觉，此前有一部分加工豆角丝的企业，当时充分利用了品质不好的架豆进行再加工后销售给当地饭店，但由于需求不足、缺乏其他销售路径，目前无再加工企业。

（6）无专业人员组织种植。主要立足于宣传推广，实际操作由农户自发学习解决，盲目跟风种植、缺乏规划的情况普遍存在。

3. 机遇

（1）架豆协会。于 2017 年 7 月成立的专业合作经济组织，目的是为农户解决统一销售问题，并为当地扩展更多的销售渠道，目前已和河北新发地、山东寿光的蔬菜收购与农业科技企业进行谈判，签订一系列合作合同。在统一销售方面进行了初步尝试，由于初步成立，少部分农户缺乏对协会的信任。后期应会有较好的发展前景。

（2）大棚补贴。贫困户每户补贴半亩大棚，棚架可连续使用 8 年以上，棚膜 3 年，架杆（无补贴）可使用 4 年。补贴方式由农户自己先行筹资建造大棚，完成后上报要求补贴，可以避免一部分农户拿到补贴后不进行大棚建造的问题。大棚可以自己使用也可出租。这种方式极大地增加了贫困农户收入的可持续性。

（3）贴息贷款。贫困户申请后可获得贴息贷款 2 万~3 万元。贴息贷款这种无偿使用资金的方式与小额贷款相比，可以极大减轻贫困户的财务负担与风险。而且这笔贷款的数目与大棚补贴相结合可以种植 5 亩以上的架豆，完全可以解决普通贫困农户种植的资金问题，帮助其实现脱贫。

（4）收购价格稳定。近几年，架豆收购价格趋于稳定，保持在较高水平，基本维持在 3.5 元/千克左右，好的架豆品种甚至可以卖到 6 元/千克。

4. 威胁

（1）受制于气候。沽源县 9 月中上旬便开始下霜，下霜以后架豆就无法种植，也就是说全年可种植架豆的实际天数只有 100 天左右，只能种植一茬架豆。潮湿天气所造成的炭疽蔓延，较难防治。架豆产业在西辛营乡发展了 10 多年，可是在调研过程中发现不少农民对于炭疽病的认识都比较浅，并且在当地咨询了一些农资店所得到的说法也不一致，而农民对于炭疽病的防治更多的是根据农资店推荐的农药来进行。后续调研过程中，了解到西辛营乡也曾数次请河北农业大学的教授来当地给农民做技术培训，但是农民参与度并不是很理想。可以发现，政府和农民之间实际存在着沟通不畅的问题，对当地农民的动员不足，而想要解决这个问题，要通过调动农民的积极性和参与度。

（2）受制于收购商。西辛营乡缺乏统一的销售团队与销售市场，依赖于田间地头的收购，一般是收购商定一个点，开一个收购价格，农户自行将架豆采摘后运送到收购点进行交易，加之采摘后的架豆不易保存，导致定价权在于收购商，总体上收购商占主导地位，农户采摘后被动出售。

（3）无对应农业保险。由于架豆产业对于全国来说尚不属于大众产业，种植的农户和地区并不多，缺乏相应架豆的险种。由于架豆种植风险不高，普通农业保险的需求不高，架豆种植户都处于农业保险盲区，贫困农户无法规避风险，一旦有病虫害发生就无法控制，其结果就是血本无归。

（四）架豆产业发展优劣势总结

西辛营乡架豆扶贫产业发展状况整体良好，为贫困户提供了较好的脱贫路径。大棚补贴力度大，效益可观，不从事农业种植的贫困户能够通过出租政府补贴的半亩大棚等方式获得收益。因此西辛营乡贫困人口逐年减少。沽源县架豆协会的成立为将来产业的发展奠定了基础。对贫困户大棚补贴和贴息贷款的政策加以妥善运用能够使更多的贫困人口脱贫。目前良好的市场外部环境为架豆产业发展提供了保障。合理把握自身优势，抓住外部机会，将

没有品牌效应、劳动力成本高、农户知识水平不足、缺乏专业销售队伍、无
再加工体系、无专业人员组织种植等自劣势逐一解决，防范外部威胁，西辛
营乡架豆扶贫产业一定能获得更大的发展，转而成为致富产业。

表1　西辛营乡架豆产业发展优劣势分析

	优势	劣势
内在因素	品种改良 错季销售 产业聚集 劳动力稳定 收益高 技术含量低 病虫害少	没有品牌效应 劳动力成本高 农户知识水平不足 缺乏专业销售队伍 无再加工体系 无专业人员组织种植
外在因素	架豆协会 大棚补贴 贴息贷款 收购价格稳定	受制于气候 受制于收购商 无对应农业保险

（五）"能人"带动架豆种植

提起沽源架豆产业，王富勇是绕不开的一个关键人物。本次调研中虽然
未能见到王富勇，但是经过与当地村民的访谈了解到的情况与网上报道基本
一致。① 2001年，王富勇当选为羊库伦村主任，在发展富民产业方面，他与
村支书薛贵不谋而合，提出富民产业发展不能盲目跟风的观点，即看别人种
啥自己也种啥。为了避免村民种植结构的同质化，改变以往的种植作物品种，
两人将目光瞄准了沽源传统作物架豆上。经过前期考察，王富勇自己出资带
头种植，当年秋天试种获得成功。根据调研中了解到的信息，王富勇的架豆
亩产6000多斤，纯收入达2500多元。有了这样的一个前期探索和示范，羊
库伦村的架豆产业得到了快速发展，村民的模仿带来了人均纯收入大幅提升。
回忆起这段历史，受访村民表达了对当时那段历史所取得的成绩的认可。这
表明，乡贤将在新农村建设中发挥示范作用，其积极的并具有引领意义的示
范作用会有一定的影响力。

---

① 《沽源架豆，因何有"市场缘"？》，张家口新闻网，2014年9月18日。

调研过程中发现，西幸营土地存在长时间闲置现象。从调研的农户处了解到，架豆的生长周期比较短，一般 3 月份种植，7 月份进行销售，而大部分农民的土地在其余 8 个月左右的时间都处于闲置状态，这是一种比较严重的土地资源浪费的现象。在调研过程中一位农户透露自己也考虑过这个问题，今年架豆种植完准备后续种植菠菜。今后西幸营乡架豆种植结束后，可以种植其他蔬菜作物或者发展畜牧业，来保证土地资源的充分利用。

为了更好地提高收入，据当地村民讲述，后来发展起错季采摘的大棚架豆。坝上地区七八月间昼夜温差就开始变大，白天架豆田里蒸腾起的热气到夜间遇冷形成露水，第二天早晨经阳光一照就会在豆角上烙下一片片褐斑，当地人形象的称为"火霜"。"火霜"严重影响架豆的出售价格，甚至无人收购这样的架豆。自然气候给架豆种植带来的"火霜"成了种植户的一块心病。架豆上市时间短暂而集中，一般 7 月、8 月是采摘旺季，过了这个季节土地就要闲置到第二年的 4 月。

如何避免露水、强光等自然因素对豆角的伤害？如何才能将架豆采摘后、种植前的闲置土地利用起来？如何才能延迟架豆的上市时间？为了解决这些问题，王富勇先后试验了小拱棚育苗和温室架豆套种短季蔬菜的两茬种植模式，并安排专业的种植人员对实验大棚进行管护，对种植的各个环节进行详细记录并全部建档。作为前期探索人，王富勇的探索精神和钻研精神得到了有益的收获。根据种植实验结果显示，设施大棚可以有效避免"火霜"危害，提高豆角品质，延长采摘期，使得单位面积效益增加 3 倍。

从西幸营乡架豆种植的案例中可以看到，农村经济发展中能人的带动和示范具有一定影响力和积极作用，这些人愿意为农村建设尽力，推动地方公益事业发展。新时期重视这些能人群体为代表的新乡贤在新农村建设中的示范作用，就是发挥他们在促进乡村治理和乡村发展中的引领作用。这些能人乡贤之所以有能量，在于他们植根于乡土、贴近于乡情，了解村民的需求，了解当地农村的发展情况。而新乡贤的出现，并不是寄希望于把他们打造成为乡村治理唯一的甚至决定性因素，而是在新时期的大环境下，弥补新农村建设的部分资源不足，构建一个有多元主体共同参与的乡村治理体系，共同为乡村公共事业管理发挥作用。像西幸营乡的能人带动，在农村基层经济中发挥了领头雁作用，使其具有更广泛的辐射作用，惠及更多区域的群众。

三、富民产业发展的比较视角分析

学术界讨论我国农村经济发展的时候，一般着眼于现代农业和小农经济。而小农经济似乎生命力有限，对农民增收的带动不强，这忽视了农民发展富民产业的积极效果，尤其是在经济欠发达的农村地区，依靠当地独特的地理条件和自然优势，发展特色富民产业，进而助力富民增收。

无论是工业县还是农业县，找准自身的特色产业或优势产业至关重要。纵观我国县域经济的发展实践和历程，县域经济的发展有赖于县域特色产业的培育和壮大，在此基础上依靠科技进步，加强产业创新，是培育和壮大县域特色产业的良好途径。

针对那些致力于农民增收和农村经济发展的县级政府，发展富民产业是缩小城乡收入差距，提高农民收入的可行思路。本文对我国部分地区发展富民产业的经验进行了总结，如表2、表3所示。

表2 我国部分地区发展富民产业的做法

县（市、区）	组织保障	资金整合与金融支持	政策保障	产业基金	培训与销售
揭阳市	成立县现代油茶产业带项目建设领导小组，分管财政副县长任组长	加强资金整合，发挥投资乘数效应	制定了产业发展规划	无	建立"生产—加工—销售"的油茶生产加工链，采取引导油茶种植企业与农户签订产销合同做法
吕梁市	无	安排设施蔬菜建设资金	制定出台跟进配套政策，重点用于建设补助、贷款贴息、技术补贴、土地流转等	无	聘请专家，组织多种形式的技术培训班。建立蔬菜批发市场、合作组织、农超对接、便民直销店建设，拓宽销售渠道

续表

县 （市、区）	组织保障	资金整合与 金融支持	政策保障	产业基金	培训与销售
木垒县	无	在金融机构设立基金专户，银行以 5 倍放大放贷，为带动贫困人口脱贫致富的企业提供贷款	无	设立产业扶贫基金、扶贫"应急周转金"、产业扶贫风险补偿基金	鼓励和支持有劳动能力贫困人口参与民宿客栈、餐厅、民族手工艺品等特色旅游经营和服务
通城县	县委、县政府主要领导带头包联，实行项目包联责任制	整合财政专项资金	重点支持精准脱贫产业发展	给予一定数量的资金补助用于产业发展	

来源：根据财政部官网内容整理

表3 我国部分地区发展富民产业的做法

县（市、区）	主要思路	销售体系	带动模式
兴山县	整合项目资金，统一编制规划、统一优质品牌、统一技术标准、统一人才培训、统一组织实施、统一品牌创建、统一考核验收	无	"龙头企业＋专业合作社＋农户＋基地"的组织模式
沛县	强化政策扶持，做优"一村一品"，重点扶持一些产业	新建 12 个农产品批发市场、33 个产地市场，形成以大中城市为窗口、特色专业市场为龙头、县镇农贸市场为中心、田头产地市场为补充的大市场、大流通的农产品营销网络	鼓励镇、村干部、龙头企业、服务组织、"能人"大户牵头领办专业合作组织，开拓等多形式、多层次合作

续表

县（市、区）	主要思路	销售体系	带动模式
汉中市汉台区	积极整合涉农资金，制定优惠政策，配套完善各项基础设施，因地制宜结合全区各村的村情、民情，帮助和引导农民自主联合打造村级"品牌项目"	以基地带动产业，以产业创优品牌，以品牌致富农民的"一村一品"产业发展新格局	形成了"企业+合作社+基地+农户"的利益联结机制
宿迁市	财政积极筹措，加大专项培训资金投入。用于"一村一品一店"培训。财政出资建立资助券制度	资助券主要资助从事农产品生产、营销（电子商务）、加工以及农业技术推广、农业社会化服务等的初始务农创业行为	学习"一村一品一店"模式创新、农产品网络营销策略、网店开设与管理、农产品包装与物流等方面内容
厦门市	纳入各区"一村一品"规划发展的特色农业包括种植、养殖及农产品加工业	无	农民专业合作组织及农业行业协会对"一村一品"优势农产品，采取统一商标注册并统一包装设计的，一次性奖励 2 万元
咸阳市	采取保留进城农民的土地承包经营权、宅基地使用权和集体收益分配权，让农民带着"财产"，不让"光着身子"进城，使进城农民既逐步享受城市的公共服务体系，又保障了自身的合法权益，有效消除了农民进城的后顾之忧	在推进城镇化进程中，咸阳做强富民产业，全市累计建成"一村一品"示范村 600 多个，建成省级现代农业园区 38 个，市级现代农业园区 112 个，发展专业合作社 3000 多家	咸阳同时推进城乡协同发展，重视城市发展的同时，对于农村经济发展的探索和实践，为我国其他地区城乡协同发展提供了经验借鉴

来源： 根据财政部官网内容整理

通过表 2 和表 3 可以总结出如下经验或思路：第一，从政府发展农村经济角度出发，上述几个县（市、区）都有相应政策出台，将精准扶贫和富民产业发展结合起来。第二，在组织保障上，部分县市成立了由县委主要领导实行项目责任制的引导体制。第三，在资金整合上，上述县（市、区）进行了财政资金整合。在产业基金设立上，新疆木垒县的思路值得借鉴。第四，在培训与销售上，多数县（市、区）仅仅是从拓展销售渠道入手，这无疑是对当下面临的现实困境的一种突破。有鉴于不同地区农村经济发展可供利用的资源不一样，这使得部分地区在发展富民产业之外，打造全方位的、立体式的旅游成为必要。第五，我国农村经济的发展，"一村一品"的建设是一条可行思路。根据对 2005—2007 年科技部、财政部确定的 398 个试点县（市）的统计，立项支持的县域特色产业 90% 以上属于大农业范畴。[1] "咸阳模式"是通过城乡协调发展来带动农村经济的发展，建成"一村一品"示范村 600多个。为了消除农民进城落户的疑虑和担忧，咸阳市实施让农民带着财产住进新型社区，带着技能走进新兴产业的"双带双进"模式。[2] 咸阳的新型城镇化是促进农村经济发展的城镇化，其思路具有系统性和整体性。每个贫困村有自己的特色产业和产品，围绕这些特色产业进行布局，这是依据区域特点统筹发展的体现，也是基于村情、民情的因势利导，为农民增收致富拓宽路子。

四、富民产业扶贫的一般性经验与启示

从西幸营乡以及我国其他县市的农村经济发展来看，聚焦富民不能仅仅聚焦在收入分配上，还应该聚焦在农村产业发展上。从空间上看，聚焦发展富民产业是缩小城乡收入差距的一个途径，不能仅仅依靠城市对农村的倾斜。新时期实施富民产业发展战略，需要参与的不仅仅是个体或家庭，还有政府、企业、社会组织等多主体联合行动。"政治性农业主体"可以理解为政府为了工业发展从农业中获取原始积累，农业发展需要服务于工业发展的大环境。而在当前这样一个发展局面中，政府由原来的"政治性农业主体"变为"政府引领型农业主体"，或者可以称作平台型政府。平台型政府可以理解为在处理市场与社会关系中，政府既不越位也不缺位的一种现代公共治理模式，政府具有核心的领导力量，以多主体协调发展为目标，以提供公共服务、打造优良环境、聚集各类信息、资本和人才、实现经济自主和社会自治为主要职

---

[1] 林涛、李子彪、刘坛波：《胡宝民县域特色产业创新过程情景分析——以国家"科技富民强县专项行动计划"试点县（市）为例》，《中国科技论坛》2009 年第 6 期。

[2] 《推进"三个 1 亿人"新型城镇化的"咸阳模式"》，《咸阳日报》，2016 年 9 月12 日。

责，达成平台内的多方社会主体的共赢格局。从西幸营乡架豆产业的发展来看，仅仅依靠政府或者农民自身力量，不足以改变产业发展的现状，还需要其他机构或者主体的介入。而政府在其中发挥了核心的引领作用，协调各方关系，共同为地方富民产业发展奠定基础。

发展富民产业，要调研产业在当地的基础条件，以及农民是否熟悉该产业，是否容易接受该产业；选择生产率高、附加值高的产业很关键。农村面临农业转型发展、农民增收的难题，多地政府发展以"一乡一业、一村一品"的产业布局为切入点的富民产业，逐步改变农业生产从单一到多元的转型。如前文所言，"政府引领型农业主体"在发展农村经济中，要在产业政策中充分体现富民理念，优化产业结构，提升农民收入，政府搭建平台，出台政策，积极的作为才能为提高产业的附加值提供便利和必要的帮助。这也体现了农村经济发展中统筹多方面力量上政府发挥的作用。如在发展品牌经济，促进产业发展品牌化、高效化方面，政府均有作为的大空间。

从富民产业发展需要的农村金融角度来讲，如果任凭农村金融市场自然发育，则农村金融市场成为农村资金流向非农产业、城市在意料之中，发展富民产业同样需要金融的支持。因此，着力解决金融的城市偏向就是当务之急。在加强金融支持，发展相关产业基金，为产业富民汇聚更多资金方面，使农村获得比城市更为优越的信贷环境。

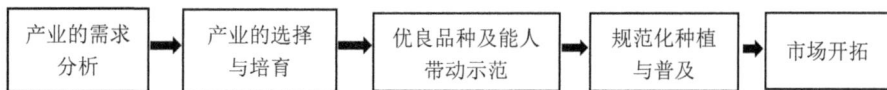

| 产业的需求分析 | → | 产业的选择与培育 | → | 优良品种及能人带动示范 | → | 规范化种植与普及 | → | 市场开拓 |

图 1　富民产业发展的五个阶段

从西幸营乡架豆产业发展中可以看到，架豆产业发展面临的挑战较多，除了自然环境的挑战无法克服之外，作为一种政府引导统领型农业，政府的作用依然较大。农村富民产业发展初期乃至中期，政府的扶持需要从一系列有益的制度安排上入手，给予产业发展一个稳定的政策环境。

富民产业的发展，需要政府提供公共产品和公共服务为基础，这一点在表 1 和表 2 中也有所体现，而针对一些地区县乡政府捉襟见肘的财政状况，更增加了发展富民产业的挑战。基于我国各地农村经济发展的差异性和层次性，农村经济发展面临的挑战也越来越多。作为城市粮食等供应的基地，促进城乡协调政府对农村经济发展的扶持，是统筹全局的必走之路。市场经济对农村经济发展的影响深远，包括前面谈到的金融资源不愿流向农村就是体现。伴随着我国人民的经济生活中从生活必需品阶段向耐用消费品阶段的转型，传统的二元结构出现了新的特点，城市居民的大多数支出难以流向农村。这表明，农村经济的发展，仅仅依靠"市场主导型"是不行的，也是不够的，还需要用"行政主导型"作为补充，甚至是重要手段，使得"市场主导型"与"行政主导型"并存，以此回应之前新的断裂形式——"市场主导型的二元结构"。

发展富民产业是能惠及绝大多数农民的实实在在的事业。当前我国农业发展不再是政治农业，即为了工业发展从农业剩余中积累原始资金，现代农业发展更多的立足于农村农民的需求，具有了一定的独立性。除了实现政府设定的目标，如粮食安全、产量要求外，还要把农民培育成现代农业从业者，并实现农民的致富增收目标。

五、可能的政策建议

西幸营乡经济以农业发展为主，其他产业如加工业、旅游业等在经济发展中所占比重较小。我国有不少这样的乡镇，自然资源匮乏，旅游业不发达，工业发展几乎为零，但是在全面建设小康社会的道路上，又面临着脱贫致富和发展壮大农村经济的重任。这也是选择西幸营乡作为调研点的理由，以此来探讨欠发达地区农村经济发展的思路和战略。

西幸营乡农产品技术含量低，与市场对接程度低。农业生产分散，产量不足，产品市场化程度低；当地名优企业数量少，规模小，对市场经营的拉动作用不足，产品效益主要靠架豆等作物销售实现。在扶贫工作中，无论是在初期的项目规划还是后期的项目实施，都需要有农民的参与和认可才能顺利实施。提高农民的主动参与意识，培育农民，使其掌握先进的技术，这是在农村实行精准扶贫的基础。

基于以上分析，本文对西幸营乡今后的产业扶贫有如下的思考和政策建议：

（1）推进"互联网+农业"工程。"大数据"和"云计算"如今已经开始广泛应用于农业生产中，面对扑面而来的互联网浪潮，要加快推进并落实好沽源县互联网基础设施建设。要重点解决宽带村村通问题，加快研发和推广适合农民使用的低成本智能终端，这是实施"互联网+农业"战略的基础工程。各贫困乡（镇）要集中力量打造基于"互联网+"的农业产业链，积极推动农产品生产、流通、加工、储运、销售、服务等环节的互联网化；启动农产品电子商务运营，破解"小农户与大市场"对接的难题，提高农产品流通效率。

（2）加快推进"美丽乡村""一村一品"项目建设。实现优质、特色农产品网上交易以及农产品网络零售，实现农产品增值，促进贫困地区农民增收。西幸营乡农户通过电商渠道来销售农产品还比较少，接下来应该重点推广。

（3）发展产业融合实现经济良性发展。产业融合是实现当地经济自我良性发展的必要手段和途径。西幸营乡要通过开发当地优质产品资源、生态资源和旅游资源，对其进行有效整合和合理开发，结合各村特点，形成以村级特色产业为主，生产、加工、销售全产业链的农业发展模式，打造特色农产品种植、养殖、观光休闲、农事体验、城郊旅游等多种功能兼备的有机融合体。同时将农业生产、农产品加工业、农产品市场服务业深度融合，不断拉长农业产业链，延伸农业价值链和效益链，通过产业间的相互补益和全面开发而放大系统性效益能量，提高农民的收入和效益。

（4）全面推进农村扶贫开发资源总动员。明确基层政府作为扶贫资源动员的主体，实践"平台型政府"的理念。在扶贫开发中，政府作为财政资源的投入主体，应把各项扶贫资源和惠民政策落到实处。基层政府作为扶贫资源动员的主体角色，要动员各级政府、部门和社会各界、企业参与扶贫。通过资源动员和整合，实现与外部输入资源的有效衔接。

（5）结合土地流转培育产业。坚持把深化农村综合改革与精准扶贫相结合，积极推进土地流转，最大限度地提高农业综合效益，增加贫困群众收入。目前，西幸营乡累计流转土地1500多亩。促进土地流转，打造特色基地，让贫困群众搭上致富的"顺风车"。沽源可以通过扶持一些大的规模经营主体，鼓励和支持规模经营，促进土地流转。

（6）提高贫困地区扶贫资金使用效率。西幸营乡目前在这方面的制度还不够完善，贫困户对于银行的小额贷款没有很好地去利用。今后需要建立扶贫资金投入机制，解决扶贫贷款到户问题。要创新贴息贷款运作试点，探索有效扶贫到户贷款新形式，提高扶贫贷款到户比例。

（7）大力构建可持续脱贫致富的联动产业发展格局。贫困地区农户生产要围绕短时期生产经营增收有保障，长远期生产经营有潜力，抓住以家庭联产承包责任制不变和健全农村土地制度的机遇，在贫困农民、扶贫龙头企业和各种生产经营服务机构之间建立利益联结。

（8）要做好贫困地区与扶贫产业带的衔接及与大市场的对接。要大力支持相关扶贫企业为贫困农民提供多种形式的生产经营服务，构建以公共产品为主，以合作社经济为基础，以其他社会力量为补充的新型农业社会服务体系，提高扶贫产业的经营水平，逐步形成可持续脱贫致富的产业联动发展格局。西辛营乡应该学习山东寿光模式，打造出一个架豆甚至蔬菜全产业链模式。

（9）进一步调整财政支出结构。整合各类专项资金，集中力量支持县域特色产业的发展。为此，需要发挥财政资金的杠杆作用，通过贴息、奖补等措施，引导和带动社会资本投向县域特色产业。在做大做强一批特色产业的基础上，与富民结合起来，推动县域经济更好地发展。

（10）在财政资金的安排上要重点支持特色产业及富民产业。围绕特色产业和富民产业发展加强平台建设，包括产业规划设计、产业公共服务平台、融资担保服务平台等建设上，政府要发挥一定的作用。对于欠发达地区的农村经济发展，特色产业和富民产业的优势并不会自动产生，需要一定时间的培育。在具体做法上，要对引进的企业给予奖励，对企业品牌建设、销售渠道开拓、贷款贴息方面给予补助。

贫困地区的农村经济发展，是在资源环境约束下的农业发展，发展中的协调难度更大，涉及的方面更多，难度更大。因此，发挥平台型政府的作用，方可为新时期欠发达地区农村经济发展走出一条新的道路来。

后记：

在本次调研中，调研队走进了河北省北部的沽源县西辛营乡，在路途中看到两样东西：一个是风力发电设施，另一个是本次调研的架豆。西辛营乡的人民特别热情好客，善良淳朴，在调研过程中给予了调研队很大帮助。本着了解架豆富民产业在贫困地区如何帮助农民增收，调研队想了解农民怎么看待富民产业以及是否遇到什么困难。在调研中，一位老大爷使调研队印象深刻，他说："你们清华大学的赶紧来帮我研究研究这个架豆的火烧病（炭疽病）啊，这个火烧病如果一出现，今年的架豆就全毁了。"调研队陪着这个大爷跑了乡里三家农资店，通过和其中一位比较专业的农资店店主沟通了解，来给大爷讲解了炭疽病的引起原因以及如何防治。在调研的最后调研队拜访了西幸营乡政府的工作人员，了解了县乡政府在架豆产业中如何引导发挥作用。

本次调研的目的是要通过品味农村社会的现实，了解民情，熟悉地方政府的扶贫政略。在从事学术研究时，保持对现实的敏感性，不仅要保持客观独立的学术态度，还要提出符合实际需要的政策建议，着力解决现实问题。

"好的政策研究的第四个特点是，它要求对问题所处的背景有详尽的理解，并持有一个关于问题如何产生和产生原因的相关理论。"① 在西幸营乡的调研，正是为了更好地了解架豆产业发展所遇到困难的详细原因，并结合我国部分地区发展富民产业的做法，为提出西幸营乡产业发展的政策建议提供充足的证据。

西幸营乡之行，给调研队留下了极其难忘的回忆，明白了老百姓在农业生产过程中需要接受必要的知识学习和技术培训，当老百姓和政府不存在一定程度的"信息不对称"，老百姓很好地理解政策，政策才能够很好地落实发挥。

---

① ［美］安·马克捷克、林恩·马库斯：《如何做好政策研究：讲证据、得人心、负责任》，李学斌、邹宇春、周晓春、熊杰译，重庆大学出版社 2020 年版。

第五篇　地方政府债务与民生工程

　　地方债务的产生既有其客观原因，也有其主观原因。以乡镇为例，面对乡镇巨大的财政缺口，债务正在严重困扰着乡镇政府的运行。乡镇政府作为行政机构中最接地气的一级，庞大的债务压力以及对发展资金的需求，使得政府职能的发挥受到制约。而一些公共产品的提供又与政府的举债分不开。本篇试图对乡镇债务的产生原因进行讨论，并在此基础上讨论如何化解以往的债务。

棚户区改造与保障性住房建设调研

——基于四川万源与青海西宁的经验

李小云　　南春星①

本轮棚户区改造发端于 10 年前，时任辽宁省委书记的李克强，强力推进棚户区改造，仅在抚顺就将该城市的 1/5 人口从破旧的棚户区搬进了新楼。这项惠及民生的工程得益于高层的决心和国家开发银行的资金支持。在这之后成为全国范围内的一项重大民生工程。鉴于此，2015 年暑期，由清华大学唐仲英暑期中国国情调研项目支持，调研支队选择四川万源市和青海西宁市作为棚户区改造及保障性住房的调研城市。万源与西宁都是西部地区的城市，是经济欠发达地区开展民生工作的城市。尤其万源是一个国家级贫困县，探讨其如何落实民生工程政策，选择此案例具有一定的典型性、代表性。本文还将从宏观层面分析在民生工程推动下的中国地方房地产经济政策的效果。

本文的写作是在这样一个大背景下进行的：分税制改革后及新一轮全国范围内棚户区改造与保障性住房建设正在开展。本文试图探讨地方政府如何实践棚户区改造和保障性住房建设的公共政策，如何看待两项民生工程产生的债务在整个国家治理过程中的影响，棚改和保障性住房在实践中遇到了哪些困难，两项民生工程的融资结构有哪些特征。本次调研试图通过跨区域的比较研究，分析调研材料，以更好地理解棚户区改造和保障性住房的实践。

---

① 南春星，清华大学经济管理学院硕士。本文写于 2015 年 10 月，获得清华大学中国农村研究院 2015 年农村调查研究奖二等奖。

一、调研地区总体情况

（一）万源市主要经济社会指标分析

四川省万源市享有"万宝之源"之称，是达州市代管的县级市。万源位于四川省东北角大巴山腹心地带，北与陕西、东与重庆接壤，襄渝铁路、210国道、达陕高速等多条道路纵贯全境，是历来进出四川的战略要道。万源市自然风光秀丽，全市森林覆盖率达62.5%，更有八台山、龙潭河、花萼山、烟霞山等风景名胜星罗棋布于市域之内。万源因服务于国家整体战略布局和长江中下游经济带而做出了一定的牺牲：执行严格的生态保护战略，限制工业发展。国家的整体战略布局对万源"保护生态、限制发展"的定位虽然有效地保护了万源的生态环境，但也限制了万源工业的发展和税收收入水平提升，为此万源也只能依靠上级财政资金运转。在财政拮据的情况下，万源市委、政府及相关部门始终将包括棚户区改造和保障性住房建设在内的民生工程放在重要位置，将上级和本级财政的资金以及社会资本广泛运用于保障房建设之中。如今，在万源城中，已能看到一片片统一造型的棚改房和保障性住房拔地而起。就是这样一个国家级贫困县，其民生工程推进速度较快。

我国每个地区面临的情况都不尽相同，这也使得各地有不同的政策。若要了解万源的棚户区改造和保障房建设情况，就必须要了解万源当地的经济发展状况和民生情况。万源市的第一、第二产业并不发达，第一产业以小规模、高附加值的特色富硒产品为主，第二产业主要是依附于农业的农产品加工业。因此，万源的第三产业占了经济的绝大部分。由于万源位于大巴山腹地，绝大部分土地为山地，农业种植艰难，国家的退耕还林政策和环境保护政策限制了万源的农业和工业的发展。

（二）西宁市棚改情况

在西宁市4个城区中选择城东区作为棚户区改造的重点调研区，城东区的棚改可以说还没有正式开展，已有的更多是对房屋的"改"，而不是新"造"。在保障性住房这一块政府投入力度大，政府对一些房屋进行了局部改善，以保暖防雨。

图1表明在保障性住房这一块，中央财政投入占绝大部分，尤其是海西州这样的经济较为发达的地区，保障性住房投入的资金更多。中央财政一般分为两次到账，而在全省范围内，所有地区的中央财政拨款一般都分为两次全部拨付到位。

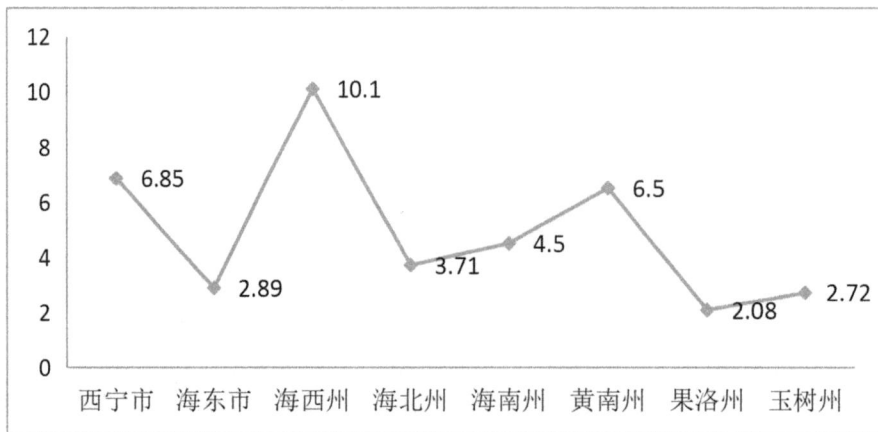

图1 青海省城镇保障性住房工程专项资金：中央财政与省级财政拨付比

数据来源：根据青海省财政厅文件〔2015〕874号计算

二、历史与现状：万源的棚户区改造与保障性住房建设

保障性住房一般由廉租住房、经济适用住房和政策性租赁住房构成，这种类型的住房有别于完全由市场形成价格的商品房。棚户区改造旨在合理安排城市的居住空间和工商业布局，以优化城市的空间结构。棚户区改造是为城市中的低收入群体解决住房的重大民生工程。由于城市中的低收入群体无力去改善他们的居住条件和居住环境，致使一些城市出现了"城中村"和城市贫窟。为避免西方国家曾经出现并持久存在的贫民窟现象，由我国政府主导实施棚户区改造工程和保障性住房建设，体现了我国政府对弱势群体承担的社会责任。从更加宏观的角度来看，这体现了城市低收入群体与其他社会群体一样共享改革发展成果，进一步体现了社会公平。

万源市的保障性住房项目分为三部分：面向低收入人群的廉租房、面向在万源各乡镇有工作但无住房的人群的公租房、面向买不起商品房人群的经济适用房。由于住所的缺乏使乡镇难以留住人才，当地乡镇干部十分重视公租房建设，不惜为此牺牲全体公职人员的暂时利益。然而，一些居民由于原住处优越的位置、便利的生活条件和内部环境的舒适而不愿意暂时离开。另一些居民则由于对国家的政策和政府的困难理解不到位，而与政府之间产生了一些误会。

（一）二位一体：万源的棚户区改造和保障性住房项目

万源市棚户区改造总套数为 3603 套，涉及人数为 14410 人，实物安置的比例为 1∶1，城市棚户区改造暂无货币安置。[①] 以火车站片区为例，拆迁面积中既有住宅面积，还有商铺面积，改造后的建筑面积包括住宅区、商业区和物业管理及车库。在棚户区改造的勘察设计，施工和监理方面，采取委托招标的形式，并要提供可行性研究报告，进行效益分析。2014 年改造前为人均 29.41 平方米，改造后为国有工矿（含煤矿）区为 24.61 平方米/人，城市棚户区 29.84 平方米/人。另外，万源的棚户区改造还涉及山地整治，即"向山要地"，将坚硬的山夷为平地，这就增加了棚户区改造的成本。

当前万源老城区棚户区改造难度较大。当地居民违章建设小产权房，一些住户家庭做点小生意，希望政府给他们安排门面房，多数住户认为应该按照 1∶1.5 的比例安排改造后的住房面积，这无形中增加了政府的负担。为此，改造进度缓慢。而老城区的棚户区街道狭窄，电线错综复杂，房屋光线不好，屋子陈旧，改造的必要性很大。

在万源市住房和城乡建设局，调研队查阅了万源火车站、东区、罗家湾、阳光花园等 10 余个棚户区改造相关项目的资料，并在随后的几天赴各处工地的现场调研。通过查阅资料和实地调研，万源的相关部门虽然并未把"棚户区改造"这一项划入包括廉租房、公租房和经济适用房的"保障性住房"项目之中，但在实际操作和现场建设中，这两者往往融为一体。这也是本文中常将两者并提的原因。例如，位于城区东部的 101 高地地块，原本是编号 101 的国有供电厂周边形成的旧楼区。2012 年，这块地方被列入国有工矿棚户区改造项目。在现场，拔地而起的不仅是棚户区的还迁房，还有上百套公租房以及经济适用房。这种棚改与保障房结合的模式，使得多种民生工程建设项目能够同时推进。除了与保障性住房相结合之外，万源也有一些棚改项目是与商品房相结合的。在盖家坪棚户区改造项目新建成的"美好盖家"小区售楼处，调研队了解到，该小区有 16 栋楼，差不多每栋楼都有 1/3 的房屋是补

---

① 数据来源：万源市住建局。

偿给原始居民的还迁房，而其他的房屋，都会按商品房来进行售卖。

（二）万源市棚改安置方式及改造方式

万源的棚户区改造一般都是原地安置，很少有异地安置的项目。在政府宣布某个地块即将拆迁改造之后，便会让居民搬出原住处，在外面租房子居住，等到新房屋建好之后再搬回来，其间差不多两年的租房费用由政府全额报销。万源住建局的一位干部说，财政每月给居民报销房租的支出就要几百万元。而居民所能租到的房，基本都是在城郊的山上，生活相对于住在城区之内的棚户区反而会不方便，这让不少居民由于原住处位置的紧俏，不愿意离开两年再回来，一定程度上延缓了改造的进展。

万源棚户区改造的实际情况是，全部以政府拆迁安置为主的组织方式，改造方式为拆除新建，没有改扩建的房子。政府为住户安排了最好的位置，比如，汽车站附近的棚户区改造，还有火车站附近的"海景房"（楼层前是万源市的一条小河，视野开阔，风景秀丽），无论交通还是周围环境，都非常好。万源市区土地面积狭小，政府如此安置也是对当地居民最好的安排。由于对政策把握比较准，前期思想工作做得较好，没有因为拆迁发生恶性事件，没有因为工作人员有亲戚在棚改对象中而特殊照顾，多处没有纳入棚改的居民都希望政府来改善他们的住房条件。拆迁前后的对比非常明显，获得了当地居民的认可。

在具体改造中，如果安置位置选择不当，或者进行异地搬迁，会导致部分居民收入和福利水准下降，要充分重视这部分群体的呼声，使得整体工作顺利推进。棚户区改造还面临着平等补偿与特殊照顾的冲突，不同居民有着多样化的需求。为此，地方政府要结合本地实际情况进行政策创新，为棚户区居民提供多样化的安置选择，当然所有的工作必须以公平性为重要原则。

（三）棚户区改造资金争取

万源市目前的棚户区改造资金主要来源为国家开发银行四川分行，改造资金由四川万源市国有资产经营投资管理有限公司管理。万源市政府在文件中指出，要多方筹集建设资金。为此，万源与国开行四川分行进行了多沟通，才在棚户区改造方面取得较大的进展和成绩。棚改资金争取的前提是，对棚改前期准备工作要求高，如在获得贷款之前，要有一定的拆迁面积，而不是仅仅停留在纸面上，没有实实在在的拆迁进度则不行，还要获得环境评估、国有土地使用凭证及财政资金对基础设施建设配套的支持，唯此，才能获得国开发银行的认可。

现代政府运作的一大进步是管理水平越来越高，减少不必要的中间管理环节，不让其他各个相关局牵扯资金管理问题。因此，棚改资金实行专款专用，分批拨付，本级财政无法使用。作为政策性金融，有其严格的要求，金融机构贷款较为慎重，封闭式运行和专项贷款，保证了被贪污挪用的可能性大大降低。

（四）廉租房与经济适用房

1. 廉租房与公租房并轨

并轨之前廉租房主要由中央政府负责，公租房由中央财政和地方财政共同负责。并轨后中央主要负责棚户区改造和城中村，地方负责并轨后的财政。如此一来，地方政府的负担更大了。因此，棚改融资就成为关键，地方政府也为棚改融资进行了努力。

万源市的保障性住房项目分为廉租房（面向低收入人群）、公租房（创新项目，面向在万源各乡镇有工作但无住房的人群）、经济适用房（面向买不起商品房的人群）三部分。2012 年以前，万源市的各类保障性住房的建设与维护工作均由房管局管理。从 2013 年起，由万源市矿业投资公司改编而成的国营企业万宝源城市建设投资公司，开始负责上述 3 类保障房项目。

万源于 2008 年开始建设廉租房，现今有 1000 多套。廉租房入住条件大致为全家月收入 1500 元以下。由物管公司管理，费用相当低，并配备了以国际领先标准建设的幼儿园，为整个廉租房和保障性住房建设增添了一抹亮色。然而，有些住户偶尔会因居住条件、医疗条件等问题上访。

与廉租房相比，万源的经济适用房数量较少，都是以成本价卖给买不起商品房的人群，均价 2700~2800 元/平方米。万源城区平地狭窄，目前平地已经完全饱和，只能"向山要地"。但由于万源地质以页岩为主，遇风雨易受侵蚀，故在山地修建高层时要在地下挖 20 米深的空洞填上水泥才能确保不坍塌。由于地质原因，当地规定地下室不能多于两层。因此，万源市区建筑成本显著高于平原地区，2700~2800 元/平方米已是"成本价"，甚至倒贴钱。由于建筑成本过高，收益太低，近几年万源基本没有新开工的经济适用房项目。

2. 廉租房资格审查：执行中的问题

万源每年对廉租房住户的租住资格进行一次审核，通过房管局查对、居委会谈话等方式确定有其他住房者，都会被取消入住资格。然而，在廉租房审核制度的执行中，依然存在一些问题。实际操作过程中的"变味"，导致不少不符合条件的人入住。例如，万源市民 C 先生的亲戚取得了廉租房入住资格，而他们家的安排却是"让老人住在后人（晚辈）的廉租房里"，"后人"已有一套房，还想再买一套房。根据房管局的制度，2014 年 43 户住户被取消继续入住的资格。因此，当地房管局和社区居委会的监督工作还需要进一步加强。

万源结合中央精神，出台文件让公租房和廉租房并轨运行。对于廉租房，租金标准不一样，主要面向低收入家庭。低收入者租金为 600/年，中等收入者租金为 2000 元/年，每套住房的面积为 50～60 平方米。经济适用房主要面向中等收入及以下居民。这样安排的目的在于做到分类保障。2014 年，万源查出了 43 户不符合申报条件的住户，这些住户存在瞒报的情况。万源加大了对于瞒报或者不符合条件的居民申请廉租房的查处力度，对不符合要求的住户进行清退，在分配中实现了公平公正。民政部没有出台详细的收入标准的认证规定，认证出现了一个空档期。收入随时都在变化，不能把收入线作为标准，而是要确定一个标准。住建局等没有权力查询个人的信息，只能依靠社区证明和个人如实申报。因此，万源进行探索，在民政局成立了收入认证中心。

（五）保障房中的创新项目：乡镇中的公租房

1. 乡镇难以留住人才

调研队在万源各个乡镇走访并与领导座谈时，乡镇领导反映最多的问题就是留不住人才。安居才能乐业，才能让公职人员有归属感，有留村留乡镇的意愿，以更好地为基层群众服务。万源虹桥乡近年来通过公开招考的公务员，只有一人在这里结了婚，其他人都有着离开虹桥乡的打算。在虹桥乡旁边的竹峪镇也是如此，近年来公开招考过来的外地公务员越来越多，而没有较好的住处也使人心难聚。在海拔较高、气候凉爽的鹰背乡，乡干部甚至对调研队说："如果你能留在我们鹰背，我送你一套'避暑山庄'！"万源各个乡镇的领导干部也基本住在市区，每周的周日到周四，5 个晚上都要住在乡镇办公楼中条件差的宿舍里。一位乡干部坦言压力大，年轻人留不住，各种事情就要年长的一把抓，实在是太累。

2. 公租房的建设

万源的公租房面向在万源有工作无住房的外来人群。城区公租房的面积小于 50 平方米，年租金 2000 元；各乡镇公租房面积小于 60 平方米，年租金 600~1200 元。公租房的租金一年一收，入住资格三年一审核。不符合条件者清退，未搬出者由城投公司继续做工作，强行占据房屋者由城投公司采取强制措施。城投公司工作人员坦言，公司比政府部门更方便采取强制手段。万源公租房采取"以租养房"形式，租金先交财政，再拨回城投公司，多于定额的部分留给财政。

在万源的各个乡镇，租住公租房的人中公务员相对少一些，更多的是乡镇中小学的教师。万源虽有不少"特岗"教师编制，但是公开招考入乡镇中小学的"特岗"教师基本是外地人。因此，不少乡镇的公租房项目，都没在中学的校园内。调研队队员在竹峪镇、河口镇、草坝镇见到，各镇中学校内公租房的主体均已完工，只差旁边路面的硬化；在黄钟镇职业中学的校园内，12 层高的公租房大楼已经入住。

2013 年建设 30 套公租房，总投资 499.9 万元，送审预算价 451.73 万元，经综合审减 76.39 万元后，招标控制价 375.34 万元。

表 1　万源市 2015 年保障性住安居工程建设任务（单位：户）

保障性住房		棚户区改造	
公租房	经济适用房	城市棚户区	国有工矿棚户区
300	0	4409	100

数据来源：《达州市 2015 年保障性安居工程建设任务预下达明细表》

3. 宁愿拆除政府食堂也要修公租房

万源当地的政府官员对公租房十分重视。万源市财政局一份文件提到虹桥乡政府为了该乡公租房建设工地塔吊的安装，紧急向市政府申请拆除乡政府的职工食堂。这份文件，很快就得到"同意拨付资金"的批示。

虹桥乡干部带队员们参观了该乡公租房与图书馆、乡文化中心合并建设的工地。此时，食堂已经拆除，塔吊已经立起，地基也已打好，主体部分的施工也马上要开始了。虹桥乡的政府食堂拆除后，公职人员都搬到政府小楼对面乡财政所的一间屋子里用餐。条件虽然比之前简陋了不少，但工作人员们满心欢喜。

在重视人才之外，当地干部重视公租房，其实也有另外一个原因。竹峪镇一位干部说，比起镇中各个机关各自修建职工宿舍，建公租房的方式，更容易从上级那里获得资金支持，实施的可行性也就更大一些。

（六）棚户区 A 实地走访：居民为何不愿改造？

坐落在马路边的万源教育局旁边有一条过道，宽度可容一辆汽车进出。过道里面有一个宽大的场院，停了两排车之后空隙依然较大。A 棚户区就坐落在场院的对面。这是一座兴建于 20 世纪 70 年代左右的三层小楼，墙上的灰砖和栏杆上的水泥都破旧剥落，但门框和窗框都被红漆粉刷一新，表明这里曾"人丁兴旺"。在 A 棚户区小楼的门前，调研队对居民 A 女士进行了采访。

1. 不愿搬的原因一：优越的位置，便利的生活条件

A 女士是退休教师，戴着眼镜，谈吐十分斯文。她说，这个场院周围有两所小学，还有政府机关 A 局、B 局等。而她们所居住的这座小楼，便是当年几家单位联合修建的职工宿舍，有点类似这几年万源在各处修建的"公租房"。改革开放后，这栋宿舍楼便被居住的职工购买。"别看这楼看上去破，当年修得可结实呢，2008 年大地震它连摇都没摇。"A 女士坦言，虽然这里被划为"棚户区"，但由于位于市中心，生活十分方便：附近有农贸市场，离火车站、汽车站也较近；还有两所小学，女士上二年级的孙女就和爷爷奶奶住在一起。当年她有资格入住位于后河西岸新修的教师楼，但她放弃新楼而选择了旧楼，原因就是市中心便利的生活条件。如果这里实施改造，让她在新楼房施工的两年时间里搬到离学校、市场、车站都很远的山上去租房，就算是政府掏钱她也不愿意。而且，在 A 地区新建高层，要将场院面积缩小一半。院里的两排车位，机关与院内住户为 1∶1 的比例。万源的地质结构不允许修多层地下室，她担心改造后就没有原来住户的停车位了。其他的住户也基本都是这样的想法。所以城投公司的人来了 3 次，但基本没有住户同意搬迁。

2. 不愿搬的原因二：内部居家环境的舒适

除了周边生活便利，A 小楼内部的环境也很舒适。A 女士家的一套房屋里有客厅和 3 个卧室、2 个卫生间，还有单独的厨房、浴室和储藏间，加起来至少有 110 多平方米。其他住户的户型也都是这样的。由于每户都是这样的大户型，如果改造后按照 1∶1 的比例来赔付，原来是 3 层的小楼，至少要赔付给原住户 6 层。开发商为了赚钱，肯定要建至少 16 层。A 女士等住户住一楼习惯了，都想要一楼。万源新建的高层商品房本已供过于求，卖不出去。政府工作人员还在忙东区、火车站等地块的事，无暇顾及这里的拆迁。因此，无论是从哪个方面的利益来说，A 棚户区在短时间内都不会得到改造。比起不同区位的人对于棚改的态度和意向不同，那些生活环境差的居民更愿意改造，从各个群体上分析棚改过程中的难点为协调困难，众口难调。

（七）棚户区 B 实地走访：居民与政府的误解究竟源于何处？

万源城区某小街街道狭长，路两边占道经营的摊贩让本就不宽的街道更难以通行，汽车根本无法驶入。街道上空电线很多且十分杂乱，让人难以理出头绪，安全隐患也大。街边分布着一些仅容一人通过的狭窄过道，从其中一条过道走过去就是 B 棚户区。过道里面的这一端，电线也是同样的杂乱，就像这里杂乱的房子一样。在 B 棚户区的一栋房子里，队员们对居民 B 先生和他的妻子 B 女士进行了采访。

和 A 女士不同，B 先生认为，政府的棚户区改造很有必要。他们现在的居住环境并不好，电线密集，担心火灾发生，消防通道被堵塞，过道狭窄，消防车根本进不来。这户人家的厨房没法把油烟排出去。还有一些住户没法开自己家的门。因此棚户区改造是十分必要的。

1. B 先生的误解：会不会破坏生态？

在访谈中，B 先生也反映了这样一个问题：政府乐意对周边城区进行改造，将农民的土地以 3 万元/亩进行补偿，建设棚户区，从中赚取土地差价。可能是他并未区分清楚到底是建设商品房还是棚户区改造，就认定是政府把地卖给开发商，从中挣一笔钱，并且卖给开发商的价格远高于 3 万元/亩，他们觉得不公平，认为政府这是在赚钱。B 先生还认为，政府把罗家湾长了 30 年的树林砍伐了，这种"向山要地"的思路是一种破坏生态的行为，不利于水土保持。这一点上 B 先生的观点有些道理，但也有偏颇之处，这也许是政府与群众之间存在误解的原因。由于万源城区可供开发的土地已经没有了，

"向山要地"是政府的无奈之举，且万源森林覆盖率在60%以上，树木并非稀有。政府为了加固山坡，施工时修建了大量挡土墙，不会让滑坡发生，也能解决水土流失的隐患。

2. 政府的公共性产品与市民的市场化思维

住户是以市场化的思维考虑问题，而政府的棚户区改造则是提供公共产品，是没有盈利空间的民生工程。棚改的资金来源是国家开发银行四川分行的贷款，而棚户区的基础设施建设又是中央财政拨款，万源市政府财政本就困难，如果按照市场化的思维方式提供棚户区改造后的住房面积，政府需要多支出更多的资金，会增加政府财政负担。太少的利润也无法吸引开发商。1∶1的赔付标准已经使政府感到财政压力，置换更多的面积相当于政府无偿给百姓盖房子并且把土地的增值补偿拿出来继续为住户建房子，则没有剩余资金偿还棚改贷款。虽然采访的对象对政府的财政情况也比较理解，认为万源欠了好多债务，可是在涉及自己利益这一块，还是难以做出让步。

3. 政府债台高筑与市民搬迁困难，各有各的难处导致赔付比例之争

B先生提到了一个比较重要也比较忌讳的一点，那就是他们的祖坟在那里。B先生说，他们大多数人愿意接受改造，不愿意改造的都是拥有门市（街边商店）的人。有门市的住户出于改造对自己营业收入或租金收入的影响，对此地的改造项目一直持反对态度，导致改造迟迟不能进行。为此，他认为政府应该听取大多数人的意见。但是当队员们问到是否愿意接受政府以1∶1的比例进行棚改赔偿时，他们认为这是绝对不行的，1∶1.5的赔付标准他不敢奢求，最起码也是1∶1.3，尤其是住户房屋位于中心位置，市值较高，认为赔付应该考虑到市场价格，最低也得1∶1.2，不能按照1∶1的比例进行赔付。因为他们认为改造后补偿的面积名义上是1∶1，但实际上由于每户被补偿的面积中都含有一定的"公摊面积"，所以实际得到的面积反而减少了。B先生还说，去年政府的工作人员召集他们开了一个会议，只是简单地说了要进行棚户区改造的事情，但是没有说具体的赔付面积，也没有挨家挨户做思想工作，这让他们感到着急，他们也希望尽快住上环境更好的房子。

棚户区改造的难点不仅在于融资，还在于拆迁和补偿等问题。因此，需要政府工作人员做细致的摸底和动员工作，聆听居民的心声，充分调研棚户区居民的家庭情况，掌握他们各自的要求和期望。不同居民面对棚户区拆迁政策获得的公平感受不同，这些因素都会影响到他们对棚户区改造的支持态度。有鉴于此，政府应该进行更加深入的调研，倾听不同类型住户的意见，以加强沟通。

三、他山之石：与万源市棚户区改造的对比

（一）西宁市城东区保障性安居工程建设情况

西宁市城东区的保障性安居工程包括棚户区改造和保障性住房，主要数据如表 2 所示（"无"代表没有数据）。

表 2　西宁市城东区保障性安居工程建设情况

年份	廉租房（套）	棚户区改造（套）	公租房（套）	总计（套）	总投资（万元）	中央补助资金（万元）
2008	192	372	0	564	4633	1992
2009	无	无	无	1581	1.5 亿元	3162
2010	0	0	0	0	0	0
2011	120	2660	120	2900	8 亿元	6950
2012	0	0	60	830	无	无
2013	200	3000	120	3320	无	无
2014	无	无	无	14382	无	23025
2015	0	2444	0	2444	无	无

数据来源： 根据《关于城东区保障性安居工程实施情况的自评报告》整理

由表 2 可知，2010 年城东区无保障性住房建设任务。2008 年、2009 年保障性安居工程项目中配建小区卫生院、幼儿园、健身广场、停车场、道路及绿化等设施。因为部分数据缺失，无法——列出。不过依然可以从表中看出，相比廉租房和公租房，棚户区改造依然是主体工程，所建设的套数也最多。

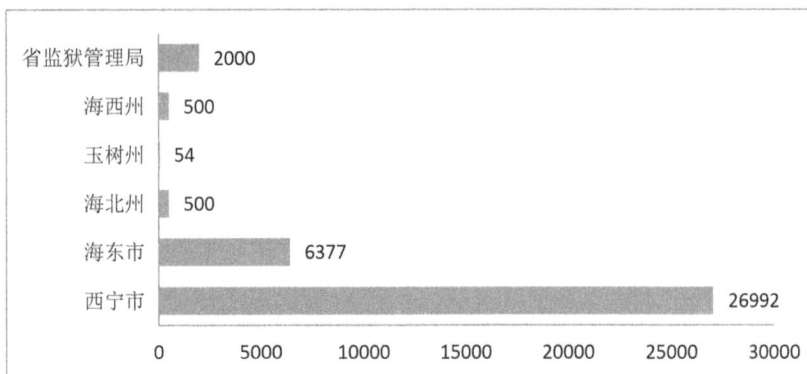

图 2 2013 年青海省棚户区改造户数分布（单位：户）

数据来源： 根据青海省财政厅文件〔2013〕1545 号①整理

青海省的人口分布主要集中在东部，整个省有 583 万人，而西宁就居住了 222 万人，为此，棚户区改造的主体工程在西宁市和海东区，改造户数明显分布在东部地区。

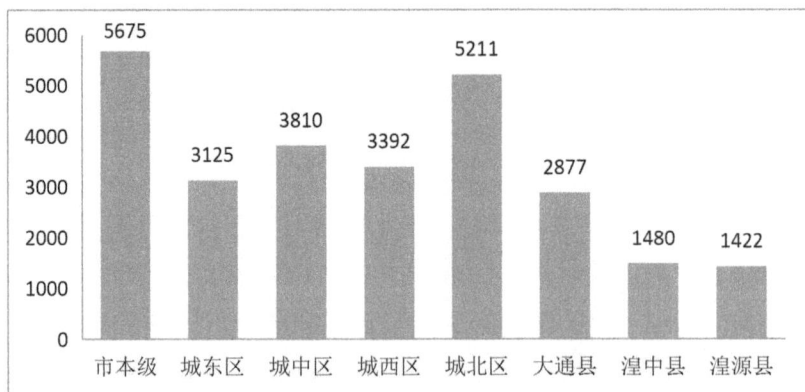

图 3 2013 年西宁市棚户区改造户数分布（单位：户）

数据来源： 根据青海省财政厅文件〔2013〕1545 号整理

由图 3 可知，在西宁市 3 个县 4 个区的棚户区改造户数分布中，4 个区所占的户数远远多于 3 个县所占的户数，4 个区中以城北区和市本级的棚改户数位列前二名，这也表明这 2 个地区民生工程任务繁重，改造难度大。

———————

① 《青海省财政厅关于拨付 2013 年城市棚户区改造资金的通知》。

（二）以"改"为关键词——西宁市的棚户区改造项目

1."改造项目"与"拆除新建项目"

在万源调研结束之后，调研队又来到了西宁市，进行与棚改相关的调研。和万源相比，西宁市棚户区改造明显区别于万源市。因为西宁市原有的棚户区并非像万源那样破旧不堪和楼群密集，西宁市的大多数棚户区"改造"项目是以"改"为关键词，并非像万源那样重新建起整片的楼房。除"改造"外，西宁市将像万源那样拆旧房、建新楼的改造项目，统一另外命名为"拆除新建项目"。

2. 改造：更换门窗与外墙保温

西宁市的棚改项目始于 2013 年，最早是对一些老旧、设施不完善的小区进行综合整治，包括加建应对西宁市冬季严寒气候所需的外墙保温设施、统一更换各家历年来安装的各式各样、各种材料的"万国牌"门窗等。一开始国家给每家参与改造的住户 1 万余元的补助，用完剩余的钱用于小区道路硬化、环境绿化等。2013 年，此类项目在 8 个小区得到实施。

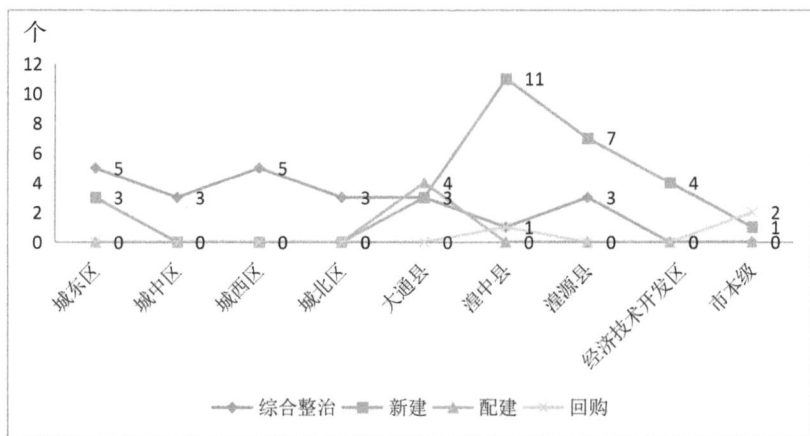

图 4　2015 年西宁市城镇保障性住房建设方式

数据来源：《西宁市 2015 年城镇保障性住房建设实施方案》

从图 4 中可以看出，西宁市城镇保障性住房的建设方式主要有综合整治（西宁棚户区改造综合整治内容主要包括外墙、屋面、窗户、散水、小区内道路、违建拆除、绿化、其他基础设施、路灯、供电、供水和通信及消防设施)、新建、配建、回购 4 种，其中以综合整治和新建为主要方式。其中，城东区、城中区、城西区、城北区综合整治为主要建设方式，在三个县中综合整治也一定的比例。相比万源的棚户区改造，万源以整体新建为主要方式。值得一提的是，五大片区（清真巷片区、东关片区、周家泉片区、泰宁片区、富强巷片区）老旧小区综合整治项目，共计新建保障性住房 2444 套，改造老旧小区住房 4513 套，中央专项补助资金 1.2873 亿元改造老旧小区住房。可见西宁与万源的情况有所不同。

纵观万源和西宁的情况，棚改是两地保障性安居工程的主体。不过在建设方式上有所不同，西宁的棚户区改造有异地安置的，如青海造纸厂片区棚户区改造项目，园山片区棚户区改造项目，滨河南路棚户区改造项目。还有公司参与改造的情形，青海盐业股份有限公司棚户区改造项目共建设保障房 109 套；这一点与万源有所不同。

表 3   2015 年西宁市城镇保障性住房建设方式

西宁市保障性住房建设方式	项目数(个)	套数(套)	面积(万平方米)
综合整治	23	24508	299.14
新建	29	18520	115.33

数据来源：《西宁市 2015 年城镇保障性住房建设实施方案》

2015 年，西宁市城镇保障性住房建设涉及 59 个项目，从表 3 中看出，西宁市保障性住房建设方式中的综合整治与新建项目总数不相上下，但是综合整治涉及的套数和面积远多于新建的。面对大量刚性住房需求，即使居民能购买得起新建的住房，新建住房依然无法满足需求。以城东区为例，是西宁 4 个区中人口最多的区，相对来说棚改任务依旧艰巨。2015 年，西宁市共有城中村 143 个，2015 年已列入改造计划户数 3 万余户，2015 年底待改造户数 3800 多户，2016 年至 2020 年计划改造户数 4.9 万余户。可见待改造的户数依然很多，任务艰巨，所需资金甚多，因此，西宁目前的棚户区改造对商品房的价格未产生冲击，也是有深刻原因的。

自 2004 年以来，国务院出台多项抑制房价过快上涨的政策措施，但都收效甚微。其原因在于政府把着眼点放在了控制商品房价格的上涨，而忽视了政府为低收入家庭提供住房的责任。如果不大量增加城市住房供给，特别是面向收入低下群体的经济适用房和廉租房的供给，只针对商品房价格的调控措施也会大打折扣。施政思路的转变为调控商品房价格带来的希望，棚户区改造增加了住房供给，满足了棚户区居民的住房需求，新建的经济适用房和廉租房也有利于缓解住房需求压力。棚户区改造是面向城市贫困居民群体释放的政策红利，大量的棚户区改造对于降低城市商品房价格有一定的促进作用。万源大面积的棚户区改造即将竣工，解决了城市破旧棚户区居民的住房需求，使得商品房的价格受到了较大的冲击，商品房价格降到了 2700～3000 元/平方米。而西宁的情况有所不同，大量的棚户区改造要么才开始建设，要么以综合整治为主要建设方式，新建成的棚户区数量较少，难以对商品房的价格产生冲击。因此，据调研队调研了解到，西宁的商品房价格依然居高不下。

（三）弊端——依赖"直补"

2013 年底，中央叫停了西宁"直补"类型的补助，而是用这些资金再去融资，吸引社会资本。于是，2014 年全年，西宁市的棚户区改造就是一片空白。直到 2014 年年底的政策改变使"直补"再次可行，西宁市的棚改项目才在 2015 年继续开展。2015 年，青海省共安排新建保障性住房和各类棚改住房 8 万余套，其中公共租赁住房 2 万余套。

保障房建设主要资金来源除国家专项补助资金 2.3 万元/套，其余建设资金为区政府自筹，而区政府自筹方式是安置户以 2200 元/平方米回购，但实际建设成本约 3100 元/平方米，故资金缺口较大。资金缺口为 900 元/平方米，以 80 平方米房子为例，80 平方米×900 元＝7.2 万元，100 平方米×900 元＝9 万元。这对一个普通家庭来说是一笔不小的支出。

（四）有令难行——执行中的困境

1. 难以实现的口号："政府出大头，群众出小头"

当地对于新建小区内的"建还"工作——在新小区里配套建若干还迁房的部分，申请国家棚改专项资金。而社会资本主要参与新村建设、旧城改造等改造项目，而不参与"拆除新建项目"。另外，青海省还对在市场租赁住房的城镇低收入家庭给予补贴。在资金方面，当地实行"政府出大头，群众出小头"的政策，还迁房面积在 1：1 的还迁面积之内的部分免费，住户只用支付新房面积比旧房多出来的部分和天然气开口费、锅炉费等费用。对于多出来的面积，开发商也会照顾到居民的经济困难，以尽量低的价格出售。但有不少居民，连这"小头"都不愿意出。例如，该市火车站附近的拆除新建项目，房子出来后就有一些住户不要，嫌房子位置不好等。调研队在城东区政府调研期间就遇到了好几例上访的市民。

群众连"小头"都不愿意出的现象，不仅给拆除新建项目造成了困难，也降低了改造项目的质量。有的小区，部分居民不愿意出"小头"，让政府的"大头"也用不上，只好用于小区的公共部分。这样使居民家中改造不彻底，"跑冒滴漏"的怪现象仍然严重。

2. 私搭乱盖：拆？不拆？

在改造项目中，另一个突出的问题就是私搭乱盖，违建现象严重。2015年的5个片区中，一楼和门面房的违建现象最为严重。不拆影响整体效果，也影响市容；拆了的话，住户又不愿意。当地将这作为一个难点来解决，干部多次下社区就拆除违建进行宣传。对于改造区域中违章建筑的处理办法是，如果居民坚持不拆，那么就不给该住户的住房提升功能。

（五）保障性安居工程之农村奖励性住房建设

西宁城东区政府常务副区长在"城东区保障性安居工程建设情况汇报"中指出，2012年，城东区安排农村奖励性住房700户，补助资金980万元，住房分布情况如图5所示。

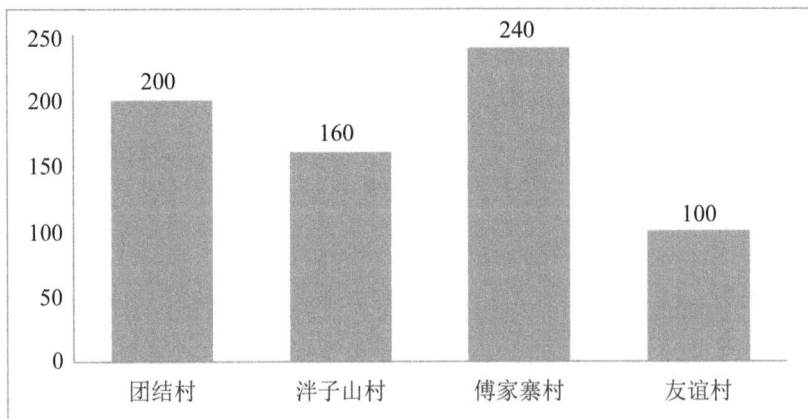

图 5　2012 年西宁市城东区农村奖励性住房分布（单位：户）

数据来源：《城东区保障性安居工程建设情况汇报》

其中，友谊村 100 户已基本完成，团结村、傅家寨村、泮子山村正在开工建设中。这是典型的"城中村"工程，这一点上西宁不同于万源，西宁市区面积大，城中村较多，改善住房的任务艰巨。万源市区面积狭小，没有城中村存在。因此，市区基本以棚户区改造为主，而西宁是多种民生工程并存。

2012 年，西宁市政府下达给城东区农村危旧房改造任务 370 户。按照每户 2 万元补助标准，城东区积极争取补助资金和协调落实配套资金 740 万元，改造完成 370 户农村困难群众危房，进一步改善农村困难群众住房条件。市情不同，决定了完成民生工程的艰巨程度不同。

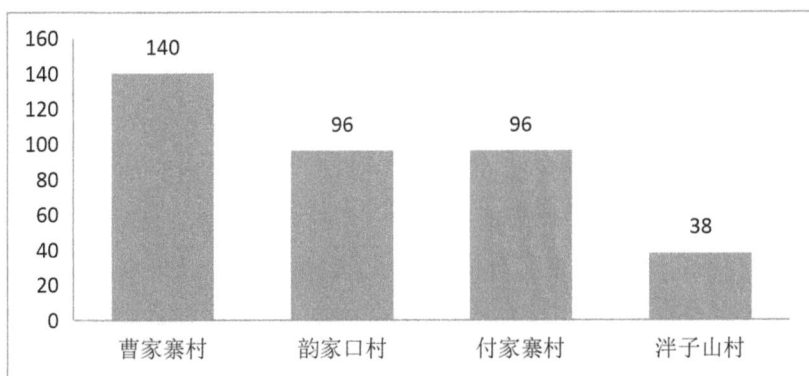

图 6　2012 年西宁市城东区农村危旧房改造分布（单位：户）

数据来源：《城东区保障性安居工程建设情况汇报》

（六）西宁市保障性安居工程建设的后续问题

目前，保障性工程项目资金存在缺口，自筹压力大，在一定程度上影响了工程的开工建设。西宁城东区是一个经济欠发达城区，农村贫困人口多，农民收入不高，随着国家重点建设项目拆迁建设和城市改造力度的不断加大，农民失去了赖以生存的土地，部分农民因失地或拆迁而返贫，纳入农村困难群众危房改造项目的愿望非常强烈。由于分配的农村困难群众危房改造指标有限，政府只能考虑对最贫困的农户进行改造，部分边缘户无法纳入改造范围，实际困难问题无法得到解决。在这样的民生工程中，政府不仅仅是要负责给贫困居民建设房屋，还要和可能出现的返贫结合起来。这一点上和万源的施政思路是一样的，政府的责任较重。在调研团队参加中共四川省十届六次全体会议（电视会议）中提到要给农村贫困农民用财政政策购买重大医疗保险。在经济欠发达地区，财政政策发挥的作用越来越大，而且承担的民生责任的范围也越来越广。

西宁城东区在保障性安居工程建设中遇到的问题较多，资金缺乏，各小区内住户私自搭建的违章建筑较多，拆迁难度大，严重影响施工进度。在棚户区改造综合整治项目实施过程中，上访的居民较多。调研队在实地调研中也发现了上访居民时有来往，而原因众多。为此，需要有针对性的化解。

四、棚户区改造与保障性住房政策的思考

（一）县域经济功能定位

万源作为国家级贫困县，其县域经济功能更多的是服务于全局，服务于下游经济，这就使得万源的发展受到一定限制。而如何更好的对贫困县的县域经济功能进行定位，是非常迫切的，一旦定位好，才有政策支持。因此，县域经济功能划分非常重要，具体到每个县的发展思路及规划上，既不能让个别县损失发展良机，也不能施加太多的限制。因地制宜的背后，不能把一些困难都交给一些县级政府来克服，而是要帮助这些政府想办法，如何克服自身存在的竞争劣势或者政策支持劣势，以促进省际均衡发展。发展的道路和改革的道路是相辅相成的，在新的起点上，全面深化财税体制改革也是有着现实的需求，增大县域经济可支配的财政力量，也被不断讨论。

在财政制度上，财政资金如何分配，是县一级政府最为关心的大事。在一些地方，资本无法在短期内完成积累，只能依靠外来投资或者财政支持，而财政收入的分配如何能兼顾到那些地理位置不占优势的地区的利益，是至关重要的。一个地区，甚至全国范围内如果出现两极分化，强的地方愈强，落后的地方愈落后，这反过来还需要发达地方对落后地方的支持和援助，而落后地方可能会在缺乏外界支持的情况下，追求短期绩效，甚至做出违背经济规律的事情，这都是需要重视的。

（二）棚户区改造与保障性住房引发的财政行为的影响

保障性安居工程的建设，在资金管理上已经逐步趋于规范化：区财政局负责政府配套资金的拨付工作，区监察局、审计局负责资金使用监督工作。这并不是本文要探讨的重点问题。人们如何来看待保障性安居工程资金在整

个经济运行或者后继发展中的影响？财政支出的刚性，以及支出数额的巨大，使得经济欠发达地区的民生工程对中央政府的依赖性进一步增强。这是一次中央政府释放制度红利的过程，让人民安居乐业的重大工程。

我国棚户区改造是在中央财政势力雄厚的前提下进行的工程，并且是在分税制后进行的重大民生工程。历史上，晚清的财政支出未能做到统筹计划、循序渐进，反而盲目无序、操之过急。在协调中央与地方财权上又失败了，允许地方经费自筹使得中央财权的控制力更加削弱。虽说非常时期应该采取非常举措，可是不能激化矛盾，这使得朝廷推行财权集中于中央失败了，并错失最佳时机。而我国在棚户区改造上通过国家开发银行的贷款来分配资金，这是万源和西宁两地棚户区改造的主要资金来源。加上我国又对地方政府发行债券做了严格的限制，就万源和西宁来讲，无法通过 PPP 模式对城市棚户区改造进行融资，目前更多的是政策性金融，这也是"市场失灵"的产物。如青海省首个 PPP 项目为西海镇高原自行车城运营服务项目，青海海东首个 PPP 项目为乐都区污水处理厂项目，均不是棚户区改造项目。政策性金融弥补了金融供给服务不足，支持落后地区进行符合国家发展战略的产业或工程。政策性金融不是一个短期行为，在今后相当长的一段时间里仍将执行国家经济与社会发展战略。以万源的棚户区改造的债务为例，远远超过了地方财政收入，依靠地方财政收入还债是一个很漫长的过程，除了用经济增长来化解债务外，似乎只有依靠债务延期或者用中央的资金来防止可能出现的债务违约或金融链条断裂，如地方债务置换债券，主要解决的是地方政府到期债务，中央财政再次为地方缓解偿债压力"开闸"。这就避免了通过地方政府发行债券融资对金融系统产生的冲击。

棚户区改造不是一项纯粹的盈利工程，因此更不容易获得 PPP 投资的青睐。新一轮棚户区改造中，在容易推动的项目里，一般来说，土地潜在市场价值高，或者说位于市中心等地段较好的位置，政府定价，居民不具备议价能力，以市场化的思维去看，居民会遭受损失；而在难以推动的项目里，土地潜在价值却不高，资金筹集压力巨大。从这个角度来看，政府与居民矛盾多，也在情理之中。因为棚户区改造的资金缺乏，政府争夺补偿资金、强拆获得城市中心土地以进行有利可图的生意变成了常见行为。因而，棚户区改造面临一个两难困境：真正的偏僻棚户区改造难以获得商业上的可持续性，需要大量资金的投入；而土地市场价值高的地方，旨在为低收入人群改善居住条件的棚户区改造又往往成为对土地的争夺。经济利益的高低直接决定了棚改项目推进的顺利与否。

中国人民大学国家发展研究院的研究报告《城中村改造中利益协调的珠三角经验》通过对深圳、广州的城中村改造进行的调研得出，单就政府财力难以完成城市更新项目，而以开发商为代表的私人资本出于对投资回报的考虑往往会与政府的改造目标不相一致，使改造价值稍差的村庄和片区中拆迁成本高的地段工作难以推进。由政府主导或由村集体进行开发的项目，则有很多都由于资金问题而难以为继。近年来这种情况依然存在，正考验着地方政府对城市改造项目的驾驭能力。①

近年来随着中央民生工程的开展，地方政府的财政支出压力更大。对于一些发达县（市、区），或者地理位置较好的县（市、区），还存在土地出让金。而对于万源来说，市区狭小，土地稀缺，四周环山，可供出让的土地很少。因此，土地出让金基本不存在，土地财政更是"弱不经风"，能抵押、出让的土地已经没有了。万源市级财政是很脆弱的，经不起各种民生工程或者意外事件的挑战。只能负债经营，而负债额是本级财政的 10 倍左右。因此，地方在运用自己资金上适当的获得一定的自治权，有助于节约资金。当然这么做的前提还在于对这些资金进行检查。

国家治理的进程中总是伴随着各种挑战，而其中一些重大事件对财政制度的挑战和破坏是致命的，其负面影响力也是持久的，事件和财政制度的变迁的关联性很强。作为政府需要负担的社会公共事务或公共产品供给的任务又很重，在市场失灵的领域，又需要担负起自己的职责，那么对于财政政策就会寄予厚望，而这种厚望必须要在财政政策稳健运行的基础上才能实现。当前中国的财政政策可谓肩负着地方政府发展民生事业的重任，不论中央的基调是稳健的财政政策还是积极的货币政策，对地方来说，都是积极的财政政策，地方政府发展和提供公共产品的压力并没有减轻，而中国的分税制度决定了地方的税收较少，多层级政府下，地方政府的刚性支出压力依然较大，即使税收情况较为乐观，也无法满足基础设施建设的长期投资。因此，中国出现了政策性金融，以此解决市场失灵。通过市场来完成成熟的产业或者行业的融资，而面对那些长期资金供给不足，甚至一段时间内经济回报不高的产业或行业，就需要财政资金支持经济增长，尽管财政资金有限，财政政策

---

① 陶然、王瑞民、陶勇：《城中村改造中利益协调的珠三角经验》，中国人民大学国家发展与战略研究院，2014 年。

能力有限，其努力探索的步伐却没有停止。魏加宁在调研报告中指出，要防止当前中国金融风险与财政风险捆绑。[①] 这一捆绑虽然给地方发展带来了更多的资金，却也带来了更大的系统性风险。因此，对于这些风险绝对不能视而不见。

棚户区改造的还款来源也由地方财政兜底，但是目前地方政府的融资主体变成了新的项目公司，而地方政府也不再以财政兜底，对银行来说无疑需要重新设计风险评估体系，更要防止这个债务链条进入更广阔的金融领域，让本已复杂的金融体系更加复杂。典型的案例就是美国次债危机将债务打包进行证券化，即防止通过资产证券化的方式转移一部分风险。

（三）棚改与保障性住房的融资结构

结合万源和西宁的情况来看，棚户区改造和保障性住房建设的资金主要来源于拍卖土地所得以及财政扶持资金。但是，棚户区改造资金来源存在着问题，既有不可持续的问题，也有总量无法满足棚改建设的问题。经济欠发达地区的土地财政比较虚弱，从土地财政（或土地出让金）中获得的资金总量有限，无法持续地为棚改提供资金来源。另外，金融支持结构比较单一，难以满足棚户区改造对资金的大量需求。

综合西宁和万源的情况，目前两地都是在政策性银行和地方财政的支持下进行棚改和保障性住房建设，并未呈现多元化的融资结构，以市场化的方式有效动员社会资金参与棚户区改造的局面尚未形成，因此，可持续金融的支持是一大问题，未来的金融支持还需要继续依赖国家开发银行和地方财政投入。而融资需求不仅仅意味着住房改造融资，还包括棚户区居民后续生计条件改善的融资。政府财政能力的低下使得依赖外部融资的程度并未减轻。而我国棚户区改造主要侧重于物质建设，对资金的需求量很大，地方政府需要做好长期扶助的准备。

银行作为政府的融资方式之一，在改革开放前后其作用和角色也发生了深刻的变化，在中国经济发展中扮演的作用已经完全不同。由之前的完全听从政府指令，贷款给国企，到现在按照市场经济规律办事，决策具有一定的独立性，可以独立于政府决策，按照自身目标进行运作。因此，新时期要更

---

① 魏加宁：《地方政府债务：风险化解与新型城市化融资》，机械工业出版社 2014年版。

加慎重发放银行贷款，使得企业和银行之间、政府和银行之间错综复杂的关系有所缓解。由于银行在中国经济中扮演的重要作用，使得金融风险不能波及银行，这样才能使财政政策具有发挥作用的稳定和健康的环境。

针对上述融资困境，未来的出路在于健全并完善财税政策对棚户区改造的制度供给，还得继续依赖中央财政的支持，地方政府要提高财政资金的使用效率，并通过确立产权、与原住民共享土地收益等一系列手段在原始居民、商业资金和政府利益之间进行平衡，才能在提高公共服务的漫长的民生之路上开创新的局面。

（四）投资驱动债务与保障性安居工程

刘海影在《中国巨债：经济奇迹的根源与未来》一书中认为，货币起源于债务，而非起源于交易需求，不再是货币推升投资，而是投资推升货币；并认为各级政府投资扩张的冲动还在不断继续，债务与政绩存在着直接的联系。① 而享受政府隐性担保的地方政府获得融资，并不担心坏账风险，尤其是国家开发银行的贷款，这是一种刚性兑付，呈现出了一种制度性支持，使得地方政府信贷需求被满足。尤其是棚户区改造和保障性住房建设，获得了国家开发银行的贷款，得以让民生工程的资金有了保障。

从总体来讲，地方政府债务结构复杂，规模巨大，还可能产生衍生后果。之前在新预算法和地方政府发债规定没有出台之前，地方政府债务的隐形担保性质扰乱了金融市场对风险的定价，影子银行大行其道。对此，刘海影进一步认为，这让中国的货币政策陷入了两难：不论是从紧还是从松，都不能契合经济体的需求，也不能阻止金融危机的累积。这是作者观察社会运作的结果，现代社会央行注入流动性不再是面向个人，而是让国民平均背负的债务更多。

五、结语

万源在一个国家级贫困县实现了生态城市建设和民生工程双重有力推进的局面，这是值得重视的，也是值得其他国家级贫困县学习的。万源的施政思路充分体现出忧患意识，对广大市民和中低下收入群体的"让利"，通过保

---

① 刘海影：《中国巨债：经济奇迹的根源与未来》，中信出版社 2014 年版。

障性住房建设改善居民的住房条件，改善公共卫生和公共安全，减少老城区密集的楼群可能带来的意外风险，堪称民生工程一大亮点。

万源作为受国家整体战略布局限制的国家级贫困县，在财政拮据的情况下依然在棚户区改造、农民增收等多项工作中成果斐然，和省会城市相比也毫不逊色，十分值得其他地区借鉴。当地棚户区改造和保障性住房建设的二位一体模式，有效地提升了获取和利用上级财政资金的能力，也使万源连续两次成功地融到了中央财政提供的配套资金。这些成果离不开万源领导的胆识和相关部门的执行力，让整个城市旧貌换新颜。然而，在对棚户区居民的宣传上似乎仍有一些不足之处，尤其是在赔付面积比例的问题上，没有让百姓真正理解到政府的苦衷。同时，万源各乡镇的干部对公租房建设的重视，对人才的渴望和在山区道路难修的条件限制下所体现的乐观和奋斗精神，也值得其他地区学习。在当前的新形势下每个地区面临的独特情况，也让人们不得不对国家在制定政策时究竟哪些该一刀切，哪些该因地制宜，进行一些深刻的思考。

后记：

万源之行，调研队带着棚户区改造和农民增收两个项目，在万源市进行了为期26天调查研究工作，赴万源市财政局、住建局、畜牧局、商务局、经信局、市农委办、旅游局、扶贫移民局、房管局、城市基础设施投资建设公司、发展改革局、国土局、2个工业园区以及20个乡镇展开调研，对相应工作做了一定了解，与政府干部、农民、企业家座谈，可以说不了解万源的农民增收就不会理解棚户区改造的必要性。再贫穷的地方也有让人难忘和敬佩的精神风貌，也有关于自身发展的独立思考和积极有为的行动。万源之行让调研队对中央政策的基层落实有了深入了解。调研队相信有了这个经历，才能明白欠发达地区该如何发展，明白政策该如何制定。感谢淳朴热情的万源人民，对调研队的调研给予的莫大支持。

万源市乡镇债务的产生及其化解研究

李小云　杨　苏

【摘　要】通过实地调研万源乡镇债务，对其乡镇债务的现状、成因、影响及化解措施进行分析和探讨，力争对乡镇债务的产生提供一个历史的、全景式视角。对如何成功化解乡镇债务进行探讨，并在此基础上提出政策建议。

【关键词】乡镇债务　财税体制　分税制改革　公共产品　债务置换

2015 年 7 月初至 8 月中旬，调研支队通过实地调研万源乡镇债务，获得了大量的一手真实的资料。本文主要采取与镇政府干部、财政所工作人员深度访谈的田野调查方法，对万源乡镇债务的现状、成因、影响进行分析，对化解措施进行探讨，以便为当地政府成功化解当地乡镇债务提供一定的参考。

一、万源乡镇债务现状

万源属于自然环境保护及限制开发区，森林覆盖率达 70%以上，执行严格的生态保护政策，为邻近县（市、区）创造良好的自然环境。60 万人口的万源，2013 年锁定的债务规模是 40 余亿元。其中乡镇债务尤其呈现规模大、负债面宽、偿债能力低下的特点。万源有 52 个乡镇，其中 5 个乡镇负债过亿元，这几个乡镇均是省上挂号、财政运营风险重点监控乡。2 万人常住人口的旧院镇，2013 年锁定的债务规模是 1.3 亿元左右，且旧院镇片区的 6 个乡 1 个镇都背负债务。

乡镇债务支出主要用于基础设施（项目建设超支）、垫交税费、举债形成的利息、新农村建设、非地震带灾后重建示范区、城乡环境综合整治、维持政府日常运转、救灾应急维稳、乡镇企业遗留问题、民政救助责任等，如旧院镇的基础设施建设支出占到当地债务的 80%，1.3 亿元的地方债务中有

4000万元来自新农村建设举债。在借贷来源方面，鉴于乡政府没有偿还能力，金融机构从行业政策规定、风险管理及获利角度考虑，不愿借钱给政府。如果要借钱给政府，一般也是采取私人担保的方式，以私人名义贷款借给政府，而万源本身是国家级贫困县，除非应急维稳也不会借钱给乡镇。万源部分乡镇债务一般是靠向民间私人借贷，如负债都超过1亿元的旧院镇及大竹镇债务均是民间借贷。万源乡镇债务基本是单一的民间借贷方式。在调研中了解到，老百姓借钱给政府，主要目的是获得一定的利息收入，同时由于经济基础薄弱、增收渠道狭窄，当地的百姓在经济方面还是一个抵御风险相当脆弱的群体。不管这种风险是来自家庭内部的经济需要还是政府债务的风险，债权人的脆弱性决定了整个乡镇债务体系的脆弱性，从而预示着万源的乡镇债务是一个切实关系到当地百姓的生计及社会稳定的问题，必须妥善加以解决。

在乡镇债务类型方面，按照世界银行高级经济学家汉娜提出的财政风险矩阵，可以把政府债务分为政府直接显性债务、政府直接隐性债务、政府或有显性债务和政府或有隐性债务四类。[1] 随着风险社会到来以及群众需求的多样化，应对突发事件、大灾大难等体现政府救助责任的债务或有型债务将增加。

二、财税体制改革对乡镇债务的影响

乡镇社会经济发展水平千差万别，我国东部、中部、西部地区的乡镇财政实力、经济发展水平不同。正因为情况不同，各地区的乡镇财政管理体制呈现出"分税制"管理体制、统收统支管理体制和各种收支分成等多种体制并存的局面。[2] 我国乡镇体制可以分为三类：经济实力较强的乡镇采取"分税制"财政体制，中等经济状况的乡镇采取"核定收支、定额补助、超收全留、自求平衡"的财政体制，经济欠发达乡镇实行"统收统支加激励约束"的财政体制。

乡镇负债从另一个角度反映了中国地方政府债务的来源。乡镇债务的产生，不仅仅是由于乡镇领导班子对举债的热衷，也反映出乡镇领导不会理财、

---

① See Hana Polackova Brixi, Allen Schick: *Monitoring Fiscal Risk of Sub-national Governments*: *Selected Country Experiences*, Oxford University Press (2002).

② 侯余兴、童光辉：《民生视角下的乡镇财政及监管机制建设》，《财政研究》2014年第3期。

财政资金使用效率低的问题。加之乡镇财政收入有限，还要从中央与地方的关系及地方执行中央财政政策的角度入手，同时也和时代的发展密切相关。如果不能了解这些负债产生的真正原因，势必难以客观看待这一问题。

（一）财政政策担负的责任与乡镇资金配套

高培勇等在主编的《中国财政政策报告 2013：将全面深化财税体制改革落到实处》中认为："财税职能和财税体制所具有的一个特殊品质或突出特点，就在于其最具'综合性'——覆盖全部、牵动大部。由于财政收支既是所有政府活动的基础，又是连接政府和家庭企业的最直接的纽带，财税职能的履行以及财税体制的运转，其范围，能够覆盖于所有政府职能、所有政府部门和所有政府活动领域。"① 该观点深刻地指出了财政政策的特点，财政政策与百姓的生活、与地方政府的运行深深地交织在一起。张军等研究指出，无论是衰退期还是繁荣期，中国地方政府都有强大的激励实施扩张偏向的财政政策。由于中国的地方政府普遍缺乏预算硬约束，政府竞争越激烈，中国地方政府"扩张偏向的财政政策"越明显。② 这个论断具有一定的解释力，表明了地方政府不随时间变化的刚性财政扩张任务。即无论中央实施稳健或积极的财政政策，在地方政府那里都是积极的财政政策。财政政策在地方政府层面发挥的作用太大，尤其是一些偏远、经济落后的地区，财政政策是支持这些地方得以继续运营的强大动力。在调研过程中发现，一些乡镇项目需要政府的项目配套资金，如廉租房与公租房并轨，并轨之前廉租房主要由中央政府负责，公租房由中央财政和地方财政共同负责，并轨后中央主要负责棚户区改造和城中村，地方负责并轨后的公租房。这样一来，作为准公共产品的公租房建设虽然对乡镇工作人员来说是一件好事，但同时也给当地带来不少的债务压力。

（二）分税制改革对乡镇债务产生的影响

1994 年实施分税制改革后，因为地方缺乏主体税，而地方政府实际支出

---

① 高培勇、杨志勇：《中国财政政策报告 2013：将全面深化财税体制改革落到实处》，财政经济出版社 2014 年版。

② 方红生、张军：《中国地方政府竞争预算软约束与扩张偏向的财政行为》，《经济研究》2009 年第 12 期。

责任却并没有下降，反而显著增加。土地财政得以产生也与此有一定的关联，这是一种替代财源，满足了一些地方政府支出需要。可是对于那些没有区位优势的地方来说，土地财政带来的收入并不多，在乡镇这一层级政府更是如此。调研的几个乡镇共有几家公司，公司在本地落户前期需要进行坡改地，投入基础设施的成本较高，这些成本无法依靠当地乡镇的税收来承担。而这些企业能为当地带来就业机会，以这样的地方财政投入换取的经济增长，成本是很高的，但这却是一些地方"筑巢引凤"思路的原因。

"只有各级政府和各个政府职能部门的事权与财权界定清楚了，各级政府和各个政府职能部门的支出责任和财力配置妥当了，各项政府职能的履行才可能落到实处，国家治理的相关活动才可能运行顺畅。"① 实际情况并不单纯是这样。实际行政工作中，要面对上级政府的各种文件精神和要求，还有一些意外事件对于既有财政制度的挑战，如自然灾害后是否进行住房建设或者只是在灾情不严重时发放慰问金，这些即使是事权规定清楚了也会因灾情不同导致支出不同。这也是当代中国国家治理中的难题，总有数不清的事情需要政府去做，日益庞大的支出，与之对应的是依旧有限的财政收入。

（三）乡镇公共财政转型的困难

1998 年，中央提出财政体制从传统的建设性财政向公共财政转型，强调政府公共支出的重点由过去的经济建设支出（如基建投资）逐步过渡到以教育、医疗卫生与福利等公共产品的支出，政府的职能由管理转向服务。在贫困乡镇，为当地人民提供公共产品，没有项目支持是不行的。即使有中央的项目支持，还需要万源进行配套，对基层政府来说配套就是一种财政支出，是负债的推动因素。即使要进行新农村建设负债审计，依旧无法降低日益庞大的乡镇债务。乡镇债务是由刚性任务所产生的，有着客观原因。周黎安认为，行政分权也是可调整的和可逆转的，近年来中央与地方、省与地方的行政权限一直处在变动之中，所以分权承诺的可信度是相当有限的。② 以配套资金来讲，配套资金的多少，表明了行政分权对地方影响的大小。如果配套多，

① 傅勇、张晏：《中国式分权与财政支出结构偏向：为增长而竞争的代价》，《管理世界》2007 年第 3 期。

② 周黎安：《中国地方官员的晋升锦标赛模式研究》，《经济研究》2007 年第 7 期。

地方的财政压力就小，而这种多少也是处于变化之中，表明了这种分权也一直处于变动之中，不仅不同地区有所不同，就是同一地区不同时期也不同。

在发达地区的乡镇，由于存在土地财政，乡镇可以依靠自己的财力提供一定的公共产品。对于西部贫困地区没有财政收入来源的乡镇，提供公共产品只能由中央政府牵头。一些贫困地区不存在土地财政。以万源为例，土地资源十分紧缺，规模化的耕地数目小，不像平原地区，而这些土地又是基本农田，不能作为其他用途。在这样的情况下，土地财政对这些乡镇来说就是唯美的梦想。地方政府自身的财政再生能力因地区而异，不同地区的情况不同，导致财政应对不同民生任务或者意外挑战的能力不同。以往一些学者认为应该提升地方政府的理财能力，只有这样，才能破解"土地财政"的困境的。这其实是很难破解"土地财政"困境。土地财政依赖症并不是存在于全国各个地区。一些贫困乡镇只能依靠转移支付生存，连财源都没有，何谈理财。

万源各乡镇的土地出让金基本不存在。开发性项目建设征地，乡镇没有土地出让金返还，本要求市里配套相应的工作经费，但有时鉴于各种原因没有拨付到位，乡镇基本都需要举债推进征地工作开展。

（四）财政激励与乡镇的最优产业规划

在一些市场经济薄弱的地区，必须得依靠政府用财政政策或者其他政策去支持经济发展。在调研的乡镇，大部分人反映政府的财政政策支持不够。即使比较客观地说出"不依赖政府，依靠政府"，那也得政府从产业规划等角度入手，帮助企业走出新的天地。市场经济是由无数个个体和企业组成，在这些个体对整体经济发展促进作用或者社会责任方面不强的情况下，就需要一些发展良好的企业走在前列。

地方政府之间的竞争使得政府支出结构产生扭曲，典型的案例是对于招商引资的投入力度。为了提高经济总量或者解决就业、获得税源，加大政府在基础设施建设投入，吸引资金或企业到当地投资。但一些地方政府不顾其自然条件限制，要实现其经济赶超式发展，突破经济规律对其限制，这样就不可能在硬预算约束下经营。这种发展思路的问题在于，并不是每个县每个乡都具备了成为工业县乡的条件。一些地方政府哪怕借债都要实现赶超式发展，哪怕定下的目标不切实际，也要继续进行，这就使得政府背上了债务。

财政激励是政治激励的有力补充，对于引领与推动地方经济发展具有积极作用。在调研的乡镇，基本上都是抓住当地具有特色的农产品加工。地方通过财政政策刺激经济增长，通过财政政策培育新的经济增长点，一些有经济增长潜力的产业或者领域正在被培育，经济内生增长能力正在逐步起步，但是比起庞大的债务来说，这样的经济增长带来的税收等收入远不足以还债。所谓兵马未动，粮草先行，越是贫困的地区，对于财政政策的依赖就越大，需要政府支出的地方依旧没有减少，而经济增长的难度却并没有下降。

三、行政体制对乡镇债务产生的影响

（一）干部下派与公共服务供给

格雷姆·史密斯指出，大量的乡镇干部被下派到村，执行计划生育及维持社会稳定的任务，"下派干部"数量达到了前所未有的水平。史密斯认为，随着村镇的合并和农业税费的取消，下派干部的实际服务能力有所减弱。尽管中央和地方都大幅增加了农村卫生、教育方面的投资，但基层政府仍然没有为农民提供足够的公共服务。[1]万源于 2015 年 8 月选拔 180 名驻村第一书记走马上任，在帮助当地人民脱贫致富、政策解答方面发挥了重要作用，不仅利于干群关系改善，也有助于及时了解基层民情。从调研和观察来看，提供公共服务的同时，会给基层政府带来一定的负债，可以说基层政府虽然没有独立制定财政政策的职能，却是中央财政政策最基层的执行环节。在中央财政资金无法给予足额配套的时候，基层政府尤其是乡镇政府依然要进行配套，鉴于财政政策扮演的全方位的职能，使得基层政府需要覆盖的事情范围也不断增大。

地方政府支出结构在不同时期是不同的，这与地方发展的客观环境有关。

---

[1]　格雷姆·史密斯、苏丽文、展枫：《乡镇政府空壳化问题研究——一种内部运作的视角》，《经济社会体制比较》2013 年第 1 期。

比如，对于基础设施的渴求，或者对于招商引资的重视以及为此花费的资金等，这种偏向存在着一定的激励根源。周黎安的研究指出，中国的财政分权以及基于政绩考核下的政府竞争，在支出结构上造就了地方政府"重基本建设、轻人力资本投资和公共服务"的严重扭曲。[①] 这样的论断也是特定时期的概括，当基本建设已经趋于饱和时，人力资源建设和公共服务就会提上日程。在调研地扶贫移民局每年都会组织各种类型的培训活动，培训当地的农民工和妇女，让他们更加熟练地掌握一定的技术或者技艺。

（二）乡镇工作的考核机制

在当前的地方政绩考核制度下，保护生态环境的努力显然不如那些追求短期经济绩效的地方的政绩卓著，这样的发展思路导致我国一些乡镇以牺牲自然环境为代价获取收入。实地调研发现，万源几个乡镇基本没有财政收入来源。作为乡镇干部也是有精英情结的，也想做一番成绩出来。现有的执政思路不允许为贫困地区发展指标开绿灯，贫困县市要和发达县市一样进行考核，用同样的指标，一视同仁，难以做到因地制宜。调研中了解到，现有的考核方案，一般是市级政府统一下达考核方案给所辖的县区。考核方案在特殊性这一块强调不够，难以突出贫困地区在自身基础上做出的成绩，一个模式套下来，不太现实。"一刀切"的考核，让贫困的乡镇和发达县市的乡镇没法同日而语。

总之，目前贫困地区的乡镇财政基本上依靠"财政转移支付"，万源的一些贫困乡镇也是如此，这样的财政没有可持续性，对上级政府的依赖性很大，长期来看难以维系，基本上靠上级转移支付、跑项目和要资金来维持。

四、乡镇债务的影响

根据"早投入早收益"的原则，乡镇合理的举债改善了当地老百姓的生产生活条件，也吸引了部分的招商引资，促进地方的发展；同时乡镇债务也保证了农村政权的稳定，促进新农村建设，打造当地特色产业，促进教育、公共卫生等事业的发展，改善了环境，也发挥政府"兜底"作用，其作用不

---

① 周黎安：《中国地方官员的晋升锦标赛模式研究》，《经济研究》2007 年第 7 期。

容忽视。但是由于以前的政府性债务管理不健全，个别地方债务举借和使用不规范，乡镇债务没有收到很好的约束与控制，地方政府领导对借债获得的资金有相当大的发言权。像 10 元钱办 5 元的事也时有发生，大大降低了资金的使用效率，使得地方债务风险大大增加，因此必须规范债务管理，控制债务规模，逐步化解债务风险。

五、化解乡镇债务的建议

乡镇财政收入由预算内收入、预算外收入和自筹资金三部分组成。目前，乡镇财政收入结构的一个主要特征是，预算外收入和自筹资金占有相当高的份额。[1] 乡镇财政越来越倚重预算外收入和自筹资金的现象导致财政收入不稳定、财政支出难以监督，从而也就削弱了乡镇财政的职能。调研地的乡镇财政极其脆弱，基本没有任何自主性收入，一般靠转移支付，乡镇财政框里的东西全靠从上级财政争取。乡镇财力是乡镇经济发展水平的体现，乡镇财力的雄厚与否影响了其债务规模的大小。

2013 年中央对地方债务进行全面审计，2015 年提出了地方政府债务置换的方式来初步化解乡镇债务。地方债务置换按照"偿债、清欠、解困、搞活"的原则，多少减轻了乡镇财政压力，增强债务可持续性。此办法在一定程度上使乡镇政府从繁重的债务中解脱出来，但也再次申明了"谁举债、谁偿还"的原则，明确了乡镇偿债责任，在解脱的同时又给地方政府戴上了制度和法治的"镣铐"。

乡镇债务的产生有一个历史的过程，脆弱的乡镇财力及债务化解也不是一蹴而就的。乡镇根据上级要求做好债务置换工作的同时，还需要中央的"顶层设计"，也需要乡镇的积极实践探索。债务置换解决了存量问题，后面的措施是抑制增量问题。因此，要着手抑制乡镇政府不合理举债的冲动，严格控制乡镇债务的增量并保证增量的质量。

（1）在"顶层设计"方面要按照"财力向下倾斜，财权与事权相统一"的原则，从统筹城乡发展、城市化、公共服务均等化、实现全面小康等角度加大公共财政对农村基层的支持力度，保障对乡镇财政转移支付的稳定性及

---

[1]　谭秋成：《地方分权与乡镇财政职能》，《中国农村观察》2002 年第 2 期。

合理增加，使得乡镇将心思真正放到提供公共产品上来。

（2）若是要减轻乡镇政府的债务负担，一些公共产品可以通过集资建设完成。李冰冰等研究指出，老百姓集资建设公共品的积极性不高，对政府的依赖性较强，没有足够的动力参加公共品建设。其原因在于农民流动性逐渐增强，形成集体行动的难度加大。[①] 在调研地方发现，一个乡镇 1.1 万人中有6000 人外出务工。这表明本乡经济对于外部经济环境的依赖，也表明形成集体行动不易。加之老百姓认为政府应该负担这些公共产品，因此集体筹资就比较困难。该作者认为要通过一系列制度设计促进乡村治理模式的转型，由农户被动介入型转向农户自主决策型和自愿参与型，给政府和农户以一定的激励，如形成利益共同体。[②] 这也是一种可行的思路，目前地方推行的"一事一议"实践就是一个不错的尝试。

（3）地方财政支出的扩张偏向性随着地方官员的任期增加而呈现下降趋势，这一特征源于地方官员的一种理性的财政支出决策行为，从而最大化其预期任期内的政绩以增加晋升概率。实现向公共服务型财政模式转变，应该考虑调整和改善现有的官员任命制度和激励模式。[③] 这一点非常重要，要改变个别地方官员为了政绩，不顾实际情况进行的盲目的、没有多少正外部性的投资。对官员的约束使得朝向公共服务财政模式转变，将会更好的体现政府在重大事情上的担负的责任。

（4）公开债务信息，严格债务考核。建立政府性债务信息公开制度，依法定期向社会公开政府负债情况，主动接受社会监督，提高政府工作人员的责任意识与民众对地方债务的知晓度；同时要加强政府性债务审计监督，将政府性债务的举借、管理、使用、偿还和风险管控情况纳入党政主要领导干部经济责任审计范围，审计结果作为组织人事部门对领导干部进行考核、任免、奖惩的重要依据。

---

① 李冰冰、王曙光：《农村公共品供给、农户参与和乡村治理——基于 12 省 1447 农户的调查》，《经济科学》2014 年第 6 期。

② 李冰冰、王曙光：《农村公共品供给、农户参与和乡村治理——基于 12 省 1447 农户的调查》，《经济科学》2014 年第 6 期。

③ 王贤彬、张莉、徐现祥：《什么决定了地方财政的支出偏向——基于地方官员的视角》，《经济社会体制比较》2013 年第 6 期。

如果把乡镇财力分为基本财力和自主财力，基本财力是发展的基础，自主财力担负着促进乡镇更好发展的责任。但是目前贫困乡镇的基本财力不足，而自主财力更是缺乏，乡镇债务负担沉重，使乡镇的财力比较脆弱。总的来说，乡镇政府在管理公共事务、提供公共服务方面具有不可替代的作用，从民生角度来看，不能削弱乡镇财政。

后记：

村级债务和乡镇债务化解，是新时代现代社会治理体系建设的关键。乡镇本应承担基层治理的重任，但是巨大的债务使得乡镇工作性质异化，并变成为维持地方发展，从中'腾挪'化债"。乡镇债务的问题既是治理的问题，也是发展的问题。乡镇债务问题的治本之策，既需要城乡统筹，也要有产业支撑，税收保证。

第六篇　农村集体经营性建设用地入市改革

　　在坚定农村土地集体所有制的基础上，在多规合一的前提下，推动更多适合的地块有序入市，进一步壮大村集体经济，促进农民增收。让沉睡的乡土被彻底唤醒，全面激活农村土地资产，促动农村集体经济发展，更好地保障农民权益，让土地展现市场价值，为乡镇或村级集体带来土地收入。本章讲述基层制度设计到改革试点实践如何鲜明回答时代问题。

浙江省德清县农村集体经营性建设用地入市改革的主要做法与经验[①]

刘向元　李小云　欧水全[②]　成　鹏　李俊杰

一、德清改革的背景与思路

党的十八大和十八届三中、四中、五中全会提出，要赋予农民更多财产性权利，完善农村集体经营性建设用地产权制度，夯实农村集体土地权能，建立城乡统一的建设用地市场，全面激活农村土地资产，加快释放改革红利。

根据中央关于农村土地制度改革的精神和国土资源部有关文件要求，此次试点工作要牢固树立底线思维，坚守改革底线，确保土地公有制性质不改变、耕地红线不突破、农民利益不受损，实现好、维护好、发展好农民土地权益，使广大农民通过改革有更多的获得感。为此，德清县在牢牢把握三条底线不突破的前提下，结合德清实际情况，确定了"政府立制、群众议事、市场定价、收益共享"的改革路径，大胆探索、审慎求证，积极稳妥推进改革试点工作。

2015年8月19日，浙江省德清县以协议出让方式完成了全国首宗农村集体经营性建设用地入市；2015年9月8日，德清县以拍卖的方式成功出让了一宗农村集体经营性建设用地，正式拉开了我国农村土地改革帷幕。

---

① 本次调研活动与国务院发展研究中心中国经济时报与县域经济研究会联合开展。感谢江一航老师和王习农老师的指导。

② 欧水全，清华大学法学院博士。

二、德清改革的主要做法

(一) 路径分析

在这次农村集体经营性建设用地的入市改革中，德清县的改革路径总的来说主要体现在：一是政府高位推动；二是突出集体经济组织主体地位；三是重点抓政策设计和制度建设。

(二) 规划与制度

为确保试点工作的规范有序运行和入市改革的系统性、严谨性，在地块入市之前德清县政策先行，以城乡统一的建设用地市场为方向，对交易规则、收益分配等改革关键点和风险点进行反复调查研究，推出了"一揽子"的政策设计，建立了"一办法、两意见、五规定、十范本"的入市政策制度体系。同时，将全县集体经营性建设用地统一纳入县公共资源交易中心交易，建立多方协同的入市监管服务机制，实现了与国有建设用地"统一的交易平台、统一的市场规则、统一的服务监管"。

(三) 价格确定

集体经营性建设用地要实现与国有土地"同权同价"，在政策制度保障的前提下，由市场去挖掘发现其中的价格。

一是初步建立城乡统一的地价体系。为体现集体经营性建设用地与国有土地"同权同价"，制定并实施《德清县集体经营性建设用地出让地价管理规定（试行）》，指导、规范中介组织地价评估行为；明确每个地块必须选择2家评估公司进行评估，客观公正地体现市场价格。与此同时，还启动了城乡统一的基准地价体系修编，开创建立集体经营性建设用地基准地价和租金体系。

二是全面引入价格竞争机制。在集体经营性建设用地入市中，推广"招拍挂"的公开交易形式，全面引入价格竞争机制。已入市的41宗土地中，交易形式全部采用挂牌、拍卖方式的达到了38宗，比例达到93%，"市场定价"得到充分体现。如首次拍卖的20亩集体经营性建设用地，经过4位竞买人24轮竞拍，最终拍得1150万元的高价，溢价率达到了20.2%，与国有建设用地价格基本一致，实现了"同权同价"入市。

三是指导落实使用权的抵押权能。德清县政府出台了《关于鼓励金融机构开展农村集体经营性建设用地使用权抵押贷款的指导意见》。农业银行德清县支行积极响应，在总行的批准下在全国率先试点实施集体经营性建设用地使用权抵押贷款。目前有 2 宗入市宗地已经由农业银行德清县支行按土地成交总价 60% 的最高额度予以授信，并成功获得了抵押贷款，享有与国有土地的同等待遇。

（四）政府发挥的作用

无规矩不成方圆，且此次集体经营性建设用地入市改革主要是试制度，为修法立法积累实践经验。为此，德清县政府先行抓市场规则制订，高位推动入市改革前期各项工作。

一是党委、政府共同抓。本次农村土地制度改革是一项严肃重要的政治任务，涉及面广，影响深远。试点获批后，德清县成立了以县委、县政府主要领导为组长的试点工作领导小组，抽调国土、财政、农业、规划、发展改革等重点部门和有关乡镇 14 名业务骨干集中办公。在实施阶段，县委常委会、县政府常务会议 2 次专题研究部署入市改革工作，分管常务副县长多次召开乡镇、部分协调推进会，听取汇报、研究问题，全力以赴推进改革试点工作。

二是摸底调查打基础。从 2015 年 4 月开始，德清县对 12 个乡镇（开发区）151 个行政村的存量集体经营性建设用地进行了普查，乡镇工办、农办及国土所等工作人员对照"二调地图"① 及 2014 年卫片影像图，对各级集体经济组织现有的存量建设用地进行了全面排摸，共摸清了 1881 宗 10691 亩的底数。并结合全国"多规合一"试点县工作开展，县规划局、发展改革委、环保局等有关部门对上述地块进行"一村一梳理，一地一梳理"，排定了符合就地入市条件的地块 1036 宗，面积 5819.01 亩。

（五）收益分配与保障农民权益

这次改革的核心任务之一就是要建立兼顾国家、集体、个人的土地增值收益分配机制，实现好、维护好、发展好农民土地权益，使广大农民通过改革有更多的获得感。合理确定土地增值收益调节金是实现收益大家共享的关

---

① 第二次全国土地调查。

键因素。

第一，以"同权同价同责"为出发点，确定土地增值收益调节金收取合理比例。实践证明，建设用地价值的增值基本同步于城市化和工业化的快速推进，主要来源于政府和社会的大量公共投入，市场价格受供求关系影响而波动。德清县通过3个步骤测算收益调节金的收取比例，首先参考征地区片综合价，以5万元/亩作为集体经济组织的投入成本；其次按照德清县国有土地市场平均价（工业25万元/亩，商服业80万元/亩），估算集体经营性建设用地入市后的亩均增值收益；最后明确政府投入的基础设施配套费用（4万~8万元/亩）以及参照国有土地出让提取的并用于全社会公共利益的社会保障、教育、农业发展、生态补偿等7项基金（约占出让总价的16%）作为收取调节金的主要依据。

第二，充分考虑规划用途和区位的差异，差别化收取收益调节金。商业和工业用地价格的差异主要归因于用途管制，应该建立不同用途土地的合理比价机制，也相应的差别化承担增值收益调节金的义务。德清县综合确定了"按类别、有级差"的增值收益调节金收取模式。即工业用地按土地级差区域位置不同分别按16%、20%、24%收取；商服用地①按土地级差不同分别按32%、40%、48%收取。在政府收取的调节金用途上，明确用于农村基础设施建设、环境建设、土地前期开发等支出，仍旧反哺于农民和农村。

第三，农村内部收益分配按照三级集体经济组织不同，差别化落实农民和集体收益。农村内部收益分配是增加农民改革获得感的重要途径，必须处理好集体与个人，当前与长远利益的关系。德清县确定以长远发展为优先方向，明确属乡镇集体经济组织入市的，其获得的收益不直接分配，主要用于辖区内农村基础设施建设、民生项目等支出；属村级集体经济组织入市的，入市收益应用于发展壮大村级集体经济，可通过对外投资、购买物业、股份合作、购买政府性债券等用于发展壮大集体经济。农户则通过股权增厚（入市收益追加量化成员股权）的形式，享受分红的权益。目前该方案已写入省人大立法的《浙江省农村集体资产管理条例（草案）》；属村内其他集体经济组织（村民小组）入市的，收益的10%应作为村集体提留，归村集体所有，并用于村内公益事业支出，其余可在该集体经济组织成员之间公平分配。

---

① 商服用地，是指商业、金融业、餐饮旅馆业及其他经营性服务业建筑及其相应附属设施用地。

三、德清改革的阶段性成效

从实践运行和群众反映来看，德清县在全国实现了首宗集体经营性建设用地入市，相关配套政策制度比较全面稳妥。另外，媒体舆论对德清县的试点工作也进行了大篇幅的报道，社会反响巨大。涉及的农村集体经济组织和农民都通过入市获得了收益。成效主要体现在以下方面。

（一）促进土地增效，构建了县域城乡统一的建设用地市场

建立城乡统一的建设用地市场是党的十八届三中全会提出的任务。中央明确，在符合规划和用途管制前提下，允许农村集体经营性建设用地出让、租赁、入股，实行与国有土地同等入市、同权同价。德清县在参照国有建设用地出让经验的基础上，建立相关市场规则，将全县集体经营性建设用地统一纳入县公共资源交易中心交易，建立多方协同的入市监管服务机制，实现了与国有建设用地"统一的交易平台、统一的市场规则、统一的登记管理、统一的服务监管"。在改革路径上，从农村突破，从局部突破，扩权、规范同步推进，初步建立起城乡统一的建设用地市场，促进形成公平的竞争环境，增强经济发展活力。同时，集体经营性建设用地市场价值的显现也增强了农村农民珍惜土地资源的观念意识、促进了节约集约用地。

（二）促进农民增收，增强了农村土地制度改革的群众获得感

改革要获得成功，离不开广大人民群众的大力拥护与支持。德清在集体经营性建设用地入市试点改革中，始终把维护好、发展好农民利益作为出发点，让老百姓共享发展成果。以 2015 年 9 月 8 日拍卖出让地块的洛舍镇砂村为例，出让之前，该村农民每股股权价值为 5500 元，地块入市收益返还后，每股价值增加到 8000 元，增长幅度达到 45%，农民得到了较大实惠。同时，政府还考虑农民的长远利益，将入市收益统一列入村集体公积公益金进行管理，并可通过对外投资、购买政府债券等低风险类产品，实现保值增值，为农民群众谋求长远稳定收益。对于政府部门提取的增值收益调节金，也明确用途，主要统筹用于城镇和农村基础设施建设、农村环境整治等支出。积极调动乡镇的工作积极性，对入市的商服类用地征收的 40%、工矿仓储类征收

的 20% 收益调节金，安排给乡镇用于基础设施等民生类项目支出，通过直接、间接的方式反哺给农村。

（三）促进产业升级，拓宽了小微企业用地新渠道

服务大众创业、万众创新是国家今后一个时期的发展战略。对于民营企业比重大、中小企业数量多的浙江而言更是加快经济转型升级的必由之路，而土地又是其中比较关键的一环。《中华人民共和国土地管理法》第六十三条明确规定：农民集体所有的土地的使用权不得出让、转让或者出租用于非农业建设。集体存量建设用地闭塞，缺少流转通道，小微企业的用地得不到保障。这次集体经营性建设用地入市试点，为保障小微企业提供了新的渠道。德清对集体存量建设用地进行了疏理，确定了哪些符合规划可以就地入市，哪些不符合规划的需复垦调整入市，用地前景得以明确。而且，对于小微企业资金缺少的特性，德清又推出非常灵活、群众也乐于接受的租赁方式，可以 5 年或 10 年一交，大大降低了企业前期土地资金投入。同时，德清着力推动金融机构对小微企业的创业资金支持，集体经营性建设用地使用权享有与国有建设建设同等的抵押权，实现了"同等抵押"。企业也更愿意放心大胆地进行升级改造，拆除破旧厂房，升级机器设备，最终促进了德清小微企业健康发展，经济转型升级。经过初步测算，已入市的 81 宗土地，新建和追加投资将达 8 亿元以上。

（四）促进基层治理，提升了群众民主议事意识

在推进农村集体经营性建设用地的过程中，德清不断强化民主议事意识，通过开展农村土地民主管理"十村示范、百村共建"活动保障入市改革公正公开。活动以"全域共建、示范引领、梯度推进"为工作布局，在全县 150 个行政村全面实施 5 项基础民主建设内容，同时选择 13 个行政村开展示范创建和探索创新工作。通过开展活动实现"基础管理有强化、农村土地制度有创新、农民利益有提升"的三大目标，助推农村集体经济壮大及农村土地管理秩序的完善。至 2016 年底，全县 150 个行政村要实现民主管理覆盖率 100%。无房户、危房户宅基地保障率 100%，一户多宅整治率 100%，无违建村创建参与率 100%，宅基地确权发证率 100%，永久基本农田保护补偿覆盖

率 100%。力争实现全县农村集体和农民增收 2 亿元以上，助推全县 31 个经济欠发达村壮大集体经济。

（五）促进修法立法，为国家和省配套制度提供样本

基层的实践得益于中央和省级有关部门的大力支持和帮助指导，确保了改革方向的正确。地方的探索也为中央和省有关配套制度出台提供了经验样本。一年多来，德清县在全国率先实现集体经营性建设用地使用权抵押贷款第一单，并实现县域内银行业金融机构该项业务的全覆盖，为国家银监会和国土资源部联合出台抵押贷款管理暂行办法提供了实践支撑。同时，德清县提出的"按类别、有级差"的土地增值收益调节金征收模式也被吸纳到财政部和国土资源部联合发布的调节金征收管理办法中。在省级层面，2016 年 5 月 1 日实施的《浙江省农村资产管理条例》，将德清县集体经营性建设用地入市收益分配做法写入第二十七条。

四、德清改革的有益经验

（一）德清经验的产生

德清的农村集体建设土地的入市改革生动地反映了我国县域经济发展在制度方面的创新。这种制度的创新，目前已经初步得到了良好地实施，并积累了初步的经验。德清经验的产生主要源于两个方面的原因：

一是在党中央的精神以及国家相关政策的指导下，德清的土地入市改革获得了党和国家层面的支持。党的十八大和十八届三中、四中全会提出，要赋予农民更多财产性权利，完善农村集体经营性建设用地产权制度，建立城乡统一的建设用地市场。2015 年 2 月 27 日，全国人大常委会授权 33 个试点县（市、区）行政区域暂时调整实施《中华人民共和国土地管理法》《中华人民共和国城市房产管理法》关于农村土地征收、集体经营性建设用地入市、宅基地管理制度的有关规定，调整在 2017 年 12 月 31 日前试行。德清县是集体经营性建设用地入市改革的试点县之一。在这样的背景之下，德清县于 2015 年启动了农村集体经营性建设用地入市的改革工作。

二是德清县县域经济的持续健康发展，客观上推动了土地制度的创新。

经济的持续发展往往能够刺激土地市场的发展。经济发展需要土地来给予发展上的空间。

（二）德清经验的特点

德清县土地入市改革经验的特点主要体现在：

一是符合国家的法律以及党的土地政策，同时又能立足于当地的实际情况。

二是德清土地入市经验制度建设较为完善，可操作性强，具有进一步推广的现实可能性。首先，在紧守"土地公有制性质不改变、耕地红线不突破、农民利益不受损"三条底线的前提下，大胆探索、审慎求证；其次，充分考虑规划用途和区位的差异，政府引导维护整个改革过程的公平正义。

为推进村级土地民主管理，实行入市决策信息公开，建立城乡统一的地价体系，德清相关部门出台了一系列文件，既确保入市改革工作的透明度和公众参与度，又为进一步的推广提供了参考。

（三）德清经验的突破性

农村集体所有制的基本特征依然保存完整：集体所有权由成员集体享有，土地的集体所有权不能买卖，成员不能分割集体所有权。相关研究表明，农村集体所有制的这套制度安排，与市场经济条件下的资源跨社区配置、城镇化背景下的农村人口变动不相适应。[1] 目前，学界已形成这样的共识：农村集体经营性建设用地入市是社会主义市场经济发展的必然趋势。温铁军认为，要积极探索实施农村集体经营性建设用地入市制度。[2] 韩俊认为，集体经营性建设用地入市改革将释放巨大红利。[3]

目前社会各界对农村集体经营性建设用地入市是否适合在现阶段大力推广仍存在争论，如部分学者认为与集体经营性建设用地入市关联的法律法规

---

① 叶兴庆：《农村集体产权权利分割问题研究》，《新金融评论》2015 年第 4 期。

② 2021 年 2 月 23 日，由《重庆日报》、西南大学中国乡村建设学院共同举行的 2021 年中央一号文件精神宣讲活动在《重庆日报》新媒体矩阵平台"乡村振兴大讲堂"开讲，三农问题专家温铁军以《推进农业农村现代化的关键抓手》为题发表演讲。

③ 参见中央财经领导小组办公室副主任韩俊 2017 年 2 月 15 日在"中国经济 50 人论坛 2017 年年会"的讲话。

有待健全、市场运作不规范、农民的权益容易受到损害、相关的配套措施并不完善等。①

每一个重大决策的推行，都要经过慎之又慎的考虑。正是这种大背景下，2015 年 2 月 27 日，经全国人大授权，国务院确定在北京市大兴区、浙江省德清县、江西省余江县等 33 个行政区域开展农村土地征收、集体经营性建设用地入市和宅基地制度改革工作。同年 6 月，国土资源部批准了浙江德清等 15 个县（市）的集体经营性建设用地入市试点改革方案。

2013 年，党的十八届三中全会《中共中央关于全面深化改革若干重大问题的决定》提出"产权是所有制的核心，是一组权利"。随着经济社会的发展，为了提高资源配置效率，所有权的具体权能越来越多地与所有权人发生分离。这也意味着，在"坚持公有制主体地位""坚持农村土地集体所有权"的前提下，土地等农村集体资产的占有、使用、收益、分配、处分权能可以部分让渡给集体成员或其他外部成员。德清县政府积极推动农村集体经营性建设用地入市，在近 2 年的实践中取得了巨大的进展：全县已完成入市土地 81 宗 589.26 亩，成交金额 1.43 亿元，农民和农民集体获得收益 1.15 亿元（占比 80%），覆盖面达 25%，相关群众实际获得收益上涨 65%~160%。这是对现行的农村土地制度的突破。

在具体改革实践中，德清通过"五项试验"不断求证制度设计的合理性，循序渐进推进改革。一是协议出让试制度；二是拍卖出让市场；三是挂牌出让试平台；四是租赁入市试观念；五是调整入市试集成。不仅使各项工作平稳推行，更探索出了多种农村集体土地的管理与经营模式，为改革政策在更广范围内推广提供了可靠参考。

例如，鼓励拥有土地的集体将土地作价入股，在投建的企业中占有相应股份，从而获得长久的收益；又如，全面引入价格竞争机制，在集体经营性建设用地入市中，推广"招拍挂"的公开交易形式，"市场定价"得到充分体现；再如，落实使用权的抵押权能，出台《关于鼓励金融机构开展农村集体经营性建设用地使用权抵押贷款的指导意见》，农业银行德清县支行积极响应，在全国率先试点实施集体经营性建设用地使用权抵押贷款。

① 伍振军：《农村集体经营性建设用地的政策演进与学术论争》，《改革》2014 年第 2 期。

德清在推行改革的过程中积累了丰富的经验，不仅形成了完善的政策制度，更对改革中出现的问题给予了回应，对后续的政策制定有诸多启示。一是实施农村土地改革需要完善制度建设，保障农村建设用地入市制度化、规范化、平稳化。二是在农村土地经营改革中促进基层治理。三是需要协调好政府、土地投资者与村集体的关系，特别是需要照顾到村民的利益。

五、德清及全国继续推进改革的建议

推行集体经营性建设用地入市试点的改革，是一项需要从全局视野加以把握的重要工作。对德清开展的工作进行分析总结，最终目的是为改革在更广阔的范围内推行提供参考。

德清在推行改革的过程中积累了丰富的经验，不仅形成了完善的政策制度，更对改革中出现的问题给予了回应，有着丰富的借鉴意义。

改革开放以来，浙江依靠改革开放的先行优势，经济获得了巨大发展，成为带动中国经济高速增长的重要引擎。浙江有着良好的经济基础与投资环境，商品经济发达，小微企业众多，对建设用地有着迫切的需求。而农村经营性建设用地的顺利入市，初步看来能够进一步实现土地的高效配置，对经济维持稳定增长有着重要的意义。与此同时，农民能够得到实惠，产业得以转型升级，是真正的共赢之举。各地应在认真吸收、借鉴德清经验的基础上，结合自身实际，积极探索入市主体多元化、入市途径多样化、入市合同规范化，实现交易规则统一化。

然而，还需注意的是，各区域在经济发展条件与发展水平上存在很大差异。对于浙江省内而言，地理环境、人口文化素质的不同造成了区域经济基础的不同，同时区域制度环境和区域经济结构也不尽相同。在这种大背景下，注重改革的公平性就显得尤为重要，否则区域间的贫富分化将进一步扩大。在全国范围内考虑，这一问题就显得更为重要，东部沿海的经济发达地区和西部偏远地区更不能一概而论。

经济发展程度越高，生产社会化程度越高，宏观调控就越必要。健全和完善宏观调控体系，构建有利于协调发展的体制环境，加强各经济区域交流与合作都有赖于更高层面的政策支持，如德清引入"土地股份合作社"，实行所有权按份共有、使用权共同入市、收益按份分配，促进各集体经济组织的均衡发展，较好地解决了收益分配不均的问题，而其核心在于集体建设用地指标的流转。这一流转方式在更广阔的范围内能否施行，如何施行？这一问题在面向浙江乃至全国推行农村经营性集体建设用地的过程中还需更多地考虑。但无论如何，农村集体经营性建设用地入市是大势所趋，德清的积极探索显然为此交出了一份出色的答卷。

后记：

在《当代中国的浙江（上）》第十一章"轻型结构的工业经济"第三节"工业的地区布局渐趋合理"中提到，党的十一届三中全会后浙江农村工业蓬勃兴起，城市工业与农村工业联系日益密切，获得共同发展。① 浙江通过计划调节和市场调节这两种形式和手段，促使工业在城乡之间比较合理地分布，以形成新的工业区域。浙江作为工业起步早的省份，对土地利用、工业布局等十分重视。浙江把这些工业用地和商业用地有力地集合起来，发挥应有的效益。农村经营性建设用地入市，既是浙江历史发展的必然，也是未来发展的趋势。

---

① 当代中国丛书编辑部：《当代中国的浙江（上）》，中国社会科学出版社 1989 年版。

第七篇　县域工业发展

按照学术界以往的论断，乡镇工业由于多数是劳动密集型产业，资源利用效率低下，效率不高，迟早会被城市大工业取代。[1] 中国的现代化属于后发外生型现代化，在经济领域呈现城市现代产业与农村传统产业并存的二元结构。这种二元结构在 21 世纪有了新的内涵。在河北任丘、文安等地，乡镇工业异军突起，其发展历程是先从农村开始发展工业，在产业集聚形成后逐渐进行产业升级，最后扩张到县产业园区，对广大农村地区的产业进行进一步的筛选和重点扶持。

乡镇工业的发展，为我国地方经济发展起到了巨大的推动作用。费孝通早在半个世纪之前就提出发展乡镇企业。[2] 为此有新闻媒体称费孝通为"中国乡镇企业的鼻祖"[3]。以乡镇工业为内容的乡镇企业发展，现在遇到了哪些困难？如何用现有的理论去解释我国工业化进程中不可忽视的乡镇工业化，乡镇工业化进程中体现出了哪些经济学规律？未来我国乡镇工业化的发展方向是什么？这是本篇试图探讨的问题。

---

[1] 有学者持不同观点。于秋华认为，在中国近现代工业化的进程中，传统与现代之间并非只是一种替代或冲突关系。于秋华：《从乡村工业发展史看传统与现代的耦合》，《经济纵横》2008 年 9 期。

[2] 宋林飞：《中国经济发展模式的理论探讨：费孝通的一项重要学术贡献》，《江海学刊》2006 年第 1 期。

[3] 张绍良：《费孝通：中国乡镇企业的鼻祖》，《经济论坛》1995 年第 19 期。

河北省霸州市乡村工业化调研

——基于康仙庄乡产业的考察

李俊杰　李小云　欧水全

2017 年 4 月 1 日，清华大学学生县域经济研究会调研队前往河北省霸州市调研。霸州市是河北省首批扩权县市之一，地处河北省冀中平原东部，位于京、津、保三角地带中心，属环京津、环渤海城市群。霸州市面积为 784 平方千米，属于面积较小的县级市。霸州市的交通条件十分便利，京九铁路、大广高速、廊沧高速及 106、112 国道贯境而过。从北京到霸州市也十分方便。调研队 8 时从北京出发，1 个小时后，就来到了霸州市区，乘坐市内的长途公交 30 分钟后，即抵达本次调研目的地——康仙庄乡。

一、乡村工业发展的土地产权问题

思考地权问题，不能仅仅在农业生产领域进行，还要结合乡村工业。这方面费孝通的地权思想为调研队提供了一次有益的智力探索，他大致勾画出近代中国农民地权、农村土地问题的合理解决方案。在人多地少的条件下，在解决土地所有权"分配"问题的基础上，要最大限度地将农村的劳动力解放出来，减少人对地的"压迫"与依赖；增加农民的收入，改善农民的经济状况。[①] 费孝通认为可以"双管齐下"：外在的手段是发展乡村工业，用工业来吸收农村的剩余劳力与游资，减少农业人口，增加农民收入；内在的措施

---

① 费孝通曾谈到："我这一生有个主题，就是'志在富民'。它是从我学术工作中产生的，我的学术工作也是围绕这个主题展开的。"费孝通：《农村、小城镇、区域发展——我的社区研究历程的再回顾》，《北京大学学报》（哲学社会科学版）1995 年第 2 期，第 4 页。

是集合土地经营权①，提高农业生产效率，实现农业生产的规模化、机械化、现代化②。无论是费孝通的建议还是历年我国中央一号文件的政策精神，都是朝着现代农业和规模经营方向发展。而费孝通地权思想的根本着眼点除了解决中国农民的贫困问题，实现农民的富裕与农业的现代化之外③，更看到了农民平均获得土地之后，最终还是会发生分化。因此，费孝通认为，农民土地问题的最终解决，还得将地权分配与农村土地"生产"结合起来考察，朝着农业现代化、机械化方向努力，彻底解决农民的贫困问题，进而彻底解决土地问题。④在这个思想基础上，费孝通地权思想强调保护好农民手中的土地所有权，同时又强调地权设计要与农业的未来发展相适应、相协调，将农业机械化、现代化作为地权设计的方向。

事实上，霸州市的经济结构以民营经济为主，目前有民营企业 2.7 万多家，民营经济为霸州创造了 85%以上的财税收入和农民收入，已成为霸州经济结构的支柱与脊梁。在调研过程中，调研队对此深有感触：这里的村庄里有着数目繁多的小作坊式的民营企业，为农村耕地流转的顺利开展起到了一定的积极作用。而提及当地农村的民营经济，一个必须重视的问题就是其占用土地的来源，这部分土地是否存在流转的情况，如果存在又是如何具体开展的，都是很有意义的问题，在这次的调研中给予了重点关注。

在走访第一户村民时，调研队谈及子女的工作问题，村民提到自己的儿子在村里开设了一个机械加工类的作坊，成了个体经营户。一开始作坊的规模较小，生产的厂房都是在自家的宅基地上改建的，后来随着生意规模的扩大，又租赁了其他农户闲置的宅基地用于改建厂房。个体经营户这种使用宅基地改建厂房的行为是符合相关方面的法律法规的。当地的村民表示，目前各方面对土地的具体用途管理十分严格，本村不存在如耕地私自调整用作工业用地这类违规现象，但听说距这里几十公里的另一个村子，存在着这样的现象。

① 费孝通认为要实现土地规模经营，就不宜以所有权来限制经营权，这一点从三权分置改革中得到了新时期的认可。

② 李学桃：《20世纪30、40年代费孝通地权思想浅析》，《中央民族大学学报》（哲学社会科学版）2012年第2期。

③ 李学桃：《20世纪30、40年代费孝通地权思想浅析》，《中央民族大学学报》（哲学社会科学版）2012年第2期。

④ 费孝通：《中国城乡发展的道路——我一生的研究课题》，《中国社会科学》1993年第1期。

在村子里继续走访的过程中，调研队还发现了不少大型厂房，且多为连片出现，这类厂房应该不是通过流转私人的宅基地后改建的。经过四处走访，询问附近村民和一些厂房的拥有者才知道，村中原来有一部分土地并未分到村民手中，而是由村集体保留。调研队看到的连片厂房，就是个人从村集体那里租赁到土地后改建的。此外，原来村中还有一个大型养鸡场，几年前倒闭了，村集体当时签了 30 年土地租赁合同，后来又转租给个人。关于具体租赁的价格，调研队走访了一些工厂主，未得到明确的答复，但可以确定每年每亩地的租金不超过 2000 元。同时调研队也得知，这部分土地只能由本村人来租赁。相对来说，这个土地的租赁价格并不高，一方面是这些宅基地的成本比较低；另一方面可能也有扶持本村产业的考虑。关于村集体的这部分收入具体如何使用，村民表示并不清楚。

霸州市土地面积较小，土地供应紧张，因此关于土地执法和土地规划一直都是比较严格的。从 2006 年 4 月开始，霸州市国土局就积极开展土地置换破解项目用地难题，即将闲置的建设用地复垦后进行土地置换，这是一种内涵挖潜和破解项目用地难题的有效方式。在调研中发现，多数家庭作坊的土地就是这样获得的。2006 年，市政府通过土地置换为企业解决项目用地 400 亩。除此之外，霸州市面临的情况是农用地转用计划指标紧缺，对于项目用地的争取也是一大特征，为了解决这个问题，主要做法一是"眼睛向上争增量"，即由局长、主管副局长带队多次向省国土资源厅争取用地指标；二是"眼睛向下挖存量"，充分利用土地置换政策，挖掘闲置建设用地潜力。截至 2017 年，积极争取各类用地指标一直是霸州发展的重要任务。调研中发现，部分农户家庭经营的土地来自之前的农畜饲养场和砖厂等，在原先基础上进行复垦，复垦验收达标后的耕地用于置换企业项目建设用地。根据调研队对康仙庄乡的观察，用地基本呈现了"产业集聚、用地集约"的原则。

康仙庄乡政府附近的村子的情况和新兴村的比较相似，大部分村民都将土地流转出去，不同的是康仙庄乡政府附近村子的小作坊更加发达。经询问后得知乡里的个体户主要制作楼梯和加工金属材料，总体看来已有一定的规模。相对而言，村民对土地并不看重。这里的耕地租赁出去之后多是用于种植玉米等粮食作物，收益较低，因此土地流转的价格也较低，为每年每亩耕地 200~300 元。关于宅基地等的租用，和之前了解到的情况基本一致，都是村民之间以及村民和村集体之间的流转。

二、乡村工业企业发展

霸州市有着发达的、活跃的民营经济，科技型中小企业总数达到 533 家，要素聚集效应明显。资本、劳力、土地等要素结合日益紧密。调研中发现，康仙庄乡有大量的家庭小作坊。康仙庄乡早先除了楼梯产业之外，还有农机配件、电动车架子、模具和金属加工（如车加工）等。康仙庄乡的代表性产业是楼梯产业，起步比较晚，也就 10 年左右的发展时间，规模上并不大。在 2018 年本地的公共财政收入中，建筑公司和天然气公司贡献的税收占到了公共财政收入的绝大多数，楼梯产业贡献的税收不到 10%。楼梯制造业作为当地代表性产业，基础依然十分薄弱，产业整体实力十分弱小。

康仙庄乡政府完成了对华兴工业园区的整体设计规划，通过协调与土地部门的关系，启动了撒袋营工业小区南区的开发。2001 年，华兴灯杆项目和电动病床项目填补了省内和国内空白。2001 年底，撒袋营工业小区入区企业达 32 家，年平均纳税约 151 万元；薛各庄工业小区入区企业 15 家，年平均纳税 87 万元。通过引进技术，当地企业开发出一大批技术含量高、市场前景广的产品。如电动病床、波纹管、旋转楼梯、播种盒、超市货架、灯杆等产品，都具有一定的市场竞争力。[①] 可见，康仙庄乡重点在一些技术含量高的产业上谋划，同时，康仙庄乡产业类型较多，传统楼梯产业规模较小，因而其他技术含量高的企业被乡政府列为重点发展方向。

康仙庄乡的楼梯产业最早是来自北京。在康仙庄乡康仙庄村调研时，调研队走访了本村历史较长的两家楼梯企业。据了解，企业 A 是 1999 年以后开始发展的，当时村里只有 10 家左右的小厂子，企业 A 是村里最早开始创业的。企业 B 是一家生产楼梯的企业，在宅基地上上修建的生产车间，厂房里面只有 3 名工人；该厂创办于 2003 年，工人主要从事机加工，为楼梯生产配件；0.4 亩大的车间内有 2 台机加工机床，1 台电焊机，地上堆放着零件，基本构成了作坊的全貌。楼梯产业刚发展起步的时候，利润十分可观，当时一个楼梯能赚 7000～8000 元，而成本则在 1500 元左右。这两年随着小作坊越来越多，企业间打"价格战"，恶性竞争现象严重，利润下降。

与楼梯产业紧密关联的是康仙庄村有不少金属材料加工厂，全部为小作

---

①　廊坊年鉴编修委员会办公室：《廊坊年鉴》，方志出版社 2004 年版。

坊，企业在自家宅基地上搭建一个车间棚顶，里面摆放着2台金属机床，2~3名工人。康仙庄村发展乡村工业和缩小城乡差距增加村民收入有关。该村距离白洋淀仅100公里，未来这些工业能否继续存在下去还是未知数。这里的楼梯行业和机加工行业生活区和生产区融为一体，是当初自发式发展的体现，明显缺少乡村建设规划。

楼梯产业的发展与外部需求密切相关。随着北京市居民消费水平的提高，为了追求美观大方，将原来的水泥楼梯或钢筋楼梯改为木质楼梯，从而使木质楼梯的市场需求大增，为康仙庄乡楼梯代加工企业的兴起提供了契机。这些代加工企业的固定资产成本较低，买一台电焊机和一个喷漆的设备即可，并不需要十几万元或上百万元的投资，只需要几万元即可。这表明楼梯产业技术含量和资本准入门槛并不高。霸州当地能提供楼梯产业的不少配件，钢材来自周边的文安县，木材也可以在周边采购。木板刷漆还有部分钢材的制作都是由本地的企业完成，康仙庄村的企业则负责把这些配件组装成木质楼梯成品送到北京。

北京将代加工点设在了康仙庄乡，而楼梯产业的源头在北京。康仙庄村最早开始发展楼梯加工业的动力和商贸信息均来自北京。因此，可以说康仙庄乡楼梯产业发展是外部力量引导的结果。康仙庄村是整个乡镇楼梯产业发展的中心点，带动了周边村子从事楼梯产业。从刚开始的一户带动周围村庄更多的农户，邻村受康仙庄村村民赚钱的影响，农民创业的地理范围不断扩展。不过这种带动只是单纯的一种学习借鉴和模仿。这种模仿是村庄受外部因素影响后乡内各村村民之间的模仿，因此实际的带动效果有限。20多年过去了，该乡镇楼梯产业的企业数量依然不上100家。

康仙庄村村民行为呈现兼业化特征，从开始只从事农业到现在半工半农，这个过程伴随着小作坊的逐渐壮大。这些作坊主都是本地村民，没有外来户，从该乡只有一家宾馆可以推测本地的流动人口比较少。截至目前，康仙庄乡楼梯生产方面的企业和小作坊不到100家，这些企业绝大多数都是2000年以后发展起来的。

在访谈中了解到，这些家庭小作坊，多数是在自家宅基地的基础上建厂。康仙庄村的楼梯加工作坊绝大多数位于家庭庭院，并没有楼梯加工的标识牌。在环保治理严格的时候，没有标识牌更加隐蔽。这些作坊占地面积一般都在1~5亩，5亩的生产车间在当地已经算最大的。这些小作坊靠近国道，具有明显的交通优势。在劳动力成本这一块，多数小作坊雇佣的劳动力不到5人，最多的也就十几个人。工资一般在 3000~4000 元，相比一二线城市，劳动力成本具有优势。这样的工人数量适合家庭小规模生产，便于管理。据了解，目前这些楼梯加工并没有给员工交三险一金，这也是降低企业成本的一个途径。在河北这样的内生型乡村工业发展中，成本问题始终是企业发展中较为重视的问题之一。在销售方面，小作坊的产品一般都是负责人通过互联网发布信息。根据这些负责人的说法，从事这一行业的小企业不多，一搜就知道谁在生产。因此，通过网络成交的多，信息方面具有优势。

当地楼梯生产企业和银行的关系并不亲近，企业贷款需要抵押，也需要有人脉。在楼梯产业发展起步之际，多数村民无法通过银行系统获得贷款。大多数人都是互相之间赊欠来完成原材料的采购。在 20 世纪 90 年代初期以前，乡镇企业对农村各种信用关系的利用中，最普遍的方式是银行和信用社、企业内部信用和企业间信用。[1] 而康仙庄乡的楼梯企业的负债倾向更多发生在企业之间，即以间接融资为主。

由于小作坊在乡里，不像在工业园区要面对较高的电费、水费和严格的排污标准。这里的小作坊旁边的小水沟污染严重，是以牺牲环境为代价的发展方式，这也是这些小作坊成本较低的原因。由于难以从事较为复杂的机械加工，仅仅靠着赚取加工费而发展订单式工业，利润空间有限。在生产工艺改进方面，康仙庄村的企业主也去广东参加展会，当地人民的仿造能力较强。以楼梯产业为例，北方小企业做不了南方高科技产业，只能通过参加各种展会了解到是否有些新产品适合北方当地做，并且要满足资金要求低、技术门槛低的条件，然后就在当地开始发展。小作坊所在的行业基本上可以被看作与中国经济扩张具有一致性，如楼梯、金属材料加工与房地产行业快速发展契合，这也是时代发展所需为它们提供了契机。

前 10 年钢梯比较流行，产业比较兴旺，最近几年随着居民消费水平的提高，又开始流行木质楼梯。但问题是，木质楼梯需要喷漆，居民区喷漆的小作坊比较多，给居民的生活环境带来了很大的困扰，为当地的环境治理带来了挑战。康仙庄乡没有集中的生产园区和废水处理基地。在环保治理过程当中，有些企业为躲避环保部门追查，查的时候停止生产，不查的时候继续生产。那些有环评证的企业，在确定了经度纬度坐标以后，一旦发现进行污染

---

① 姜长云：《乡镇企业资金来源与融资结构的动态变化》，《调研世界》2000 年第 2 期。

生产，环保部门会予以制止；那些没有办理环评证的人，反而偷偷生产，不容易被政府发现。这就构成了一个悖论：环保执法无法约束那些违法生产的人，反而让已经办理环评证的企业承受了一定的压力。在这轮环保治理中，楼梯产业面临着较大的生存压力和转型升级压力。

康仙庄乡在发展早期始终以农业定位，没有下大力气对周围的工业镇进行追赶。尤其是康仙庄乡作为离市区较近的乡镇，地理位置优势比较明显。20 多年过去了，乡镇工业发展水平依然较低，既无乡镇企业的技术基础和雄厚的民间资本，又无集群经济的规模效应。虽然以楼梯产业为主导产业，可是乡政府并没有进行有效的资源统合，更没有招商引资，同类企业的聚集始终没有完成。企业面临原材料供应、技术推动市场开发、配套服务等多方面的共同需求，康仙庄乡政府基本没有实质性作为，进而无法使同类企业形成扩张态势，更无法使产业链内的企业的成本优势得以实现。

近三年以来，楼梯行业的发展主要面临三大背景的改变：第一，国家经济发展方向的转变，尤其是供给侧结构性改革和环保治理越来越严，地方政府环保、社保政策的收紧，倒逼企业自我升级；反映在康仙庄则是楼梯生产企业需要办理环评证，否则违法生产会被罚款。第二，市场消费环境发生改变。随着 80 后、90 后成为消费主力，对于定制家居产品的研发提出新的要求，楼梯行业的产品面临着转型与创新压力。第三，各种经营成本的不断攀升。在人力、原材料、配套、物流等方面，楼梯企业的管理面临着转向精益化管理与正规化运营的大趋势。第四，通过"价格战"在经销商之间、厂家之间进行初级竞争，这种同行激烈竞争的格局亟待转变。

从全国楼梯产业的发展来看，近年来，楼梯行业的升级不仅仅由于从业人数的增多、企业数量的增加，更重要的是企业规模的扩大，企业管理水平的提升，技术工艺的进步，制造设备的升级。楼梯产品生产基地由传统的长三角、珠三角、北京、成都、湖南长株潭扩展到江苏南通、安徽合肥、六安、江西上饶与浙江衢州的浙赣区域、湖北黄冈等地。河北只不过占了中国楼梯产业庞大市场中的一个小份额。河北省生产楼梯的地方较多，如保定、石家庄（灵寿县），唐山市和霸州市。总体来看，楼梯产业在中国分布范围较广，没有哪一个省占据市场的主体。相对于发达国家，中国楼梯行业厂家多、产能低、水平低，价格战可能分割区域市场的现象尤为突出。

在调研中了解到，康仙庄乡的大多数年轻劳动力均在本市务工，很少有去北京、天津等地务工的，霸州市的经济发展为这些劳动力提供了工作机会，甚至吸引了部分外地劳动力。这里乡镇经济发展的动力在于内生工业化，而并不是在传统农业发展上。这些"离土不离乡"的农民进入乡镇工业领域，体现了《江村经济》大略勾勒出来的"乡村内生城市化"逻辑脉络：费孝通所希望的工业下乡和乡村内生城市化，已经得到部分实现。

不少学者认为农村经济发展的前途在于乡镇工业化，而乡镇工业化与外部环境密不可分。霸州乡镇工业的发达，与环京津冀县区的地理位置密不可分。在乡镇工业研究史上，《中国的经济革命》以河北中部的高阳工业区为研究个案，从该工业区 20 世纪的发展历程揭示中国乡村工业的发展面貌。① 该书认为乡村工业为农民提供就业岗位，工业收入增加超过了农村收入，创造了一个巨大的国内市场。对于今天霸州的乡镇工业来说，提升农民收入是无可置疑的，而吸纳劳动力的数量是有限的。因为小的家庭工厂出于"低成本工业化"的考虑，雇佣的劳动力较少。

康仙庄乡产业具有"家庭作坊"的特质，其存在恰好迎合了创业者低资本存量和低技术水平的状况，凭借这个状态而成为当地创业者的宠儿。调研中了解到，这些"家庭作坊"业主没有多少宏图大志，其本质特征和所处的环境决定了他们更不容易制定长远目标。一方面产品技术要求低、风险低等优点，使得家庭作坊的存在具有一定的优势；另一方面也普遍存在恶性低价竞争、安全隐患大、利润空间小、发展力量薄弱等问题。这些制造业"家庭作坊"以一种小规模存在，具有明显的灵活性、凝聚力和低风险特征，当然也存在着缺乏规模效应、缺乏技术进步的不足。

乡镇内生工业化是对农业发展的一种重要补充，使得当地农民获得了更高的收入，也使得农业与工业的分工更加明显。而重要的问题在于，未来这些家庭作坊式工业如何实现更大的转型，乡镇城镇化如何开始并延续，还需要后继的调研和观察。

三、工业与农业的互动与协调发展

此次调研主题及内容与费孝通的《江村经济》有些类似，即如何发展农村经济，农村在城镇化、工业化进程中如何立足，如何看待城市化与农村经济的关系等问题。今天看来，乡村工业的生命力依然存在，只不过这种经济

---

① ［日］顾琳：《中国的经济革命——二十世纪的乡村工业》，王玉茹、张玮、李进霞译，江苏人民出版社 2009 年版。

地理上的分布从南方变到北方，产业不一定在转移，只是在另一个地区崛起，找到了发展的契机。费孝通在将近 70 年的时间里，透过对江村的观察，见证了江村与苏南以及其他地区众多村庄的转型过程："农业社会—工业社会—信息社会。"费孝通认为开弦弓村的城镇化进程更具可复制性，代表着中国大多数乡村的发展方向，尤其是农民致富的可操作性路径。这造就了开弦弓村持续被观察的价值所在。不仅仅是农村土地产权问题，还有农村工业化及农村经济发展方向，多少年来一直是学者关注的焦点。

费孝通关注中国农村的共同趋势，调研队也给予关注。费孝通初访江村后创造性地提出"恢复农村企业"的观点。但是新中国成立后的合作化运动，尤其是人民公社和"大跃进"运动，使得农村企业发展中断。农村经济与城市经济有着巨大的不同，如对人才、信息、资源以及资本的吸引力均不同，不同的基础造就了不同的发展逻辑。为此，无论是苏南模式还是温州模式，它们本质上所反映的问题都是统一的，即费孝通在初访江村时所提出的构想：农民要摆脱贫困，不能光靠农业，一定要发展工业和副业。这说明要以"农工相辅"的途径，解决"人多地少"的矛盾，增加农民收入，改善农民生活。康仙庄乡的情况表明，依靠种地（无论是种玉米还是种小麦）已经不大可能让农民致富。

姚洋在《重新认识小农经济》中发问：为什么不能抛弃小农经济？[1] 他认为，目前中国不能抛弃小农经济有现实的原因。大规模的农业经营或者农业商业化，我国都做不到，因为中国的国情是人多地少。而粮食种植，是不可能有丰厚的商业利润。在全球范围内，这种情况有一定普遍性，西方很多大农场也主要依赖财政补贴。南非学者吉莉安·哈特在《去全球化》一书中认为小农经济的另一个优势是"无剥夺的积累"。吉莉安·哈特发现，在中国，由于农民拥有土地，他们对工资的要求往往较低，导致中国工业化的成本比较低。[2] 而在调研中，调研队也发现，农民觉得种玉米能接受的利润应该是除去化肥、种子等成本后有 400~500 元的收入，他们并不计算个人的劳动力付出。作为新时期的农村经济发展形式，年轻一辈均外出务工，农业成了中老年人的工作，而那些土地又不能获得丰厚回报，只能种植大蒜等，以此

[1] 姚洋：《重新认识小农经济》，《中国合作经济》2017 年第 8 期。

[2] Gillian Hart：*Disabling Globalization；Places of Power in Post-Apartheid South Africa*, University of California Press（2002）.

获得一些收入，总要比撂荒好。

中国自给自足的乡村经济由于商品生产和流通不发达，所缺的正是资金。在乡村小农户自有资金不足的背景下，乡村内生城市化必须找到打通这个环节的办法。[①] 工业与农业不同，工业最重要的生产要素是资金，而不是土地。费孝通明确指出："最终解决中国土地问题的办法不在于紧缩农民的开支而应该增加农民的收入。因此，让我再次重申一遍，恢复农村企业是根本的措施。"[②] 在《江村经济》中，费孝通论证了农村工业化的必要性：以中国的人口与土地的比例，要维持适宜的生活，对中国广大乡村的普通民众来说，是不可能的。即使在一些比较宽舒的地区，吃饭可能不成问题，但其他生活需求的满足，也不是土地的直接出产所能解决的。

丁耘认为，工业化与城市建设是中国现代化的基本趋势，不在这个大趋势下观察农村的命运，一定会被时代抛弃。[③] 调研中，调研队清楚地看到农业与工业之间的互动，即人们要形成"工业—农业"互动的思维方式。单纯从农业角度看问题，或许看得不够透彻。单纯从工业角度看农业，既无法理解农村三农问题的复杂性，也无法理解小农在市场竞争面前力量的微弱性。因此，从二者互动的角度去理解问题，或许有另一番见解。

本文认为，我国小农经济的一大问题在于，作为一种"低水平循环"，有些农民没有掌握特色农业的种植技术，又缺乏现代管理技术，没有一定的资本投资农业，这样的结果就是只能在自然环境和自身条件的约束下，种植玉米等不易受环境过多影响、对技术和资金要求又不高的作物。在农村金融没有广泛发展的环境下，这种的生产结构是一种"低水平循环"，其资本积累不如外出务工来得快，应对市场能力较弱。调研中多数农民反映，不懂种植山芋的技术，缺乏资金，更无力承包土地。新兴村以及周围几个村都是由外地人来承包本地土地，主要种植山芋、树等，这些承包户来自河南、北京或安徽等。人口的流动代表着资本的流动。实际上，康仙庄乡并不缺乏资本，只不过这种资本用来发展金属材料加工业和木材加工。本地的土地却被外来人

① 顾骏：《理想与生活的张力："乡村内生城市化"的探索——重读费孝通先生的〈江村经济〉》，《上海大学学报》（社会科学版）2006年第5期。

② 费孝通：《江村经济》，商务印书馆2001年版。

③ 丁耘：《现时代知识分子如何"以天下为己任"——从"曹锦清道路"说起》，收录于洪涛、曾亦、郭晓东主编：《经学、政治与现代中国》，上海人民出版社2007年版。

口承包用于发展农业。这表明我国农业发展不再仅仅是通过本地人的投资实现，而是更加专业化，农业投资来自其他地区的工商资本下乡。

后记：

顾琳在《中国的经济革命》一书中以河北中部的高阳工业区为研究个案，从该工业区 20 世纪的发展历程揭示中国乡村工业的发展面貌，从高阳模式的成功，透视出当今中国"经济奇迹"的奥秘。顾琳认为，一些乡镇步入经济的持续增长，乡村工业发展提供了就业机会，工业就业收入增加了农村收入，创造了一个巨大的国内市场。① 该书详细讨论了小规模工业得以生存的原因，具有重要的史料价值，对本文研究康仙庄乡的楼梯产业也具有一定的启示。

本次调研比较顺利，了解到很多有价值的消息，发现了一些时下热点话题的影子，如工商资本下乡。正如费孝通的研究立足于客观实际，调研队在调研的时候也希望能把握现实中具有研究价值的问题，基于真实的中国情况去探索经济问题，这一点是重要的。调研队深切地感受到，不能仅仅依靠一些规范性价值观去做"想象式的学问"，把现实想得很美好，或者很符合自己在脑海中构建的学术逻辑，这是一种自我设限式研究，既不能回应时代关切和需要解答的问题，更有可能对决策产生误导。

---

① ［日］顾琳：《中国的经济革命——二十世纪的乡村工业》，王玉茹、张玮、李进霞译，江苏人民出版社 2009 年版。

河北省霸州市乡镇工业发展研究

——基于胜芳镇的深度考察

李小云　刘向元　刘子丹　邹德奇　丁　源[①]

【摘　要】胜芳镇乡镇工业调研直观地呈现了当地乡镇企业的发展状况、经营状况等。基于此延伸到了环境保护、地权冲突、乡村治理、产业集聚等不同但又彼此紧密相连的问题，给出了一个立体的图景。本文着重从政府、企业和农民三个视角去分析乡镇工业，审视新常态下乡镇工业发展中的经验及难题，并提出对策建议。

【关键词】胜芳镇　地权冲突　家庭作坊　乡镇工业

一、调研源起

2017年4月3日，清华大学学生县域经济研究会霸州调研队赴河北省霸州市调研土地流转和特色农业。在完成预定调研任务的基础上，发现霸州市的乡镇工业值得进一步调查研究，为此安排本次调研活动，作为一次追踪式调研以深化之前的认识。乡村经济复兴何以可能？城乡二元分工结构如何打破？这是需要思考的两大问题。带着前期制定的调研问卷，2017年4月15日调研队再次来到河北省霸州市进行调研。与第一次调研稍有不同的是，本次调研专门来到胜芳镇对乡镇企业的发展状况做实地了解。本次调研共访谈15家企业和加工厂。本文就具有代表性的案例进行讨论。

---

① 丁源，2020年毕业于清华大学经济学专业，现就读于美国宾夕法尼亚大学；刘子丹，中山大学政治学博士研究生；邹德奇，本科毕业于北京邮电大学，目前为北京航空航天大学硕士研究生。

二、胜芳镇乡镇工业发展情况

（一）胜芳镇乡镇企业行业分布

工业发展一般遵照比较利益原则、生产专业化原则与规模经济原则。所谓比较利益原则是指交通区位、资源禀赋、劳动力条件等是影响企业发展的主要要素，因此具有较高比较利益的地区往往成为工业企业聚集地带。[①] 这几方面的优势在霸州胜芳镇有着明显的体现。其中，家具加工和钢制品加工都是胜芳乡镇企业的发展方向。胜芳镇拥有家具企业 1300 多家，规模以上企业 100 多家，年实现产值 100 亿元，年产金属玻璃家具 4500 万（套），涉及办公用具、教学用品、餐桌餐椅、沙发茶几等 10 余类，近 4000 个品种。产品销往全国各地，并出口美国、日本、俄罗斯、东南亚、欧盟等 50 多个国家和地区。[②] 胜芳镇是霸州著名的乡镇企业集中地，各种企业在乡村密集分布。胜芳镇交通便利，有 112 国道经过，津保高速公路在胜芳设有出口，距离霸州火车站也较近。因此，物流业也较为发达。

（二）乡镇工业访谈及分析

在调研走访的第一家企业，该企业的厂长热情地介绍道，他是陕西西安人，他与妻子来这里已经 20 年，虽然文化水平不高，但是很早就进入社会。在家具生产行业积累了不少的经验，比较擅长于家具生产的管理。厂长进一步介绍道，目前的厂房占地面积大概有 17 亩，厂房是承包村集体的土地，固定资产达 1000 多万元。目前有 60 多名工人从事家具生产，不少工人加工家具经验丰富，他们的学历不高，多数都是初中或者高中，厂里没有大学生，因为这个行业非常看重经验。工人的工资一般 5000~7000 元/月，一些技术熟练的工人工资每月可以达到 1 万元。厂长月工资 7000 元保底加上年终分红，即加工件数的提成，一年收入最少 15 万元。在经营方面，厂长提到，近年来盈利较小，主要与经济大环境有关，同时家具竞争也较为激烈，不过现在总

[①] 华伟、陆志明、赵芳：《试论工业化与城市化进程中土地资源的配置效率——兼论乡镇企业在实现经济增长方式转变中的对策》，《南京师大学报》（社会科学版）1998 年第 2 期。

[②] 数据来源：霸州市政府官网。

体较好，虽然没有鼎盛时期的业绩水平，但是工厂依然处于正轨。

1. "能人"带动与劳动力外流

该企业技术工人主要来自厂长的家乡，这得益于他在外面闯荡后有所成就而带了一个好头，村民信任他，愿意沿着他开辟的致富道路努力。传统二元经济条件下，农业和非农业存在显著的收入差距，家庭作为市场决策主体，愿意把劳动力成员配置在非农行业。由于本地缺少非农就业机会，迁移到其他地区是大多数人的选择。① 不过这种迁移是需要有能人带领和引动的，这也是乡土中国的一大特点。在他的引导和介绍下，村民从家乡走出来工作，每年能给家乡带回去 3000 万元的收入，成为远近闻名的富裕村子，一改过去的贫困面貌。从冯军旗对北京高校复印打印店的调查可以看到同样的现象，北京高校复印店多为湖南新化人经营，而新化复印产业的形成与新化县的社会结构和地方文化紧密相关，并经历了阶梯式的发展历程。在 40 多年的发展中，新化人不断学习新技术，引进新设备，不断把产业推进到新的高度，而利益获得则成为产业发展的不竭动力。在产业发展过程中，以二手复印机为中心的产业链的形成对产业的发展起了决定性的作用。② 胜芳镇和新化县的这种劳动力迁移是中国经济发展的一大特点，要么迁移到东部等省份寻找非农就业，要么迁移到本地区（省内）寻求非农就业。

2. 企业成本

近几年来，工人工资不断上涨，劳动力成本增加。如果不涨工资，工人会磨洋工。这些工人周六日不休息，原来工人每天工作 13 小时左右，现在只工作 8 小时。多数工厂都只赚取从原材料采购到最终加工成型的加工费。工作效率降低，这影响了企业的绩效。工资的上涨缓和了劳资博弈。另外，该厂家具的销售范围较大，不仅在国内销售，还能销往国外。在国外销售方面，本市的家具博览会对家具的销售有一定的帮助。这些产品对于房地产行业有着一定的依赖，房地产行业对我国诸多行业都有带动作用。

在访谈的过程中，该厂长提到目前面临的一个重要问题是环保。随着政府环保监督力度不断加大，对企业的环保要求也日益增高，这给企业带来了

---

① 吴要武：《产业转移的潜在收益估算——一个劳动力成本视角》，《经济学（季刊）》，2013 年第 4 期。

② 冯军旗：《新化复印产业的生命史》，《中国市场》2010 年第 13 期。

更大的生产成本压力。厂长反映最近环保部门的执法力度在不断加大，这对工厂的环保设备的配置有了更高的要求。一路上可以看到，由于环保部门的执法，很多企业都已经关门停产。在家具生产过程中，环境污染主要来自粉尘和涂料。目前该厂计划配置相应的空气净化设备，成本需要几十万元。这对一个较小规模的乡镇企业来说是一笔不小的开支。由于雄安新区成立，新区周边的一些企业的生产如果不达标将陆续被关停。在霸州表现比较明显的是一些工厂被关停，如果今后环保方面没有改善，就无法继续生产，要在2020年前完成拆迁或者转移。因此，乡镇工业发展的外部环境与政治环境密不可分。地方政府与各类乡镇企业之间的关系密切，政府的干预或者管制对乡镇经济影响很大。对于不按照政府要求进行管理的企业，政府将通过罚款甚至断电方式来处罚。在环保方面，因为政府的行政压力，企业只能选择安装环保设备，对于不同企业来讲，这些成本对企业的影响不同。而没有政府积极干预的经济发展，其后果之一就是环境污染。

调研队访谈的另一家生产桌面的个体经营工厂，负责人是一位40多岁的男子，属于子承父业。据他介绍，他的家具加工厂建在自家的宅基地中。和上一家不同的是，他就免去了土地租金的负担，不会与村民产生地权冲突。同时，这个家具厂是以个体经营户的形式存在，因此税负也较少。从以上的条件来看，该厂应该减少了不少的运营成本。不过，据负责人反映，目前生产也只是断断续续，没有能够做到持续生产。原因主要有以下两个方面：一是原材料成本的不断上升导致家具生产成本的不断提高。二是该厂只是个体经营户，本身的生产规模就非常小，再加上生产成本的上升（一些行业的原材料因为环保要求价格上涨，几近成为卖方市场）以及订单的不足，目前断断续续的生产只能聘用临时工人，没有订单无法养活这些工人，若是聘用固定工人的话则难以为继。卢锋的研究指出，与企业劳动力短缺相伴随的是农民工实际工资水平快速提高。[1] 劳动密集型产业的成本构成中，工资开支占主导地位。因此，厂商对工资水平变化敏感。工资持续上涨，使劳动密集型产业在东部地区逐渐失去比较优势。[2] 调研中的这些企业或者家庭作坊，其吸纳

---

① 卢锋：《中国农民工工资定量估测（1978—2010）》，北京大学国家发展研究院工作论文，2011年。

② 吴要武：《产业转移的潜在收益估算——一个劳动力成本视角》，《经济学（季刊）》2013年第4期。

劳动力能力大小不一，有些是资本密集型企业，有些是劳动密集型企业，情况不同，但是在劳动力成本上涨这一块，均有同样的反映。临时工为当地企业的可持续发展和缓解劳动力成本做出了贡献，也为农民工兼业化提供了机会。因此，乡镇工业发展基本不存在隐性失业①，且具有就业弹性，或者不存在劳动窖藏②。这些兼业化的村民不同于农村剩余劳动力。隐性失业状态下劳动力资源没有能够得到充分有效的利用，处于闲置和半闲置状态。农村剩余劳动力滞留在农村与城市之间，又因为受到户籍制度的影响，形成了隐性失业人口。

调研中了解到，这些兼业化村民大多数是企业临时工也是农民。由于农业生产具有时效性，务农人员在农忙时节时需要回农田干农活，农闲时也在工厂里按时上下班，这种生产模式不仅给务农人员带来更多的经济收入，也使企业生产适应了乡镇和农村的环境，这是一种对劳动力资源配置的改进，提供了一种"低成本工业化"的发展环境。经济增长前沿课题组将中国经济成功的原因归纳为"低价工业化增长模式"③。低成本是工业化的核心竞争力，这包括劳动力成本低、土地价格低以及实际税收低。在"低成本工业化"的促进下，政府的支持或优惠政策为企业前期发展节省了资金，使之可以将有限的资金投入自主研发中。调研中发现，胜芳镇政府这类优惠政策并不多，多数企业基本靠自身的资本实力或者对市场的判断来克服市场波动风险。"低成本工业化"路线的企业还可以通过技术升级实现降低成本的目标，根据企业的发展路径，利用技术升级提高企业产品的附加值被认为是一条可行的道路。或者两家企业为了降低成本，为企业生产核心产品提供原材料的另一家企业被兼并到本企业中来，以此降低生产成本，更好地与外部环境中其他企

---

① 隐性失业，这一概念是由经济学家琼·罗宾逊提出来的，指发达国家20世纪30年代经济大萧条时期，大批熟练工人不得不从事非熟练工作，生产率远低于潜在的生产率，因而存在着一个隐蔽的劳动潜力的现象。后来发展经济学家阿马蒂亚·森把劳动和劳动力区别开来，他认为，隐蔽性失业的产生，"是劳动力的边际生产力在一个相当大范围内为零"。概括来说就是人浮于事，冗员严重。其典型特征是劳动者在其工作岗位上要么待岗，要么无充足的工作可做，名义上就业了，实际上却处于一种失业或半失业状态。

② 在经济学中，劳动窖藏（Labor Hoarding）指这样一种现象，即由于解雇和雇用工人的行为存在成本，企业在经济衰退期仍会留住那些本可以解雇的工人。

③ 经济增长前沿课题组：《经济增长、结构调整的累积效应与资本形成——当前经济增长态势分析》，《经济研究》2003年第8期。

业竞争。总之，不同的企业面对不同的外部环境想出不同的办法，以应对市场中的挑战和自身面对的风险。每个乡镇企业所处的地域环境都有所不同，不管是交通运输情况还是人力资源情况，都会影响到乡镇企业的经营模式。而经营模式又在很大程度上由生产成本决定，所以在乡镇企业经营时需要因地制宜，通过对自然环境和人文环境进行研究分析，制定适合企业的生产、运营方式，才能保证乡镇企业的生产力适应市场经济的要求，使企业资本得到积累。事实表明，乡镇企业的整体技术实力和规模水平不能与国有大中型企业相抗衡，但是它们依靠灵活多变的经营机制在严酷的市场竞争中脱颖而出。

3. 地权冲突

在对厂长的访谈中得知，由于厂房的用地来自农村的集体土地，当地村民在土地承包租金问题上与工厂发生冲突。在目前土地价格不断上升以及村民看到企业效益不错的情况下，村民对土地租金有更高的要求。该厂长介绍，去年发生了村民与厂方就土地租金问题的冲突。该村一些村民包围厂房多日，严重干扰了日常的生产。这些村民堵塞工厂大门，妨碍了原材料以及家具产品的运输。在这个过程中，甚至需要吊运设备来将货物运进或者运出工厂。从这个现象可以看出，在乡镇企业的用地问题上，由于牵涉到农村的土地流转利益，所以往往会引起冲突。同时由于相关制度的欠缺以及农村土地管理出现的问题，会产生用地的冲突。这种冲突不是土地产权界定的冲突，而是关于土地上生产获得的收益的一种博弈。这种冲突的处理往往非常困难，乡镇政府和公安局对此也无能为力，除非村民的租金要求得到了满足。去年这些村民提出了70万元土地租金的要求，这些资金要交给村委会，再由村委会分给出租土地的村民。后来经过不断协商，降到20万元，村民这才停止了对工厂的干扰和围堵。村委会在其中的作用如何也是值得深思的。这从表面上看来只是农村土地的租金问题，但是从深层次来看关乎到目前基层治理面临的问题。农村实行基层民主自治制度，那么在这种制度下直接民主应该得到有效的发挥，在集体土地的管理中也应当如此。但是，从本村村民围困乡镇企业的事件中可以看出，乡镇企业与村民的经济纠纷问题没有在村集体的民主制度下得到解决。在这个过程也难以看到村组织在缓解冲突、维持秩序上发挥了应有的作用。这也是目前全国范围内较为普遍的现象。[1] 这家工厂之所以遇到这样的情况是其占地规模较大，不同于那些家庭作坊，后者土地都是自家宅基地，自然没有土地产权收益分配纠纷。

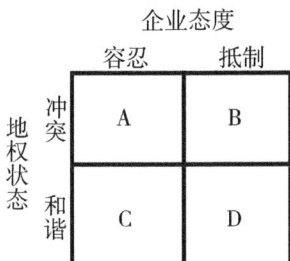

图 1　民营企业主与村民关于地权关系的策略选择

在图 1 中，共有四个结果：A＝谈判，B＝不合作，C＝合作，D＝不谈判。这四个结果是民营企业主与村民关于地权关系博弈的结果。在现实中一般出现 A 或者 B 的情况。以上现象实质上反映了农村的地权冲突问题，在这家企业访谈中表现出来的是村民就租金与厂方产生了冲突。法国调节学派指出，资本和劳动之间存在事实上的不平等，社会主体之间存在着相互的对立和冲突。[2] 所谓地权冲突，实际上"是农村社会冲突的一部分，是因土地权属问题而引起的农村不同社会力量之间的争夺、竞争、争执和紧张状态"[3]。由这个问题展开来看，可以从以下几个方面进行思考。

首先，农村土地产权缺乏清晰的界定是造成地权冲突的制度原因。[4] 正因为会如此，在上述访谈中可以了解到农民对土地租金不断提出更高的诉求，如出现 A 的情况。工厂尽管已经和村集体签订了土地租用的合同，但是这并不能对厂方与村民之间的土地权利做出清晰界定，因而不时就会有冲突的产生。在冲突中，村民往往强烈地主张土地产权属于自己，随时可将土地收回。

① 周雪光：《中国国家治理的制度逻辑：一个组织学研究》，生活·读书·新知三联书店 2017 年版。

② 吕守军：《法国调节学派理论与马克思主义经济学创新》，上海世纪出版集团 2015年版，第 198 页。

③ 杨华、欧阳静：《地权的阶层关系属性：阶层分化与地权冲突——对江汉平原一个乡镇的个案分析》，《中国农业大学学报》（社会科学版）2013 年第 4 期。

④ 黄鹏进：《基于学科比较的农村地权冲突研究评述》，《中国土地科学》2013 年第7 期。

面对众多村民这样的诉求和压力，乡镇企业往往显得无能为力。所以才会发生围堵工厂大门的情况。

上述冲突和不完全契约有关。不完全契约是指缔约双方无法就未来可能出现的各种情形达成一种权变的、同时具备完备解决方案的契约。[①] 在乡镇经济发展过程中，确实充满各种不确定因素，这使得这个契约就失去了应有的约束力。另外，从资产专用性角度来看，设施投入与土地形成了紧密的专属关系，相互构成"关系专用性资产"，且体现为如下两种类型：一是肥料、设施所体现的"物质资产专用性"；二是土地自身的"场地专用性"。[②] 专用性投资的存在导致了可挤占准租金引发事后机会主义的可能性[③]，具体表现为承包户以提高租金、寻求额外好处等方式来对投资者进行"敲竹杠"[④]。对于投资者而言，在事后剩余分割中的讨价还价地位会因为专用性投资而降低，而当这种风险始终存在时，投资者便无法做出有效率的专用性投资。[⑤] 这一点在调研中也得到了体现，村民对于这家规模较大的企业丝毫没有客气，甚至不惜以挖断道路来威胁其多交土地租金。资产的专用性所表现的价值反而成了企业的负担。

其次，地权冲突产生于基层民主自治的关系问题。村是我国基层民主自治的单位之一，村委会由村民选举产生。企业租用厂房用地也是与村委会订立。问题在于，在发生租金冲突时村委会的角色如何？村委会如何协调村民的诉求以及厂方的权益？按照上述企业老板的说法是，村委会在这个过程中往往对村民行为持纵容的态度。这样的话，厂方往往是处于较为弱势的地位，最终只能满足村民不断提高的租金要求。如图 1 的 B 状态，处于孤立抗争状

① O.E.Williamson：*Transaction-Cost Economics*：*The Governance of Contractual Relations*，22(2) Journal of Law and Economics (1979)；Sanford J.Grossman, Oliver D.Hart：*The Costs and Benefits of Ownership*：*A Theory of Vertical and Lateral Integration*，94(4) Journal of Political Economy (1986).

② O.E.Williamson：*Credible Commitments*：*Using Hostages to Support Exchange*，73(4) The American Economic Review (1983).

③ Benjamin Klein *et al.*：*Vertical Integration*，*Appropriable Rents*，*and the Competitive Contracting Process*，21(2) Journal of Law and Economics (1978).

④ 李孔岳：《农地专用性资产与交易的不确定性对农地流转交易费用的影响》，《管理世界》2009 年第 3 期；罗必良、李尚蒲：《农地流转的交易费用：威廉姆森分析范式及广东的证据》，《农业经济问题》2010 年第 12 期。

⑤ ［印度］阿玛蒂亚·森：《贫困与饥荒》，王文玉译，商务印书馆 2001 年版。

态。但是租金过低也是一个事实，如果不随着经济发展调整土地租金标准，那么这些矛盾就会不可避免的产生。而根据历史事实来看，改革开放过程中集体土地没有规范使用，这是农村矛盾不断的一个主要原因。为此，未来土地使用需要制定更加详细的规则，需要纳入法治化轨道，租金方面要随社会发展相应地进行修订。

最后，由地权冲突引申开来的另外一个问题是，在整个乡镇企业的产业布局上如何做到缓解地权冲突。也就是说，地权冲突也有可能是先前农村土地使用缺乏总体有效的规划所引起。在访谈中，厂长也提及，早在20世纪80年代此处就有了家具生产，后来就越来越多，一直发展至今。可以看出这个过程基本是自发的。那么在这种自发的发展过程中，可能并没有很好地协调地权关系，进而引发冲突。

4. 融资制约

调研中发现，本地金融机构乃至交易商更容易信赖本地加工厂，所以融资也会向本地人倾斜，日常贸易中通过"先付款再发货"的方式缓解这些本地加工厂的资金压力，而对外地企业却不是如此，没有这些优势。为此，在发展中过程中，这些外来人创办企业经常面临"先发货再付款"的情况。有时候赊账达上百万元，严重影响了企业的资金周转，因此而倒闭的企业也不在少数。由此可以看出，乡镇企业受到资本尤其是运营资本缺乏的困扰，债务影响了资本周转，一旦利润状况恶化，就面临着重大挑战。工业利润与税收是地方政府的主要收入来源，农村工业企业的税收并没有用来改善基础设施，霸州胜芳镇的小河堤坝修理以及村里道路的维修都是政府出资，而绝大多数厂房和农户住宅比较破旧，有一定的历史了。如周黎安指出的那样，在传统的条块分割和地区间"锦标赛"竞争体制下，所在地政府从厂商那里得到税收、就业、增长和政绩，因此，在吸引资本流入上竞争激烈，表现为"引进来"和"留得住"。[①]

政府政策与民企发展的类型一般可以分为四类：A=依附性经济，B=锦上添花型经济，C=孤立式经济，D=独立性经济。四种类型反映了政府的态度以及民营企业的实力以及对于外部资源的需求程度。

调研中了解到，在政府扶持方面，企业目前还没有融资方面的便利，都

---

① 周黎安：《中国地方官员的晋升锦标赛模式研究》，《经济研究》2007年第7期；周黎安：《转型中的地方政府：官员激励与治理》，上海人民出版社2008年版。

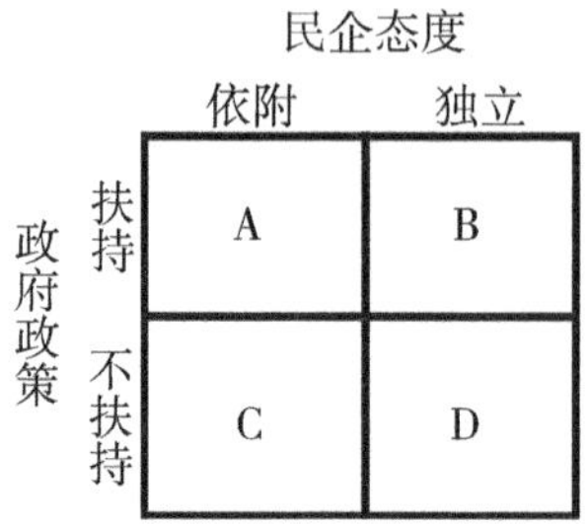

民企态度

依附　独立

图 2　政府政策与民企发展的类型

是通过自家的房产进行抵押获得贷款或者向朋友融资，这种投资体系下，投资者成为一家企业的股东之一，这是对银行信贷的替代。在资本短缺的经济环境下，这种融资模式是一种有效的组织乡村工业的方式，可以看成是图 2 中的 D 类型。

5. 环保压力

在环保方面，第二位访谈对象（工厂老板）表示，尽管家具生产也会产生污染，但是不严重。污染严重的是本地的钢厂，为了解决环境问题，该地的钢厂在几年内将会被转移。但是，对于家具工厂的前途他表示尚不清楚。在对这家企业访谈的同时，调研队注意到有些家具生产者由于经营的压力逐渐转向物流行业。这主要得益于本地的交通优势。在访谈过中，调研队有这样的一种感觉，乡镇企业似乎在国民经济中的作用微不足道，但是乡镇企业在维持县域经济或者说乡村经济生活中的作用很大。一方面，县域经济的发展需要乡镇中小企业发展的推动；另一方面，乡镇企业的环保力度又达不到应有的标准，如何在这两者之间保持平衡是目前面临的问题。政府需要这众多的乡镇企业获得财政收入，同时环保部门的执法力度不断加大，有时乡镇企业由于环保问题需要大量的资金付出使得经营捉襟见肘。这无疑是目前面临的一个两难困境，无论是对于政府还是乡镇企业。面对各种困境，它们只能在夹缝中顽强地生存着，未来的发展如何也难以预测。

乡镇工业化的负面问题在于，诸多乡镇企业在发展过程中，对环境污染治理能力弱，特别是分散在广大乡村的乡镇企业难以处理"三废"，给农村带来了一系列环境问题。[1] 调研中不时能闻到一股恶臭，村里的小河被严重污染，污水随意排放问题也很明显。一些环保设备并没有发挥应有的作用。除

---

[1]　徐琪：《乡镇企业布局与农村土地资源》，《国土与自然资源研究》1996 年第 4 期。

此之外，众多乡镇企业内部缺乏科学合理的土地利用规划，用地以平面利用为主，土地利用率低。[①] 这一点在胜芳镇得到了明显的体现，一些工厂占地面积大，但是有效利用的空间小，部分空间空闲。

6. 乡镇工业化的挑战

调研中了解到由于家具市场竞争以及管理的问题，当地许多的家具小企业已经破产。调研队访谈的这一家企业已经有了 20 年的历史，算是当地的"老字号"了。因此，这里就会产生一个问题：在乡镇企业发展过程中如何保持这个行业的健康发展？乡镇企业一般规模小，对技术的要求程度较低，只需要普通的熟练工人即可，在一定程度上是劳动密集型产业。因此，自身的管理、原材料和土地租金、环保问题等都会对其发展造成很大的影响。

调研中发现一个重要的问题，有些乡镇企业的固定资产价值虽然有一定的规模，但是其实际资本并不雄厚，产品在市场上的占有率也较低，对产品的推广、销售方式也不成熟，甚至销售中遇到一些问题严重挑战了其可持续发展，但是使用这种灵活的生产加工方式使其在乡镇市场占有一席之地，如同访谈中第一位厂长所介绍的那样，他们根据网上流行的产品款式设计一些产品，虽然没有研发队伍，但是还是具有一定的产品创新能力，只要不偷别的企业的产品样子，各自创新各自设计就可以。这些企业各类生产原材料在周边市场进行采购，大大降低了运输成本和生产成本，为乡镇企业在乡镇市场站稳脚跟提供了便利和帮助。

三、研究结论及政策建议

中国现存的乡镇工业化模式（两江模式、苏南模式、温州模式），在拓展工业化中走出了别具一格的发展道路：农村人口主要依靠自身的积累兴办规模小、技术简单的工业企业，通过一定的发展向小城镇集中（或集中形成小城镇），从而吸收更多的农民离土与工业要素组合，工业企业向大规模、较高技术层次发展，其载体小城镇也向大中城市发展，不断推进工业化进程。[②] 这一点在调研中也得到了证实：早期胜芳镇的工业投资者主要来自广东，他们在本地投资办厂，主要集中在今天本地村民所从事的木材加工和金属材料技

---

① 徐琪：《乡镇企业布局与农村土地资源》，《国土与自然资源研究》1996 年第 4 期。

② 郭浴阳：《中国乡镇工业化模式比较和评价》，《浙江学刊》1987 年第 4 期。

工领域，这些厂雇佣本地村民。外来资本嵌入农村之后，资本的趋利性质必将使之深入参与村庄的利益配置。而获得更有利配置权的基础，就是将企业员工"村民化"。[①] 本地村民在不断的工作和学习中获得了经验，积累了一定的资金，后来这些村民自己创办工厂，自己当老板。还有一种情况是，后来这些外来投资者最终撤资，除了迫于当地的一些压力之外，还有工厂倒闭的因素。从开始的家庭小作坊慢慢发展和积累，到今天的规模，走过了十几年的发展历程。这些创业的村民依靠自身的积累兴办规模小、技术简单的工业企业，吸收了更多的农民离土与工业要素组合。

乡镇企业的发展是一种自下而上的诱致性制度创新，把乡镇企业中的制度创新作为现行制度环境的一个函数。[②] 在这个创新过程中，既有突破以往制度困境的成绩，也有不断出现的新问题，甚至一些老大难问题。乡镇企业不是作为一次性的制度安排发展起来的，而是针对特定时期的制度环境不断调整、磨合的结果。因此，它们在发展中追求一种自我修正、自我完善的路径，并大大降低了转型中的交易成本。[③] 这些乡镇企业与城市大型工业形成良好的互补，主要是由于乡镇企业产业主要涉及纺织、食品、五金机械等日用生活品。

乡镇企业的发展尽管没有顶层设计的规划，但是在经济方面依然有积极含义，改变二元经济结构的道路，迅速而成功地得到了发展。这样的发展模式率先改变城乡二元结构，形成富有生机的乡镇工业化体制。[④] 除此之外，作为乡镇工业化主体对象的农民，主动积极地依靠自己的力量搞工业，进而改变自身的职业和聚居地，这就在客观上改变了城乡人口比重，发展建设了新城市。[⑤] 不过这种人口比例的改变更多的基于村民从农业行业中分离出来，而

---

① 张翼：《土地流转、阶层重塑与村庄治理创新——基于三个典型村落的调研》，《中共中央党校学报》2016 年第 2 期。

② 邹薇：《乡镇企业：一种农村工业化的可行途径》，收录于《中国经济热点问题探索（下）》，中国人民大学中国经济改革与发展研究院会议论文集，2001 年。

③ 邹薇：《乡镇企业：一种农村工业化的可行途径》，收录于《中国经济热点问题探索（下）》，中国人民大学中国经济改革与发展研究院会议论文集，2001 年。

④ 郭浴阳：《中国乡镇工业化模式比较和评价》，《浙江学刊》1987 年第 4 期。

⑤ 华伟、陆志明、赵芳：《试论工业化与城市化进程中土地资源的配置效率——兼论乡镇企业在实现经济增长方式转变中的对策》，《南京师大学报》（社会科学版）1998 年第 2 期。

乡镇的基础设施建设却没有很大改观，尤其是这些加工厂周围的基础设施。

乡镇工业的发展积极意义在于，对于促进农村经济和乡镇工业化有重要意义，而乡镇工业的发展在不同时期面临的环境不同，但是依然具有一些共同的环境，即市场环境的不确定性、成本问题、企业与金融机构的关系，这三个方面的问题直接决定了乡镇工业发展的方向及生命力。这些工业化是一种无法在城市较好生存的工业化，在经济地理上构成梯次分布。此外，这些遍布于乡镇的农村工业化一个被普遍认同的益处是，它促进了平衡发展。①

政府对于民营经济的态度，要从民营经济主体的地位入手进行分析。在霸州市调研中，政府对民营经济的影响主要集中在环保管制上。这种干预并不是基于对于产能的调控，而完全是政府出于环境问题的考虑，这也是政府出于民营经济对于环境污染、政府公共产品供应不足的调节，环境与资本之间在一定程度上存在对立关系。为此，政府干预不仅仅是政府干预市场定价或者干预要素市场，还有对于市场可能出现的问题的提前警示性矫正。还有一些情况，我国地方政府通过财政资金扶持来壮大民营经济的势力和竞争力，使其能更好的获得市场份额。从本文的乡镇工业化中，看到了我国地方政府与企业的关系，以及由此出现了一些特殊性问题，现实情况的复杂性决定了经验的丰富性。为此，本文试图从以下五个方面提出政策建议。

（1）现有的民营经济发展，离不开政府的扶持。政府积极的财政政策对于民营经济发展影响较大，在一些公共产品提供上政府的作用依然不能被忽略。调研中发现，胜芳镇缺乏民营企业联席会议这种制度化的方法。为此，政府需要关注规模较小的但是能提供一定就业的民营企业，帮助它们解决一些困难，促进经济良性发展。

（2）政府要进行摸底调查，发布关于县域经济中民营经济的报告，总结本地区民营经济的发展情况，做摸底调查，制定相应经济指标，指导民营企业更好的发展。

（3）加强对县域内农民劳动力的培训，保障劳动力的权益。

（4）政府对于民营企业的管理，既要考虑其发展可能存在的问题，还要考虑政府行为可能产生的对成本的抬高等影响。如一些环保设备的采购和安装是否能起到预期的降低污染的效果，还是只增加了企业成本。

---

① ［美］劳伦·勃兰特、托马斯·罗斯基：《伟大的中国经济转型》，方颖、赵扬译，上海人民出版社2009年版。

（5）金融机构要深入细致地做好企业的摸底调查，尤其是面对外来人在本地创办企业的融资需求，进行更加深入细致的服务，为这些企业提供一定的融资帮助，而不能仅仅根据是否为本地企业而发放贷款。

李稻葵认为，中国在经历一场宏伟的现代化变革，可以亲身经历和观察这个时代其实非常幸运。这个时代最需要的，这个社会最需要的，在他看来是能够脚踏实地把中国的事情研究清楚，经济研究要更加贴近中国现实。[①] 调研队的调研也是基于此考虑，通过与时俱进的调研思考中国问题，深度考察经济现实，提出思考。

如果说"郡县治，天下安"的话，那么如何使得郡县治？农村经济发展、有效的乡村治理是一个重要的方向。目前在经济转型产业变革的大背景之下，如何面对这样的问题留给人们无限的思考。本次调研可以说是较为直观地了解了当地乡镇企业的发展状况，但展现给人们的不仅仅是乡镇企业的经营状况，而是一个立体的图景：由乡镇企业的经营状况延伸到了环境保护、地权冲突、乡村治理等不同但又彼此紧密相连的问题。如何看待这些问题也将是调研队进一步要做的工作。这次的调研也只是一个发现问题的开端，基层社会的广阔与丰富绝非仅凭想象就能够知晓的。

后记：

在调研中，调研队常常需要起早贪黑，大多数时候都是凌晨 4 点起床，摸黑赶到汽车站，然后坐车去河北。在调研中，有时候半天找不到饭馆，大家饿着肚子访谈。在调研中，有时候调研队被个别企业当作环保局暗访之人而予以抵制排斥。调研中常常面临经费短缺、调研时间短暂[②]等问题，然而这些困难没有限制住调研队的步伐。《典论》有言："贫贱则惧于饥寒，富贵流于逸乐，遂营目前之务，而遗千载之功。"[③] 调研极大地锻炼了队员们与人民群众打成一片的能力，锻炼了队员们风雨无阻不畏艰难险阻的精神，更锻炼了队员们珍惜时间向实践求真知的研究品格。

在这里特别要提到薛暮桥所著的《中国社会主义经济问题研究》[④] 一书，

---

① 李稻葵：《经济研究要更加贴近中国现实》，新浪财经，2011 年 6 月 7 日。

② 县域经济研究会的同学课程任务繁重，只能在周六日或法定节假日外出调研。

③ 曹丕：《典论·论文》。

④ 薛暮桥：《中国社会主义经济问题研究》，人民出版社 1979 年版。

他充分发挥自身优势，以丰富的实践经验、长期从事经济工作的心得体会、研读经典著作所收获的智慧，最终完成了这本被誉为"中国经济体制改革的启蒙教材"。他使中央决策与经济理论界的咨询形成了一个良性互动机制。理论与实践相结合，对实践工作进行高度概括，通过走实事求是的路线，辩证地认识问题。这种理论与实践的深度互动给人们树立了学习的榜样。

调研是一个"不断修正认识、挑战认识"的过程，也是理论与实践互动的过程。在本书的序言中提到，要进行学术性调查，即带着一定的学术问题或理论问题去调研，进行证实、批驳或者批判。正如本文中带着经典文献的论断深入胜芳镇调研，既能印证以往的一些判断，又能发现一些新的现象，开阔调研队队员们的眼界，增长见识，对宏观经济政策的基层执行效果有一定的认识。

河北任丘市、文安县乡镇工业产业发展与变迁①

李小云

【摘　要】任丘乡镇工业的发展，从弱到强，从小到大。任丘市连续多年成为中国县域经济百前县，其县域经济发展呈现产业集聚效应，并朝着高新技术方向努力。通过对文安县和任丘市两地工业化进程的讨论，从中可以看到地方政府在工业化进程中发挥的作用的变迁，以及工业化发展的一般经验规律，为更好地理解中国工业化进程提供县域案例。

【关键词】乡镇工业　任丘　文安　产业选择　小产业集群　产业园区

一、导论

河北省背靠太行，北邻燕山，东望大海，地理位置极为优越，千百年来一直是交通要塞、商阜重地，商业发展十分繁荣。改革开放以后，河北省任丘市凭借交通、位置等区位优势，乡镇工业快速发展，从一个贫穷落后的农业县变成令人瞩目的全国县域经济百强县，成为沧州市乃至全国个别产业制造中心。2014 年，任丘市在河北省直管县（市）中，综合排名第一位。在河北省 133 个县（市）中排名第四位。②

中国社会科学院财经战略研究院县域经济课题组完成的《中国县域经济发展报告（2015）》正式发布，河北省 18 个县（市）荣登全国县域经济竞争力排名 400 强。其中，唐山占 6 个，廊坊占 3 个，石家庄、保定、邯郸、沧州各占 2 个，邢台占 1 个。从图 1 可以看出，任丘在河北省 GDP 中排名第三名，其中多数特色产业分布在乡镇，如省级工业园区——雁翎工业园区，就

---

① 本项目为清华大学唐仲英计划暑期国情调研项目，项目负责人为李小云。感谢清华大学唐仲英计划对本次调研的支持。

② 数据来源：沧州市政府官网。

坐落在石门桥镇。

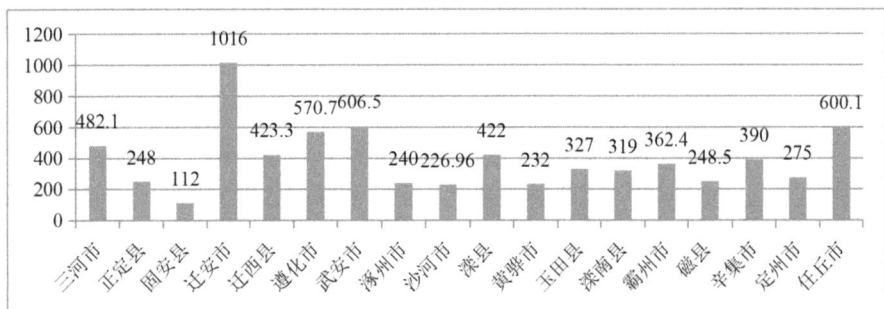

图 1　2014 年河北省部分县市 GDP 分布图（单位：亿元）

文安县在经济发展方面还没有致力于一种模式，在网上能搜到的也就关于农村社区发展的一个"经验"，与乡镇工业发展并无关系。任丘在环保与经济发展方面的做法被《焦点访谈》报道过，河北其他市县也前来学习。

任丘市如何实现这一历史性转变的呢？实际上很多具有更"优越"的社会、经济、资源和地缘条件的县都无法做到这一点。关于这一问题的原因，有诸多不同的声音。本文首先通过对河北省任丘市和文安县乡镇工业的调查与研究，探讨两地乡镇工业的发展历史进程，特别是改革开放以来两地乡镇工业起步之际和黄金时代的的发展状况；其次研究乡镇工业发展面临的多方面挑战，并结合当地实际提出促进乡镇工业发展的一系列建议。

二、研究方法

本文对基于实地调研的信息进行进一步分析整理，采取问卷访谈、田野调查、文献研究和定性研究的方法，通过调研任丘市、文安县的乡镇工业发展历程，深度考察乡镇工业发展的深远影响及新时期面临的挑战，总结和分析两市县所取得的经验和未来的发展方向。

本文作为中国经验研究，必不可少的是要比较案例研究、定性研究和定量研究的优劣。统计学之所以不能揭示两地乡镇工业发展的一般经济学规律，在于盲目地认为凭统计公式就能检验所有实质理论，或者找到各个"原因"的相对重要性（对"因变量"的相对影响）。[1] 因此，不能轻率认为厘清了那

---

[1]　耿曙、陈玮：《比较政治的案例研究：反思几项方法论上的迷思》，《社会科学》2013 年第 5 期。

些随意凑合变量间的"共变关系"，便可以证明"因果关系"，并给这些"因果关系"以一定的解释。[1]

对于个案研究来说，选择调查地点至关重要，需要遵循以下原则：首先，选出的调查点必须具有代表性，这样做出的推论才可能有更普遍的价值；其次，个案需要具有一定的特色，才更容易发现理论生长点；最后，案例研究点要方便调查，容易获得资料。[2] 基于上述三个原则，任丘市和文安县是本研究理想的调研点。二者是我国内生型工业化的典型区域，有大量的中小企业和小作坊愿意接受调研队的访谈，在一手信息获取上有优势和便利。为此，本次在任丘市、文安县乡镇工业调研长达 15 天，在调研获得信息的基础上展开分析。

三、现有研究进展及解释理论

（一）现有研究进展

中国知网上关于任丘和文安工业发展的研究文献，只有寥寥几篇关于当地工业发展的新闻报道。可以说两县的工业化进程研究还是一块等待探索的领域。任丘与文安的工业化进程可以放到中国整个乡镇工业化进程中去讨论，或者寻找两县工业化发展模式与中国乡镇工业化模式的区别，并进行理论解释。

费孝通认为，乡镇工业不是从天上掉下来的，也不是哪一个人计划出来的，而是千万农民在实践中发展出来的。乡镇工业是从民间发展起来的，只有从民间发展起来，才真正有强大的生命力。[3] 该观点揭示了乡镇工业发展的源头。从乡镇工业发展动力的制度层面来看，乡镇企业的发展是一种自下而上的诱致性制度创新，没有顶层设计的规划，乡镇企业中的制度创新是现行制度环境的一个函数。[4] 在这个创新过程中，既有突破以往制度困境的成绩，也有不断出现的新问题，甚至一些老大难问题。乡镇企业不是作为一次性的

---

① 谢宇：《社会学方法与定量研究》，社科文献出版社 2006 年版。

② 雷志宇：《中国县乡政府间关系研究——以 J 县为个案》，上海人民出版社 2011 年版。

③ 费孝通：《我看到的中国农村工业化和城市化道路》，《浙江社会科学》1998 年第 4 期。

④ 邹薇：《乡镇企业：一种农村工业化的可行途径》，收录于《中国经济热点问题探索（下）》，中国人民大学中国经济改革与发展研究院会议论文集，2001 年。

制度安排发展起来的,而是针对特定时期的制度环境不断调整、磨合的结果。因此,它们在发展中追求一种自我修正、自我完善的路径,并大大降低了转型中的交易成本。[①] 这些乡镇企业与城市大型工业形成良好的互补,主要是由于乡镇企业产业主要涉及纺织、食品、五金机械等日用生活品。经过十几年的发展,乡镇工业的重要性以及其产品的广阔市场已今非昔比,其生命力的增强也远非低端落后甚至劳动密集型产业所能概括。

(二) 相关理论解释

关于乡镇工业的现有研究,其理论解释只是涉及了乡镇工业发展中的部分内容,无法全面理解乡镇工业发展在县域经济发展中产生的影响,无法在比较视角下做出不同县域经济发展差异的解释,尤其对于工业经济发展中政府作用的概括和总结相对不足。

结合中国情况来看,中国改革中的分权使得地方政府成为推动经济社会发展的主要动力之一。除此之外,中国的政绩考核机制、官员选拔机制、乡镇工业发展初期的产业选择、乡镇小产业集群的形成、政府对产业发展的环境管制等重要内容,已经超越了发展型国家理论[②]的内涵及讨论边界。没有上述这些内容就去讨论地方工业如何取得成功,这是一种截取了特定历史时间段的分析思路,不完全符合历史发展的逻辑。尽管学者提出很多概念来描述地方政府,如企业型政府[③]、分权化的掠夺型政府[④]以及发展型地方政府[⑤]等。

[①] 邹薇:《乡镇企业:一种农村工业化的可行途径》,收录于《中国经济热点问题探索 (下)》,中国人民大学中国经济改革与发展研究院会议论文集,2001 年。

[②] "发展型国家"模式,源自美国政治学者查默斯·约翰逊 (Chalmers Johnson, 1931—2010) 对战后日本发展经验的总结。基于其案例分析,"国家"(即"抽象化的政府") 乃是日本经济起飞的推手。其国家先以经济发展作为优先目标,再通过各种积极产业政策,完成对特定产业的保护扶持,使之在短期内能成长壮大,带动整体经济的繁荣。

[③] J.Duckett: *The Entrepreneurial State in China: Rreal and Commerce Departments in Reform Era Tianjin*, Routledge (1998).

[④] M.X.Pei: *China's Trapped Transition: The Limits of Developmental Autocracy*, Harvard University Press (2006).

[⑤] M.Blecher: Development State, Entrepreneurial State: The Policital Economy of Socialist Reform in Xinji Municipality and Guanghan County, in Gordon White(ed.): *The Chinese State in the Era of Economic Reform: The Road to Crisis*, Macmillan (1991).

但是，这些概念犹如盲人摸象，每一个只触及地方政府的一面。[①]

本文要对乡镇工业发展的政治经济的动力机制进行展现并做深入分析，更多地展现依靠县、乡两级政府管理、干预下的经济发展，依靠县、乡两级决策机关而不是中央决策机关的工业发展，探索工业发展的规律及因果关系。这一点不同于发展型国家理论所展示的动力机制，即强调由中央决策机关和产业政策支持工业发展。

四、乡镇工业的发展历程

考察任丘与文安的乡镇工业发展历程，概括其发展中的共同点，阐述其工业化是如何起步的，是理解乡镇工业历史进程的必要环节。本文认为任丘与文安的乡镇工业发展历程可分为四个阶段。

（一）从乡镇集体企业中分离出来进行创业的工业化路径

中国工业化历程表明，一个国家最底层民众大规模参与的、以纺织业等轻工业为核心产业的乡村工业化才是正确的工业化路径。[②] 在这次工业革命中，其主要参与者是数以十万计的农村乡镇企业和城镇非国有企业，这些企业不需要国家的财政补贴，完全靠市场竞争而生存，也不影响农村的农业生产。这种发展模式通过最底层亿万民众参与初始工业化而脱贫，形成巨大的购买力和市场需求。这种初始工业化让最底层广大群众走出贫困陷阱。从中国的发展经验来看，只有以纺织业等轻工业为主的、有最底层广大民众参与的工业化才能实现大规模快速减贫。[③]

中国在改革开放后 30 多年后从一个贫穷落后的农业国迅速成长为世界第二大经济体。面对如此瞩目的成就，很多西方经济学家却运用现代经济学理论攻击中国的市场经济体系不健全，甚至将之归因到制度问题，这种"鸡蛋里挑骨头"式的研究自是无法得出中国快速工业化的科学解释。文一通过研究工业革命进程和结合政治经济学的基本观点，总结出中国工业化从农业到

---

① A. Saich：The Blian Man and the Elephant：Analysing the Local State in China，in L. Tomba（ed.）：*On the Roots of Growth and Crisis：Capitalism，State and Society in East Asia*，Annale Feltinelli（2002）.

② 文一：《伟大的中国工业革命》，清华大学出版社 2016 年版。

③ 夏庆杰：《中国正确的工业化路径是如何找到的？》，爱思想网，2017 年 6 月 28 日。

手工业再到机器生产的正确途径。与之形成对比的是，现代经济理论却教导穷国要"大跃进"式地实现工业化，或直接以资本密集型产业（如化工、钢铁和汽车制造业）来启动工业化进程，或建立现代金融体系（如允许浮动汇率制、国际资本自由流动、国有资产和自然资源的完全私有化），或干脆立即确立现代政治制度（如建立民主政体和实现普选）。①

作为农业大省河北省下辖的任丘市，立足于自身劳动力、技术、设备等客观条件，发展以纺织等轻工业为代表的乡镇企业，逐步实现产业集群和产业升级。这是一条可行之路，也是乡镇企业发展初期的明智之举。而地方政府创造条件让市场成长，给企业一个良好的发展环境，是中国经济发展中的一大特点。

在文安和任丘的调研中发现，两地的产业更多是本地人发展起来的，外部产业转移到本地区的很少。一般产业关联是伴随着产业转移而产生。产业关联是指产业之间存在着广泛、复杂而密切的联系，包括前向、后向和旁侧关联。移入产业的发展会对各种要素产生新的投入要求，从而刺激相关投入品产业的发展。旁侧关联效应指移入产业的发展会引起它周围的一系列变化，如促进技术性和纪律性的劳动力队伍的建立，促进处理法律问题和市场关系的专业服务人员的培训。②

文安与任丘两地的大小企业家通过努力完成初始资本积累，不断拓展市场。为了降低生产成本，随着几家核心的、重要的企业的发展，产业的上下游逐步发展起来，不同企业之间的合作生产也密切起来，逐渐在区域内形成产业带。而关于产业带的形成机理，一般来说，其原理是产业在地域空间的扩散而形成，通过极化过程和扩散过程相互促进、相互作用的结果。③ 这一点在文安和任丘得到了充分体现。而两地区都是具有一定的优势，如交通优势、距离主要钢铁产地近的优势。当地人民勤劳肯干，勇于探索，相互学习模仿，善于"干中学"，不断积累企业发展的经验和知识。有理论观点认为，在区域经济发展的初始阶段，产业最先在具有资源、地理位置、优越的交通条件等优势地区集聚，形成增长极和产业集群中心，从而使这些地区经济获得了发

---

① 文一：《中国为何超越：因为中国找到了工业革命的"秘诀"》，观察者网，2016年6月22日。

② 黄建康：《后发优势理论与中国产业发展》，东南大学出版社2008年版。

③ 黄建康：《后发优势理论与中国产业发展》，东南大学出版社2008年版。

展。极点的形成过程也是生产要素的集聚过程，然而要素在某些区域上的聚集并不是无限制的，而是继续寻找更低的生产成本地区，于是产业逐渐向中心的外部迁移形成一些其他的次中心。这实质上是产业在更大的空间上的集聚，这样便形成了产业带。① 历经 30 年，文安县成为北方最具代表性的板材生产基地。任丘市形成了玻纤产业，包括金属制品业、建筑建材业、电线电缆业、摩托车及配件制造业和塑料制品业。

（二）乡村经济能人创业带动村庄及乡镇工业发展

在调研支队对任丘乡镇工业的走访过程中，任丘"先富带后富"的乡镇工业发展模式给调研支队留下了深刻印象。改革开放之后，任丘乡镇工业迎来了发展的政策优惠期，一系列减免税收、招商引资等政策逐渐自上而下进入乡村。部分消息灵通、具有经济头脑或者受过较高教育的村民看到了商机，开始着手开办小作坊。政策优惠在小型企业开办初期具有非常明显的作用，税收额度的减免对于本小利微的乡镇企业具有显著意义。通过国家的政策帮扶，企业上缴的各项税款减少，税负得以减轻，乡村企业融资主要靠个人融资，融资难度较大，成本较高，减免税负有利于促进企业资本的累积，企业扩大经营规模等还会得到相关支持。据调研了解，当地负责企业管理的领导就曾经借助招商引资的契机，利用任丘当地的资源、地理位置、政策等的优势吸引了三家企业到来，对于后续乡村经济规模的扩张起了较大作用。

在乡村经济发展的初期，企业主主要发展纺织、面粉等行业，通常情况下这些自负盈亏的企业主担任着管理者、工人、财务员等多重角色，常常亲力亲为，在企业的运营与发展过程中扮演着重要角色，与当地政府保持着密切的联系。这些乡村经济能人从四川、湖北等地广泛吸纳丰富廉价的劳动力，一来降低了生产成本，从而降低商品价格；二来有利于企业规模的扩大。这些乡村经济能人一般会成为村民争先效仿的对象，所经营的企业也会被认为有利可图。

美国经济学家弗里德曼的产业集聚效应论主张某种产业在一个地区集聚，由于市场信息、产业关联和产业集聚优势的存在，各产业的前向、后向、旁侧关联也会向该地区集聚，形成一个稳定的产业链。② 文安和任丘的产业发

---

① 黄建康：《后发优势理论与中国产业发展》，东南大学出版社 2008 年版。
② 王全春：《产业转移与中部地区产业结构研究》，人民出版社 2008 年版。

展，形成了相互协作、相互依存的利益共同体，具有相对稳定性。作为劳动密集型产业，不断改进工艺是应有的发展之策，一些企业虽然没有申请技术专利，但是这些传统行业变成一个有着隐含经验①的行业。然而，日益激烈的外部竞争和利润率下降，使得企业发展面临困难，导致企业跨行业转型升级困难。

（三）小产业集群形成中政府的作用

文安县人造板业起步于 1986 年。左各庄镇是文安县人造板生产的发源地，最初只有两家人造板生产小作坊。随着文安县经济体制改革的不断深入，乡镇企业和民营经济快速发展，20 世纪 90 年代以后，左各庄镇人造板加工业进入快速发展阶段，并向滩里、大柳河、文安镇等 15 个乡（镇）迅速扩展，形成了以左各庄镇为中心、辐射周边的全国较大人造板生产基地。② 文安县小产业集群发展格局初步形成。文安县政府通过五项举措对小产业集群进行管理。一是坚持"放水养鱼，多予少取，率先发展，逐步规范"的原则，在法律、法规和产业政策允许范围内，政府鼓励企业自由发展，自主经营；县、乡两级政府积极协调土地、交通、水电、林业、农业等部门，为产业发展形成合力，为企业发展创造条件。二是所有税费由县财政一家征收，避免了多头征收和乱收费、乱罚款、乱摊派现象。文安县还颇具创新的让税收年度征缴额在 100 万元以上的企业参与政府决策，体现企业权利、意志。三是为一批龙头企业积极争取国家林业贴息贷款资金、省林板一体化贴息贷款资金和省农业产业化贴息贷款扶持资金，重点扶持龙头企业。此外文安县政府发挥的作用还体现在为企业发展创造良好环境，如与周边省、市、县木材检查站的协调与沟通，及时为企业解决中途扣车、无故罚款等困难和问题；在左各庄国际人造板交易中心派驻林政执法人员，营造良好的治安环境，保证了市场交易安全。③

左各庄镇胶合板生产是该镇的主导产业，现已发展成全国最大的胶合板产销基地。胶合板生产有效带动了其他产业或行业的发展。胶合板行业需要桦木、锻木、杨木、柳木、创花、板边等各类木材。该产业的发展涉及建材、

---

① 隐含经验，即隐性知识。

② 李华西：《文安县林板产业越做越红火》，《中国林业产业》2006 年第 7 期。

③ 李华西：《文安县林板产业越做越红火》，《中国林业产业》2006 年第 7 期。

化工、线缆、服装等多个门类。① 中国房地产业、建筑装饰业、家具业、汽车内装饰业等快速发展，对人造板形成了巨大的需求。在调研中了解到，左各庄镇和石门桥镇的工业已经形成小产业集群，小厂给大厂加工零部件，可以足不出镇就完成配套。遍布京、津、冀地区乡镇的小产业集群，是河北县域经济发展的动力，也是将来经济转型和地方治理需要直面的客观环境。

文安县政府在产业升级和产业发展规划上发挥了重要作用。文安县根据市场扩张和产业链需求，大力发展以资本和技术密集为特征的新兴产业。以文安工业新区为中心，LED 光电产品、高档汽车座椅等一批具有产业带动力的高科技项目落户文安。文安县围绕"钢、木、塑、线缆"传统产业，聘请北京成府工业新科技研究院编制了产业发展规划，明确了发展方向。形成了13 个方面促进人造板行业转型升级的实施意见，着力推进人造板产业做大做强。废旧塑料行业转型升级迈出坚实一步。鼓励人造板、钢铁压延企业兼并重组、上档升级。②

长期以来，融资问题一直困扰中小企业发展，虽然中央政策三令五申号召解决，仍然没能得到十分有效的解决。制约中小产业集群发展壮大的关键在于融资难，而融资决定了产业集群的整体水平。以任丘鄚州镇为例，中小产业集群大多处于集群发展的初级阶段，它们在获取资金能力上的不足直接影响了企业的生存与发展。这些乡镇中小企业一般与银行的交集很少，资金需求都是通过个人集资来完成，用于临时性的周转。在企业与政府的关系方面，主要是税收方面的减免。从这些中小企业创办伊始到 2016 年，一直不用缴税。现在三证合一，2017 年开始需要缴税了，每年 2000 元。这些乡镇工业大多进入市场比较晚，从事的也都是本小利微的行业，每件产品的利润常常是以分来计算。实体经济的利润空间较小，加上同质化严重，竞争激烈，得到银行实质性的扶持较少。该镇的产业集聚大多体现在以节省原料和交通运输费用为目的的区域集聚。

任丘市石门桥镇成为全国知名的链轮生产基地，与政府部门的支持和引导有着密切联系。在任丘市，常用"铺天盖地"来形容发达的民营企业。在过去这是任丘相对于周边其他县城的优势，但是考虑到环保因素，现在或许

---

① 王源民、宋辉：《河北乡镇经济年鉴》，经济科学出版社 2002 年版。

② 《廊坊年鉴》编修委员会：《廊坊年鉴》，方志出版社 2012 年版。

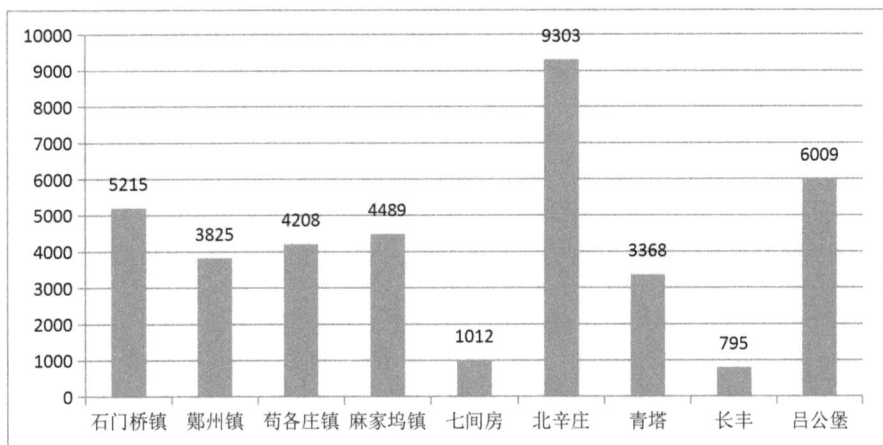

图 2　2016 年任丘市各乡镇企业实缴税金①（单位：元）

又会成为发展劣势。为了解决环保问题，政府引导企业提前行动，完成煤换气等转型，动手较早，缓解了企业发展与环保之间的矛盾。此外，石门桥镇建立了工业园区，园区内引进企业，同时保证园区内企业发展规范化、标准化，形成较好的区域协同作用。

2007 年任丘市三轮摩托车年生产能力达到 50 万辆，国内市场占有率达35%；摩托车链轮产品销售额达 16.5 亿元，国内市场占有率达到 95% 以上。任丘市已成为北方重要的三轮摩托车生产基地、铝型材生产销售基地、全国最大的摩托车链轮生产加工基地。

（四）环保管制下的乡镇企业发展

绿水青山就是金山银山。环境保护逐渐获得了越来越多的关注和重视。调研小组问及本地环保政策的执行情况，政府官员介绍："我们叫整治'散乱污'，散是指技术不集中，乱是指规划不统一，污则是指企业污染大，现在是联合执法，还有群众举报，整改的力度高到难以说清楚，如去年开始改燃煤企业（使用锅炉），现在没有环保评估都一律关停，任丘的失业率已经达60%。"据调研，当地企业在环保管制当中有诸多变革，正在经历着转型的阵痛期，通过环保整治，企业逐步向着更高技术含量和更低污染的方向转变。随着民众环境保护意识的不断提高，一些污染高的企业遭到周围居民的反对

---

① 数据来源：《任丘经济年鉴 2016 年》，任丘市统计局编印。

和抵制。据悉一家企业因为居民的上访反对在当地继续经营而被迫搬迁。环境保护整治工作任重而道远。任丘环保管制总体来说面临着政府与民众的双向压力，资金与技术的双面制衡等问题。

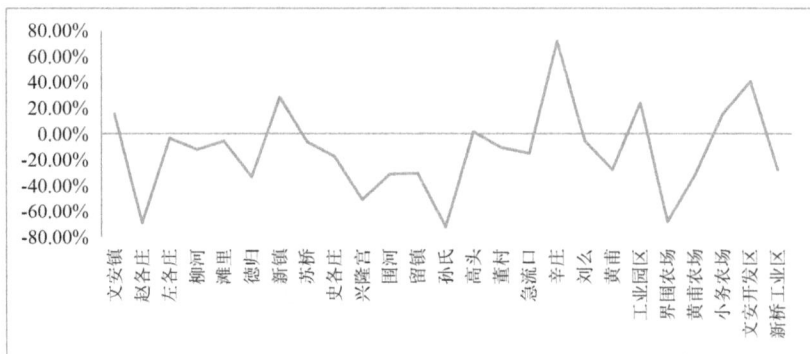

图3 文安县2015年固定资产投资完成同比增长率①

以文安县为例，2015年多数乡镇固定资产投资完成同比增长率为负。根据环保部官网获得的信息，2015年11月30日河北省淘汰燃煤锅炉等3706台，2016年4月7日河北全面取缔"十小"落后企业。② 自2015年开始，河北省的环保治理的力度不断加大，要求不断提高，随之而来的是企业的大量关闭，这对企业未来发展影响很大，使得企业对于未来投资的预期降低，进而影响到固定资产投资。

对于企业转型，习近平总书记指出，这是处于"结构调整的阵痛期"，中央基于长远的眼光看到了"绿水青山"的重要性，下达了硬性的环保指标，但没有忘记处于结构调整中的企业处境之艰。中央多次表示转型的关键驱动力是创新，而创新的完成需要政府与企业共同努力以完成这场造福当地人民和企业的"凤凰涅槃"。中央政府也看到了这次转型带来的是从高速增长到中高速增长，这一个"中"字暗含着财政收入、民生、企业生存等一系列问题。

---

① 数据来源：《任丘经济年鉴2016年》，任丘市统计局编印。

② "十小"落后企业包括不符合国家产业政策的小型造纸、制革、印染、染料、炼焦、炼砷、炼硫、炼油、电镀、农药等。

五、任丘乡镇工成功经验的分析

2013 年 5 月 15 日，沧州市统计局评选出全市 40 强乡镇，对全市 173 个乡镇经济社会发展情况进行综合评价。这些乡镇在全市经济发展中占主导和领头羊地位，乡镇经济社会发展呈现众多亮点。40 强乡镇人口占乡镇总人口的 28.1%，但其财政收入占到了全部乡镇财政收入的 75.5%，人均财政收入 5075 元，是所有乡镇平均水平的 2.7 倍，固定资产投资完成额占到 42.3%。40 强乡镇农民人均纯收入 8151 元，高出全市农民人均纯收入 637 元。[①] 其中，任丘有 3 个乡镇入围 40 强，分别是永丰路办事处、西环路办事处、北辛庄乡。

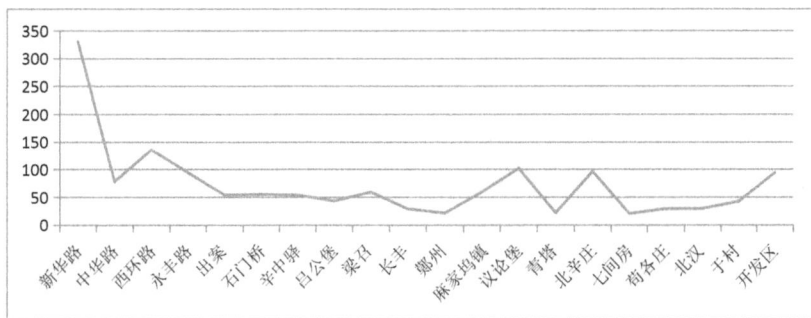

图 4　2015 年任丘市乡镇全部财政收入完成情况（单位：百万元）[②]

任丘作为中国县域经济百强县，在 2016 年度中国中小城市综合实力百强县市排名四十八位。任丘的成功，是"中国模式"成功的一个缩影，也是中国工业化在县域成功的一个体现。有研究表明，政府和乡镇企业之间建立起紧密的互动网络，从而在地方上创造出亮眼的经济表现。[③] 政府与乡镇企业乃至市场的紧密互动，表明政府并非一贯的对产业发展或市场完善占据主导地位。而民营经济的快速发展是否真是政府主导的结果，这一点，需要结合经济发展的历史给出经验事实依据。

---

① 沧州市统计局曾评选出全市 40 强乡镇。2018 年 7 月，根据沧州市政府《沧州市乡镇经济社会发展评价办法》，沧州市统计局又公布了乡镇 50 强名单。

② 数据来源：《任丘经济年鉴 2016 年》，任丘市统计局编印。

③ 张宏远：《"发展型国家"理论的回顾及其在中国研究适用性之探讨》，《东亚研究》2007 年第 2 期。

本章从有为政府的产业政策、行动主体（产业工人，企业家群体）、制度（财政管理制度，土地制度）、社会文化和资源禀赋五个方面分析任丘乡镇工业成功的原因。

（一）乡镇工业发展的资源禀赋

任丘具有悠久的商业传统、优越的地理位置，改革开放以来，当地具有丰富且低成本的产业后备工人，三重优势的叠加使得该地区的发展更具有潜力。产业工人的积淀是助推工业化发展的最大动力。调研期间，调研支队与石门桥镇一位负责企业管理的领导进行了深入交谈，从中获悉某些企业"黄金发展时期"的有利要素，其中一项便是低廉的劳动力成本。劳动力在传统行业中占据重要地位，廉价、丰富且经验充足的劳动力意味着更低廉的劳动力成本和更大的盈利空间。与石门桥镇相距不远的鄚州镇，其工业主导产品有针刺毡和玻纤制品，生产线上需要数量庞大的熟练工人。鄚州镇作为农业大镇，有丰富的劳动力人口。当地工人工资一度在 2000 元/月左右，不仅给本地的企业发展提供了良好的劳动力条件，也成为吸引外资的一项优势。鄚州镇原有 4 家外资企业，给本地的工业发展提供了很好的借鉴意义和带动作用。大量廉价的劳动力使得企业可以选择降低商品价格，弥补工业地价较为高昂带来的产品竞争劣势，与此同时解决的就业数量较为可观，并缔造了潜在的消费市场。

从鄚州镇的地理角度来看，该镇位于京津腹地，106 国道纵贯。鄚州与北京距离较近，自古是商埠重地，素有"北京人全，鄚州货全"之说。鄚州的商品种类丰富，重要的是距离京津等主要消费市场近，运输成本低。鄚州镇工业主导产品有针刺毡和玻纤制品。针刺毡以 106 国道东侧杜家营为基地，年产针刺毡 4500 余吨，年产值 5000 万元，远销内蒙古、山西及东北三省。19 家玻纤制品厂年产值达 2 亿元，利税 2500 万元，生产的阻燃防腐、防水、抗拉基布等 18 个品种，畅销东欧及国内各大城市。除了商业传统和交通区位以外，鄚州镇企业发展还依托本地优势，有利于招商引资和企业转型升级。

从图 5 中可以看出，任丘市乡村人口参与第一产业的人数总体上呈现下降趋势，在 2000 年左右降幅最大，之后呈现缓慢下降态势。而从事第二产业的人口上升幅度较大，这与任丘乡镇工业蓬勃发展的大趋势吻合，乡镇工业对农村劳动力的吸纳逐渐增强。

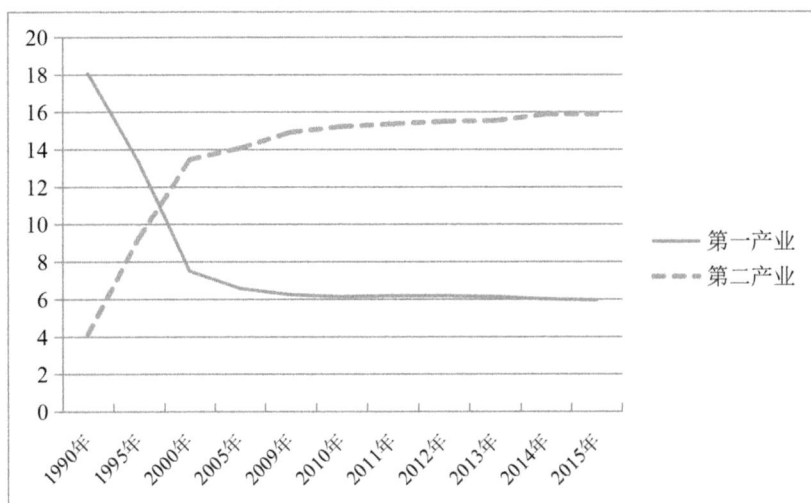

图5　任丘市乡村人口参与第一、第二产业的人数（单位：万人）①

从图6中可以看到，乡村从业人员数呈现缓慢增长态势。多数乡村的劳动力都是就地解决就业，为发展当地经济贡献了劳动力资源。

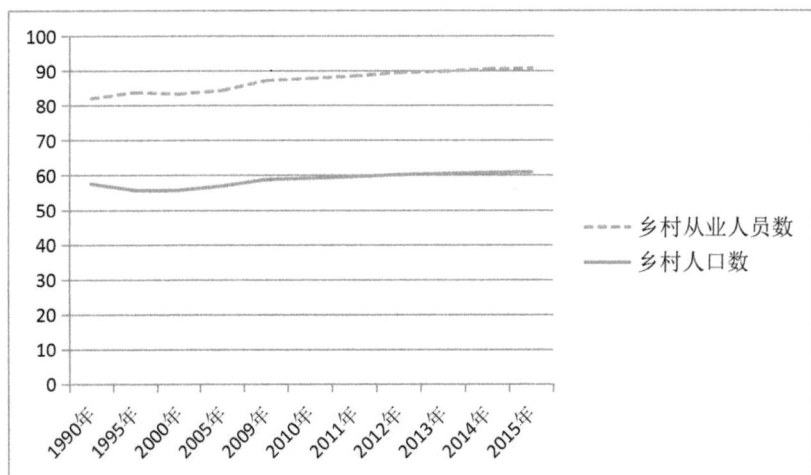

图6　乡村从业人员与乡村人口趋势图（单位：万人）②

---

①　数据来源：《任丘经济年鉴2016年》，任丘市统计局编印。
②　数据来源：《任丘经济年鉴2016年》，任丘市统计局编印。

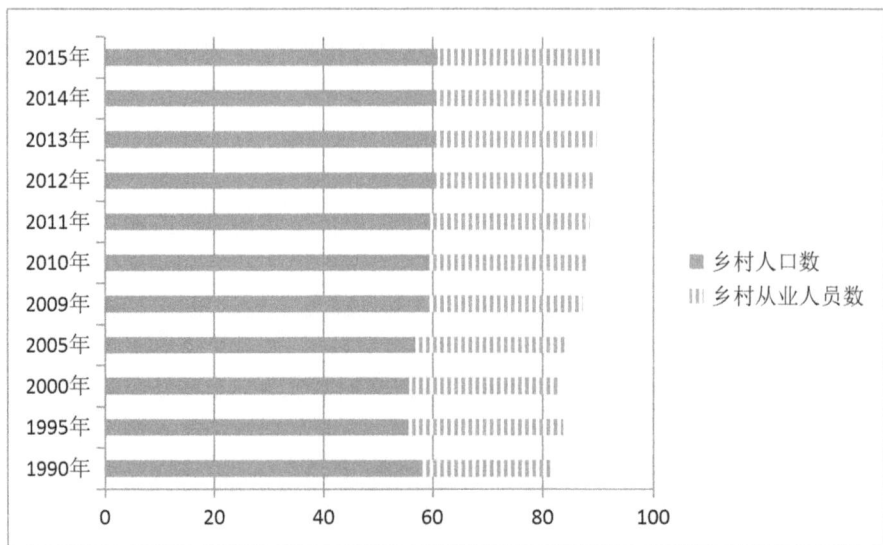

图7 乡村人口与乡村从业人员数条形图①

在调研中了解到，为了降低劳动力成本，两家合作开办工厂，年龄大的老人在自家工厂被"雇用"，节省不少劳动力支出。河北的部分乡镇工业处于起步阶段，其资金积累的速度较慢，劳动力成本的节省对工厂发展来说很有必要，是企业取得成功的因素之一。除此之外，环保检查使得成本上升的原因在于，企业的原材料变成卖方市场，在环保检查很严的时期，原材料也跟着涨价。

工业化始终是中国经济现代化的一条主线。改革开放以来，中国乡镇企业的崛起开创了一条全新的农村工业化道路。上亿农民以低成本的方式进入了工业部门，成为中国经济增长的第一推动力。② 任丘各个乡镇的工业发展为当地农民带来大量的就业岗位，使得本市劳动力外出务工的很少。这表明，低成本是工业化的核心竞争力之一，不过这主要针对劳动密集型企业而言，尤其是这些企业在发展的起步阶段或者利润不好的阶段。中国乡镇工业的发展的有利环境，还包括土地价格低以及税收优惠。任丘的产业工人在本地区或者本村工作，因此不需要再购买住房，这也为企业减轻了负担。

---

① 数据来源：《任丘经济年鉴 2016 年》，任丘市统计局编印。

② 经济增长前沿课题组：《经济增长，结构调整的累积效应与资本形成——当前经济增长态势分析》，《经济研究》2003 年第 8 期。

　　从图 8 中可以看出，无论是 2014 年还是 2015 年，工资性收入依然占据农村居民可支配收入的主体，从另一个侧面印证了任丘市农村居民参与乡镇工业化的程度。乡镇工业的发展为当地村民带来大量的工作岗位和就业机会。

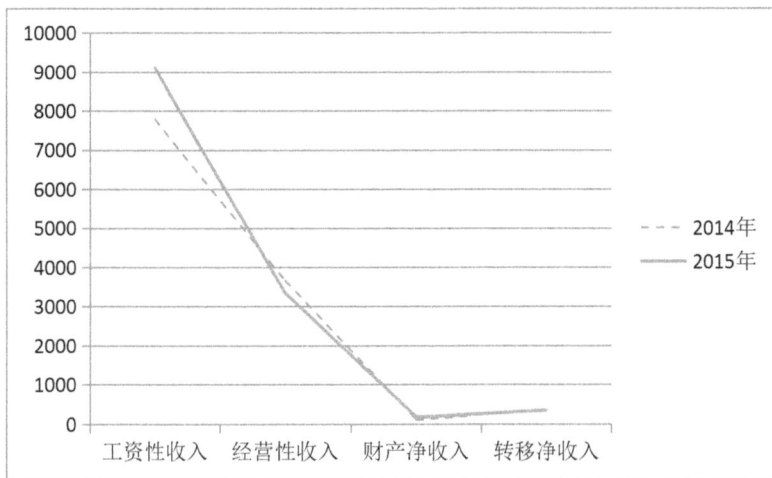

图 8　任丘市农村居民平均每人可支配收入（元/人）①

　　纵观中国经济发展历程，东部沿海各省的发展在取得巨大成功的同时，逐渐在丧失其经济起飞所赖以实现的条件——低廉的劳动力。土地与劳动力成本的迅速上升，迫使其产业升级，于是资本对劳动力的吸纳能力不断减弱，因此劳动密集型企业需要转移到劳动力成本低廉的地方去。② 这一点在今天的发展形势下依然成立。而中西部地区在一段时期内劳动力成本较低，土地资源相对丰富，发展劳动密集型的乡镇企业具有一定优势，尽管这种优势是在重重考验和各种压力下获得的。为此，人们不得不思考中国经济发展的特征和未来的走向。

（二）制度红利和社会文化促进乡镇工业发展

1. 企业未批先建适应了乡镇工业的快速发展

　　任丘石门桥镇民营经济的发展经历了一个由小到大的过程。任丘市内的

　　①　数据来源：《任丘经济年鉴 2016 年》，任丘市统计局编印。

　　②　华伟、陆志明、赵芳：《试论工业化与城市化进程中土地资源的配置效率——兼论乡镇企业在实现经济增长方式转变中的对策》，《南京师大学报》（社会科学版）1998 年第2 期。

民营企业具有明显的地方特色，现代化程度不够，技术水平整体不高，家族式企业普遍分布，整体规范化程度不高。北汉乡的模具产业、长丰乡的摩托车配件、石门桥镇的链轮等，都具有十分明显的地域特征，也具有小产业集聚的特点。随着民营经济规模越来越大，政府为了发展更加规范化，就建立园区，让那些具备条件的企业进入园区发展。刚开始的时候土地整理难度较大，当地政府做了不少工作才有了现在的规模。一些园区的土地是农用地，河北省下达的土地指标不够用，面对民营企业发展规模的日益扩张，如果上级政府没有及时下达工业用地指标，在这些土地上办厂就没有土地指标，这就出现了有一部分企业项目是未批先建，违法占地的企业较多，有些企业是在自家承包地或者宅基地上建厂，有些则是通过土地置换来扩大生产规模，这也反映了任丘民营经济扩张的速度。

为了加大对民营企业扶持力度，任丘市政府默许了企业建厂和园区建设的占地问题，即所谓"未批先建"，之后等有了指标再审批。在 20 世纪八九十年代，国家土地政策监管力度不够大，土地审批流程较为复杂，很多地区工业用土地指标较少，这些原因不可避免的造成了实际建厂用地与可用地指标之间的矛盾。上述做法有力保证了任丘市内各个工业园区和产业集聚地的快速发展。一个地区的发展与人民自身的才智品质有关，与环境资源和地理位置有关，更与当地政府的前瞻性判断和大胆尝试有关。

近几年来，随着国家对环保政策和土地政策的严格执行，现在针对部分企业将要展开追究问责，对于违规现象会做出相应的处理，这也是大部分民营企业将要面临的一大挑战。过去企业发展多半是建立在不合规占地的基础上，虽然对环境的影响不大，但是缺少完整的土地手续和环评手续。在环保检查来临之时，企业只能停产整顿。现在的政策越来越严，留给企业自由发展的空间越来越小，这与过去的情况相差甚大。任丘市污染情况比周边地区要严重一些，近几年随着政府对造成污染环境的企业整治力度的不断加大，环保问题抓得紧，安全生产和环保已经上升到全民关注的层面。在这样的大环境下，从地方政府到民营企业，切实落实环保政策，正确认识和对待环境保护问题，才是一切可持续发展的保证。

有研究认为，从传统的农业社会到现代的工业社会，现代化转型遇到的最大阻力往往来自这支社会力量（传统社会中最强大的土地拥有者集团）。[1]土地对于工业化的影响深远。在目前中国高速城市化工业化的进程中，部分土地由农用转为非农用途是必然的。从保护农民利益的角度来看，应该允许农民分享高速城市化和工业化的成果。中国征地制度尽管存在一些问题，但是不可否认的是，目前的征地制度为中国工业化的前期发展奠定了基础，并加速推动其进程。这也说明，工业化、城市化的发展促进了中国农地制度的发展，同时，农地制度也应工业化、城市化的发展实现了相应的制度变迁。[2]但是若认为要加快农地产权制度的改革，寻求良好的产权实现形式，必须提高地权的个人化程度，实现农地制度与工业化、城市化的双向互动、协调发展。[3]这实际上是一种农业发展本位的思考和见解，既要实现土地集中又能推动工业化发展，忽视了土地制度对中国工业化进程的积极作用。

2. 财政管理体制对乡镇工业发展初期的刺激作用

调研中了解到，郏州镇政府目前的主要收入来源是本地企业的税收和财政返还。原先实行财政包干制，这种制度是财政管理体制中处理中央与地方关系的一种制度。从定义上来看，是指地方的年度预算收支指标经中央核定后，由地方包干负责完成，超支不补，结余留用，地方自求平衡。许善达认为，采取包干制是因为当时国家从农村承包开始改革并取得了很大成功。[4]很多人就主张，农村既然能够成功，城市也搞承包。这是提出承包制的一个原因，它确实针对了中国过去税制里很多不合理的制度进行改变，其中最大的问题就是税收负担重。在计划经济下，税收制度和企业分配制度是学苏联的传统，即政府多集中，然后政府拿钱去投资。但是企业自身的技术创新或者投资是需要资金的，财政包干制之前，政府拿钱投资对企业发展本身有很大的遏制作用。市场化改革体现是让企业在市场里自我发展，自己做决策。[5]财

① 朱天飚：《工业发展战略的比较政治经济分析》，《国家行政学院学报》2012年第1期。

② 王家庭、张换兆：《中国工业化、城市化与农地制度的互动关系——一个新的分析框架》，《社会科学辑刊》2007年第5期。

③ 王家庭、张换兆：《中国工业化、城市化与农地制度的互动关系——一个新的分析框架》，《社会科学辑刊》2007年第5期。

④ 许善达：《我国财税改革30年：从财政包干到分税制》，来自《第一财经日报》与第一财经频道《经济学人》节目的联合专访，2008年8月18日。

⑤ 《财政包干制：当初没有更好的办法》，腾讯网，2009年9月11日。

政包干制度是一种过渡时期的制度，并没有固化和延续下去，后来被分税制所取代。财政包干制忽略了一个很重要的问题，就是政府投资，还需要负担起一定的责任，提供公共物品，那么财权和事权必须相互匹配，政府才能有实际行动。分税制是根据事权与财权相结合的原则划分中央和地方财政收支范围，具有合理性和稳定性。较之于财政包干制，相对比较规范、透明。

到 2010 年实行大财政制度以后，即根据财政部官网《财政部 2010 年工作要点》发布的消息，全面推进省直管县财政管理方式改革，健全乡财县管乡用办法。① 所有的乡镇的税收都要归任丘市管理，并由财政局统一支出。这就改变了原来以镇为基础预算单位，改变了预算内资金多的情形。这也与原先的干部考核机制有关。在原先财政包干体制下，干部的积极性比较强，为本地发展民营经济提供了政治上的激励。也就是那个时候，任丘和文安乡镇企业的发展可谓如雨后春笋般地出现，为本地工业化推进奠定了基础。不过财政包干制的负面作用较大，财政包干制助长了地区封锁、市场分割、投资膨胀、重复建设和超额分配等弊端。产生这些现象的重要原因之一，是刺激有余，约束不足。在中央与地方之间，财政关系很不稳定，财政管理很不规范。②

（三）"能人"带动与企业家群体的行动

此次调研，任丘市民营企业家表现出的自强上进、勤于钻研和善于模仿学习的乡镇企业家精神令人敬佩。从调研中了解到，一位民营企业家从 20 世纪 90 年代开始创业。他热衷于钻研，富有创新精神，自行设计制造了几种独特的链轮器械，如机械臂夹紧齿轮，曾参与中国船舶重工集团公司涂装生产线机械臂设计与生产。他有一些自己的发明和创新，但并没有申请专利和产权保护。调研队了解到任丘市能连续多年入围全国百强县市有着深层次的原因，那就是人民的自身创造力和顽强拼搏的性格特征。当地县域经济发展有着深厚的人才基础，村里有"能人"带动，村民也相继走上创业道路，这促进了当地民营企业的发展和乡村工业的进步。从文安县到任丘鄚州镇，人们身上坚强而淳朴的意志品质愈发凸显，相应的企业发展环境也大有不同，这

---

① 《财政部 2010 年工作要点》，财政部官网，2010 年 4 月 7 日。

② 施彦敏、倪建新：《调动积极性与增强约束力应融为一体：对完善财政包干制的四点思考》，《天津财经大学学报》1990 年第 3 期。

令人深思。有研究指出，促使中国农村工业发展的因素——包括大量廉价的劳动力、关系网、有能力提供的贷款、技术输入等。Otsuka 把关系性合约描述成长期的持续的合同关系，并靠个人关系、相互信任和集体责任来实施和维系。① 由此可见，个人关系以及由相互信任带来的技术和经验交流，对农村工业化起到了重要推动作用。

石门桥镇的产业集群已经形成，为了方便交流和工作，中小企业主们自行联络成立了几个微信群，大型企业如大金、顺天等企业主则不定期聚会，共享一些信息，企业彼此之间交流一直很密切，这有利于区域经济的稳定和协调发展。雁翎工业园区在一定程度上就是在行业内部企业自动整合后建立起来的。这些民营企业发展早已形成气候，政府加以引导后便形成工业园。企业的厂房用地则是租用村集体或者租用村民的土地，租金普遍为每亩每年3000 元。诸多企业聚在一起形成了"比学赶帮超"的氛围，企业经营者之间或茶余饭后或会议室内的深入交流，不仅有利于互相学习生产经验，沟通先进技术的获得渠道和操作方法，还有利于分享和借鉴管理经验，总结企业发展应该规避的风险，从而降低管理成本。通过企业家的锐意进取和互相学习，这些乡镇工业在管理层面保持了鲜活的血液，思想的进步，在一定程度上有望规避故步自封、闭门造车和"富不过三代"的乡村企业发展问题。

（四）产业政策对乡镇工业发展的助推

从调研中了解到，地方官员对招商引资的影响体现在，往届的任丘市委、市政府主要领导通过压低土地出让价格以促进招商引资，减轻企业初期投资的负担。企业原始积累少，贷款又难，土地出让金对他们来说是一笔不小的支出，压低土地出让价格有利于降低企业启动成本。这一点河北与深圳江浙不同，这是因为后几个地区企业的原始积累较多，科技含量较高。

当前地方政府官员参与招商引资的情况发生了一定的变化。调研中访谈的一位乡镇干部曾参与两个工厂的招商。不过 2014 年雄安新区建立以后，由于一些不确定性的因素，工业招商全部停止。地方政府的行事逻辑被描述为"我宁可不发展，绝对不能出问题"。之前地方经济发展与官员升迁挂钩，而

① Otsuka,Keijiro. 1998. "Rural Industrialization in East Asia," Chapter 14 in The Institutional Foundations of East Asian Economic Development. Yujiro Hayami and Masahiko Aoki,eds. New York:St. Martin's Press.

现在二者之间的关系并没有那么明显和强烈。2010 年以后，官员考核指标发生了巨大的变化。之前在财政包干体制下土地出让金有一部分可以作为乡镇政府的预算内资金，但是现在土地出让金已经与乡镇政府没有任何关系，上缴以后也没有返还。这两年对经济考核的一个重要体现在于经济发展不再是硬性指标，而是变成具有一定影响力的指标。

任丘市政府对民营企业做出了很多优惠措施和支持性政策。以税收政策为例，由于任丘有两家国有企业，两个纳税大户极大地缓解了地方税务压力，政府在税收政策上对中小型民营企业提供优惠，减免部分税项，以"放水养鱼"的方式鼓励民营企业的自身建设发展。

在产业园区建设上，石门桥镇建立了工业园区（两个工业园区分别位于付家村和马村），园区内引进企业，同时保证园区内企业发展规范化、标准化，形成较好的区域协同效应。园区内部的产业集聚，有利于降低运输成本，加强信息、技术的交流和沟通，形成集群优势，对于乡镇企业的规模化发展和经营具有重要作用。产业园区的建设，是当地政府政策产业政策的直接体现。

政府公共产品供给对于石门桥镇的企业来说影响不大，主要是因为链轮加工、铝材加工等工艺主要是机加工，基本上无污染，这也体现了链轮产业附加值不大、技术程度不高的特点。调研队从网络上了解到，任丘为石门桥镇建立了污水处理厂①，这在调研中得到确认。伴随着京津冀协同发展带来的重大转型契机和日渐严重的环境压力，任丘提出打造清洁能源基地的发展思路。

产业政策的出台，不仅需要市一级政策出面协调各方利益博弈，还需要基层党组织的力量。以马家村为例，村党支部将村里的一部分自留地拿出来给个体户发展民营经济。即村里开发，村委收取土地租金，并且给这些民营企业提供一些福利。例如，水电费优惠、降低土地租金价格等措施，鼓励支持当地村民自主创业，为全村的经济发展提供了很大的推动力。正是因为这些富有创新性和前瞻性的产业发展措施，马家村民营企业获得空前的发展。调研中发现全村将近 50% 的家庭有工厂，近 20% 的百姓在附近工厂上班，还有一部分村民有自己的耕地而务农。

---

① 任丘聚龙淀整治改造工程项目获得河北省水利厅批复，使任丘市经济社会发展获得了可持续的水资源支撑。

从表2中可以清楚地看到，同样的关键词，第十三个五年规划与第十二个五年规划出现的频次差距较大。在体现政府引导或者政府作用的关键词上，如产业、园区、改革、政策、转型、补贴等关键词上，出现频次差距较大，在第十三个五年规划对这几个关键词强调得更多，集聚一词出现的频次差距也较大。两个五年规划之间的时间里，任丘的经济发生了很大变化，政府经济转型的任务更加艰巨。2012年，任丘市政府工作报告强调，要通过培育石油化工、铝型材、摩托车、铁路机车及电器配件、石油钻采设备及石化装备制造等五大产业，在任丘市形成"一大多强"的产业体系。任丘市被命名为"中国铝型材产业基地"和"中国三轮摩托车产业基地"。这突出了政府在产业发展及产业集聚方面的作用。

表2　任丘市人民政府国民经济和社会发展第十三个五年规划
与第十二个五年规划的词频分析（单位：次）

关键词	"十二五"规划(词频)	"十三五"规划(词频)
产业	101	239
园区	30	54
改革	28	49
优势	12	38
支持	11	36
政策	12	33
转型	4	31
集聚	2	16
扶持	7	8
融资	4	8
降低	1	8
补贴	1	6
高新	5	5
产业政策	0	1

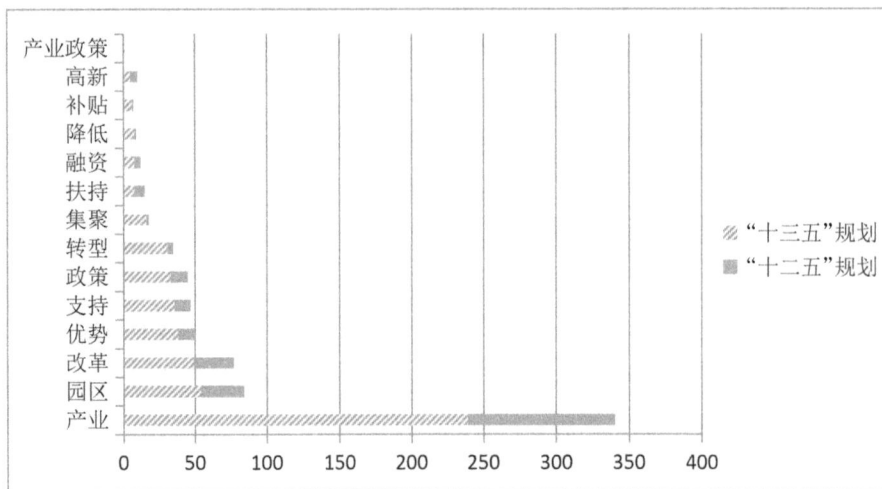

图 9　任丘市人民政府国民经济和社会发展第十三个五年规划与
第十二个五年规划的关键词词频趋势图（单位：次）

任丘市的乡镇工业发展在上述大的发展环境下进入新的发展阶段，面对新的产业政策和政策环境。任丘市在新的历史节点强调产业重点扶持和有选择性的准入及甄别，以主导产业转型升级为动力，推进传统支柱产业向中高端迈进。以战略性新兴产业为引领，推动经济结构调整和发展方式转变。如任丘市实施中小企业科技"双百工程"，加大科技投入，重点支持 100 家现有科技型中小企业做大做强，推动 100 家中小企业成为科技型中小企业。[①] 这体现了地方政府在发展经济中，对于产业新的甄别和培育理念。

从表 2 中可以看到，在任丘市国民经济和社会发展第十三五规划纲要中，产业一词出现频次高达 239 次。任丘市强调以形成产业要素集聚，进一步发挥集聚带来的效益，突出集聚发展，放大集聚和规模效应。产业政策的一部分内容可以通过对园区的扶持或者倾斜上体现。"改革"关键词在规划纲要中涉及多个方面，在经济体制方面，供给侧结构性改革加快推进，治理"散乱污"是其体现。在"优势"关键词涉及的内容中，"规划纲要"认为，经济增长长期依赖的传统产业增长空间正在全面收窄，廉价劳动力优势正在快速丧失，投资的内在动力正在逐步弱化。这表明，低成本工业

---

① 《强化项目支撑拉动经济增长，任丘加速推进"产业之城"建设》，《沧州日报》，2015 年 10 月 30 日。

化的优势不再明显。不过规划纲要认为，区位优势和淀边（白洋淀）生态优势还有待挖掘，还有潜力；努力探索出一条县域传统特色优势产业向新兴产业升级之路，打造京津冀产业转型升级试验区，国家县域战略性新兴产业发展先行区；这些任务是任丘市委、市政府需要重视的。以当前情况来看，任丘产业基础有一定优势，目前在功能互补、产业协调上已经有一定的基础和发展历史。特色优势产业和新兴产业领域正在培育壮大。"优势"关键词中提到，要支持符合条件的企业发行短期融资券、中期票据、企业债、公司债等债务融资工具。这在调研中也得到证实，企业发展到一定阶段，产业升级等需要一定的资金支持，而现有的商业银行金融体系不一定能满足这些企业的融资需求。规划纲要强调，要建设全市产业转型升级和可持续发展主导带；在产业升级上，提出要使任丘市主城区成为传统产业转型升级引领区。

截至 2015 年 12 月，任丘市启动了两大省级开发区（工业园区）道路、污水处理、供热供气管网等基础设施建设，不断增强园区承载能力。设立了摩托车、金属表面工程等 8 个市级产业园，形成了"两主八辅"的园区建设新格局。①

从表 3 中可以看出，任丘市确立了各乡镇重点支持的特色产业，对这些产业的发展定位为建成产业园区，明确了各园区功能定位。截至 2017 年，任丘市设立 9 个市级园区，以园区建设和发展园区经济来促进和带动任丘市产业的集约集群发展。园区经济是任丘经济发展的一大亮点和特色。规划纲要强调，要改造提升汽摩制造行业、金属工具行业、食品加工行业三大传统优势产业。上述举措突出了政府在产业发展和升级中的引领作用和支撑性地位。

表 3　任丘市各乡镇重点支持的特色产业及发展定位

乡镇名称	发展定位	特色产业
北汉乡	科技园区	表面工程
长丰镇	产业园区	摩托车
麻家坞镇	产业园区	通讯器材
梁召镇	产业园区	电力器材

① 《任丘市加快京津冀协同发展步伐》，《沧州日报》，2015 年 12 月 29 日。

续表

乡镇名称	发展定位	特色产业
出岸镇	产业园区	卫浴
青塔乡	产业园区	卫浴
辛中驿镇	产业园区	电气机械及器材制造

来源：根据互联网资料整理

本文认为，除了制度、产业政策（产业培育）、行为主体（产业工人、企业家）、社会文化和资源禀赋共同发挥作用，共同为经济发展形成合力，制度和产业政策为这种发展奠定基础，提供保障，并在产业培育和产业集群上产生积极影响。

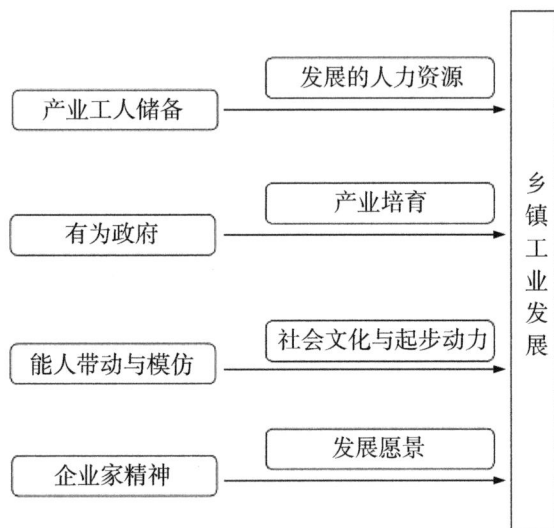

图 10　乡镇工业发展的外部环境与主体

六、任丘乡镇工业发展存在的挑战

任丘与文安的乡镇工业发展，可谓机遇、优势与挑战并存，尤其是在经济新常态的大环境下，对产业的发展提出了更高的要求。根据调研梳理，两地乡镇工业发展面临的挑战有以下六个方面。

（一）传统发展模式与日益严格的环保治理相冲突

任丘市鄚州镇原有 4 家外资企业，后来一家韩国企业撤资，原因是涉及污染，当地群众不愿意让其继续生产。即便是群众参观企业后，查明企业污染源头，群众还是不同意继续生产，无奈之下该企业只能选择搬迁。对于有些企业来说，搬迁意味着放弃原有的低价土地、设备耗损和原有客户不可避免的流失。因此，企业转移对于企业来说并不是明智之举，这些企业只能在日益严峻的环保形势压力下艰难生存或者退出当地市场。现在环保治理是联合执法，还有群众举报，整改的力度高。地方政府在环境保护领域态度比较坚决，有明确的整治"散乱污"的政策目标和联合执法等。一些企业家坦言，环保要求的煤改气工程所增加的企业燃料成本支出较大，让小型企业望而却步，在继续生产面临的亏损压力下选择了停产。

中国现阶段的环保政策对那些过去发展多半建立在不合规占地基础上的企业不利，因其缺少完整的土地手续和环评手续。在环保检查来临之时，企业只能停产整顿。随着现在环保执法力度越来越大，留给企业自由发展的空间越来越小，这与过去的情况相差甚大。过去都是先建厂后审批，因此遗留下来的问题使诸多企业土地手续不全。现在环保问题已经上升到全民关注的层面，在这样的大环境下，从地方政府到民营企业，切实落实环保政策，正确认识和对待环境保护问题，才是一切可持续发展的保证。

不过，仍然有相当数量的企业在环境保护的重压之下负债累累或者不得已关停生产。实际工作中存在环境污染问题，企业没有花重资引进净化设备，也没有相关技术人员进行使用的培训工作，因此排污工作很难开展。实际执法中面对的就是这样的情况，企业没有技术支持，没有资金支持，没有人才支持。中国的乡镇企业以其悠久的发展历史见证着中国经济的变化，但其前程如何，或许就如访谈中的一位企业家所说——"他们很迷茫"。

根据现实经验观察，地方政府在执行上级权威主体政策的时候，可以在执行政策过程中获得更多的自由裁量权，即根据当地的资源和特点来推动发展地方政府，首先需要解决当地的问题，其次保持社会稳定。[1] 但是这种现状在党的十八大以后得到了很大改变，执行上级政策变得更加刚性。尤其在环

---

① 俞可平、托马斯·海贝勒、安晓波：《中共的治理与适应：比较的视野》，中央编译出版社 2015 年版。

保问题上，对乡镇企业进行整治的过程中体现了这一规律。[①]

环境压力与体制转型会反映在规制产业的治理体系上，不同部门的权力消长、权限变化，都会造成冲突与磨合，也会造成部分"规制体系支离破碎"的问题。[②] 从调研中了解到，地方环保政策的制定不够细化，具体操作中又一刀切，那些已经有环评证书的企业，在环保部门领导检查工作之前，就被通知停产。企业与其他要货单位签订了协议，耽误了供货时间是要赔付的。受访的企业家认为，环保政策是好事，可是缺乏前后统一的执行标准，执行中不断提出新的要求，现在又要环评等各种指标，企业并不是畏惧投资，担心没有一个统一的长期的标准，没有稳定的发展预期和投资预期。

（二）丰富廉价的劳动力降低企业成本的优势在丧失

劳动力在当地这些劳动密集型产业中是占据成本链中相当比重的一部分。据了解，以前劳动力价格低廉，工人人均工资 2000 元/月左右，现在上涨了，高级工人人均工资 5000~7000 元/月，普通工人人均工资也要 4000~5000 元/月，加之环保收紧，企业利润薄，使得当地除了离北京近，已经没有其他优势。大型企业较为重视人才的培养，在大金公司，普通工人人均月工资 4000元以上，然而工人却没有法定节假日和双休日，公司生产部经理表示，"公司规定工作累了可以歇假三四天，但是没有人请假"。该公司为劳动密集型企业，位于雁翎工业园区，在当地的摩托车链轮加工行业中，规模最大，最具有代表性。正如受访的经理认为的那样，这个行业绝大多数企业都是劳动密集型企业，唯有通过劳动密集性生产，加班加点，和时间赛跑，才能在原有工人工资的基础上，创造更多的利润。这也是调研队走访的几个乡镇中乡镇工业发展的一般规律，要么是通过家庭内部"雇佣"劳动力来降低成本，要么是两个家庭合作生产，要么是延长劳动时间。

（三）政府从管制到服务再到管制的转变

10 年前任丘市对外资企业给出了"减三免二"的优惠政策，发展至现

---

① 俞可平、托马斯·海贝勒、安晓波：《中共的治理与适应：比较的视野》，中央编译出版社 2015 年版。

② 耿曙、陈玮：《"发展型国家"模式与中国发展经验之辩》，《华东师范大学学报》（哲学社会科学版）2017 年第 1 期。

在，政府的扶持依然有。不过从 2016 年开始大多数企业就处于半停产半瘫痪的状态，政府与市场的关系，尤其是与企业的关系，从管制到服务，再到管制，现在的企业因为政府环保管制压力更大。

与严格的环保政策形成对比的是有待完善的民营企业政策。对于小的污染性企业，可以采取整改措施，但是关停企业并不是资源最优化配置的好方法。实际执法中制定的政策不够细化，那些已经有环评证书的企业，在环保部门领导检查工作之前，就被通知停产。"一刀切"式的执法已经到了只要上面一来检查，所有企业必须关停的局面，包括那些无污染有环评的企业都要关停，这对民营企业是不小的打击。环保政策的执行不够人性化，有点"一管就死，一放就乱"的倾向。

企业被大量关停后，由于工人失去了工作，有个别人到乡政府上访，希望反映的问题通过政府官员进行解决。当地政府干部认为，农民不走司法途径，大大小小的事情最后全部压到乡政府，这个问题已经凸显了。政府扮演的管制者角色越来越清晰。除了民众有"求政府包办一切"的想法，产业准入、外地投资者进入本地投资、供给侧结构性改革、哪些企业能进入产业园区得到重点扶持，都体现了政府的管制性角色。另外，在中央环保政策要求之下，在问责官员治理环境污染方面，地方政府的办事逻辑逐渐变成"宁愿不出成绩，也不能出错误"。

地方政府在环保治理方面的执法，使得企业办理环保评估的流程变长。营业执照、土地证、发改局备案，这 3 项必不可少，办理环评证需要 3~6 个月。因为环保局人少造成的行政效率低下，企业从立项到验收要跑十几趟，若有 50 家企业办理的话一年都办不完。而一些企业的产品生产是要跟潮流的，乡镇小型企业往往接受订单，主要负责加工和生产，很难形成自主品牌，生产加工就对实时性有着较高的要求，产品超过订单时间要求则与潮流脱节，也就无法再流向市场，无法满足消费者的需求。这要求政府在对经济进行管制时，必须提供细化、及时、人性化的公共服务，但现实中简单粗暴的执法则更容易被延续。这对 21 世纪的中国地方政府来讲，依然是治理面临的一大挑战。

（四）民营企业政治关联低难以满足企业的发展诉求

面对严峻的环境保护压力，沧州市和任丘市都出台过针对企业发展的长远规划，如迁移到园区，但是实施起来具有相当大的难度。首先，任丘市多数企业是中小企业，迁移至园区也无用地指标；其次，多数企业向银行贷款很难，转型之中无法面对环保治理变革带来的挑战。以环保要求的煤改气为例，联合执法下政府可以直接断掉企业的电闸，或者从企业的燃料源头上切断煤的供应，没收掉煤。然而生产同一个产品，花费的天然气费用比用煤要高3~4倍。与此同时，企业的产品价格又不能随便提高，企业的盈利空间就被一步步压缩。

如何使得民营企业的权利得到较好的保护，或者至少提供一种协商的平台，使得环保执法细化和人性化呢？调研中了解到，乡镇企业家在人大和政协中的比例并不一定是民营企业维护自身利益的渠道。从2016年开始任丘对人大代表选举的要求非常严格，严格按照分配指标，一个乡镇可能只有一个指标。乡镇企业家的意见得不到有效采纳，缺少维护利益的途径。以当前环境治理来讲，任丘和文安不少民营企业家对于政府环保政策的强制性表示无奈，而这些政策的出台与细则，他们也无法参与。民营企业家在维护其利益以及有利于企业发展的政治环境时，还未表现出集体战略主体性。他们没有发展出高水平群体意识，没有形成组织自主性，因而没有成为行动一致的战略群体。

从历史角度来看，直到20世纪90年代，地方政府仍把控着民营企业，严格限制其发展，而民营企业严重依靠地方政府及其政策。随着中国经济的市场化进一步深入，地方政府和民营企业之间的关系发生了根本性的改变。民营企业的快速有效发展已经成为评价地方领导干部政绩的重要指标，成为解决当地就业的重要渠道，也成为税收的重要来源。

过去10年间，地方政府相对民营经济的角色从管制转变为指导，再到服务。为了发展地方经济，政府必须认真考虑民营企业的利益。一旦政府的服务和支持政策不能满足民营企业的需求，企业就以外迁相威胁。[①] 但是这种理论研究并没有在调研中得到验证。实际上这种外迁的可能性有多大，还有待研究。首先，企业家的销售网络或者人脉关系网在本地；其次，有不少企业家是本地人，与本地有着千丝万缕的关系；最后，这些企业所在的行业不一定在其他地区具有优势。虽然文安和任丘的地方民营企业家在一定程度上构成了一个潜在的战略群体，并且规模较大，然而即便群体成员具有共同的利

① 俞可平、托马斯·海贝勒、安晓波：《中共的治理与适应：比较的视野》，中央编译出版社2015年版。

益诉求，也不一定表现出相同的行为方式。在环保治理的大环境下，为了维护自身的特定利益，他们未采取特定性的集体战略行动。虽然这些民营企业家是地方政府一个重要的支持性群体，但是地方政府在向企业施加政治压力方面仍有较大的自主性，甚至可以忽视企业家的想法和意见。所以从这个角度讲，民营企业家并没有对政府民营经济政策的形成实质性影响。这一点在调研当中也得到了证实。文安统计局只统计那些规模以上的民营企业的经济数据，除非个别民营企业与政治体制内具有"地位亲密性"，政府可以征求他们的建议，但是显然多数民营企业家不具备这种"势"。

　　一般而言，民营企业家不仅包括大型企业主，也包括中小企业主，但只有前者才具有一定的政治影响力。[①] 在以往调研的地区，大型企业家往往是当地的人大代表和政协委员，具有提出建议和议案的能力，学术界称为政治关联。这些民营企业家在行业协会或者商会具有特别的发言权。他们比小型私营企业主更加自信，更容易采取战略行动。而由政府部门管理的商业协会和行业协会并不具有完全意义上的自主权，仅仅是民营企业家与当地政府沟通交流的渠道。民营企业家对这些协会能否解决实际问题存在质疑。他们更倾向于利用非正式渠道，比如，担任当地人大、政协或企业党组织等政治机构的职务，提出与利益问题相关的问题——土地使用权或信贷融资，经济危机时的退税补贴、投资补贴和人才引进等。

（五）日益激烈的竞争对产业发展有负面影响

　　乡镇企业缺乏行业统一管理，存在恶性竞争。现存的大企业进入市场较早，积累了一批老客户和良好的口碑。近些年雨后春笋般发展起来的小型民营企业正改变着原有的市场竞争局面。链轮行业和铝材门窗都存在入行门槛低的特点，同时以家庭作坊为代表的小企业固定成本投入较低，有的既不用付房租，又不用雇佣工人，发展起来相对迅速，有着较强的市场竞争力。以生产龙牌门业为代表的中型企业，技术工人每月工资 5000～6000 元，还有每年应付的房租和应缴纳的税费、水电费等，这是一笔不小的支出。中型企业面临的市场份额不断被以低价策略为主的同行蚕食，劳动力成本也不断上升，企业发展面临着巨大的压力。任丘石门桥镇虽然形成了小产业集群，前几年

---

　　① Jahns. Christopher, *Integriertes Strategisches Management*：*Neue Perspektiven Zur Theorie und Praxis des Strategischen Managements*，Verlag Wissenschaft & Praxis（1999）.

这种集群的优势还比较明显，现在产业集聚一定程度上使得原有的优势互补在丧失，一些企业或行业失去了昔日的优势，同质化竞争问题较为严重。

互联网对传统行业的冲击效应在逐渐显现。互联网时代在一定程度上推动了石门桥镇民营工业企业的变革，信息公开化、透明化，在一定程度上推动了石门桥镇链轮产业和铝材门窗产业"走出去"，对于企业提高在国内市场的知名度有一定的促进作用。但也压缩了企业的盈利空间。从原材料加工到最后组装交付，客户能够清楚地了解各个环节的相关情况，使得企业生产的产品价格不断走低，让企业的利润也越来越低。

任丘市乡镇企业的一些行业存在产能过剩问题，如铝材门窗行业。大量家庭小作坊式的民营企业涌入市场，推动了行业的繁荣发展，但是也造成了产能的过剩。产能过剩主要表现在以下几个方面。一是铝合金门窗行业发展的需要，适度的产能过剩对于产业转型升级也具有积极意义，面对淘汰落后、结构调整形成了必要的市场竞争，有利于形成优胜劣汰的健康机制；二是产能过剩总是与产品的同质化密切相关。产品同质化产生的原因主要有两点：一是技术缺乏创新，二是品牌建设薄弱。就前者而论，在调研地多数企业或行业都存在这个问题，产业总体创新力不足。而后者则是铝合金门窗行业的软肋。铝合金门窗行业面对的客户群分散，普遍表现为理性购买。因此，行业的企业家们笃信实物价值，忽视无形价值，特别是以品牌为代表的价值。长期以来在营销上过多地依赖销售的推动，品牌建设意识淡薄，品牌管理部门更是被边缘化。因此，铝材门窗利润较小，利润率持续走低的局面已经形成。

调研地不少产业产品附加值低。由于当地工业主要是接受订单进行加工生产，处于产业链中下游位置，产品价格又很难人为提高。随着近年来环保治理带来的成本走高，低价竞争之路越来越走不通。绝大多数企业不注重科技研发，宁愿花钱买技术，用市场换技术，也不愿投入资金、时间、人力资源持之以恒地进行科技研发，使得大部分企业缺乏核心竞争力，实际上相当于其他企业的代加工厂。如雁翎工业园一间工厂制造一个摩托车链轮，出厂价不足 1 美元。这 1 美元的链轮被核心企业卖到摩托车制造厂所赚到的利润就不止 1 美元了，生产企业几乎无利可图。因此，代加工的企业只是单纯的劳动密集型企业，自身缺少具有核心竞争力的技术，不具备赚取高额利润的能力。

（六）企业的产业转型与未来发展定位存在困惑

实现企业和银行之间的良性互动，发挥银行在企业融资中的作用，对于企业规模的扩大、企业生产线的改造和转型升级、企业员工的培训和管理方式的革新起着重要的推动作用。拓宽企业融资渠道，盘活乡镇企业资金存量，不仅对于中小企业的蓬勃发展意义重大，对于构建完善的乡村经济网络影响深远。

自 2017 年环保督察工作开展以来，一些企业的土地手续不齐全，不仅影响到企业的环评，还对企业贷款等金融服务造成一定程度的影响。据了解，当地的中小型企业很少去向银行贷款，一是乡镇企业很多用地手续都存在问题，企业无法提供抵押物，很难去办理贷款；二是贷款审批严格，需要经过担保、调查等一系列流程，效率较低。过去企业从银行贷款较为容易，最近几年银行对企业没有完整的土地手续、存在违法占地现象有所担忧，放贷更加谨慎。这是企业建立初期手续不全留下的后遗症，对企业未来的发展势必会造成不良影响。在采访石门桥镇最大的一家摩托车链轮企业大金摩配有限公司生产部门负责人时，他表示企业不会从银行借贷，行业内部的企业之间存在相互帮助，民间融资是企业融资的主要选择渠道。发展型国家理论强调政府制定的产业政策中会引导金融资源向企业配置。这一点与任丘的经验事实不符合。

当地的企业常常采取家族管理模式，通过内部集资进行生产，这样带来的弊端是家族经营容易产生管理效率低下、决策机制不够科学等。也有一些有识之士提倡采用职业经理人方式，不过没有得到广泛的肯定和推行。有的企业还会采用民间融资方式，盘活资本存量，但是总体来说额度小、风险高。

七、比较视野下的工业化

任丘市地处京津冀经济圈，属环京津、环渤海经济开放带，是国务院确定的对外开放市。对于石门桥镇很多链轮加工企业而言主要业务是做 OEM 产品，即俗称的"贴牌生产"。企业专注于自己产品的生产，产量主要根据订单进行调配，因此基本没有存货。任丘对企业而言不论是进货还是产品销售，都有着得天独厚的地理优势。企业多从河北唐山、辽宁凌源等钢铁产业发达的地方进货。总体而言，摩托车配件产品技术水平不高，因此没有专利和产权。

铝合金市场有着分散性和市场准入门槛低的特点，且销售去向分布全国各地，为的是服务于人民群众的民用工业产品需求。链轮行业相对来说生产基地较为集中，那些选择在任丘市生产链轮的企业家，刚开始看重的是链轮的利润，这与这些企业家之前在三轮车等机械厂工作有关，"干中学"成为当地企业发展的重要成功因素之一。而今已经有很多企业进入这个行业，那些新的投资商又不愿意介入。即便是链轮加工毛利润低，当前的局面也会持续下去。

在调研中了解到，链轮行业的企业主要分为两类：一类是做国外市场，从海外拿订单，注重产品质量；另一类则是做国内市场，着重于打造品牌影响力。不过这两类企业的分工也并不是那么明确，有部分链轮企业走的发展之路是先国内、再国外，这与20世纪90年代以后中国农村居民对摩托车的大量需求有关，这些企业在国内获得成功后，再转向国际市场。

在市场环境方面，目前中国70%左右的链轮加工制造企业分布在任丘市，尤以石门桥镇为多，其余30%左右主要分布在江浙、广东一带。链轮加工行业发展相对平稳，对于较大型的企业而言，近几年来订单量基本持平，国内和国外产品的利润率差别基本不大，外贸公司能为企业带来更多的销路。这与这些国外目标销售区的国家的经济发展阶段有关。鉴于这些国家的工业化发展要么处于起步阶段，要么本国的工业化发展侧重食品工业或者轻工业，这就为任丘本地的企业拓展海外市场提供了机遇。正如调研中几家链轮企业生产部负责人表示的那样，印度近年来也开始在链轮行业发展。因此，任丘本地企业在印度拓展市场较为困难。

链轮行业从毛坯到链轮中间的加工环节较多，生产过程略烦琐，同时利润低（一个直径10厘米的链轮毛利润只有几分钱），一些小型链轮加工制造企业的发展前景不是很明朗。关于未来的发展趋势，本报告认为是走市场整合之路。未来链轮行业可能会产生新一轮的洗牌，这一点得到了调研的企业生产部门负责人的认同，并认为这个过程是必然的。

结合国外的工业化进程来看，拉美国家和中东国家曾经奉行"进口替代工业化的战略"，因此这些国家的工业化进程较之于中国则起步迟，或者工业体系不够健全，这使得中国制造走向全球有了深刻的产业政策原因。拉美忽视比较优势，丰富的劳动力资源未得到充分利用，导致本地劳动力就业举步维艰。[①] 有研究认为，"劳动密集型产业—资本密集型产业—技术密集型产业—研发创新型制造业和生产性服务业"的路径是日本和韩国产业成功升级的共同特点。这条路径成功的原因在于，国家在赶超初期首先发展劳动密集型产业，提升就业水平，并为此后的转型升级提供劳动力要素基础。此后产业结构向钢铁、石油化工等资本密集型重工业升级，为进一步的产业高级化提供资本品积累。之后，产业结构实现向高附加值的机械和汽车制造以及全球产业链顶端的电子设备制造、以及研发创新性服务业的转型。[②]

拉美奉行进口替代发展战略，实际上过度的政策保护和放弃干预，对产业结构升级过程产生持续的不良后果。拉美工业化失败的历程表明，奉行完全的政府保护是不可取的，完全保护甚至孤立起来发展本国工业，将使得国内产业缺乏竞争而难以壮大。但是没有政府保护也是不行的，激烈的国际竞争会使得优势产业畸形发展，导致经济结构失衡。

从任丘劳动密集型产业的发展中可以看出，其积极意义不仅仅是带动就业，这些劳动者学会了一定的知识和工艺，积累了一定的资金，为后来他们在工业领域的创业奠定基础，这一点在任丘的乡镇工业发展中体现得很明显。不过任丘的工业还处于"劳动密集型产业—资本密集型产业"或"资本密集型产业—技术密集型产业"这两个阶段。不同企业发展水平不同，资本实力不同，对于自身转型升级的潜力还有待挖掘和提升，对于转型时期企业的发展定位还有待进一步探索。

与进口替代战略的"强迫升级"相反，出口导向战略寄希望于逐步升级。[③] 任丘的乡镇工业不仅把市场面向国内，还向国外市场发展，以此来积累发展资金，积累转型的经验。从任丘的发展进程来看，企业在本国获得一定发展后，在资金积累和产品加工工艺得到提升后，再转向拉美和中东等地区的欠发达国家的市场，在国际贸易中获得了一定的地位，这也是雁翎工业园

①　曾韵：《拉美国家工业化中的进口替代模式及其对中国的启示》，《现代经济信息》2015 年第 11 期。

②　姜超：《进口替代与出口导向、保护与竞争——拉美为何未能实现转型升级？》，《华尔街见闻》2016 年 6 月 1 日。

③　朱天飚：《工业发展战略的比较政治经济分析》，《国家行政学院学报》2012 年第 1 期。

区内几家摩托车链轮企业的成功之路。

中国的工业化历程堪称赶超的典范，是比较优势的充分发挥，立足本国资源禀赋优势，没有好高骛远地一开始就发展资本密集和技术密集型产业，把握了工业化发展每一阶段的特点和精髓。这一观点在任丘乡镇工业的发展中也得到了充分证明。

从国家干预工业化或者扶持工业化的进程来看，中国与殖民地时期的印度有着鲜明的对比。从比较的视野看，尽管印度的工业化取得了一定的成绩，学术界曾有这样的困惑：为什么印度的工业化取得了成功？为什么印度工业化做得不够好？在印度成为殖民主义国家的时候，奉行自由放任的政策，这使得经济增长接近于停滞。由于国家能力不足，印度的国家干预效果也十分有限，对于印度的工业化的速度和模式带来了负面影响。[1] 国家能力与国家愿景之间的关系并非一直处于协调或者相辅相成的状态。相比之下，中国地方政府在推进工业化发展的过程中，保持了一种一以贯之的政治力量。这种政治力量由地方党委和政府充当，这是其突出特点。对任何类型的经济增长和工业化而言，这种力量都是相当有必要的，而这一点在殖民时代的印度经济中是做不到的。殖民地时代的印度没有建立专门的政府部门来扶持新兴工业的发展，没有制定产业政策，没有对要扶持的产业进行补贴，印度国家扮演的角色有限。[2] 这样一来使得印度制定任何一项具体政策、执行任何一项具体的政策，都变得非常困难。[3] 因此，发展中国家在面对多重约束下，很难快速启动工业化并取得成功。发展中国家推行工业化的时候，面临着国家能力和国家愿景之间的冲突。

八、研究结论及政策建议

本文的研究是基于两个县域的案例。强调在套用"中国模式"的主体性的时候，也要把握"发展型国家"理论的进步要求和与时俱进性。值得注意

---

① ［美］阿图尔·科利：《国家引导的发展——全球边缘地区的政治权力与工业化》，朱天飚、黄琪轩、刘骥译，吉林出版集团 2007 年版。

② ［美］阿图尔·科利：《国家引导的发展——全球边缘地区的政治权力与工业化》，朱天飚、黄琪轩、刘骥译，吉林出版集团 2007 年版。

③ ［美］阿图尔·科利：《国家引导的发展——全球边缘地区的政治权力与工业化》，朱天飚、黄琪轩、刘骥译，吉林出版集团 2007 年版。

的是，"发展型国家"理论源于对东亚国家发展经验的归纳，其理论取材的对象并未包含中国的经验或现象，因而对中国的特殊性难以兼顾。在这样的背景下，将发展型国家直接套用在对中国经济的解释上，难免会有"削足适履"的问题。

之所以需要建构新的分析框架，原因在于中国经济发展无法成功地、深入地用发展型国家理论来解释。地方政府的一些行为并不符合发展型国家理论的预设条件，如蔡欣怡（Kellee S.Tsai）认为，中国的政治经济改革违反了理论的假设与预期，特别是政府并没有系统性地将资金配置到最具有生产力的经济部门，使得这些部门需要依赖非正式的融资来源，这不符合"发展型国家"的理论精神，因此，该理论无法有效解释中国的经济发展。① 围绕政府与市场的动态关系，以及市场的自我完善与进步，中国经验的诸多内容无法纳入其中进行分析。后来的学者将"发展型国家"理论发展到2.0版，这个版本的理论认为国家与社会之间适合的网络关系促进了经济发展，该判断主要来自对地方经济发展的观察。② 2.0版注意到地方政府有着很高的经济发展积极性，这也是1.0版本的一脉相承。2.0版注意到地方政府强大的政策弹性，这一理论认识具有一定的进步性。不过依然没有对中国民营经济的发展乃至崛起后与政府的关系做出恰当解释和说明。

本文认为，发展型国家理论在讨论政府职能时，更多地谈的是政府的经济职能，而没有研究政府自身的变革和体制变化对地方经济发展的影响。对于转型时期中国地方政府职能的变化以及央地关系的变化，发展型国家理论对此关注不够，或者说涉及较少。有学者认为，以往研究对政府间纵向关系的动态演进过程关注度不够，缺乏对纵向关系的阶段性和不同阶段的应对策略的认识。③ 这表明，没有普适的政府间纵向关系。随着中国市场经济的不断成熟和完善，政府角色也在转换，央地政府间纵向关系也在进行阶段性调整。

雷诺兹认为社会主义经济不能照搬西方的宏观理论……所以需要做大量

---

① Kellee S.Tsai：*Off Balance：The Unintended Consequences of Fiscal Federalism in China*，9（2）Journal of Chinese Political Science（2004）.

② 黄宗昊：《中国模式与发展型国家理论》，《当代世界与社会主义》2016年第4期。

③ 鲁敏：《弹性化控制：中国转型期纵向政府关系调适》，《内蒙古大学学报》（哲学社会科学版）2012年第1期。

的理论修改工作。① 无论是实践内容的丰富性还是经济政策工具上，社会主义经济或者欠发达国家的经济面临的难题中，有些是发达国家不曾遇到的，理论修改则很有必要。雷诺兹认为，对于社会主义经济和欠发达经济来说，大约有一半西方经济理论的分支需要进行不同程度的改造。② 这再次表明了西方经济理论的适用性具有相对性的特征。这个观点正确地揭示了两种经济学理论的发展与完善，表明了一种理论或者经济发展经验能在多大范围内是普遍有效的，需要实事求是的态度。发展型国家理论无法较好的应用于中国乡镇工业发展的解释。这也体现了雷诺兹所言西方经济学理论的改造程度和适用性具有相对性的特征。在中国地方经济发展中，政府与市场的关系深受经济政策工具的影响，并且这种影响深远。

从任丘的发展中可以看到，在制度设计上，中国地方经济发展中政府的作用很大，影响深远且比较复杂。政府与市场的关系在任丘得到了全面展示。市场演进大约有三种模式：欧美的市场自发演进模式、东欧等国家的激进模式和中国政府主导的市场建立模式。③ 中国市场经济的实践，既有自然内生，也有人工培育，后者主要体现在政府主动进行的体制或制度建设，通过完善的制度体系，保证市场的良性运转。当前中国政府主动对市场失灵的领域进行弥补，不再被动弥补市场缺陷，而是主动建立市场和培育制度。一些学者认为，中国式的市场化模式可以概括为"强力政府+逐步培育的活跃的民间经济+政府和市场之间的开发性关系"。④ 开发性关系体现了政府在市场经济的特定阶段所发挥的作用。结合任丘的发展经验来看，市场的形成受到所处历史阶段和经济基础的限制。而政府在市场经济发展中的作用依然关键。斯蒂格利茨认为向市场经济过渡绝不是要弱化而是要重新定义政府的作用。⑤ 有了

① ［美］劳埃德·G. 雷诺兹：《经济学的三个世界》，朱泱、贝昱、马慈和译，商务印书馆 2013 年版。

② ［美］劳埃德·G. 雷诺兹：《经济学的三个世界》，朱泱、贝昱、马慈和译，商务印书馆 2013 年版。

③ 国家开发银行、中国人民大学联合课题组：《开发性金融论纲》，中国人民大学出版社 2006 年版。

④ 国家开发银行、中国人民大学联合课题组：《开发性金融论纲》，中国人民大学出版社 2006 年版。

⑤ ［美］约瑟夫·E. 斯蒂格利茨：《社会主义向何处去：经济体制转型的理论与证据》，周立群、韩亮、于文波译，吉林人民出版社 2011 年版。

政府介入还不够，还需要考虑让市场有效运行的因素。

未来，任丘和文安的乡镇工业发展进入了多方利益主体参与博弈阶段，央地关系、政府与企业关系、企业与当地群众关系都进入新的阶段。在这个大的环境下，地方政府不再像以往一样盲目引进投资主体，而是要通力合作，在原有基础上对产业发展做大做强做优，实现转型升级。地方政府要在发展上充分协商，听取企业家的发展意见，听取人民群众的呼声；在发展制度上，要形成发展的合力，使经济政策之间的张力或冲突减小，共同为乡镇工业发展形成新一轮的制度红利。新常态下地方经济发展势必需要处理新的矛盾，应对新的挑战，要把这种转型带来的阵痛降到最低，这对于地方经济社会治理有益。

基于前文的分析，本报告对中国乡镇工业化提出如下政策建议：

第一，执行环保政策时要有积极反馈，更有利于企业发展。

结合文安和任丘的做法来看，上级政府治理污染的政策由基层干部来完成，基层干部在政策执行中遇到问题后，以客观辩证并兼顾差异化的方式解决问题的少，反而"一刀切"式执行更加省心，不用因为对上级政策作出基层的选择性执行背负责任。"一刀切"执行不仅盲目性大，还是怕承担政治责任的体现。政策执行中的细则不够具体、不够灵活，缺乏企业家群体自下而上的反馈。在进行环境管制的过程中，县一级政府迫于上级政府压力，没有足够多的精力或者准备提前进行产业规划。

第二，应该进一步简政放权，赋予基层干部作为的勇气和魄力。

涉及乡镇工业发展的工作，一方面需要提升基层办事效率，避免层层审批，层层耽搁的低效行政方式。另一方面需要优化和完善"追责制"。上一级政府可以在深入调研的基础上，联合制定针对不同污染程度、不同经营规模的企业的不同环保整治标准和整改措施，便于政令推行和政策可行性的提高。追责制不是全责制，追的是决策失误，追的是执法不力、行政认知偏差，要给基层干部吃定心丸，减少"宁愿不出成绩，只要不出错误"的保守思维。同时要立足实际，真抓实干。结合部分村庄小作坊对基层干部执行政策的意见，应该加强对基层政府、村委会执行政策的监督。应该打通政令传递障碍，尽量破除上传下达的信息损失，加强地方官员和上一级部门的有效沟通。基层官员要扮演好人民公仆的角色，立足于当地实际，实事求是，积极反映基层群众的生产生活诉求。

第三，地方政府要进一步投资污水处理设施。

在环境保护越来越严峻的当下，环保是一道红线。企业生产不能以牺牲绿水青山为代价换取金山银山。很多中小企业污水等污染物排放有限，企业本身生产规模较小，资金有限。在环境保护管制的约束之下面临整改或停产的选择。整改所要负担的更换机器、设备等成本往往是小企业难以承受的，长此以往企业无利可图，小企业只能选择停产。除了排污设备本身高昂的成本，技术人员的短缺也是污水处理的一大问题。报告认为当地基层政府可以根据产业集聚状况进行产业区划分，根据生产值和排污情况进行分类，几个小企业为一个生产单元，集中建设污水处理池。一来减少企业购置和建设成本，二来多家小企业合用设备可以降低运营成本，提高使用效率；三来进行专业培训，提高治污技术和治污能力，进行联合治污。

第四，地方政府管理经济方式需要进一步优化。

地方政府管理经济的过程中，要在前瞻性思考的前提下，基于本地情况，服务好地区经济发展。对于一些企业的转型升级不可操之过急，环保执法亦不可"一刀切"。对于产业园区的企业进行扶持和引导，对于园区外的一些具有代表性和一定规模的企业，也要在发展中给予一定的支持和帮助，通过创造良好发展环境培育其进一步发展壮大，为地方经济发展和带动就业做出贡献。河北从管制到服务型政府的建设，虽然取得了一定的成绩，但是要继续保持，不能用行政权力的方式过度干预地方经济的发展，甚至无视企业发展现状，造成一些不必要的后果。

第五，地方政府对于产业转型需要进一步提供支持和合理引导。

地方政府对于产业转型的支持和引导，除了设立产业转型引导基金外，还需要加大支持力度。此外，一些产业或行业的发展环境被人为破坏，政府需要引导其合理健康有序的发展，营造竞争而又有效的发展环境，逐步减少低水平重复投资和建设。

后记：

凡是研究和解读中国经济的学者，无论是从中国市场经济的实际发展情况出发，还是从理论层面出发，均不能机械式套用西方市场经济理论。那些解读中国经济的学者各自选择了不同的考察视野和切入点。值得一提的是阿瑞吉①的"国家市场经济"观点。他从经济发展管理与效率角度考察了中国市场经济，认为中国市场经济虽然也追求高效率发展，但是它的管理模式有别于西方市场经济模式，肯定了中国政府在市场经济发展中所起的重要作用。他希望中国市场经济开辟出一条公正、平等、高效的市场经济发展模式。阿瑞吉还强调，中国的国家市场经济具有不可忽视的世界发展意义。阿瑞吉从理论的高度肯定了中国市场经济取得的成功，对西方主流经济学理论予以挑战，对21世纪中国经济的崛起提供了理论支撑。但是不可否认的是，中国经济发展取得成功的同时，理论的高度概括性和简化性无法涵盖现实中国经验的丰富性和复杂性。这正是调研需要解决的问题，对发展经验进行深度总结，为今后的研究提供坚实的实证研究基础。

我国作为世界范围内最大的一个发展中国家，从新中国成立后就确立了工业化的发展战略，避免产业空心化。这一点不仅在上海和江苏等省级政区有所体现，在我国多数工业县也得到充分体现。相比那些农业县，工业县从产业发展和升级中受益。本次调研的两个县，从最初的发展到现在的成绩，基本上体现了地方发展的比较优势，劳动力优势，以及发展起步阶段知识积累和资本积累，使得后期的"干中学"和知识经验扩散具备了条件。

本次调研是继以往调研乡镇工业化基础上开展的一次活动，是为了更深入的理解和认识一县之内如何成功启动工业化的路径。在调研的15天里，调研队队员冒着酷暑奔走于乡村之间，行走于企业和政府之中。王夫之曰："行可兼知，而知不可兼行。"以实事求是的态度，为理解我国地方经济发展提供一个案例，在丰富自身视野的同时，关注地方经济发展，是一件有意义的事情。

---

①　乔万尼·阿瑞吉是纽约大学宾哈姆顿分校"布罗代尔经济、历史体系和文明研究中心"的核心成员之一，著名的世界体系论者和新马克思主义者。

河北省民营企业发展现状及其分析

——基于涿鹿县、怀来县的调查

李小云　刘向元　刘凌星　刘建昆

一、我国民营企业发展研究综述

关于民营企业的现有研究，主要从政商关系、融资约束、外部环境、内部管理等角度展开。

史晋川等学者的疑问集中在温州企业与地方政府之间密切的非正式关系上，他认为这种关系妨碍了温州吸收外来投资，并将一部分企业从温州挤走。曹正汉的文章沿着史晋川等人的思路，以新制度学派的视角描述温州企业政治化的过程。① 两位学者的研究已经关注了企业的政治关联。

(一) 民营企业的政治关联

胡旭阳在《民营企业的政治关联及其经济效应分析》一文中认为："政治关联在缓解民营企业外部环境约束和促进民营企业发展方面发挥了重要作用，具体体现在以下方面：其一，作为法律替代机制，在功能上发挥了保护民营企业产权的作用；其二，缓解了民营企业发展过程由于所有制歧视造成的融资难问题；其三，有助于民营企业克服行业进入的管制性壁垒。"② 另外，蔡地、黄建生等在《民营企业的政治关联与技术创新》一文中为"政治关联可以在一定程度上缓解正式制度缺陷对民营企业发展的阻碍"这一观点提供了

---

① 姚洋：《通往寻租之路——评曹正汉〈从借红帽子到建立党委——温州民营大企业的成长道路及组织结构之演变〉》，《中国制度变迁的案例研究》（浙江卷）第五集，中国财政出版社 2006 年版。

② 胡旭阳：《民营企业的政治关联及其经济效应分析》，《经济理论与经济管理》2010年第 2 期。

新的经验证据。①

政治关联能给企业带来贷款，特别是长期贷款的融资便利。② 具有政治关联的民营企业比没有政治关联的民营企业更加积极地进行创新投入，并取得更多的创新产出；与大规模民营企业相比，政治关联对小规模民营企业的创新活动的促进作用更加明显。③ 民营企业拥有的政治资源与民营企业多元化程度之间存在显著正相关性；民营企业拥有的政治资源越丰富，民营企业越可能进入政府管制行业进行多元化投资；民营企业拥有的政治资源与民营企业进行相关多元化的可能性之间存在负相关关系。④ 总体上，在母国具有政治关联的民营企业的国际化比无政治关联企业更可能促进公司绩效的提升。以上论述都是对我国民营企业存在的政治关联的正面评价。但是也有一些论述指出了政治关联的负面影响。政治关联为民营企业的破坏性生产活动提供了保护伞，降低了受惩戒的风险与成本。⑤

通过上述研究可以看出，在我国民营企业中，政治关联广泛存在。本文由此引申出的重要命题是，在中国经济转轨过程中，政治关联作为一种替代性的非正式机制，是民营企业适应当前制度环境的行为选择，政治关联发挥了重要作用。在中国经济转型背景下，民营企业的政治战略对于自身发展发挥着重要的作用，有助于降低运行成本，增加发展机会，提高企业价值等。但是民营企业在构建政治关联过程中是存在交易成本与潜在风险的。其一，这对未拥有政治关联的民营企业不公平；其二，政治关联强行改变了社会资本的分配原则，破坏市场秩序；其三，政治关联可能会导致"寻租"行为的发生，最终的结果是造成社会公共资金的低效配置，社会资源的浪费。政治关联反映出的目前我国经济转型存在的问题，最根本的仍然是逐步建立以市场、法规为基础的市场经济运行体系。但是，在现阶段我国经济体制不完善的条件下，政治关联作为一种替代机制，市场与政府予欲以政治关联正确的

① 蔡地等：《民营企业的政治关联与技术创新》，《经济评论》2014 年第 2 期。

② 李姝、谢晓嫣：《民营企业的社会责任、政治关联与债务融资》，《南开管理评论》2014 年第 6 期。

③ 蔡地等：《民营企业的政治关联与技术创新》，《经济评论》2014 年第 2 期。

④ 胡旭阳：《民营企业的政治关联及其经济效应分析》，《经济理论与经济管理》2010 年第 2 期。

⑤ 贺小刚等：《政治关联与企业价值：民营企业与国有企业的比较分析》，《中国工业经济》2013 年第 1 期。

引导，不失为一条民营企业谋求发展的可行路径。

（二）民营企业与融资

在中国经济转轨过程中，民营经济作为经济中最具生机活力的市场主体，已经成为我国经济增长的重要源动力之一。而民营企业融资难已成为民营经济发展的最大掣肘。[①] 在中国经济转轨过程中，与国有企业相比，民营企业获得融资的难度远远高于国有企业。[②] 为什么民营企业存在融资难的问题？汤光明认为："经济新常态下民营企业融资难主要原因在于国家金融体制缺陷、银行'贷公不贷私'偏好和民营企业融资成本高。"对此，他认为经济新常态下，破解我国民营企业融资困境的主要途径包括国家应以战略高度支持民营企业融资、政府鼓励建立和发展中小金融机构，以及企业苦练内功、夯实融资基础。[③]

针对民营企业融资难的问题，涌现一大批的研究成果。已有研究表明，民营企业通过建立政治关联能够缓解融资困难。民营控股公司中的国有股权对企业获得银行贷款有显著正向影响。在控制其他相关影响因素之后，含有国有股权的公司比未含有国有股权的公司能够获得更多的融资便利。进一步来说，民营控股公司含有国有股权与民营企业家参政在影响企业融资便利程度方面存在一定的替代关系。[④]

另外，金融关联这一非正式制度也可以改善民营企业面临的融资约束。金融关联能有效缓解民营企业的融资约束。民营企业中存在的金融关联强度越强，其融资约束越弱。金融市场化程度低的地区，金融关联对于缓解民营企业融资约束的作用显著高于金融市场化程度高的地区。而且金融关联与政治关联在缓解民营企业融资约束上存在差别。政治关联程度较低的民营企业中，金融关联缓解融资约束的作用较大；相反，政治关联程度较高的民营企

① 余力、孙碧澄：《民营经济发展的融资困境研究：基于金融抑制视角》，《财经科学》2013 年第 9 期。

② 李广子、刘力：《债务融资成本与民营信贷歧视》，《金融研究》2009 年第 12 期。

③ 汤光明：《经济新常态下我国民营企业的融资困境探析与破解：基于财茂股份融资难之视角》，《金融视线》2016 年第 17 期。

④ 宋增基、冯莉茗、谭兴民：《国有股权、民营企业家参政与企业融资便利性：来自中国民营控股上市公司的经验证据》，《金融研究》2014 年第 12 期。

业中，金融关联起的作用较小。①

二、民营企业发展的现状及特征

调研队走访了 30 余家民营企业，参观企业生产车间，请企业负责人填写调查问卷，并展开深入交流。怀来县工业园区特意为调研队召开 10 余位企业家参与的经济形势座谈会，从县一级的视角下看新形势下国家宏观调控的效果、竞争力、企业债务、企业融资、发展挑战等方面。调研队从中筛选出 25 份合格调查问卷，据此描写民营企业的现状特征。

（一）民营企业的竞争力

图 1 显示，目前的民营企业主要依靠技术和劳动力成本获得竞争优势，既体现了两县承接北京的部分高新技术产业，也体现了两县企业的发展依靠当地劳动力的低廉。难能可贵的是，两县发达的民营经济基础为培养产业后备工人提供了良好的条件，除了外出务工的农民工，产业后备工人及在职工人都是两县经济发展不可忽视的力量。这也是全国县域经济发展取得成功的一大原因。

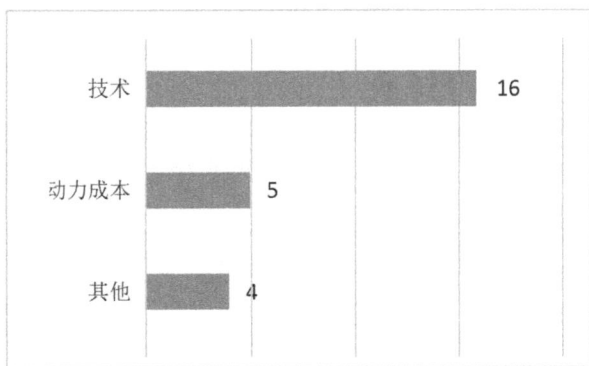

图 1 竞争优势

在"低成本工业化"的促进下，政府的支持或优惠政策为企业前期发展节省了资金，使之可以将有限的资金投入自主研发中。调研显示，一些技术驱动型企业，研发投入较高，并和一些高校进行合作，通过技术投入，在一

---

① 邓建平、曾勇：《金融关联能否缓解民营企业的融资约束》，《金融研究》2011 年第 8 期。

段时间内建立领先优势，弥补行业空缺，并以此获得较高利润。由于不断投入研发成本，在行业内处于领先地位，也摆脱了与类似企业同质化竞争的困局。

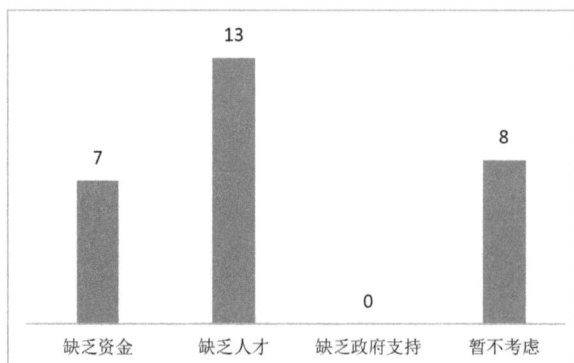

图 2　自主研发的难度

作为高科技含量的企业，自主研发势必需要大量的人才。县一级由于生活、工作条件相对落后，在吸引高层次人才上存在劣势，所以这类企业多在一线城市。然而调研中发现有这样一小部分企业，其独特的发展模式给了调研队一种新的启示：将产品的设计、销售与生产环节分离，分别寻找合适的发展区位。如涿鹿县人力成本、土地成本相对较低，且交通便利，在产品生产方面存在诸多优势；而处于北京的总部则在吸引人才、打开销路、寻求与外界企业合作方面有诸多便利。二者结合，就走出了一条中小企业发展的创新之路。这样一来，企业在研发投入上就敢于投资，成本没有降下去，但是企业的利润依然良好。

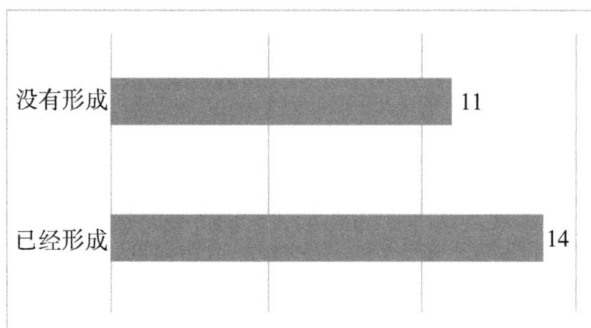

图 3　企业是否形成核心竞争力

为了进一步增强中国民营企业的竞争力，政府要创造良好的制度环境，企业则要加快现代公司制度的建设和加强技术和创新能力。[1] 调研数据显示，部分企业没有形成自己的核心竞争力，和企业负责人座谈的过程中进一步认识到核心竞争力对于企业的重要性，有了核心竞争力才能从容地面对瞬息万变的市场竞争。

（二）民营企业的成本

调研显示，相比 2015 年，60%的企业劳动力成本上涨了，40%的企业劳动力成本没有变化。通过与企业负责人交谈发现，劳动力成本的上涨对于高新技术企业不是大的挑战，反而可以促进高新技术企业的创新与管理。但是对于近年效益不好的企业来说，劳动力成本是一大负担，而且劳动力成本的增长并没有直接导致企业的升级。

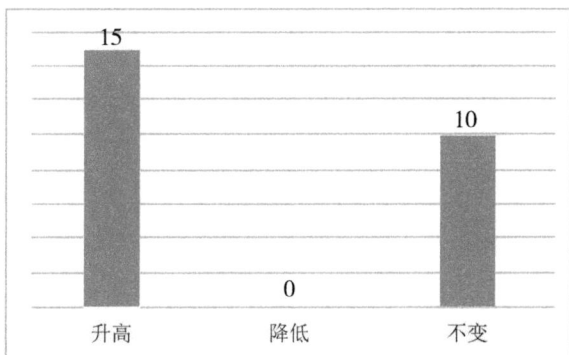

图 4　劳动力成本

当前的时代形势下，依靠降低劳动力工资实现成本的下降已经基本不可行，只有个别企业在供给侧改革下，通过给员工放假等办法来少发工资。而通过降低原材料成本的途径的企业只占 24%，原因在于部分企业处于产业链的下游，只能接受现有的价格。有 56%的企业通过技术升级实现降低成本的目标，证明利用技术升级提高企业产品的附加值被认为是一条可行的道路。

① 刘迎秋、黄少卿、刘艳红：《2004 中国民营企业竞争力 50 强分析报告》，《中国工业经济》2004 年第 12 期。

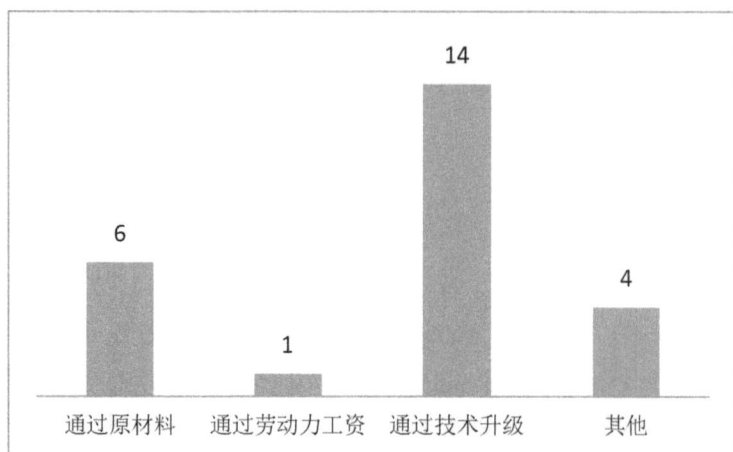

图 5　民企降低成本的途径

（三）企业融资

调研显示，企业的债务来源主要是库存占款，其次是银行贷款，接着是企业之间的"三角债"和劳动力工资欠款。而企业的"三角债"影响了企业自身资金周转，主要是大企业欠款和中小企业欠款。前者还款周期长，后者还款较快，但是会存在一些欠款难以追回的现象。欠款越多，表明企业的订单越多；长期来看对于企业发展有利，但是短期内造成了企业的资金周转压力。因此，往往无法拒绝与这些大客户的合作，对于拖欠款带来的资金链压

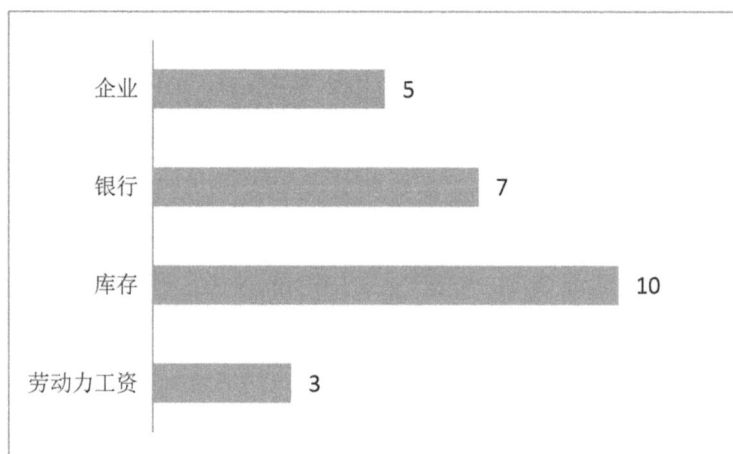

图 6　企业债务来源

力，只能通过不同项目的预付款周转，以一种"拆东墙补西墙"的方式来解决。同时，通过与客户的后续合作来回收前期的拖欠款，或者用企业自身的利润进行垫付。

当地的融资环境也在某种程度上加剧了企业面临的压力，由于银行倾向于为效益好的企业提供资金，效益差的企业融资相对困难，即使获得贷款，也主要是解决了资金链的流通，而无动力进行生产技术的改进，生产成本降不下来（企业不进行自主技术研发，也有缺乏人才等原因。）银行贷款需要抵押和评估，尤其是评估比较详细，需要考察企业的效益。

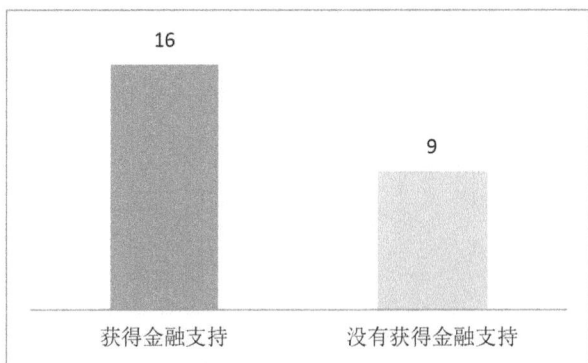

图 7　是否获得金融支持

在产业内创新升级上，绝大部分企业都是自付资金，只有个别发展良好的高新技术企业获得政府的补贴或支持。

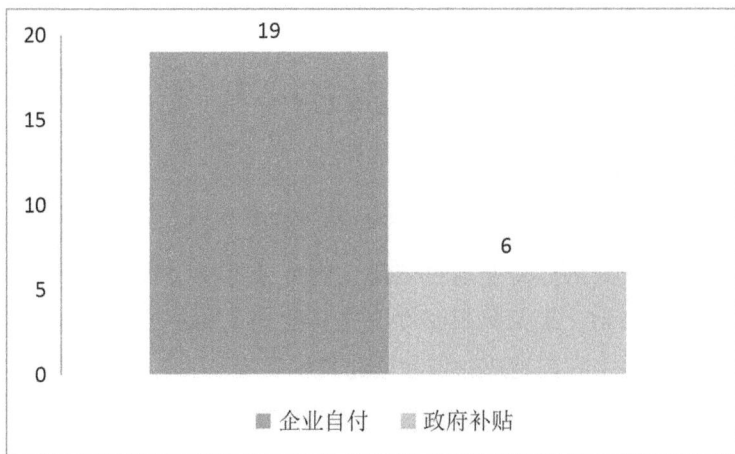

图 8　产业内创新升级的资金来源

民营企业的投资与其在当下环境中的贸易额密不可分。一些效益好的企业，市场需求量大，就敢于投资；一些效益不好的企业，对于投资持谨慎态度，首要在于解决库存问题或者保持现有销售渠道的畅通。因此，在这样的环境下，"新36条"① 对民间投资的促进提供了一个方向性的信号。如图9所示，选择"有一定作用"的企业有16家。这表明，政策措施已经开始发挥积极作用。

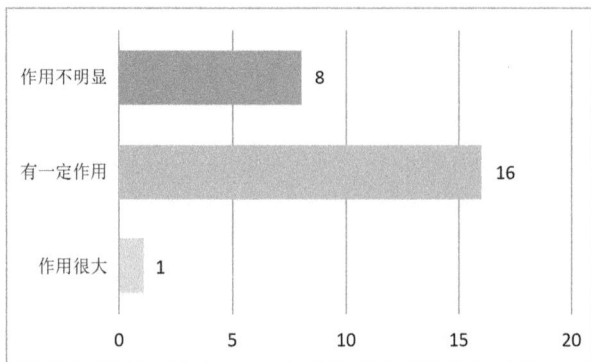

图9 "新36条"对民间投资的促进作用

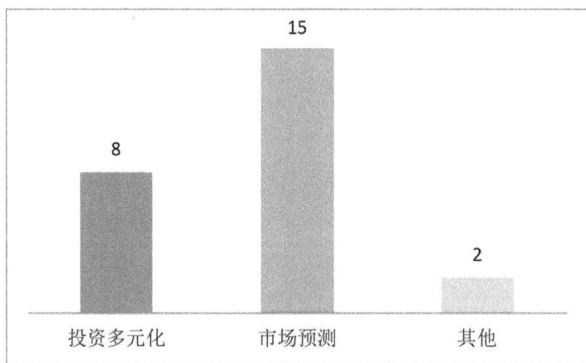

图10 企业风险控制机制

由图中可知，大部分企业通过市场预测来进行风险管理，但是这种管理或多或少有一些被动。多元化投资并不是其他企业的首选，调研中了解到的投资多元化主要集中在房地产领域和葡萄酒庄领域。

---

① 新36条是指"非公经济36条"颁布5年之后，2010年5月13日发布的《国务院关于鼓励和引导民间投资健康发展的若干意见》。

（四）政治关联

政商关系对于企业的发展举足轻重，前文提到的政治关联亦是政商关系的一大体现。没有政府的支持和优惠政策，民营企业的发展必然会受到一定的影响。认为目前政商关系具有依附性的企业有 14 家，表明了大多数企业对于现有政商关系格局下企业对于政府依附性的认可。县级政府甚至上到省级政府出台的一系列文件和政策，对于民营企业具有一定的扶持作用，既包括前面的"低成本工业化"，河北省对科技型中小企业的扶持，还包括联席会议在融资上对企业诉求的积极回应。可见，依附性对于大多数企业来说是必需的，尤其是那些没有掌握核心技术的企业来说，更容易受到政策变动的影响。

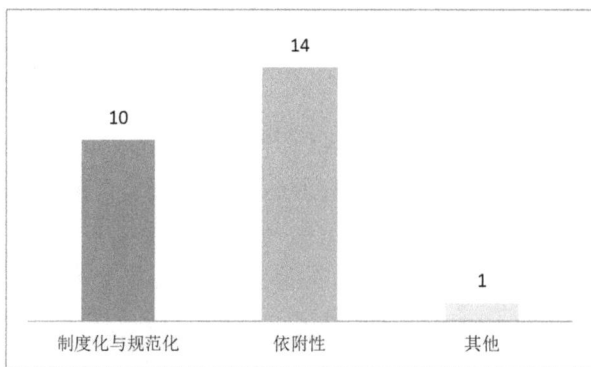

图 11　政商关系

根据调研显示，政治关联缓解了民营企业发展过程由于所有制歧视造成的融资难问题；在转型经济背景下，因为民营企业相对于国有企业在获取政治资源、产权保护、经济援助等方面处于弱势地位，政治关联才显现出特殊的价值和意义。

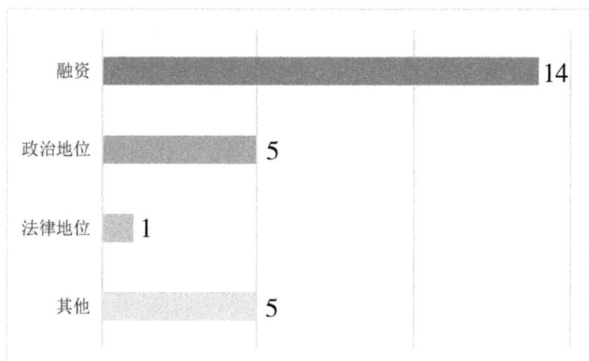

图 12　民企与国企的差别

调研显示，企业的当务之急或者眼下关注的事情更多体现在融资需求上，而对于政治地位的关注，这些中小型民营企业还未给予过多的重视。不同企业政治地位差别是客观存在的，一时难以改变，而融资上的便利则更为现实，更符合民营企业的现实发展需求。

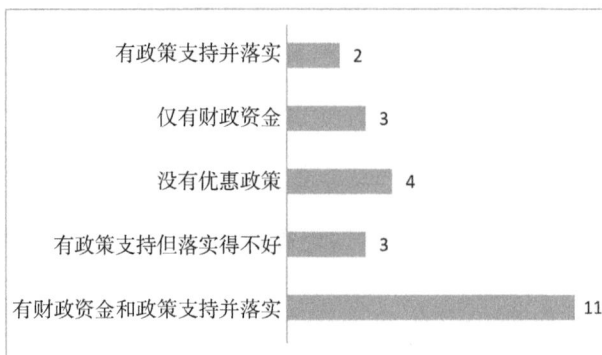

图 13　政府对民企的态度

涿鹿和怀来的民营企业管理实行园区管委会制度，园区下又分为多个部门，负责经济发展规划的制定、安全生产的监督、招商引资以及招商后土地资源的解决，平时主要为企业服务，负责企业的相关数据统计工作。园区管委会主要发挥服务企业的作用，负责解决企业建设遇到的问题以及纠纷。

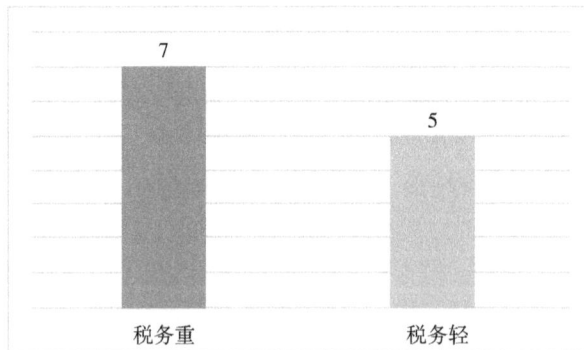

图 14　企业的税负

在访谈中了解到，政府对一些发展较好的民营企业进行了扶持，包括税收优惠，尤其是进口设备的优惠，但是其他企业感到税负重，主要在于经济形势不好，企业盈利能力有限。目前正在推动的营改增，企业家表示有一定作用的减负。

（五）所处行业

图 15 显示，绝大部分企业没有进行产业转移。进一步调查发现，进行产业转移的大多转移至房地产行业，期望通过房地产业的发展，为企业不景气的业务提供支持，以维持企业总体盈利率的持平，以便资金更好地周转或腾挪。

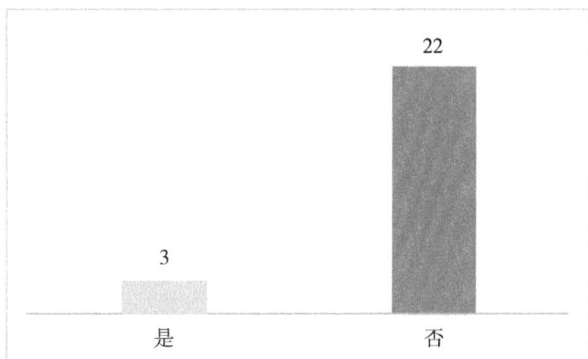

图 15　产业转移

图 16 显示，企业处于产业链的下游的和处于上游的基本一样多。根据微笑曲线理论，上游往往是利润相对丰厚、竞争缓和的行业，或掌握核心技术，有较高的进入壁垒。调研中发现有两家企业为了降低成本，为企业生产核心产品提供原材料的其他企业也被兼并到本企业中来，以此降低生产成本，更好地与外部环境中其他企业竞争。

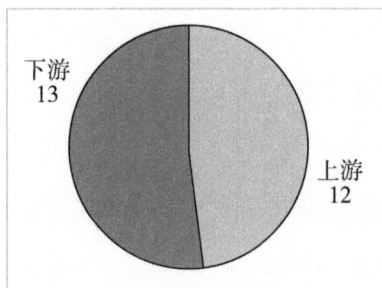

图 16　企业在产业链中的位置

对于在本地区形成产业集群的行业来说，企业所面临的竞争压力更大，尤其是存在同质化或相似的企业的情况下，更是如此。调研显示，两地的企业并没有在同一产业上有比较细化的分工，这样一来就无法发挥产业集群对于企业发展的促进作用。而大部分企业所在行业没有形成产业集群，这使得这些企业需要和外面的其他企业竞争，即县内、县外和省外区域。

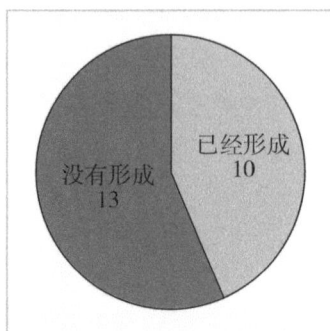

图 17　企业所处行业在本地是否形成产业集群

（六）其他特征

调研显示，大部分企业的产品销售区域主要为省外，这样可以避免和本省的同类型企业竞争，本省的销量大小对于企业的影响不大。其次是县内向工业，这样的企业要在本地立足，就需要有稳定的产品需求量。不过据调研显示，往往是县内向工业的需求量不稳定，使得企业的经济发展有一定波动。

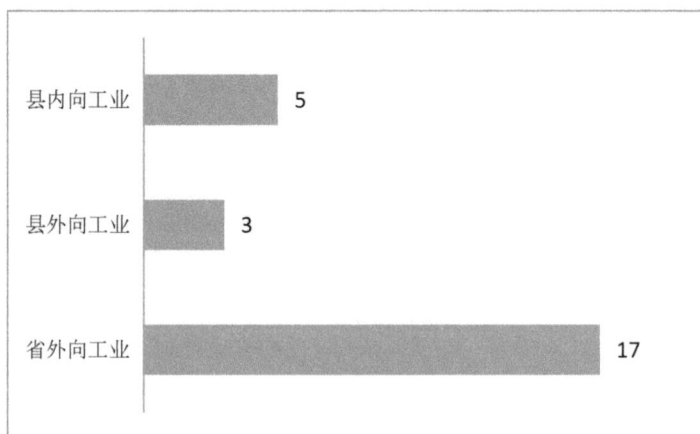

图 18　产品销售区域特征

在供给侧改革的大背景下，部分行业产品的销量受到一定的影响。但值得注意的是，有一部分企业虽然总体产值降低，然而利润却升高了。这是因为这些企业科技含量高，产品利润率也较高，产品销售结构的调整造成了这一结果。

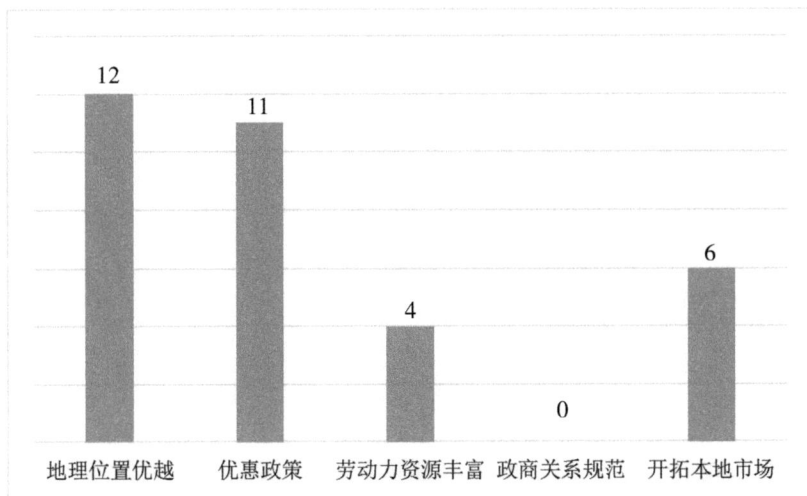

图 19　在此地投资的原因

调研显示，一些企业是在多方考察后，决定入驻涿鹿和怀来工业园区的。这些企业要么是把总部设在北京，要么是把加工厂设在北京郊区县。相比其他区域，如易县、固安等地，涿鹿县政府对这些企业更为重视，提供的土地更多，土地转让金也更为低廉（办完各项手续后，每亩 11 万元左右；易县等地土地出让价十几万元）。经济增长前沿课题组将此归纳为"低价工业化增长模式"①；低成本是工业化的核心竞争力，这包括劳动力成本低、土地价格低以及实际税收低。

我国部分地方在推进工业化、城市化的进程中，通过随意低价征地获取"低成本"土地，侵犯农民土地权利。突出表现是以统筹城乡发展之名，行牺牲农村发展空间之实"。非中性产权制度②以及选择性保护体现在具体经济案例中就是，处于弱保护中的劳动力、土地等的产权保护水平相对较低，以及对投资厂商的权利进行强力保护，以此吸引和落实投资，但是现在这种战略

① 经济增长前沿课题组：《经济增长、结构调整的累积效应与资本形成——当前经济增长态势分析》，《经济研究》2003 年第 8 期。

② 高程：《非中性产权制度与大国兴衰：一个官商互动的视角》，社会科学文献出版社 2013 年版。

在逐渐改变，使得企业意识到低成本战略已经无法持续，促进企业主动进行转变，企业发展战略由要素低成本向由技术、管理创新形成差异化的战略方向转变。[①] "离土不离乡" 政策大大推动了低价工业化。农民工成本仅仅按 "剩余劳动力" 定价，并且不需要住房、社会保障等所有城市居民所需要的工资外成本，农民工的这一切都可以在乡村土地上得到解决。

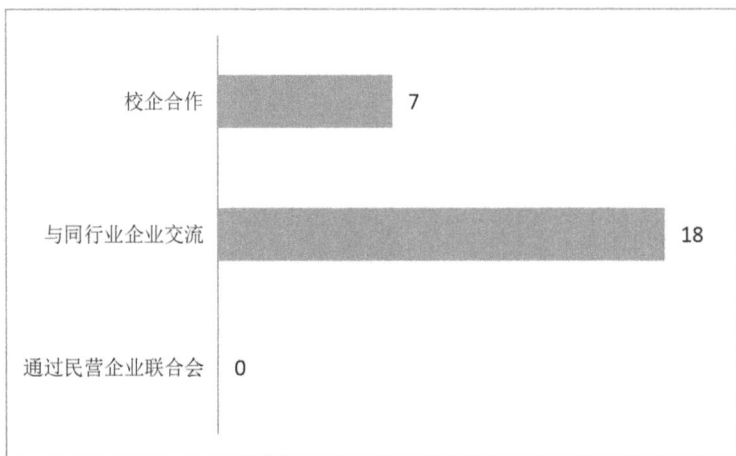

图 20　企业交流范围

目前大部分企业都是通过和同行业企业进行交流以获得发展的经验，通过校企合作实现实质性进步的企业较少。一般都是那些高新技术企业或者对技术要求比较高，这些企业迫切需要和大学或者研究机构进行合作，以发挥后者在人才和科研上的优势，促进企业的技术升级。县城对于科研人才的吸引力是有限的，不能吸引人才前来发挥能量，这也引出了 "总部经济" 的概念。"总部经济" 的核心作用在于各地方政府争夺税收。除此之外，一些企业将总部设在北京，有利于留住人才。这些企业不愿意搬出北京或总部，给生产基地的县级政府带来的税收并不多，贡献不大。为此，政府为企业融资也想了一些办法，主要有以下两个方面：一是金融对接会，由银行行长参加的政府召开的联席会议（现场解决问题）。二是成立中小企业发展基金。

从图 21 可以看出，鉴于企业的性质不同，存在的挑战也不同，既有同行业企业竞争，也有劳动力成本、销售渠道和管理方式等挑战。有些民营企业由国企改制而来，这样的企业不能解雇员工，在经济形势不好的情况下，只

---

① 魏建：《产权的选择性保护与中国的长期经济增长》，《政法论坛》2010 年第 1 期。

能采取员工放假或者闲置生产设备，以保证企业的持续运行，这是企业降低成本不得不采取的措施。

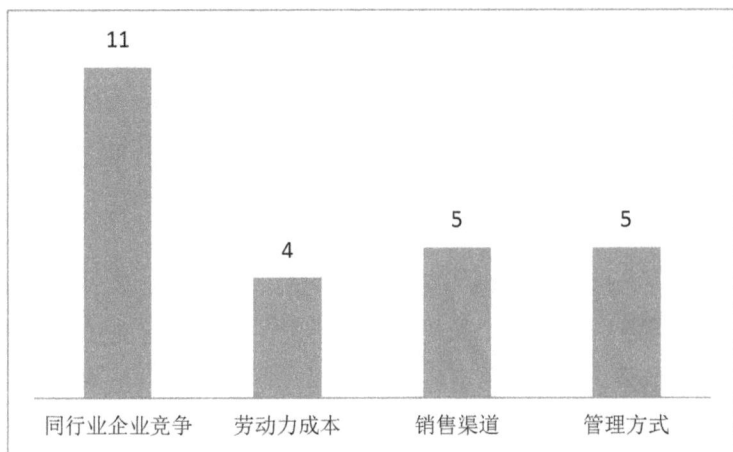

图 21　企业发展遇到的挑战

　　随着我国企业管理体制的变化，对企业所在行业的准入度的放松，从之前依靠国家的订单可较好地解决产品的销路问题，到现在产业的开放，同行业企业数量的增加，尤其是 4 万亿元投资的刺激，信贷的宽松和对成立企业的支持，使得该行业的企业进一步增加。如河北省内原来仅有 1 家某类型的企业，现在有 4 家。同质化企业的增多，一方面，给产品的销路带来了巨大的影响，使得企业面临越来越重的产能过剩压力；另一方面，由于市场供需原理，产品的价格会下跌，压缩企业利润。这些结构性矛盾导致了今天的局面，也是历史遗留性问题，短期内难以改变，体现在现在的语境中就是产能过剩。这表明企业在追求社会责任和企业自身效益的博弈或平衡中，在新时期选择了企业效益，通过一部分下岗工人和企业兼并，提升企业的核心竞争力。

　　劳动力成本和较多的同质化企业反映出部分中小企业发展过程中面临的共同困境。这类企业所处的行业一般为夕阳产业，在供给侧改革的大背景下发展前景暗淡。我国民营经济的发展，在不同行业对于劳动力及外部环境的敏感性是不一样的。这类生存困难的企业，最终或是走向破产，或是走向二次改制，这也是调研队走访的企业的做法。然而企业的改制也可能带来种种社会问题，如该企业将解雇大量员工，这些员工采用买断工龄的方式进行补偿，由于补偿较少（部分是一年仅有 1620 元），可能产生新的矛盾。如何处理这些矛盾，政府需要妥善处理好后期问题。

本报告认为民营经济的培育也要讲究县域经济的有效容纳量。一些民营经济不敢投资，原因之一就是对未来经济形势不看好。如果同行业竞争过于白热化，企业过多，压缩了利润空间，则民营企业就失去了生存空间，进一步来说，亏损甚至倒闭也只是时间问题。民营企业不论是在技术水平、资本总量还是吸纳就业量上，都各有不同，多层次、多元化的结构注定了政府服务民营经济手段的多样性。政府政策调控对民营企业发展的影响还是比较显著的。

除了制造业领域，食品加工类行业也存在如下现象：准入门槛较低，同质化竞争较为严重。在高端产品销路萎靡的背景下，一些企业选择采用价格战的形式扩大销路，而由于生产成本的限制（问卷显示，红酒企业均反映近年来劳动力成本略有提高），这一举措降低了利润。企业进行"价格战"，利润降低，销量减少，果农由于葡萄无法处理，给当地政府施压，政府又给企业施加压力，要求提供部分补贴给果农和企业，结果便是三方的利益都受到了损害。所以企业希望有行业机构规范市场。该企业的这一诉求，也表明同质竞争严重，代表了市场价格波动大的行业内企业的呼声。这样的低价格竞争思路，如同 20 世纪家电业的情形，不利于整个行业的发展，个别企业在原材料上具有成本优势后，对那些没有原材料优势以及专注于较高端品质的葡萄酒品牌产生了一定的冲击。这样的竞争是走不出恶性循环的。

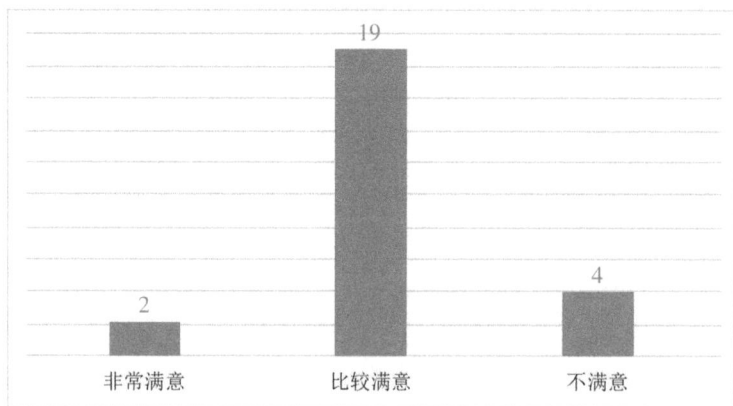

图 22　对民营经济发展环境的满意程度

在调研中发现，25 家企业只有 2 家企业的董事长或总经理担任本县或张家口市政协委员，即政治关联。这 2 家企业是同行业的翘楚，发展形势良好，给县政府贡献的税收较多，政府给予了重点关心和支持。这 2 家企业对民营经济发展环境非常满意，而其他大部分企业对发展环境表示比较满意。如此一来，政府的眼光和聚焦点就在这些对县域经济具有贡献和对就业具有明显带动作用的企业身上，这些企业需要接待源源不断的政府或其他组织的到访，但是正好表明了政府在态度和政策上明显的支持和关注。两县都有一个共同的制度，即经济形势联席会议，四大商业银行的县级负责人也列席会议，让各企业负责人列席分管副县长主持的会议，使问题当场解决。

三、涿鹿与怀来民营经济发展的一般经验

结合与涿鹿县、怀来县民营企业家、工信局及分管工业经济的县政府科室干部的交流，对于两地民营经济发展经验进行总结，得出一般经验。通过这些经验，意在了解两县民营企业的过去、现在和未来的发展情况，认识县政府在民营企业发展过程中所起的作用。通过总结，有如下六点内容。

（一）招商引资

涿鹿县和怀来县以工业立县，这个定位在十几年里一直没有动摇，并在此基础上不断强化。每年都会进行招商引资，近年来涿鹿被越来越多的企业所熟知，一些高污染企业主动联系县政府，希望来此地投资建厂，县政府考虑到其污染性不予接纳。2015 年，招商引资谈了 15 家（北京外迁的企业较多），正式签约的有 4 家。近年来，县政府和其他地区企业的交流日益增多，来涿鹿参观的企业增多。

（二）对中小企业发展的扶植

涿鹿县设立了中小企业发展基金，这些企业发展的绩效不抵涿鹿县那些高新技术企业，贷款的困难较大，需要政府支持。该政策是参照其他市的政策再考虑本县企业的需求制定的，其中包含特色农业基金与建行的贷款，建设银行在利息方面有一定的优惠。针对农业的主要是农业合作社，这在涿鹿较多，尤其集中在苹果和葡萄行业。2015 年与邮政储蓄银行商谈针对小微企业进行支持，建行在支持中小企业发展上效果不好，才有此转变。"助保贷"每个县都有，但效果都不太好，利息高，手续繁杂，限制了其发挥作用的范围，涿鹿县现已经改为与邮政储蓄合作。

涿鹿县还成立了大学生创业园区，每年无息贷款 10 万元，现在有 34 家大学生团队入驻创业园。融资担保体系目前应一些企业的要求，正在建立。除此之外，政府还有一些发挥兜底作用的案例，比如，天宝化工因为融资而停产，政府借钱为企业员工提供养老、医疗保障，帮助无法退休的人员退休。

（三）人才政策

涿鹿县印发《涿鹿县人才工作协调小组 2015 年工作要点》。文件强调，围绕加快民营经济发展步伐，研究制定加强民营经济组织人才队伍建设的实施意见，全力推进民营企业家队伍建设。遴选一批科技型民营企业创新创业人才，建立日常交流沟通工作机制，及时听取意见建议，全力帮助解决困难问题，提升人才工作服务民营经济发展水平。目前涿鹿县建立了人才家园，对于企业高管给予一定的住房，解决当地户籍以及孩子入学问题。

（四）发展经验借鉴

涿鹿县的领导充分发挥主观能动性，与省里相关部门取得联系，向省里汇报当地工作经验，省里拿涿鹿的调研报告作为制定政策的参照。该县领导在北京海淀区挂职期间邀请企业来涿鹿考察。这也是涿鹿县民营企业发展较好、民营经济发展较快的一大原因。近年来，涿鹿县还到邢台、宣化和南方一些地方取经，进行经验交流，参加推介会。

（五）产业园区建设

目前在怀来园区的企业有 120 多家，园区外有 100 多家中型企业，发展好一点的企业尽量"放在"园区内，让它们享受优惠政策。园区也有一定的约束机制，一些企业用地量大，但是园区不会一下子满足其需求，会分批解决。土地建设用地省里有指标，县里负责争取。后进入园区的企业的用地需求都是通过"招拍挂"来实现，一般是一亩几万元的价格。在产业园区建立初期，给予企业一定的优惠政策，如用电、土地等，这为企业发展初期能进行低成本工业化奠定了基础，使得企业有了更多的周转资金。而今这种做法已经难以再现，现在进入园区的企业将会面临更高的要求。

个别企业通过办土地证，以土地作为抵押获得贷款，但是两年内并不投资，土地利用效率低下，没有为县域经济带来多少税收。因此，从这一两年开始，政府与企业签订协议，规定两年内必须投资。这是站在政府角度让企业主动投资的行为，也是考虑土地利用率的行为。2016 年一家企业因未履行协议，政府收回一块地。总之，政府要求不能搁置土地。

四、研究结论

民营企业对于中国经济的快速增长起了重要的作用，民营企业现在面临的问题亟待解决。党的十八届三中全会提出，要使市场在资源配置中起决定性作用，并以此为基础，从多个层面提出鼓励、支持、引导民营经济发展，激发民营经济活力和创造力的改革举措。

民营经济的发展处于良性轨道，也与我国多年来探索政府与市场关系的努力密不可分。政府对于民营企业的发展逐步转向服务上，政商关系趋于合理规范。国家应以战略高度支持民营企业融资。本报告认为，优化社会融资结构，推行渐进式的利率市场化改革，充分发挥市场在资源配置上的决定性作用是破解我国民营企业融资困境的现实选择。贯彻落实《中共中央关于全面深化改革若干重大问题的决定》，保证民营经济能够依法平等的使用生产要素，公开、公平、公正参与市场竞争是民营经济持续发展的需要。

县域经济中民营经济成分所占比重越来越高，对于县域经济的影响也越来越大。作为县一级政府政策调控的重点是民营企业。近年来出台了一系列优惠政策，对于民营企业的发展进行扶持，在利用生产要素方面也具有了同国有资本一样的优势和便利。比如，报告中提到的"低成本工业化"，以及河北省政府出台的对科技型民营企业的扶持政策。在这样的一个发展环境中，不同竞争实力的民营企业之间的竞争力出现了分化，呈现了明显的差别，强者愈强，弱者面临的外部市场环境日益艰难。

通过报告的分析，在地方政府招商引资的过程中，我国现有的土地制度对企业起步发展是有一定积极作用的。由土地非中性产权制度诱致变迁出来的工业化，是一种"低价工业化"。这对民营企业发展初期具有一定的促进作用。鉴于不同民营企业面临的不同生态或环境，使得其自身竞争力不同。总体上讲，进行技术创新有助于改善自身竞争力。不过劳动型密集的民营企业在扩大就业上提供了一定的空间。

使小型企业的创新行为获得金融资源支持，仍是未来一段时间的重要任务。通过报告分析可以看出，政府在财政、税收方面的支持力度，以及在完善市场竞争环境和加强权益保护方面的努力，对民营经济的发展起到了积极作用。不过不宜推出损害市场经济长远发展的优惠政策，如在县域经济发展中刻意追求短期的经济增长率，而层层下指标，这种刻意追求势必会破坏市场经济的规律。当前各个地方之间在发展民营经济方面的政策逐渐趋同，地方政府难以再通过更胜一筹的优惠政策去发展民营经济。政府自身建设和政府职能转变成为尊重市场经济规律的必要之举。

县域经济民营化是当前发展中不可逆的趋势，县级政府如何为民营化提供好的发展环境呢？这不同于县域发展国有经济，要将过去的行政逻辑转变为市场逻辑，必须打造良好的市场环境。通过转变政府职能，进行制度创新，全面地奠定市场经济的运行基础。未来中国经济的发展对市场经济的成熟度和市场发育提出了较高的要求，而县域经济民营化是一种机制灵活、潜力巨大的经济发展运行模式。通过县域经济民营化可以进一步激活生产要素参加生产经营和社会分配，促进所有制结构的调整和经营机制的转换，不断解放和发展生产力，提升县域经济水平。

民营企业发展无疑是当代中国最重要的经典话题，除了吸纳了大量就业[1]、贡献了 GDP 外，民营企业更是县域经济壮大的重要基础。近年来，民营企业的发展环境在变化，在同一个时代一些民营企业成就了自身，一些民营企业却面临着一定的挑战和困难。从本报告的研究中可以看出，政府在民营经济发展中依然具有重要的、不可替代的作用。对于中国经济问题的研究，不能停留在以往的文献的基础上，还需要关注和调查大量的现实问题，做到与时俱进。在一个相对较长的历史长河中去审视民营企业发展思路，并观察政府的所作所为，为今后更好的调控民营企业发展和制定政策提供依据。

后记：

在涿鹿和怀来的调研，使调研队队员们对民营企业的发展有了进一步的认识。一个县的发展，得益于领导的长远思考与努力，更离不开企业家的奋斗。调研队所选的调研地的民营企业，既有技术密集型企业，也有劳动密集型企业。两县地理位置具有优势，对国家宏观经济调控较为敏感。县域经济的转型和升级也在未来的考虑之中。两县的民营企业家有困惑，也有希望。国民经济转型带来的阵痛，带有时代的烙印，也是全局优化与局部和理性之间的张力的体现。正如有学者认为的那样，政治和经济环境界定了经济学家

---

① 据涿鹿县统计，当地民营企业消化本地劳动力 5 万人左右。

所提出问题的实质和特定时代经济理论的内容。① 随着我国经济政策的不断完善和优化，那种因政治关联而担心企业在获得金融支持和政商关系上存在问题的局面会逐步改善，这是国家治理现代化后的必然结果。总之，涿鹿和怀来两县为调研民营企业提供了一个较好的样本。

学术界对民营企业所处政治经济环境的认识需要深化和与时俱进。民营经济的发展被有些学者看作富民经济，是提供绝大多数就业岗位的主体。只有更加深入认识两种经济成分的关系或者区别，才能制定出更好地指导民营经济发展的政策。

感谢涿鹿县、怀来县政府对此次调研的大力支持，没有两县政府的帮助，调研队的工作可能无法展开。同时，感谢30余位民营企业家的悉心答疑、解惑与指导。调研中虽然有个别受访者持有质疑或轻视的态度，但时常有声音说："期待你们的调研成果，并且可以在实践中发挥作用。"希望本报告能够以飨读者，对读者有一点的启发和借鉴之意。

---

① ［美］斯坦利·L.布鲁：《经济思想史》（第6版），焦国华、韩红译，机械工业出版社2003年版。

关于河北省乡镇工业发展及产业转型的若干思考及建议

李小云 成 鹏 李俊杰

一、我国乡镇工业的类型分析

课题组通过深入调研，并结合我国乡镇工业总体情况，把我国乡镇工业按照投资资金来源大致分为以下四种类型。

第一种是资源依赖型乡镇工业。这种乡镇工业所在地往往具有良好的资源禀赋，现有的支柱工业企业大多由原有的国有企业改制而来。如河北遵化市建明镇，其支柱产业是钢铁、矿山等，重要企业皆脱胎于原有的国企。通过调研发现，目前资源依赖型乡镇企业在转型过程中所面临的一个严重问题是"路径依赖"。这些企业对既有的资源支撑型发展模式严重依赖，在传统资源型产业竞争优势日减的当下，缺乏转型升级的主动性和灵活性。

第二种是内生型乡镇工业。发展这类工业的乡镇自然资源禀赋不突出，往往通过地方政府培育民营经济来提供发展资金。如河北省的廊坊市胜芳镇、辛集市、任丘市石门桥镇等。内生型乡镇工业的发展明显可分为分散和集群两个阶段。在分散发展阶段，往往由各乡村根据比较优势因地制宜地发展相应的工业，以便能够快速地积累资金。待发展到一定规模和阶段后，政府再进行规范化管理，通过建设工业园区，引导分散企业集群，形成一定的规模效应。概言之，这种类型的乡镇工业具有民间自发和政府引导的双重特点。目前，其面临的最突出问题是企业规模普遍较小，集群主要体现在形式上，企业之间的配合与联动水平低，产品、服务同质化严重，且技术含量低，没有形成影响力大的品牌，规模效应不明显。

第三种是资本输入型乡镇工业，或外资驱动型乡镇工业。这种乡镇工业主要依赖外来资金，主要分布在广东和福建等地的侨乡，具有特殊的地域性，是政府利用社会资本的一种类型。这种类型下政府干预和经济规划是高起点、高标准的设计，不能用完全的市场化来解释，甚至在一定程度上出现了逆市场化现象。如广东东莞和佛山的乡镇工业、福建龙海市角美镇的乡镇工业，都是通过吸纳侨资而建立和发展起来的。

第四种是混合型乡镇工业。这种乡镇工业初始阶段由市属企业、村办企业所组成，后经过产权改革，变成了混合所有制或者私人所有制企业。产权改革是混合型乡镇工业出现的关键，所有制形式上的多样化是其主要特点。

以上四类乡镇工业，根据其中政府的治理模式，又可概括为两种类型。一是跨区域合作治理模式，如广东的乡镇，企业的生产基地外迁，通过跨地域的园区建设，两地协商解决发展中面临的公共产品提供，解决发展中土地要素的制约。二是政府主导参与治理模式，如河北的乡镇工业发展类型，是政府在乡镇工业发展到一定阶段后，追认园区，进行规范化管理，扶持龙头企业。

广东的百强县数量较江苏要少，但是千强镇却不少。研究还发现，为了更好地发展乡镇工业，各省都进行了乡镇合并，其中广东和江苏早在20世纪80年代就开始了乡镇合并。以广东为例，对全省经济实力较弱、规模偏小的乡镇实行撤并。广东省原有的部分乡镇行政区域已不适应社会主义市场经济的发展和城市化进程的要求。实行乡镇合并的原则是，人口和资源配置，以一般乡镇向县城或中心镇合并、经济实力弱的向经济实力强的乡镇合并、小的向大的乡镇合并、新的向老的乡镇合并。这种乡镇合并有利于统筹规划乡镇工业的发展，避免各自为政、盲目竞争。但需要指出的是，在合并乡镇的过程中，必须注意各乡镇的地域特色，只有那些特色相近、联系紧密的乡镇的合并才会收到"1+1>2"的效果。

二、乡镇工业的转型路径

如果按照乡镇工业发展的经济地理格局来分，可以分为两种：城市辐射发展型和乡镇内生发展型。第一种类型的乡镇工业兴起的一个重要原因是，在其发展之初就拥有一个可以依靠的外在技术源泉——城市工业，良好的地理区位使乡镇与城市的联系密切。如安徽省合肥市蜀山区井岗镇。这种形式的乡镇工业在长江三角洲最为典型。其特点是乡镇产业结构与城市较为相似，与城市大工业协作配套的工业比较发达。这种乡镇工业与城市外部联系强于乡镇工业的内部联系，城乡工业呈现较强的一体化生产、经营、销售的格局，彼此间的相互依赖性比较强。第二种类型的乡镇工业是在农民自己筹资以及乡村社会资本的影响下发展起来的工业，直到后期具有一定的规模后，政府追认园区，其发展的困境在于资金量有限，发展起步时间晚，起步较低，技术含量也低。在迎来环保治理革命后，其自身转型的难度很大。这种类型的乡镇工业与城市的关系并不是很密切。

表1 河北省工业强镇工业总产值

单位：万元

乡镇名称	工业总产值/2014年	工业总产值/2015年
唐山丰南区丰南镇	7249241	5437891
迁安市马兰庄镇	2847231	2084280
武安市磁山镇	774580	784560
丰润区银城铺镇	2429252	1791806
遵化市遵化镇	63069	1001491
文安县滩里镇	2151709	2191296
宁晋县凤凰镇	3125021	3052652
霸州市胜芳镇	4908554	4630000
磁县磁州镇	249426	224483
遵化市建明镇	1500080	969630
迁安市木厂口镇	1754153	1209707
遵化市苏家洼镇	649510	427030

数据来源：《中国县域统计年鉴2015（乡镇卷）》《中国县域统计年鉴2016（乡镇卷）》

在上述工业强镇中，多数镇的工业总产值出现下降，资源型工业镇产值的下降与整体宏观经济环境密切相关。

之所以探讨乡镇工业的类型，就是要理解其演化类型和途径。不同类型的乡镇工业产业发展和转型的方向及途径是不一样的。河北省的乡镇在全国千强镇排名中，胜芳镇和丰南镇排名进入前 100 名。丰南镇是资源依附型的乡镇工业，主要以煤炭钢铁领域为主。而胜芳镇典型的特点是主导产业多，但是每个主导产业的规模并不够大。调研组把这种情况称为"多而不强"，其一大问题是缺乏上市公司，缺乏知名品牌。在整个产业链的环节当中，只能做一些基础性的产品，企业所在的产业缺乏一定的研发能力和创新能力。

河北当前的产业升级主要面临以下两种情况，乡镇内生型工业化转型升级和外来资本介入型转型升级。这两种情况下，转型的难度和方向是不一样的。在河北遵化的调研中，调研组了解到，典型带动的作用是非常重要的，也是非常有必要的。课题组把这种转型称为外来资本介入型转型升级。而对于即将到来的第四次工业革命，对于资源型城市的转型，它需要在以往路径依赖的基础之上谋求出路，而过于依赖以往的经验导致的是思维僵化和对未知领域的陌生。以遵化市为例，资源型城市转型的优势在于有一定的资本积累，有着比较丰富的创业经验，有着较为丰富的产业工人。基于城市资源发展而来的产业集聚或者产业链，随着经济的发展，难免出现行业内产能过剩的问题，大量企业投资项目上马，跟风现象严重。课题组把遵化目前的这种企业并存的局面概括为"多而不强"，目前遵化市上市公司较少。虽然遵化是输出经验和人才的地方，但是培育产业不易，而且也没有那么快。官员升迁过快或任职周期较短对县域经济的发展是不利的。因此，承接京津冀产业转移，培育新的产业优势，才能在未来的工业发展中占有一席之地。

三、当前乡镇工业发展战略的问题及困境

河北的乡镇工业并非完全与工业聚集规律相符，即随着经济发展工业由分散走向聚集。一些地区的乡镇工业实际上走的是一条分散化、小规模、数量式的发展道路。如胜芳镇和康仙庄乡，对于土地资源的低效利用，对于环境造成的负面影响不小，这种空间布局不利于乡镇工业的进一步发展壮大。

党的十八大报告明确指出："经济体制改革的核心问题是处理好政府和市场的关系，必须更加尊重市场规律，更好发挥政府作用。"纵观经济发达的长三角地区，经济发展在一定程度上是由政府发动和推进的，市场体系的培育、市场机制和市场制度的建立和健全等都是由政府主导来进行的。前文中提到的几种类型的乡镇工业的发展，其所出现的市场经济仍属于政府主导型的市

场经济。而政府与市场二者相互作用动态演进的观点在我国经济发展中不断得到体现，像浙江那样政府与市场进行合作，使得民营经济异常活跃。河北与浙江不同之处在于，浙江较早走上了市场化 民营化的道路，主要由于浙江长期处在计划体制的边缘地带，是国有经济和集体经济较为薄弱的地区之一。[①] 但是河北省情况与浙江不同，这使得以"浙江模式"这种典型的市场主导型模式在河北不一定有顽强的生命力。近年来，河北进行国有企业混合所有制改革，不断培育民营经济，相比浙江，河北依然处于政府主导型经济的历史阶段，在市场经济秩序尚未完善的地区，尤其是产业结构自然演化缓慢的地区，政府通过强有力的政策，可以在较短的时间内实现赶超式发展。河北的经济有其特殊性，京津冀的大环境以及产业发展所处的阶段，都决定了河北的经济是一种政府主导型经济，政府的作用应该主导经济的各个方面。

当前河北乡镇工业发展战略存在的问题是，乡镇工业企业对土地利用的短视心理体现在各自为政，互不统属，这是乡镇工业发展存在短期行为的重要因素。自改革开放以来，河北部分地区通过自家宅基地发展工业的方式已经对河北未来产业发展跃上更高层构成了严重挑战。这些小作坊虽然在一定时期内解决了农民的增收问题，带来的问题是工业可持续发展的障碍和资源配置效率的低下。

当前河北部分地区的乡镇工业作为国家工业化在乡镇地区的继续，有简单复制与放大的特点。城乡工业一体化的进程中，乡镇工业更多的体现出一种对城市工业的补充。河北亦未能从全局角度进行区域布局、优化配置、协调发展。这种分工协作是一种简单的模仿和学习，由于投资主体有限的经济实力而使企业小型化、低技术化，由于落后的工艺而使环境污染、生态破坏。由于政府在提供公共产品上财政实力的拮据，使得公共产品的提供滞后于经济发展的实际需求。以高阳纺织业为例，多数中小企业只能依靠当地较大的企业提供的印染服务，这些企业类似于公共服务机构，提供了一种盈利性的"公共服务产品"，或者可以称为俱乐部产品。即便如此依然无法满足高阳县中小企业的印染服务需求。

值得注意的是，亦工亦农的就业方式导致农业、工业的双重兼业化。这使得乡镇和城市并不仅仅只是一个地域划分的界限，乡镇工业与城市工业不仅仅是工业在不同地域的布局，而是成了国家工业化进程中的不同阶段。这

---

① 孙常辉：《区域经济发展中的政府与市场关系研究》，《商业时代》2013 年第 8 期。

使得河北部分地区的乡镇工业转型更加有必要，要想进行超越或者赶超式发展，就需要制定有针对性的政策。

四、可能的政策建议

（1）加强区域协调，优化资源配置。未来一段时间，我国经济发展的区域协调趋势将会更加重要。从中央层面协调各区域发展，避免之前的那种盲目上项目、各个地级市都建立某个产业中心的做法。根据常理来看，各个地级市不愿意把要上的项目压下去。区域协调做不好，资源整合就谈不上，更不能用政府主导投资的方式在短期内刺激经济增长，这样会带来更多的问题。遵化在资源整合方面，矿业集团化发展实现新突破组建了 10 家矿业集团和 3 家有限公司，铁矿资源纳入率达到 97%。

（2）重新审视乡镇工业发展定位，进一步推动地方工业化协调可持续发展。未来河北乡镇工业的发展方向不仅仅是国家工业化在农村地区的继续。乡镇工业化应该纳入地方工业化的基本范畴，纳入河北整体发展的战略布局之中，走一条城乡工业分工协作、一体协调的发展道路。有鉴于此，未来河北的发展必须改变原来以农民增收为目标，由农民在乡镇办工业的发展意识，改变原来将乡镇工业视为农民的、农村的工业孤立起来的运作方式。

（3）创新体制机制，提供为乡镇工业发展更加便利的环境。为了实现上述转变，必须从根本上改变城乡割裂发展的思路，从制度创新上激活河北乡镇工业发展的体制活力。像江苏乡镇工业那样，积极推进改革，使乡镇工业成为江苏经济发展的半壁江山，成为高新高精高尖技术的产生地。在调研中了解到，河北的一些金融机构更加偏爱本地大型企业，偏爱本地人创办的企业；对于外地人创办的企业贷款上则不能给予积极的回应，中小企业金融支持"最后一公里"依然没有解决。为此，创造城乡工业协调融合、共同发展的氛围和环境就需要提上日程，要改变乡镇工业没有享有政府对城市工业的同等待遇的局面。

政府除了要首先保证城市工业的稳定，对已占到半壁江山的乡镇工业也不例外，需要积极支持其发展。因为乡镇工业的不稳定性大大高于城市工业。未来河北的乡镇工业发展，不再仅仅是为了作为农民增收的一条道路之一，而是要在此基础上做大做强。

（4）进一步做强乡镇工业，缩小三元结构。农业、乡镇工业、现代工业形成的三元结构①是现阶段我国国民经济结构转换的一个可能的有效的重要选择，也是河北省最大的省情。未来这种省情还会继续存在，而如何缩小这种三元结构之间的差距，使乡镇工业在发展中带动城镇化等，就需要在以往的基础上进一步把注意力转向农村，寻找介于农业和城市现代工业中间层次的生产方式，进一步做强乡镇工业，以弱化二元经济结构的惯性来缩小城乡差距，形成河北国民经济结构的新局面。

在三元经济结构下，生产方式在地区间具有不同性质。在不降低先进一极的生产方式的水平的前提下，短时间内无法一下子将落后一极的生产方式提高到先进的水平，这种三元经济结构必将持续存在一定的时间。这个时候河北的发展重点应该是，在继续提高先进生产方式的水平的时候，通过全省统筹安排进一步改造和提升落后生产方式，还要将发展的重点放在先进与落后这两者之间的中间层次上。

未来要进一步扶持和培育乡镇工业。鉴于乡镇工业既不同于现代工业部门，又有别于传统农业部门，成为介于两者之间的新兴部门，从而使我国的二元经济结构发生了历史性的变革。

（5）尝试推行"工业联盟"的发展思路，加强企业之间的合作。乡镇工业必须加速组建和创建规模更大的企业集团，其方式既可以是乡镇企业之间联合，也可以是与国有、"三资"及其他企业联合；其形式既可以是紧密型的，也可以是半紧密型或松散型的。走规模化发展道路，提高工业化水平，避免低水平重复竞争，以获得规模经济效益。这方面，山东省新泰市"工业联盟"的思路值得借鉴。新泰市改变原先各企业"单打独斗"的分散状态，通过加强合作来"抱团取暖"。河北万全区玉米行业企业实行"集团互联"模式，最为根本的目标是确保行业健康发展，在关键时候商量着来，形成共赢局面。这区别于托拉斯，并不是企业相互合并而成，集团有企业法人，有董事会，但是更多的是确保同一品种的统一定价，不相互竞争客户，各有自己侧重的品牌。集团将战略定位在品牌化发展上。这种企业的合作，不仅有

---

① 李克强：《论我国经济的三元结构》，《中国社会科学》1991年第3期。他在论文中分析道：乡镇企业的崛起使中国农村工业部门逐步形成，成为介于现代工业部门和传统农业部门之间的新兴部门。此外，王勋铭在其论文中讨论过三元结构，详情参见王勋铭：《我国二元经济结构的转换选择——试论农业、农村工业、现代工业三元结构的形成》，《兰州商学院学报》2000年第4期。

市场的合作，还有企业内部管理的合作；不仅有同行业之间的合作，还有不同行业的合作；不仅有生产环节的合作，还有思想碰撞、观点交流的合作。通过这些方面的合作，共存共赢、合作发展成为乡镇企业发展的主旋律，从而实现脱胎换骨。

（6）产业引导基金应该多关注乡镇工业的转型升级。河北省财政出资设立的产业引导股权投资基金，根据省政府授权，集中运作升级产业引导股权投资基金。在今后的管理中，可以尝试对乡镇工业转型升级给予支撑，设立多个产业子基金，通过聚焦主导产业，重点支持带动产业集聚区主导产业集群发展的龙头企业和产业链关键环节的配套企业项目，对发展平台建设、龙头企业培育、企业自主创新、推进节能降耗等起到积极的支撑作用。

（7）乡镇发展定位的转变，需要进行与之相关的体制机制创新。河北不少工业乡镇是由原来的农业乡镇转变而来，经过多年的发展，工业取得了很好的成绩。但是随着经济发展的推进，正如庞口镇与河北省其他工业经济强镇一样，在建园区的时候，会有第二期、第三期的规划，但是这些规划普遍缺乏土地指标。因此，这些工业强镇普遍希望能有更多的权利，以便于经济发展。而庞口镇刚开始是一个农业镇，农业镇的定位使得在发展工业的过程中，会面临一些要素的制约。目前，庞口镇有汽车农机配件产业园区，园区中有七八家企业，但是面临的问题是土地指标缺少。未来除了进行土地整理外，是否可以在机制上进行创新，为民营经济发展争取更大的发展空间。

（8）建立跨区域合作治理模式，为乡镇工业发展提供协调机制。以往我国县域经济治理中，出现了以区域组团为单位，包括江苏、浙江、山东以及河南4省的30个县域，其政府治理模式归纳为跨区域合作治理模式；跨区域合作治理模式一般是由在某一区域内、地理位置相连、经济总量或县域富裕程度相当、经济发展方式相近的几个经济强县组成跨区域的议事机构，共同处理区域间的社会公共事务，共同提供公共产品，如园区建设等。这一点值得河北省借鉴。除此之外，可以继续贯彻落实当前河北省政府主导、多元参与治理模式。

（9）从优化全省工业发展格局的角度去规划乡村振兴。在前述的8条建议的基础上，明确全省乡镇工业的经济地理布局，腾笼换鸟，优化生产资源配置，发挥不同地区的比较优势，使得乡村振兴发挥其自身优势，激活其生活功能、生态功能，增加农业农村的人文魅力。注重发挥乡村自身优势，同时借用外部力量，在实施乡村振兴战略的过程中，引导部分适合农村特点、在农村发展具有比较优势的产业或企业转移到农村。

后记：

《曾国藩家书》曰："士人读书，第一要有志，第二要有识，第三要有恒。有志，则断不甘为下流。有识，则知学问无尽，不敢以一得自足；如河伯之观海，如井蛙之窥天，皆无见识也。有恒，则断无不成之事。此三者缺一不可。"调研的过程，不仅是对调研素材的分析整理，更是增长见识的过程，提炼智慧的过程。

中国地方的市场经济是被规制的市场。郑永年在《大趋势：中国下一步》中将被规制的市场称为"制内市场"，即市场存在于一整套政治规制之中。[1] 从第七篇的内容中可以看到，地方政府的出发点仍然是更有效的经济管理或更快的经济发展，市场经济是在政府的规制之中发展起来的。这一点在任丘市和文安县的乡镇企业发展中体现得尤为明显。

乡镇企业的快速发展增加了结构调整的难度。乡镇企业缺乏总体规划，乱占耕地，一些地方放弃农业务工经商，造成农业投入减少，生产滑坡。[2] 在河北的乡镇工业调研中，调研队对如何提高国民经济总体效益并将其放在重要地位有了进一步的认识，如何加强对固定资产投资活动的宏观控制与管理有了新的思考。调研队在河北大量调研后，觉得十分有必要对乡镇工业的素材进行整理，同时结合我国其他地区乡镇工业发展思路，给河北省发展改革委提交了一份报告，还获得了领导的批示。"调研中有无尽的宝藏"，通过调研增长见识，提升境界，学以致用。

---

① 郑永年：《大趋势：中国下一步》，东方出版社 2019 年版。
② 李泊溪、李培育、谢伏瞻：《当前产业结构调整的问题与对策》，《管理世界》1989年第 6 期。

新泰经验：资源型城市产业转型升级之道[①]

李小云　成　鹏　欧水全　郭　尧　习江北[②]

资源枯竭型城市的经济转型是目前中国经济发展中面临的难题之一。在转型过程中，有的地方举步维艰，但有的地方已经逐渐从对资源的依赖中走出并取得了经济的持续发展。不同地方的情况尽管各异，但是成功转型的资源型城市其实可以为其他类似城市的转型提供相关的经验和带来一些启发。为此，清华大学学生县域经济研究会专门成立课题组赴山东省新泰市进行专门的调研，发掘该市在经济转型过程中的成功经验。

一、基本情况

新泰市是山东省泰安市下辖的县级市，位于山东省中部，面积 1946 平方千米，人口 141.27 万。新泰是中国百强县，拥有 1 个省级高新技术开发区，同时也是山东省重点建设的 15 个中等城市之一。

2011 年，新泰被列为资源枯竭型城市，经济发展面临困境。新泰市经济在传统上主要依赖于煤炭产业，"一煤独大"特征明显。面对资源日益枯竭的困境，新泰市结合自身实际，积极推进经济转型，目前已经取得了良好的效果。2016 年，全市生产总值实现 815.6 亿元，公共财政预算收入完成 42.3 亿元。新泰市有效的转型升级使新泰经济转危为安，并稳居全国百强县。

---

①　文章来源：《审计观察》2018 年第 1 期。

②　郭尧，清华大学经济管理学院硕士；习江北，清华大学自动化系博士。

二、产业转型升级成效及经验

资源型城市转型是世界性难题，也是中国经济转型时期必须要面对的问题。从资源带动经济发展造成工业部门不均衡发展的荷兰病，到富含丰富自然资源但经济增长低迷的资源诅咒的经济现象，表明了资源对于区域经济可持续发展、均衡发展的双刃剑效应。

产业发展具有一定的周期，在迎来传统产业发展黄金时期后，其发展具有较强的路径依赖。如果任由资源型城市的产业结构定型在较低层次，就会严重制约产业发展和经济质量效益进一步提高。而面对环境承载力已经达到或者接近上限，资源约束逐步束紧的发展环境，如何在供给侧结构性改革和经济新常态的大环境中，走出一条成功破解资源型城市转型升级困境之路，新泰给出了自己的答案。

新泰市是传统的资源型城市，经济发展长期依赖于煤炭产业，"一煤独大"是其最鲜明的特征。在煤炭资源日益枯竭的情况下，新泰市正在积极探索经济发展的转型之路。资源枯竭是目前中国诸多传统资源型城市经济发展面临的一大困境，如何实现有效转型是摆在这些城市面前的现实问题。新泰市因地制宜，在转型之路上实现了较大的跨越，积累了转型发展的诸多宝贵经验。

（一）一手拿望远镜，一手拿放大镜

课题组走访了新泰市发展改革局和经信局。在与新泰市发改局负责同志的交流中了解到，面对煤炭资源即将枯竭的现状，新泰市积极调整产业结构，逐步改变"一煤独大"的格局。目前，新泰工业逐步迈向多元平衡的发展轨道。资源型城市产业转型，除了要考虑比较优势之外，更要在资本流动全球化的历史背景下，使主导产业高端化，培育和发展在国际上具有领先水平和竞争力的产业。新泰市下大力气改变原有的产业结构，改变过于倚重煤炭行业的现状，以精准招商为切入点，精心谋划全市产业布局。通过引入外部资本，提高产业层次，改变产业结构，提高外向型产业的竞争力。新泰市大力发展高端装备制造、生物医药、新能源、新材料等新兴产业，通过产学研结合的创新体系建设，在新的产业格局下形成适应市场需求变化的新的有效供给能力。即做到"拿望远镜"，立足当下，着眼长远。新泰进一步发现当地的

资源优势和禀赋优势，发现产业链中还需要培育的环节，延伸产业链，让产业链有效对接。新泰坚持有中生新、无中生有，发现现有产业布局的问题，弥补劣势，放大优势，寻找新的增长点，真正做到"拿放大镜"审视发展思路的功效。

（二）打造平台型政府，多方合作形成发展合力

当前我国地方政府与市场呈现动态化关系，在建设市场经济和法治经济的历史关口，政府如何更好的发挥作用，新泰在实践中给出了自己的答案。新泰市政府在主导经济发展中，既不越位也不缺位，具有核心的领导力量，同时又能以多主体协调发展为目标，提供公共服务、打造优良环境、聚集各类信息、资本和人才，达成平台内的多方社会主体的共赢格局。其中以工业联盟的成立最具代表性，通过校企合作、政企合作、企业间的合作，体现了新泰打造平台型政府的积极探索。

在实现转型发展的过程中，为了控制企业的粗放式发展，避免同质化竞争，在市经信局的牵头下成立工业联盟。工业联盟的运作模式较为有效地应对企业"单打独斗"局面，实现企业之间资源的科学配置，促进协同式发展。工业联盟的运作思路是打造新型的企业联合体，实现联盟内部企业生产方向、资本、信息的协调和流动，促进企业更好利用自身优势，做出更加符合市场规律的经营决策。通过工业联盟的运作，新泰在培育新技术、新产业、新模式、新业态上，形成了有利于新产业发展和成长的生态体系，形成错位发展、分工协作的格局，为再造产业竞争新优势奠定基础。

工业联盟是产业发展的协同场。工业联盟不同于传统的行业协会或企业联合会，而是一种在政府牵头下企业实现协同发展的创新模式，更加侧重于信息、资金与资源的共享和协调。尽管该模式由政府牵头，但政府并没有影响企业的实际经营，企业的自主性和能动性得到了有效的激活。

（三）多重转型模式成就良性发展

纵观国外资源型城市产业转型升级的实践模式，可以分为以下五类：以市场为主导的转型模式、以政府为主导的转型模式、自由放任式转型模式、产业延伸模式、产业更新模式。新泰市的产业转型实践中，综合运用了以政府为主导的转型模式、产业延伸模式和产业更新模式，复合式的转型思路，使得新泰在解决历史遗留问题上更加得心应手。

资源枯竭型城市在以往长期的发展中严重依赖资源优势，导致其他产业部门在当地市场中发育不足。在自然资源面临枯竭的情况下，政府可以引导产业发展方向，实现均衡式发展，但是单一的转型模式往往难以有效实现转型的预期目标。政府通过应用多种转型模式，积极有效引导可以激活原本没有活力的生产部门，促进市场的繁荣，实现发展思路的转变。

（四）放水养鱼，实现产业联动发展

新泰市充分利用国有企业新汶矿业集团创造的税收，政府在税收政策上对中小型民营企业提供优惠，减免部分税项，以"放水养鱼"政策鼓励民营企业的自身建设发展。新泰选择一些产业给予支持，帮助企业实现转型。在支持产业发展方面，新泰市因地制宜地成立了产业发展基金来引导企业的发展，产业发展引导基金助推产业结构转型，为重点企业发展提供了有力的保障。尤其值得注意的是，在这个过程中，实现了政府与市场的有效互动。概括来说就是政府引导、市场调节、资金驱动。

三、未来发展建议

新泰市立足的本地，在经济转型上取得了较大的成绩，逐步走向健康、持续的经济发展轨道。但是，未来的进一步发展还需要在以下几个方面努力：

第一，进一步加强工业联盟的建设，改变其较为松散的现状。新泰市工业联盟的做法在国内尚属首创，在服务与本地经济转型发展中也已经发挥了较大的作用。但是，工业联盟在某种程度上还处于较为松散的状态。这需要从以下方向入手：首先是加强工业联盟内部的组织建设，进一步促进该组织在经济资源整合方面的组织力；其次在工业联盟的成员上，可以积极探索吸收非本地的优势企业加入以服务于本地经济发展，进一步把工业联盟做大做强。

第二，进一步解放思想，开阔发展视野。新泰市的成功发展离不开思想的解放以及对市场经济规律的把握。在这个过程中，当地政府功不可没。例如，由市政府牵头成立的招商小组，积极向全国各地招商，为新泰发展带来了新鲜的血液。但是，思想的全面解放并不能一步到位。在调研中发现，尽管目前新泰经济转型上取得了很大的进步，企业的发展观念还需要进一步转变，需要进一步解放思想，激发更大的创造活力。

第三，进一步调整产业结构。目前新泰虽然已经初步实现了转型，但是产业结构还需要继续优化。首先，在现有的新能源产业的基础上，新能源产业的比重需要进一步提高，切实将该产业做大做强，以凸显本地经济发展特色。其次，积极引导生物制药向高端发展。目前新泰市的生物制药产业已经处于发展的初级阶段，拥有一定的发展基础，但是发展水平还不高，下一步需要推进生物医药产业向高端发展。随着"健康中国"计划大力推进，生物医药无疑是一个朝阳产业。

第四，进一步科学定位政府与市场的关系。贯穿新泰经济转型过程的是政府的强力干预。政府的强力干预无疑在转型的过程中发挥着积极的作用，但是随着产业结构的进一步优化，市场发育的逐步成熟，政府的干预力度在未来也应该做相应的调整。未来，政府应该由强力干预向积极有效的引导转变。

四、总结

综上，课题组发现，新泰的转型由一个强势的政府主导，无论是替代性产业的选择培育、基础设施建设（工业园区），还是招商引资、企业合作（工业联盟），政府行为表现出较强的渗透性干预特征。通过各种政策，对企业施加影响力，使之按照既定的产业目标发展。政府的强力干预，使新泰在短期内实现了转型，并培育出了光伏发电、新能源、新材料、高端设备制造等新的主导产业。

"新泰经验"的总结和提炼有助于人们进一步认识新常态下政府如何实现赶超式发展，如何界定政府与市场的关系，在这样一个先有政府职能再有市场职能的大环境中，新泰市的经验为其他地区力图实现转型升级目标提供了参照。政府与市场的动态关系也在新泰经验中得以体现。至少就短期来看，新泰经验表明：政府的经济干预下的转型是有成效的。然而，从长远来看，政府如何规避产业政策引导经济发展中容易出现的困境，如何更好地调整政府与市场关系，还有待观察。这些都是在借鉴"新泰经验"时需要思考的问题。

新泰市通过政府信用建设，以多方合作为基础，借助制度红利，形成政策合力，为资源型城市发展凝聚了发展动力。新泰市没有机械地遵循比较优势原理，而是通过赶超式发展，凸显创新驱动，引导要素向具有发展潜力的产业集聚。新泰市建立健全支撑产业转型升级的内生动力机制，上到市委，下到产业园区，精心研究产业发展趋势，并给予制度和组织保障，使得转型升级的平台支撑体系得以建立。

后记：

自 2018 年以来，清华大学学生县域经济研究会陆续推出品牌活动，全面介绍我国县域经济发展和治理经验，其中之一就是"治县之道"。本文正是在此背景下，通过深入的调查，总结、传播和分享我国各省的县域经济治理的经验，供广大县级政府工作人员借鉴和学习。在此次新泰之行中，以"我国县域经济产业转型研究"为课题，课题组成员更好地了解、研究新泰市产业转型历程及经验，重点调研"工业联盟"的发展思路及产业园区的发展现状。之后又于 2018 年 12 月 21—23 日再访新泰市，与当地发展改革局领导进行交流，并实地走访 5 家企业。正如杜润生所说："必须有一批固定的专业化人员，对所要解决的问题进行经常性的、持续的调查研究工作。"①

---

① 赵树凯：《杜润生当年怎样做政策研究?》，《财新》2021 年 9 月 15 日。

第八篇 文化旅游产业

法国学者弗朗索瓦·佩鲁认为，在社会发展过程中，文化价值对经济的增长起着根本性的作用。[①] 文化价值通过市场体现出来，文化产品在市场中被接受和推广，从而具有了普遍的经济价值。杂技作为文化产业中独具特色的一个组成部分，在县域经济发展中理应扮演更加重要的作用。当前，民宿是乡村旅游发展的重点。如何在乡村书写共富佳话，让"诗画山水"助力乡村经济，让民宿留住更多乡愁，唤醒乡村沉睡资产，助力打造无差别城乡是乡村旅游需要深入思考的问题。无论是杂技产业还是民宿产业，其经济价值的提升需要其在市场中被接受和推广，这就要求人们正确认识当前两个产业所面临的问题，并且针对这些问题提出可行性的解决方案，这正是本篇所努力的方向。

---

① ［法］弗朗索瓦·佩鲁：《新发展观》，张宁、丰子义译，华夏出版社1987年版。

民间杂技看临泉：
江淮大地上活跃的"刀尖上的舞者"

——基于安徽省临泉县杂技发展的调查

李俊杰　李豪杰①

【摘　要】文化与经济有着千丝万缕的关系，文化产业的发展可以促进经济的繁荣。杂技是一种独特的文化资源，杂技产业的兴起可以助力县域经济的发展。安徽省临泉县民间杂技历史悠久，是临泉县重要的文化产业。本文基于实地调研获取的一手资料，聚焦临泉杂技的发展现状、杂技团类型、杂技教育，提出临泉杂技的发展需要政府、社会、杂技人的合力推动，提升临泉杂技的经济价值。

【关键词】临泉杂技　文化产业　杂技团　杂技教育

中国杂技界流传着一句话："国际杂技看吴桥，民间杂技看临泉，院团杂技看武汉。"河北吴桥、安徽临泉、湖北武汉杂技三足鼎立，临泉杂技"三分天下有其一"。然而，世人知吴桥杂技者多，闻临泉杂技者寡，临泉杂技的知名度与其在杂技界的地位极不匹配。笔者作为本地人，在日常生活中深切地感受到临泉尚未形成"关注杂技，喜爱杂技"的社会氛围，民众对杂技依然存在偏见，一年中杂技表演屈指可数，最重要的是民众并没有认识到临泉杂技已然成为临泉文化事业的重要组成部分。

对于文化与经济之间千丝万缕的关系，许多学者都注意到。亚当·斯密在《国富论》中就指出，经济学不是与其他社会科学孤立的科学，经济增长也不是与伦理道德、文化价值观念无关的社会活动。马克斯·韦伯在《新教伦理与资本主义精神》中提出文化因素对经济发展的影响，他认为，欧洲资本主义的兴起与发展不仅仅是物质条件与经济结构的原因所致，而是在很大

---

① 李豪杰，阜阳师范大学本科生。

程度上归因于新教伦理的产生。这就是说，新教伦理导致一种"资本主义精神"。这种精神所具有的价值体系，驱动着人们按照合理性的要求进行经济活动和社会行动，最终推动了欧洲资本主义的产生。法国学者弗朗索瓦·佩鲁认为，在社会发展过程中，文化价值对经济的增长起着根本性的作用，"各种文化价值是抑制或加速增长的动机和基础，并决定着增长的动机和基础"①。随着人们的精神文化需求变得更加丰富，文化产业应运而生。文化价值通过市场体现出来，文化产品在市场中被接受和推广，从而具有了普遍的经济价值。杂技作为一种文化产品、文化资源，活跃在市场经济中，也催生了颇为可观的经济价值。

任何一种缺乏群众基础的文化形式都极有可能在历史发展中被边缘化，最终湮没在历史红尘中，临泉杂技面临的社会氛围是不利于其持续发展的。临泉杂技表演者中不乏佼佼者，其中不少还参加了电视节目，在中央电视台《出彩中国人》和山东卫视《天生拍档》一炮走红的胡军、胡思圆父女就是其中的代表人物。另外，还有许多杂技演员走出国门，在世界各地演出。临泉杂技虽然高手如云，但是临泉杂技团却很难作为一个群体在大型舞台上崭露头角，也很难为全国人民所熟识。

笔者在临泉鲜见杂技团的演出，临泉县城作为临泉政治、经济、文化活动的中心，却没有一个常设的以杂技表演为主的演出活动中心。2016 年，笔者实地走访杂技专业村，采访临泉杂技人和相关部门负责人，深入了解临泉杂技的发展情况，希冀可以从总体上掌握临泉杂技发展的历史脉络和现状，从而剖析临泉杂技发展的瓶颈，进而为临泉杂技事业的发展、以杂技事业促进县域经济发展提出意见和建议。

一、临泉杂技的历史与现状

杂技，旧称百戏、杂耍，是一种有着悠久历史的专门艺术，包括柔术、车技、口技、顶碗、走钢丝、变戏法、舞狮子等。因为多依靠演员的身体技巧来完成一系列高难度动作，所以杂技演员又被称为"刀尖上的舞者"。

关于临泉杂技的起源，众说纷纭。笔者通过调查发现，现代人关于古代临泉杂技的情况知之甚少，一个很重要的原因是古代相关文献资料的记载相

---

① ［法］弗朗索瓦·佩鲁：《新发展观》，张宁、丰子义译，华夏出版社 1987 年版。

当缺乏，所以与其说探索古代临泉杂技的起源，不如说寻找证明古代临泉存在杂技活动的证据。杂技演员在古代属于倡优，是下等人，社会地位普遍较低，正史很少为他们留下一席之地，因此，关于杂技活动的记载非常贫乏，即使在地方志中有相关记载，也只是寥寥数语，很难从中窥探出临泉杂技的起源与传承。

关于临泉杂技的历史文献记载几乎没有，能够证明临泉域内存在杂技活动的最早的直接证据是 20 世纪 50 年代初在临泉出土的一件西汉时期的陶戏楼，现存于国家博物馆，其上塑有杂伎俑。由此可见，临泉杂技距今已有2000 多年的历史。除了这件出土文物，能够间接说明临泉存在杂技活动的是流传在民间的一些传说。据临泉县杨桥镇一带群众口传，明代中期曾有一杂技团，一说是"一撮毛"刀山班，在沈邱（今临泉县城）、杨桥、长官等集镇上演出"过河刀山"绝技，盛况空前，每次演出泉河、延河两岸聚集万人观看。其中"过河刀山"被认为就是现代杂技"走钢丝"的前身。这个传说在一定程度上说明临泉明朝时期存在杂技表演活动，但是无法证实这个传说中的杂技团是本地的还是外地的，也无法判定其与出土的陶戏楼之间存在什么关系。

笔者在采访临泉县文广新旅（体育）局局长郑中民时，他提到临泉是姜尚故里，同时是周文王第十子的封地，历史悠久。以反映姜尚辅佐武王伐纣为背景的《封神演义》中有大量类似杂技技艺的描写，所以临泉杂技可以追溯到西周时期。笔者认为这种观点值得商榷，古代临泉虽然曾是周文王第十子的封地，说明古代临泉已经纳入西周的统治范围，但是关于临泉是否是姜尚故里学界一直存疑。而且《封神演义》成书较晚，且是神魔小说，书中所写真假虚实难辨，不足为据。学者普遍认为杂技兴于西周，盛于东汉，上面的说法有将临泉杂技的起源时间向杂技起源时间靠近的嫌疑。总之，由于在古代杂技并非是能登大雅之堂的艺术，官方文献中鲜有记载，而且临泉历史上地方志的编撰、整理并不完备，也没有留下关于临泉杂技的更多证据。

其实，不仅在古代，即使是在中华人民共和国成立到改革开放之前，都没有关于临泉杂技的官方记载，也就是说政府并没有将杂技作为临泉文化发展的组成部分，也说明现代临泉杂技的兴起与政府行为并无直接联系。这里所说的现代临泉杂技不仅仅是指新的杂技表演技艺的出现，更多的是指新的杂技力量的兴起。在现代临泉杂技的兴起过程中，侯德山是不得不提的一个人。侯德山已逾 90 岁，现居住在临泉县迎仙镇小李庄，是迎仙杂技团的创办人，也是安徽省省级非物质文化遗产项目——民间杂技马戏代表性传承人。侯德山本是河南省汲县人，12岁时因家境贫寒外出要饭，被一个民间杂技班的师傅相中，开始跟班学习杂技。少年的侯德山勤奋刻苦，在很短时间内就学会了许多古典戏法绝技，尤其擅长"口里喷火"，后来他在表演生涯中大胆创新，能够喷出"蘑菇型""双头火""火燃双鞭"等多种造型，业内无人能比。在"文化大革命"中，杂技演员被认为是"牛鬼蛇神"，侯德山被批斗，后来从河南逃难到安徽，在迎仙镇小李庄定居下来（临泉县迎仙镇地处豫皖交界处）。当时当地人民生活十分贫困，侯德山就想通过开办杂技班，给当地的孩子找一条谋生之路。1972年，他在迎仙镇招收了13名少年创建了"迎仙马戏团"，先后培养了400多名弟子。在侯德山的鼓励和支持下，这些弟子纷纷组建自己的杂技团队，临泉杂技开始遍地开花。用侯德山的孙子侯杰的话说，目前临泉从事杂技的大都是侯德山的徒子徒孙。在一定程度上可以说，现代临泉杂技是侯德山一手创建的，其有奠基之功。

当然除了侯德山，人们还可以通过其他途径学习杂技。笔者在采访有"杂技专业村"之称的韦小庄的杂技演员时了解到，在改革开放初期，韦小庄村民除了投侯德山门下外，还会请外面的师傅来到当地教授，大多是河南的师傅，还有的会到外地专门的杂技学校学习，当然也有一些技艺是从祖辈传下来的。

改革开放前后为什么会有人愿意学习杂技呢？甚至出现整个村子的人都学习杂技呢？这与临泉县的县情密切相关。临泉县地处黄淮海平原，温带季风气候显著，四季分明，土壤肥沃，适宜居住，是传统的农业区。临泉人口众多，现在人口高达230万，人口密度相当大，人多地少成为制约临泉经济发展的重要原因，这在20世纪70年代左右尤其显著。当时在计划经济体制下，农村主要"靠天吃饭"，土地不足，生产效率低下，人民生活入不敷出。在这种情况下，许多人外出讨饭，从侯德山早期的经历中也可以看出当时生活的艰辛。正是在这种历史背景下，学习杂技讨口饭吃成为临泉农村一些村民的想法。笔者认为没有必要非要为当时学习杂技的人冠以多么崇高的目标，在"民以食为天"的传统观念下，喂饱肚子养活自己并不是什么了不起的做法。最初的杂技人只是表演一些小魔术、小把戏，让观者看得惊奇、看得高兴从而愿意赏一些钱，赏一口饭吃。笔者通过与长辈们的交谈中也逐渐勾勒出早期杂技人卖艺的图画。这些杂技人会在临泉县的各个乡镇轮流表演。他们不请自来，在村子的空荡地方摆上一些简单的道具，然后敲着锣呼喊村民们出来看表演，有时一连表演几天。表演完以后会到各家各户收粮食，不管是小麦、玉米、大豆还是苹果、梨，只要是可以吃的他们都要。几乎村子里的每家都会看表演，也多多少少会给他们一些粮食，如果故意锁上门不给，这些杂技人就会编唱一些话来嘲弄一番这家人。每逢农村集市或者庙会，这些杂技人也会在集市和庙会上搭上舞台来演出，那么全乡镇每家都要掏份子钱。早期杂技人这种卖艺行为在广大农村被认为与乞丐挨家挨户要饭无异，所以大家都把这些人叫作"耍把戏的"，其中轻蔑之意不言而明。这种卖艺行为现在虽然已不大常见，但是传统观念仍然广泛存在，这也是大家并不关心杂技、热爱杂技的一个深层次原因。

改革开放以后，杂技人员和杂技团体不断增加，而临泉县贫困的面貌依然没有得到根本的转变。这些杂技队伍在本地表演的收入过低，陆陆续续走出临泉，辗转中国各地演出，在全国各地有了一定的名气。直到 21 世纪初期，临泉县政府才注意到临泉境内活动着如此多的杂技队伍，如此庞大的杂技从业人员，已然成为临泉文化市场不可忽视的力量。这时，临泉县政府开始着手调查临泉县杂技团的基本情况。据不完全统计，临泉县有民间文艺团体 1180 余个，其中杂技团体 936 个。其中大中型团队 47 个，遍布全县 31 个乡镇和工业园区，涌现出一批杂技马戏表演专业乡镇、专业村和专业户，逐渐形成了庞营乡王闫村、耿村、韩杨寨、王庄、韦寨镇韦周行政村韦小庄、迎仙镇郑寨、张营乡马楼、滑集裴庄等杂技专业村。比较有代表性的杂技团有迎仙小李庄有仙杂技马戏团、东方杂技团、青年杂技团、汉朝杂技团、海山杂技团等。全县杂技从业人员超过 2 万人，年收入逾 5 亿元。临泉县的杂

侯德山创办的迎仙杂技团演员早期训练照片

技团全部是民营性质，其占安徽省民营杂技团的比例约为70%。正是这么庞大的杂技演出队伍，2006年临泉杂技、马戏被安徽省列入省级非物质文化遗产保护名录，2008年临泉县被文化部授予"中国民间文化艺术（杂技）之乡"，2014年又被中国杂技家协会评为"中国杂技之乡"。韦寨镇韦周行政村韦小庄同时被批为"中国杂技专业村"。2009年、2011年、2013年临泉连续举办三届"安徽省民间杂技艺术节"。一时间临泉杂技风生水起，闻名省内外。这些数据和名誉似乎都预示着临泉杂技将迎来一个腾飞的时代。

二、临泉杂技团的类型

临泉杂技团数目众多，从业人员也很多，总的来说，这些杂技团可分为两类：一类是中小型杂技团体。他们主要表演"武术""杂耍""手技""小魔术"等节目，演员5~7人，基本上一车一队，流动性较大，每队年收入6~20万元。另一类是大型杂技团体，以表演"杂技""马戏"等大型节目为主，由几十人组成。拥有大篷车和多部汽车，售票演出，每团队年收入40~100万元。前一类的代表是韦小庄，后一类的代表则是迎仙杂技团。笔者对韦小庄和迎仙杂技团进行了走访。

先来说迎仙杂技团。迎仙杂技团的创办人就是侯德山老人，该团已有40多年的历史，目前该团的负责人侯杰是侯德山老人的孙子。笔者采访侯杰时了解到，该团演员20多个，部分演员来自侯杰主持的临泉杂技学校。该团与当地演艺公司签订常年演出活动，主要在阜阳地区（临泉县属于阜阳市）商演。另外还承接临泉县组织的文艺演出，以及响应临泉县文化部门的号召，开展送文化下基层活动。侯杰提到商演的价位并不是太高，每年的收入五六十万元，跟省杂技团这样的大团比逊色不少，但在民营杂技团里面还是算可以的。在笔者看来，迎仙杂技团最大的生命力在于其有充足的演员来源，就是侯杰任校长的临泉杂技学校，这个学校每年可以为迎仙杂技团输送10名左右的演员，为杂技团输入活力。

侯杰团长认为迎仙杂技团的收入在民营杂技团中属于中等水平所言不虚，在临泉县民营杂技团中可以说已是较高水平。笔者从对韦小庄的走访中感受颇深。韦小庄位于临泉南部的韦寨镇韦周行政村，毗邻204省道，与杂技团数目众多的迎仙镇相距不远。笔者走访时，韦小庄已不见当初的模样。现在的韦小庄完全按照新农村建设的要求，建设成整齐划一的两层小洋楼，铁门朱红，院落大方，室内装修气派，地板瓷砖洁白，家用电器一应俱全，可以窥见杂技给韦小庄村民带来的好运和财富。韦小庄村子不大，只有五排小洋楼，全村约 180 名居民，但有 130 多人会表演杂技，有杂技团队 27 个。从省道下来进入乡道就看到路上耸立着一个大大的牌坊，上面写着"中国杂技之乡韦小庄临泉县杂技专业示范村"；村口耸立着"杂技文化村"的招牌，不过已被风吹破，字迹依稀可辨。墙上粉刷着"上到九十九，下到刚会走，韦家耍杂技，人人有一手"的标语。村里的墙面上也有各种标语，如"临泉杂技展新姿，经贸活动促发展""打造中国杂技第一村""发展杂技事业，弘扬传统文化""文化大发展，杂技编新花"等。墙上还画着各种各样的杂技绝活，如"蹬技""车技""顶碗""钻圈"等，形式活泼，色彩鲜明。村子专门开辟出一个广场，建有一个雕梁画栋、古色古香的两层"杂技楼"，为村民们表演杂技和切磋技艺所用。广场上还有一个杂技雕塑以及一面写有"临泉杂技赋"的屏障墙。这一切都在告诉人们这是一个不一样的村子，一个以杂技闻名的村子。

笔者走访时正值过年期间，村子里停满了杂技表演车，还有表演用的骆驼和马。笔者在村里转了几圈，终于在一户人家门口遇见了一位大叔，便和他攀谈起来。笔者从他那里了解到，韦小庄几乎人人都会玩杂技，每家几乎一辆厢式车，演员基本上就是家庭成员，一般是四五个人，是典型的一家一车一队的模式。每年过完年就开着车到全国各地演出，演出地点每年并不固定，基本上是流动式演出，临泉县文广新旅局会提供各地的演出信息，但具体演出时间、地点仍是自己联系确定。在一个地方演出一般会待三五天，待的时间的长短取决于当地群众对杂技的喜好。杂技表演大都轻装上阵，也会受季节的影响，夏天的时候就会在北方演出，秋冬季节会跑到南方演出，笔者采访的这位大叔去年就先后在山东、江苏和云南演出。现代网络很发达，各家车队出去后通过手机、微信相互联系。

对于收入，这位大叔多次强调只是相当于出外打工的收入，至多十来万元，其实平均下来，一人也就五六万元的样子。韦小庄的这种杂技模式，完全是个体自营模式，每支队伍的人员很难增加，因为这种模式下不需要太多演员，而且也无钱雇佣演员，在当地人看来，即使是招徕亲戚入伙也没有一家人干舒心方便。这位受访人的家庭里，从其叔叔起就开始从事杂技，现在他的儿子也在表演杂技。这位大叔表示只要身体好，干杂技干到四五十岁都没有问题，一般都是干到自己的孩子能够自食其力、养家糊口为止。退下来的老人有的留在家里照顾孙子孙女，有的依然跟着孩子天南地北地跑。大叔直言，现在家长大多重视孩子的学习，孩子会送到寄宿制学校学习，或者跟着爷爷奶奶生活，所以留守儿童的现象很普遍。而且后代对杂技的喜爱和训练都有所减弱，他的两个儿子也都不练杂技了。

韦小庄杂技宣传墙和杂技广场上的杂技楼

韦小庄杂技广场上的杂技雕塑、停放的杂技表演车辆

　　之前笔者了解到韦小庄的几乎所有杂技队伍都属于临泉宏扬杂技有限公司，为什么大叔仍然强调他们是各干各的呢？原来，宏扬杂技有限公司的负责人韦学东是韦小庄人，早年在外闯荡，后来回到家乡创办了宏扬公司，经营多种业务。韦学东希望能够回报家乡，于是将韦小庄的杂技队伍召集起来，组成了宏扬杂技有限公司，并且集资帮助村民翻修房屋，修建杂技广场和杂技楼，并由他负责接待慕名而来的参观者，包括协助中央电视台四台《乡约》

节目在韦小庄的录制。宏扬杂技有限公司不收取各杂技队伍的任何费用，但会为各个杂技队提供演出信息，协调各种演出。在这个层面上说，所谓的公司完全是韦学东出于回报家乡而创建，主要功能不是承担各种演出，而是提高韦小庄的知名度，承担杂技队伍外出演出后村内的各项事务。所以说其有公司之名而无公司之实，更谈不上提高韦小庄杂技的规模效应了。由此可见，韦小庄虽然是远近闻名的杂技专业村，但没有拧成一股绳，无论是在规模上还是在效益上都无法与正规杂技团匹敌。韦小庄杂技在整合资源，提高竞争力和知名度方面"道阻且长"。

韦小庄村民房屋外墙上随处可见的表演画面

韦小庄村民的房屋外墙上粉刷着多姿多彩的杂技表演

杂技队表演使用的骆驼

三、临泉杂技教育的发展

笔者看到许多报道都提到临泉杂技面临着后继无人的困境。为此，笔者对临泉杂技教育的现状进行了调查。目前临泉境内只有 3 所杂技学校，分别是临泉杂技艺术学校、神龙影视文武学校和宏扬杂技学校。神龙影视文武学校常年在浙江横店影视基地参与拍摄和学习；宏扬杂技学校规模较小；临泉杂技艺术学校是临泉第一所杂技学校，也是规模最大、知名度最高、比较正规的杂技学校。

笔者专程采访了该校校长侯杰。据他介绍，临泉杂技艺术学校（以下简称杂技学校）创建于 2009 年，当时正值第一届安徽省民间杂技艺术节在临泉举办。当时的文化局局长看到临泉竟然没有一所杂技学校，于是邀请侯德山老人和他的儿子侯忠艺来到县城创办了这个艺术学校。为了创办这个学校，文化局将文化大楼的四层辟出来给学校使用，房租、水电全免。这层楼既是教室，又是寝室和练功房，临泉县体育馆的练功厅也是免费使用。另外，政府还会扶持一些资金，侯杰的演艺公司和杂技团也会利用收入投入一些。现在学校由侯德山老人的孙子侯杰负责。杂技学校每年招收 20~30 名学生，学生主要来自临泉周边村镇，还有一些留守儿童；学生的年龄均为 6~16 岁，因为一般来说学习杂技的最佳年龄是 6 岁。

来学习杂技的学生有 3 类：一是父母练过杂技或者喜欢杂技，于是就把孩子送去学习专门的杂技艺术；二是家长希望孩子学习一门技艺好谋生；三是孩子看了杂技表演后自己喜欢杂技要求来学习。第一、第二类占多数。但是自学校开办以来，招生人数变化虽然不大，但总体呈减少趋势，主要原因如下：一是随着独生子女的增多和人们生活水平的提高，家长不希望孩子练杂技受苦；二是多数家长望子成龙、望女成凤，希望孩子好好学习文化课通过高考出人头地；三是社会就业机会增多，对杂技有偏见的传统观念依然没有消除。

杂技学校的课程安排主要有两类：文化课和杂技课。上午学习文化课，下午学习杂技课。目前杂技学校拿到的是小学教育的资质，因此主要教授语文、数学，老师由教育局指派。杂技课的老师由侯杰校长请外地的教练来授课，如吴桥的教练。学校没有聘请退下来的老的杂技人来担任教学任务，在侯杰看来，老的杂技人观念陈旧，跟不上时代，必须找年轻老师，注入新鲜血液，带一些新的元素进来。一天下来，学生需要训练 8 个小时的杂技，主要是一些基本功，还有节目课和舞蹈。杂技学校的学制一般是 5 年，其实就是读完小学，但是并不固定，条件好的学生两三年就可以毕业了。学校每年会对学生进行考核，考核的标准和尺度都由老师来定。学生在学习期间也有机会跟随迎仙杂技团演出，毕业后也有许多去向，特别优秀的学生会被大的杂技团如中国杂技团招收走，比较优秀的学生可以进入侯杰负责的杂技团或者演艺公司上班，可以说杂技学校的学生并不缺少展示自己的舞台。

侯杰坦言，"鱼与熊掌不可兼得"。学习杂技必须牺牲学习文化课的时间，这跟体校相似，所以学习杂技的学生文化课水平普遍较低。除此之外，笔者还观察和了解到杂技学校存在的许多问题。一是临泉对于杂技学校的发展并没有出台任何指导性的文件，也没有出台相应的扶持政策，杂技学校应该如何发展、师资力量如何匹配、如何规范办学等都无法得到及时解决；二是学校也缺乏监管，仍然没有摸索出一条成熟的杂技教育的道路，现在杂技学校只有小学教育资质，对于需要接受中学教育的孩子来说继续学习下去变得很困难；三是政府扶持力度明显不够，虽然免除了一些费用，但仍有巨大的资金缺口；四是学校在杂技艺术创新方面建树不多，侯杰认识到今后肯定要走高精尖方向，要出好节目，只有好节目才能留住观众，在市场上站住脚，但是他没有足够的资金打造自己的创作团队，单是请一个杂技编导就至少需要二三十万元，也没有足够多的学生来排练一个大型舞台剧。他一直在琢磨排一个关于十二生肖的舞台剧，用人的身体来表现动物的特点。这个舞台剧至少需要五六十名演员，需要大量的资金，杂技编导、舞蹈、服装、音响等都要到位，工序复杂，直到现在仍处于酝酿阶段。

侯杰坚持认为政府扶持才能促进杂技学校和临泉杂技的发展，他反对联合办学，认为这会使各方利益纠缠不清。笔者认为单靠他自己的力量很难将学校办大办强，临泉财政收入不多，能够用于发展杂技的资金投入更少，况且"远水解不了近渴"。尽管学生年年减少，但是侯杰并不悲观，他将学校定位为为临泉杂技培养人才。他打算今年向临泉县发展改革委申请中学教育资质，从而办一所职业教育模式的杂技学校。他希望从体校中招生，将不能进入省队和国家队的体校学生招进来，毕竟这些学生练过基本功。侯杰乐观地估计，如果杂技学校办得好的话，三年之内县里肯定会办一个大一点的杂技比赛来扩大知名度，让全县人民都知道临泉是杂技之乡。因为好多人并不知道，如果能够办一台大型的杂技剧，对于提高知名度、扩大品牌影响力具有立竿见影的效果。这样的话自然会有更多的人喜爱杂技、学习杂技。笔者从侯杰校长身上感受到了他对杂技深深的爱。他将其归结为传承，他希望他的孩子能够继承家业，练习杂技。他迫切希望提高临泉杂技的知名度，即使赶不上吴桥，也要全国闻名，真可谓"拳拳之心，日月可鉴"。

临泉杂技艺术学校的练功房一角

四、不可或缺的政府扶持

临泉县政府发现临泉民间涌动着一股杂技力量后，开始考虑引导、规范、扶持临泉杂技的发展。为了给演出人员提供交流和演出的平台，临泉县文化部门向省文化厅汇报。省文化厅也注意到了这种现象，即临泉县民营杂技团占安徽省民营杂技团的70%，因此决定将这些队伍召集起来，举办安徽省民间杂技艺术节，2009年、2011年、2013年连续举办三届。单是第二届就有46个团体、466人次、63个节目进行竞争。对于这三届民间杂技艺术节的资金来源问题，笔者在采访临泉县文广新旅局局长郑中民时了解到，主要采有三种方式：一是政府补助，利用民营发展基金来补助；二是企业赞助，有些支持文化产业的企业会提供一些资金；三是市场化运作，如临泉文王酒厂冠名的"文王杯"。

政府在杂技节上煞费苦心，除了筹办杂技比赛，吸引老百姓欣赏杂技外，还通过"以节促会"的形式搭载其他活动。主要是举办农展，将临泉的农产品卖出去，为农产品销售搭建平台；同时为招商引资搭建平台，吸引商人来临投资。然而三届民间杂技节举办下来，并没有引发临泉杂技井喷式的发展。固然在一定程度上提高了临泉杂技的知名度，但影响范围有限，毕竟三届都在临泉举办。郑局长承认政府对杂技的投入并没有明显增加，相关的政策依然未得到落实。

五、结语

笔者在走访过程中，听到了各方面的声音，包括临泉杂技人、杂技学校、杂技专业村和政府主管部门。笔者感受到了临泉杂技人对杂技深厚的爱，也感受到了他们的艰辛与坚持。但是，笔者也发现了许多问题。

临泉区域尚未形成全力支持杂技发展的社会氛围和舆论环境，临泉杂技不免有陷入"无根之木，无水之源"之虞。临泉杂技尚未形成规模，仍以一家一户的杂技队为主，与规模化、以公司制主的现代经营模式相差甚远，这无疑会束缚临泉杂技开阔更广阔的市场和形成强大的集团效益。临泉杂技缺乏创新，形式老旧，无法更好地满足人民日益增长的美好生活需要。这从根本上削弱了临泉杂技的核心竞争力，不利于临泉杂技的可持续发展。临泉杂技面临后继无人的危机，如何让这一非物质文化遗产更好地传承，各方都应该认真思考。

对于存在的问题，笔者也听到了各方的意见和建议，笔者认为其中有一些私心之语，亦有不少真知灼见。笔者在此基础上也提出自己的一些看法和意见。

笔者在走访中听到的最多的声音莫过于希望政府加大对杂技的扶持力度，因此如何发挥政府在文化市场尤其是杂技市场上的作用至关重要。笔者就此提出一些建议。

一是将本地营造杂技的社会氛围与发展旅游业结合起来。由于杂技演员在本地的收入较低，而且本地人对杂技并非情有独钟，而东南沿海地区有庞大的演出市场、收入高，所以许多杂技团出外演出，造成临泉本地很少见到杂技表演。要解决这种"墙内开花墙外香"的局面，首先，需要明确杂技为第三产业，属于服务业的性质，集艺术性与娱乐性于一体，从思想上消除人们对杂技的偏见。其次，需要打造一个大的以杂技表演为主的百姓舞台，也可以开辟一个杂技公园或者模仿吴桥建成一个杂技乐园，邀请一些杂技团常驻，借杂技之乡、杂技公园吸引游客来临泉参观，促进临泉杂技旅游的发展，同时丰富当地人民的精神文化生活。

二是要注重杂技的传承，办好杂技学校。目前除了杂技学校，大多数杂技团采用师傅带徒弟的方式。这种培养方式不利于提高学生的知识水平，也不利于杂技的创新。政府应该发动社会力量办学，加大资金投入，在原有杂技学校的基础上扩大学校规模、扩充师资力量、提高学校的教学水平、规范考核机制、监督学校的办学行为，摸索出一条适合临泉实际的杂技教育模式，使临泉杂技后继有人。

三是政府相关部门应该关注这些杂技人的生存状态。许多杂技人年老后退出舞台，有的疾病缠身，有的生活困难。解决他们的医保、低保问题，同时统筹协调，为他们再就业找出路，包括鼓励他们办学、教学以发挥余热。

四是政府文化主管部门应该切实履行好服务的职能。应摸清临泉杂技有多少队伍，演出哪些节目，存在哪些问题，把信息摸清楚；促进临泉杂技与其他地区杂技的交流，同时聘请杂技顾问指导临泉杂技在音乐、舞蹈等方面的深度融合，将临泉杂技打造成一个复合的艺术；举行多种形式、多种层次水平的杂技比赛，为各个杂技团体提供切磋交流的平台，提高杂技人的水平；组织优秀的杂技人参加国内国际比赛，将临泉杂技推向全国仍至全世界。

五是政府应该整合杂技团资源。临泉杂技团体众多，水平参差不齐，而且相互竞争，如侯杰对联合办学的担心。若形成大公司大团队，着重推出一些精品节目，通过公司化、市场化运作推向全国、走向世界，提高临泉杂技的知名度和竞争力。

六是政府应该加大宣传力度。开展"文化下乡"和"杂技进校园"等活动，让更多的临泉人认识杂技、喜爱杂技，扭转传统的轻视杂技的观念，让杂技这种艺术变现形式真正走进人们心中。

除了政府需要重视和大力支持外，杂技人也应该心存危机意识，认识到自身发展的局限性，同时认清当前演艺市场的新情况和新变化，与时俱进，不忘初心，努力把临泉杂技发展推向新时代。笔者结合调查过程中的所见所闻所感，对此提出一些建议：

一是临泉杂技人应该有集体意识，重视品牌效应。临泉杂技人需要发挥主观能动性，学习先进经验，探索临泉杂技联合的道路，尝试各种合作方式，造成规模效应，谋求临泉杂技在全国杂技界的话语权，为自身的发展争取更多的资源和市场。

二是临泉杂技人应该认识到创新是推动杂技持续发展的灵魂。临泉杂技人需要关注中国乃至世界杂技界的高层次表演，在表演过程中不断创新表演技术和表演形式。杂技人要将杂技不仅仅作为一种谋生的手段，还要视为一种艺术表演形式，以追求艺术之心创新杂技，将其与现代科技融合。

总而言之，临泉杂技当前的发展不容忽视，它关系到2万余人的生计，同时关系到一种古老的生存方式和思想观念。杂技既可以作为谋生的工具，也可以作为一种精妙的艺术形式活跃在舞台上，也许它起初只是技术，但是越来越多的人参与，越来越多的心血培注，杂技已经融入人的灵魂和灵性。人借助杂技认识自己的身体，塑造自己的身体，进而产生对人自身的思考。街道上熙熙攘攘的人群也许不会关于杂技的发展，但是像侯杰校长这样的杂技人时时刻刻在思考临泉杂技的突破与发展。

文化发展对经济增长具有巨大的推动作用，杂技作为临泉县的重要文化资源，如何利用好、发展好这笔财富是政府和相关从业者需要正视的问题。文化发展可以通过文化产业来实现，文化产业以出售其自身的文化价值换来经济价值，文化艺术本身也得到传播和弘扬。因此，发展、壮大杂技产业对实现临泉政治、经济、文化全面发展都起到极大的推动作用。笔者对临泉杂技的调研只是临泉杂技现状的冰山一角，仍有许多工作需要深入研究，无奈各种因素的制约，笔者的调研只接触到一些问题，但仍愿将这些问题与笔者的思考写出来与君共商。

后记：

如何推动经济欠发达地区的发展，曾是扶贫攻坚战中所面临的一个重要问题，现在依然是实施乡村振兴战略进程中所要思考和解决的难题。乡土中国根植于浓厚的乡土文化土壤之中，乡土文化是一笔宝贵的精神财富。充分调动文化资源，挖掘文化价值，发展文化产业，走文化与经济相结合的道路，是经济后发地区可以不断深入探索和试验的发展思路，这也是重新发现和创新传统文化的有益尝试。

民宿产业发展可持续发展问题研究

——基于浙江台州的样本分析[①]

林恩伟

【摘　要】随着国家"乡村振兴"战略方针的深入实施，乡村民宿产业迎来战略发展机遇期。但问题与发展并存，民宿的井喷式发展同时伴生不少问题，带来"民宿热"背后的冷思考。本文从民宿的基本内涵入手，阐明理论及规范层面的民宿必须是特色民宿这一根本前提。在此基础上，系统梳理了当前民宿发展的政策环境，认真剖析了制约民宿业发展的主要问题，对比分析了国内外民宿发展的可借鉴经验，指出必须坚持以可持续特色发展为基本遵循，并对民宿产业发展提出若干完善建议。

【关键词】乡村振兴　民宿　产业发展　特色民宿　可持续发展

2017 年年底召开的中央农村工作会议，全面阐述了习近平总书记关于三农工作的新理念新思想新战略，首次提出要走中国特色社会主义乡村振兴道路，制定了实施乡村振兴战略"三步走"的时间表，并对党的十九大提出的"实施乡村振兴战略"做出了全面部署。2018 年中央 1 号文件正式吹响了乡村振兴战略的号角，乡村生态旅游由此进入前所未有的发展机遇期。随着国家"乡村振兴"战略方针的深入实施，我国民宿产业作为精准扶贫、农业供给侧结构性改革的重要载体，正日渐成为乡村旅游和农民增收的新兴增长点，成为促进城乡一体化发展和生态文明建设的重要渠道，成为美丽农村建设和乡村振兴战略推进的重要抓手。早在相应政策出台之前，我国民宿产业经历了一段井喷发展期和问题伴生期，为数不少的同质化低端乡村民宿经历了从

① 本文为中共浙江省委政法委员会、浙江省法学会 2017 年度重点立项课题"民宿产业发展相关问题研究"（项目编号：2017NA09）成果之一。林恩伟与县域经济研究会一直保持合作与交流。

开办经营到顾客寥寥、生意惨淡，甚至关门歇业的惨痛危机，引发民宿从业者和社会各界人士以及政府部门的普遍关注，由此形成"民宿热"背后的冷思考。在乡村振兴战略的大背景下，如何规范乡村民宿经营行为，提高乡村民宿服务质量，促进乡村民宿产业有序规范健康发展，引导逐步走上可持续发展道路，是当前亟待破解的乡村发展重大理论和实践双重课题。

一、民宿的概念辨析

（一）民宿的基本内涵

何为"民宿"？与之相类似的概念有农家乐（渔家乐）、客栈、便民招待所、家庭旅馆、乡村旅馆、精品酒店等。[1] 溯及本源，民宿是非标准化的旅游接待设施，区别于提供标准式服务的酒店旅馆，一般是以乡村闲置房屋部分为依托，融合当地生态资源、人文景观及农林渔牧生产活动，以家庭副业的经营方式提供旅客乡村生活体验的住宿场所。通常认为，民宿最早源自英国。20 世纪 60 年代初期的英国西南部与中部人口较稀疏，为数不多的当地农家为增加收入开始经营民宿，采用提供床位附加早餐的小型经营方式，因此民宿的一般英文表述为 B&B（Bed and Breakfast）。在早期属于家庭式接待模式，最大的特点是非标准化，具有零散型小规模消费特质，其有一系列的家族性词汇来表示类似含义，如 Family Hotel，Family Inn，House Hotel，House Stay，Guest house 等。

对此，《浙江省人民政府办公厅关于确定民宿范围和条件的指导意见》（浙政办发〔2016〕150 号）在规范层面对民宿做了以下定义：民宿是指利用城乡居民住宅、集体用房或者其他配套用房，结合当地人文、自然景观、生态、环境资源及农林牧副渔业生产活动，为旅游者休闲度假、体验当地风俗文化提供住宿、餐饮等服务的处所。从该定义的构成来看，至少表达了三层涵义：一是作为民宿建筑来源的房屋，主要包括城乡居民住宅、集体用房或者其他配套用房；二是民宿的基本特质，须结合当地人文、自然景观、生态、环境资源及农林牧副渔业生产活动等地方性因素，为居住旅游者的休闲度假、

---

① 有从业者对民宿的独特性进行阐述，并从经营业态上详细对比了与小型酒店、客栈、民宿与农家乐的异同点，但区分度并非很大。参见李原：《小型酒店、客栈、民宿与农家乐区别及辨析》，360doc 个人图书馆网，2021 年 9 月 12 日。

体验当地风俗文化提供服务；三是上述服务形式包括且不限于住宿、餐饮。

（二）学理与实践意义上的民宿类型划分

从学理上来看，民宿区分为一般民宿（B & B）和特色民宿（Characteristic B & B）两类。① 一般民宿是指仅提供住宿或提供住宿及餐饮的家庭式居所，实践中不少偏低端、不具备自身特色的农家乐即属此例。严格而言，此类民宿不构成现行规范意义上的定义要求。

特色民宿借鉴台湾学者的定义，须符合以下条件：一是与民宿经营者有某一程度上的交流；二是具有特殊的机会或优势去认识当地环境或建筑物特质；三是通常是房屋的产权所有者或基于租赁协议等合法形式取得房屋的使用权人从事（非标准化）经营，且并非酒店连锁式经营；四是提供游客特别的服务。此处特别服务是指具有独特性的内容，使游客认为特殊并造成游客前往的吸引力。通常来说，特色民宿为提供休闲空间及住宿且重视特色资源的服务，其有形及无形的特色是独特或少数的，且可使游客明确说出或感受到服务特点的民宿建筑及其环境。②

从上述定义的比较来看，规范层面的民宿最低限度为提供非标准化的住宿或住宿及餐饮，但均要求具有一定的特色。这种特色可以是强调自然生态、特殊田野景观、乡村体验、特殊人文艺术或民俗活动等地方性要素，也可以是强调住客与民宿经营者的人文交流，或者是民宿经营者提供个性服务与特殊的地方性要素两者兼具。

当然，从实践的角度区分，民宿还可以划分为偏低端的农家乐（渔家乐）型民宿和中高端的精品民宿。两者无法一一对应于一般民宿和特殊民宿的范畴。严格而言，规范及实践意义上的民宿均为特色民宿，旨在提供全方位、

---

① 在民宿业发展较早的台湾地区则多采此种区分方式，且《民宿管理办法》对此有明文规定，并将特色民宿核定授权地方主管机关认定，报请上级主管部门暨交通部观光局查后实施。

② 林宜甲：《台湾民宿经营上所面临问题个案分析》，1998 年台湾地区"东华自然资源管理研究所"硕士论文；吴碧玉：《民宿经营成功关键之因素——以核心资源观点之理论》，2003 年台湾朝阳科技大学企业管理系硕士论文。事实上，台湾地区特色民宿的观点在规范层面已经得到体现。台北县政府于 2006 年将特色民宿区分为共通性特色及经营者个别特色；台湾地区交通观光部门于 2006 年核定的特色民宿项目有乡村体验、生态景观、地方文史、农林渔业、原住民特色及其他等项目。

个性化的非标准式服务，不存在不具有特色的纯一般民宿。从发展的视角看，民宿的特色正是其取得经营成功及持续发展的致胜关键，引用一句接地气的话来概括——"看得见山、望得见水、记得住乡愁"始终是民宿的精神内涵。

二、发展民宿的政策环境分析

时下民宿已经成为一种常态化的旅游形式，但其在经营过程中，又不可避免地与卫生标准、消防安全、娱乐餐饮，以及注册税收法人等问题发生交错。相关的政策监管存在诸多盲区，需要政府在上述方面加强支持和管理。[①]近年来，不论是从国家层面，还是从省、市及县域层面，都陆续推出了民宿的针对性发展扶持政策。

（一）国家层面

在国家层面上，中央虽未制订统一的民宿管理办法，但于 2015 年、2016 年连续两年出台文件，鼓励积极发展客栈民宿，有规划开发特色民宿，发展持续共享经济。2015 年 11 月 19 日，国务院发布《关于加快发展生活性服务业促进消费者结构升级的指导意见》（国办发〔2015〕85 号），首次提出"积极发展客栈民宿、短租公寓、长租公寓等部分业态"，将其定性为生活性服务业，给予多方面政策支持，从政策制度层面推动了民宿法治化进程。2016 年 1 月 27 日，《中共中央　国务院关于落实发展新理念加快农业现代化实现全面小康目标的若干意见》（中办发〔2016〕1 号）明确指出要大力发展休闲农业和乡村旅游，有规划地开发休闲农庄、乡村酒店、特色民宿、自驾露营、户外运动等乡村休闲度假产品。同年 3 月 2 日，国家发展改革委、中宣部、科技部等十部门联合出台《关于促进绿色消费的指导意见》，明确指出持续发展共享经济，鼓励个人闲置资源有效利用，有序发展民宿出租等。

值得一提的是，首个涉及民宿的国家行业标准《旅游民宿基本要求与评价》》（LB/T 065—2017）由原国家旅游局发布，并已于 2017 年 10 月 1 日正式生效，填补了民宿行业管理上的空白。《旅游民宿基本要求与评价》对旅游民宿的定义、评价原则、基本要求、管理规范和等级划分条件等逐一进行了明确，切实助推民宿行业步入标准化、规范化发展轨道。此外，从民宿办理

---

① 李娜：《台州民宿发展研究》，《农村经济与科技》2017 年第 11 期。

经营的各个环节看，与之相关联的上位法律法规较多，主要包括《中华人民共和国旅游法》《中华人民共和国消防法》《中华人民共和国食品安全法》《中华人民共和国治安管理处罚法》《旅馆业治安管理办法》《无照经营查处取缔办法》等十余部法律法规。

（二）地方层面

近年来，随着民宿业的快速发展和民宿不规范经营问题的频频爆出，全国各地加大了制定民宿规范化政策文件的探索力度。如 2015 年 3 月 24 日，深圳大鹏新区正式对外发布《深圳大鹏新区民宿管理办法（试行）》，成为广东省首个地方民宿管理办法，对深圳乃至全国民宿管理具有指导意义；2015 年 5 月 18 日，厦门市人民政府通过并印发了《厦门市关于进一步促进休闲农业发展的意见》，其中对民宿管理做出了规定；2016 年 1 月 7 日，黄山市发布《民宿客栈安全管理规范》，明确了客栈民宿定义，包括餐饮、设施设备、消防、治安、客房、行李和贵重物品寄存等方面的规范。

在浙江省，尽管未制订统一的民宿管理办法，但相关的规定亦可见于相关法律法规，包括《浙江省旅游条例》《浙江省消防条例》《浙江省旅馆业治安管理办法实施细则》《浙江省房屋使用安全管理条例》等。其中于 2016 年 1 月 1 日起施行的《浙江省旅游条例》鼓励各地发展民宿，并将其纳入政府机关、企事业单位的会务等采购范围。与民宿产业发展关联度较高的政策性文件主要有三个，分别是《浙江省人民政府办公厅关于确定民宿范围和条件的指导意见》（浙政办发〔2016〕150 号）、《浙江省公安厅关于贯彻执行〈浙江省人民政府办公厅关于确定民宿的范围和条件的指导意见〉若干问题的通知》（浙公通字〔2018〕4 号）以及《浙江省地方标准：民宿基本要求与评价》（民宿基本要求与评价），初步构成了浙江省民宿经营相关的法制化体系。

省内地市及以下层面，德清县旅游委员会、浙江省标准化研究院等 5 家单位共同起草的《乡村民宿服务质量等级划分与评定》县级地方标准规范成为全国首个民宿地方标准规范；杭州市先后出台了《关于加快培育发展农村现代民宿业的实施意见》和《关于进一步优化服务促进农村民宿产业规范发展的指导意见》，对农村民宿的开业条件及办证程序等做了具体说明和规范，并推出了由杭州市旅游委员会编印的、汇集全市几百家民宿信息的《杭州旅游民宿地图》。台州市制定了《2015 年农家乐休闲旅游业工作方案》，提出大力发展"民宿型"农家乐特色村，并启动"台州市农家乐特色村倍增计划（2015—2020 年）"，农家乐特色村计划从 2014 年的 56 个增至 2020 年的 112 个。

三、台州民宿业发展存在问题的样本分析

近年来，在政府扶持政策和市场需求的双轮驱动下，多方资本蜂拥进入国内民宿行业，民宿经济呈现井喷式增长态势。据杭州市西湖风景名胜区民宿行业协会提供数据显示，2010 年 6 月底西湖景区民宿数量仅为 41 家，2013 年 6 月底增长至 96 家。截至 2016 年 6 月底，民宿数量达到 210 家，是 2010 年的 5 倍多。[①] 近年来，台州也兴起了集特色旅馆、休闲养生、农耕体验和民俗风情等功能于一体的生态民宿业。据不完全统计，截至 2017 年三季度，台州全市农家乐特色村（点）达到 290 个。其中，民宿型农家乐特色村 79 个，民宿型农家乐经营户（点）1979 家，床位 27799 张，餐位 88087 个，共接待游客 2574 万人次，直接营业收入达 15.23 亿元，同比增长达 24%。[②] 但在民宿业高速发展中也遇到了一些问题，受准入门槛低、同质化现象严重、行业监管滞后等因素制约，各地民宿不同程度出现投资回本难，甚至亏损经营的状况。据《中国经营报》2016 年 12 月 4 日报道，20%盈利、80%持平或者亏损已成为行业现状。即使在民宿业发展的典型地区杭州莫干山，当地民宿业人士也在讨论民宿的未来发展和升级方向。[③] 综合来看，当前民宿业发展主要存在以下方面的问题和不足。

（一）统筹规划有待加强，民宿产业整体联动力不足

1. 整体布局驱动力不足

当前，地方民宿产业统筹规划不足，各处民宿经营户各自为政、各打各

---

① 《西湖边民宿半年激增四成多民宿的钱真的很好赚吗？》，杭州网，2015 年 8 月 16 日。

② 民宿在台州的主要存在状态有以下几种：一是工商资本投资的民宿，如日出三舍、天台舍得、仙居任光阴等；二是传统农家乐改造提升而来的民宿，如天台后岸村办农家乐、于朴野舍等等；三是大学生创业投资的民宿，如天台塔后民宿村落；四是文化人逐梦搭建，如温岭的风从海上来、流水人家、星罗海野等。

③ 《租金上涨入住率低民宿行业 80%持平或亏损》，《中国经营报》2016 年 12 月 3 日。

牌，突出表现为"散"的问题。多数地方民宿以经营者零散式发展为主，尚未形成具有相当规模和较高知名度的民宿集聚发展区域；即使相对集中的区域，也缺乏整体策划和规划，缺乏明确的主题，区域品牌效尚不够突出。以台州市为例，全市范围内尚无前瞻性、整体性的民宿发展专项规划，相关的规划只有《2015 年农家乐休闲旅游业工作方案》，规划滞后性比较严重。同时，由于缺乏在区域性土地使用中进行长远性的整体规划，导致一些经营者不合理侵占农地，对原有的乡村地貌造成破坏等现象偶有发生。

2. 市场定位准确性不足

民宿经营者素质参差不齐，虽然有部分较高学历的新一代经营者，大部分还是以当地农民为主。经营理念较落后，对前期市场考察和客源市场分析不够充足，市场定位并不清晰。一方面，在火爆的市场需求和各类政策的推动下，高端民宿如雨后春笋般出现，但良莠不齐，定价混乱，其中不乏价格高昂而配置低端、服务一般的经营户。另一方面，平价民宿因特色缺失、客源构成相对单一，市外和省外客源占比较低不足 10%，且以短途游客为主，经营前景不明。不少农家乐型民宿发展虽已具备一定的规模，但由于自身定位不清，市场知名度不高，依然逃脱不了半歇业的命运。同时，由于地方性资源供给的时效性，不少渔家乐型民宿季节性经营特征明显，供需错位导致季节性过剩与季节性短缺轮番出现，给正常经营增加了困难。

3. 地区品牌知名度不足

绝大多数民宿经营者对于市场促销、旅游项目包装与策划缺乏重视，使得其民宿知名度和影响力不足，市场辐射能力欠缺。由于没有接受职业培训，旅游业务知识贫乏，缺少基本的服务意识和管理知识，制约了民宿产业的进一步发展。在民宿营销方面，目前基本处于地方农办单打独斗状态，民宿旅游宣传推介上没有真正形成合力，缺乏各行各业共同参与的整体意识。以台州为例，目前尚没有形成一个统一的、特色鲜明的民宿产业形象。缺少民宿业协会和类似行业联盟，存在地区知名度不高、吸引力不足、竞争力不强、旅游品牌不鲜明等问题。在走访调查中，有 65.9%被调查经营户认为经营中最需要得到的支持就是"提高地区民宿产业的知名度，吸引更多游客"。同时，有 22.6%的被调查经营户在经营过程中从未自主开展过宣传营销。

（二）配套设施相对滞后，民宿产业发展承载力不足

1. 交通路网体系不完善

由于民宿大都位于与城市有一定距离的郊区和经济发展水平相对偏低的农村，许多基础设施无法适应和满足游客需要。从调查结果来看，加强交通、道路等配套设施建设是民宿经营户认为目前最需要改进的问题。现行休闲旅游多以自驾出游为主，一些民宿相对集中区虽然已村村通公路，但还存在着山间公路狭窄、单车道通行、路况不佳等现象，可进入性和交通便利性仍然较差。以温岭市石塘民宿区为例，由于地处海滨，山多路窄，交通条件先天不足。一到重大节假日，随着游客车辆（私家车、旅游大巴）的密集涌入，交通拥堵现象十分明显。而从道路的休闲辅助作用来看，石塘民宿之所以能够赢得较好的认可度，受访的民宿经营者一致提及，政府投资兴建的环山健身绿道是一个民宿经营的关键性地方资源，是一项兴民利民的民心工程。

2. 公共服务设施不健全

目前民宿周边的配套设施不完善较为普遍，不少周边村落存在水电供应不足，停车场、便利超市等这类公共服务设施缺乏，或即便有但建设相对简陋、供给不足。这些方面会给游客的生活带来不便，从而影响民宿旅游者的体验质量和满意度，有的甚至严重阻碍了乡村民宿的发展。比如，在生活服务方面，医疗救助、游览接驳、移动通信等公共服务较为缺乏；在卫生方面，由于缺乏引导教育、有效管理及必要的设施投入，部分民宿经营者的卫生安全观念比较淡薄，还存在垃圾处理场污水、污物处理设施建设不完善、餐饮卫生条件不达标等问题。设施的不完善、环境保护不力、卫生安全缺乏保障必然会埋下隐患，特别是一些污水随便排放造成了水体景观的严重破坏，如此恶性循环下去不仅会影响民宿的正常经营发展，更会影响到乡村旅游事业的发展。

（三）产品开发有待深挖，民宿产业核心竞争力不足

1. 产品类型较为单一，同质化现象突出

目前，地方民宿旅游的功能和服务类型较为单一，产品开发仍停留在浅层次阶段。以台州为例，民宿所提供的产品服务设计形式趋同、内容乏味，农家乐型民宿基本局限于"赏农家景、吃农家饭"，渔家乐型民宿基本局限于

"撒网打鱼，收网吃鲜"等传统娱乐体验，并没在住宅环境设计和饮食文化上体现足够特色。这种"千村一面"的民宿游大大影响了游客重返率。同时，随着大量农房改建或新建的低端名宿涌入市场，缺乏个性品牌、独特环境和文化底蕴支撑，无论是建筑风格、室内装潢设计，还是具体的服务内容都如出一辙，同质化较为严重，无法满足住客多样性需求。此外，民宿产品细分化和多样化的格局尚未形成，商务会议、健康养生、考察研学、赛事节庆等高端服务需求无法得到满足，也不利于民宿产业的可持续发展。

2. 产业链短、活动少，产业融合度不高

当前民宿在食、住、行、游、购、娱六要素中，后三项游、购、娱内容开发不足；要素之间的衔接配套程度低，无法全面带动顾客消费。以台州为例，当前民宿的相关配套产业发展滞后，没有与农业、农民、农居等形成产业链，各个相关的部门也没有形成较好合力。如天台舍不得民宿、仙居石盟垟等民宿虽然地处好山好水好空气的环境，但是没有在细分市场上建立起各自的主题和个性，不能很好满足老年人、中年人、学生等不同消费群体养生保健、娱乐、学习体验等多种需求。对于一批自发形成的民宿村（点），这些民宿的旅游产品、营销网络、娱乐购物等功能性配套不齐全，对游客的吸引力不大。[①] 同时，民宿需要有两日以上的旅游线路作为配套，目前民宿发展可配套的旅游产品较为零散，且已开发的旅游产品基本可以在一天内游完，不足以使游客产生"住下来"的欲望。

3. 文化内涵挖掘不够，地方特色文化传承不足

从地方性文化资源的角度看，各地均不同程度存在民间文化艺术和非遗文化资源。然而，在发展民宿旅游中，各地对这些丰富文化资源的发掘和利用仍然不够。不少民宿规划设计方对原有村落的民俗文化资源发掘不够，设计方案缺乏农村地方特色。以台州为例，温岭石塘旅游的阳光元素未能借题发挥，特色餐饮、抬阁楼等渔家文化策划展示不足；结合美丽乡村开发的民宿经济、体验式观光尚处于起步阶段。此外，在民宿新建过程中，不同程度存在"拆旧建新"现象。在天台、仙居等地调研后发现，整齐的楼房、别致

---

① 即便是作为国内高端海派民宿集聚区的温岭石塘，由于山脚村落都是普通居民，心理上存在一定抵触情绪，导致配套的娱乐酒吧、购物休闲服务很难跟上。一到晚上，山上灯光绚丽，山脚下则一片漆黑，间或几声农家狗吠，形成鲜明对比。

的绿化、开阔的广场都给人以耳目一新的感觉，但分辨不出农村和城市的差别。原有农村的民俗文化在此类新社区中消失殆尽，农村传统的民俗流失严重。

（四）政策措施亟待细化，民宿产业发展保障力不足

1. 准入门槛低，竞争加剧带来生存难题

由于缺乏行业标准，加之政府政策鼓励，使得多元主体竞相涌入民宿产业；数量激增推高经营成本，使得租金上涨、竞争加剧成为常态，进一步压缩民宿的利润空间。随着民宿旅游的"走俏"，装修、租金等前期投入一路也水涨船高。按照现行市场成本的不完全测算，200平方米左右的民宿租金不低于40万元/年，较两年前已翻了一倍。且民宿装修成本也逐年提高，一般投资在100万~200万元。投入实际运营之后，按照民宿中端市场的行情，一间客房的定价在300~400元/日。假设日常民宿平均入住率约70%，即使将人员工资、日常损耗都计算在内，一栋民宿的投资回报期要在5~8年，高端精品民宿由于投入更大其回本收益都要在10年以上。

2. 主管部门权责不明，有效监管成为难题

目前，国内尚未出台针对民宿产业的专门法律法规，不能对整个行业的规范管理提供法律依据，在民宿的规划建设、消防审批及排污许可等方面的监管没有针对性的强制标准和实施办法。进而导致经营合法性缺位，阻碍了民宿合法、有序发展。且由于缺少总体上的监管部门，相关部门对民宿行业在资格认定、行政审批、监督管理等各个环节进行登记、许可时，没有直接对应的法律法规。各个环节由各部门自行监管，各部门又依据各自的标准进行审批，难免出现多头监管、互相卸责的现象。从政策层面来看，目前民宿旅游管理监督还停留在等级划分与评定阶段，对民宿旅游经营者缺乏有效约束，有效监管不足直接导致部分经营单位未经登记便私下进行民宿经营。

3. 行政前置审批难，安全隐患短期难消除

由于分配给农家乐型民宿特色村的用地指标太少，缺乏相应的建设留用地可供配套设施建设使用，很难满足农家乐型民宿发展需求，违建现象较为普遍。民宿发展除原有民宅外，往往要对房前屋后进行适度改造，受房屋结构限制以及申领消防安全许可的政策规定，消防行业标准与农村基础设施建设、农民自有住房的实际条件存在较大差距，民宿经营户往往难以取得消防

合格证，极大地限制了民宿旅游产业发展。① 有不少证照不全或是非法经营的民宿存在，使得政府的监管存在盲区，留下安全隐患。

（五）法治意识较为薄弱，民宿相关纠纷易发多发

民宿经营户一般是以家庭式经营为主，管理、服务等各方面的水平相对较低，加上缺少相关部门的引导和业务培训，守法合规经营的意识较为淡薄，导致相关纠纷易发多发。从主体的类别来看，大致存在以下几类纠纷：一是民宿经营者与消费者之间，主要有消费者权益纠纷、损害赔偿纠纷等；二是民宿经营者与房屋实际所有人之间，可能引发房屋租赁纠纷、其他合同纠纷、用地纠纷等；三是民宿经营者之间，可能产生合伙经营纠纷；四是民宿经营者与员工之间，多发劳动争议纠纷、雇员受害责任纠纷等；五是民宿名称及标识设计可能涉及商标权侵权等知识产权纠纷；六是民宿对外可能引发环境污染纠纷；七是租用民宿从事淫秽、赌博或毒品类犯罪活动的，民宿经营者可能涉及为罪犯提供藏匿或协助便利的相关犯罪；等等。通过查询中国裁判文书网，不难发现，上述纠纷都已在司法实践中得到印证，而民宿及经营者一旦涉及法律纠纷，正常的经营必将遭受冲击，引发连锁反映。

四、对民宿产业发展的若干建议

（一）比较视野：国内外民宿发展的可借鉴经验

1. 强调民宿协会的监管作用——借鉴法国经验

法国成立了政府公认的民宿联盟（协会），多为非营利组织，政府对加入联盟的民宿经营者提供各项资金补贴。但欲加入联盟的，需要各方面符合其条件，签订详尽的协议，保证入会后可以按联盟的规定提供设施设备与服务。法国的民宿联盟有监督民宿经营质量的职能，也兼具为经营者提供各项辅导与咨询的服务职能。如法国度假宿所联盟（GitesDeFrance）是法国最大的民

---

① 根据调研反馈，不少乡村民宿是依托原农村自建私房发展起来的，没有正规的施工单位，无法提供竣工验收报告，按照有关规定无法取得消防安全许可证；同时1995年前建造没有房产证的农房，或有房产证但无环评报告的民宿都无法取得工商营业执照，开业后无法向消费者提供正规发票，有意向开办民宿的投资者对此顾虑较大，使民宿向产业化、规模化发展受到限制。

宿联盟，能够为其成员提供经营辅导和咨询服务，兼具检验住宿条件与质量的职责，并通过联盟的平台向数百万名游客推介合格的民宿成员。

2. 加强立法监管——借鉴日本和中国台湾地区经验

民宿发展早期，日本制定了"山村振兴和开发计划"，从政策上逐渐放开对农村土地的管理与限制。1989—1990年，日本政府先后颁布《特定农业用土地出租付法》与《市民农园事务促进法》，允许日本农场用地进行租借，从根本上解决了乡村旅游行业发展的土地制约问题；1995年颁布《农山渔村旅宿型休闲活动促进法》；1999年颁布《食品农业农村基本法》；2006年又颁布《农山渔村余暇法》，极大地促进了日本乡村旅游市场行为的规范化。与此同时，日本政府确立农林水产省为监管机构，负责对乡村旅游包括民宿进行统一管理。我国台湾地区于2001年颁布了《民宿管理办法》。该办法确立了民宿经营主体的合法身份，并全面规定了民宿的经营资格与规模、设施标准、监督管理等内容，推动了民宿市场在有效监管下的快速发展。

3. 创新制度——借鉴厦门、杭州经验

厦门市工商行政管理机关于2008年向厦门市政府提交了一份关于《允许鼓浪屿私宅经营民宿的可行性建议》，从此解除了鼓浪屿上住宅的禁商令。据此，鼓浪屿文化休闲度假旅游业得到了大力发展，也为鼓浪屿历史风貌建筑的开发、利用和保护找到了切实有效的办法，更为鼓浪屿旅游经济的战略升级和科学发展找到了出路。杭州市政府鼓励社会工商资本开发经营民宿，尤其是对连片流转土地（下山移民后连片闲置农房，以及集体用房和各种管理用房），通过流转、租赁、入股等方式进行开发经营。民宿的投资主体也呈现多元化，有农户投资、工商资本，还有联合投资，涌现了"公司+农户"、集群式专业管理、农户分散经营等多元投资发展模式。

4. 文化传承和创意打造——借鉴乌镇、德清和桐庐经验

"整旧如故、以存其真"是整个乌镇景区的开发宗旨，乌镇模式的核心是"整体产权开发、复合多元运营、度假商务并重、资产全面增值"。乌镇景区始终坚持原汁原味，以原始居民的生活形式和住宿风格为主旋律，把乌镇民间的居住、餐饮和休息等诸多元素与游客的需求相结合，用民风、民俗、民情打造出一个个既有纯朴乌镇风格，又符合游客内心期望和现实生活需求的民宿。德清西坡山乡度假村的"乡村民宿"，每年大约有2000万元的营业额，

售价最贵的一间房是当年的"猪圈"（客房价格为 1580 元/晚）；桐庐"牛栏咖啡"卖得也是十分火爆。"牛栏"与"咖啡"，一个"土"得掉渣，一个"洋"得高端。一土一洋，形成了强烈的视觉反差和心理反差。这也启示人们，发展民宿经济，既要有卖点更要有创意。

总结以上经验，大致可以得出这样的结论，可以借鉴法国经验，成立民宿协会协助政府进行经营辅导和咨询服务，兼具检验民宿的质量，通过协会平台向众多游客推广优秀民宿；学习日本成立专门的民宿监管机构；学习我国杭州创新土地使用制度让民宿土地来源多样化，乌镇注重突出文化传承，德清和桐庐体现创意元素融入。

（二）可持续发展：民宿产业发展的建议

民宿产业发展，必须走可持续的特色发展之路，若失去了特色，民宿就无立身之本，而不重视产业的可持续性，则难免会走上无序竞争的错误发展方向。从多方主体参与的角度看，一方面，要加强政府政策的支持和引导，才能更好发挥民宿经济综合性、信息性、公共性优势，更好发挥民宿在乡村振兴战略落实、城乡协调发展中的作用；另一方面，要加强社会资本参与投资，瞄准高端民宿项目和开发团队，推出系列优惠政策，吸引文化人和工商资本共同参与开发民宿。同时，也要积极引导农民参与民宿业发展，帮助农村集体经济找到一条出路，保证农民从民宿业的发展中受益。具体而言，可以从以下几个方面加以改进。

1. 加强顶层设计，补齐规范管理短板

建议借鉴已有政策性文件的管理经验，加快制订省级层面规范性文件，及时出台具有可操作性的民宿行业管理条例，对民宿的性质、规模、特点、从业主体、税收管理等方面进行详细界定，因地制宜制定合适的准入门槛和审批办法。对符合达标要求的民宿及时发放证件，将其纳入综合管理体系。成立专门的民宿经济服务管理协调机构，明确旅游、公安、消防、工商等职能部门及所在地乡镇（街道）的具体责任，共同管理、协同推进，为民宿业的长远发展提供坚实的组织保障。全面落实安全经营法定职责，倡导轻型化、精细化、安全化装饰，兼顾已经未批先建的部分民宿设施，补齐安全生产相关手续，引导民宿经营者树立安全经营理念。落实多部门联合监管责任制，加强日常性监督检查，及时整改消防、食品、卫生、设施等安全隐患，杜绝

水源保护地烧烤项目，加强垃圾污水治理等为重点的生态保护，确保民宿安全经营和可持续发展。

2. 加强规划引领，加大政策帮扶力度

进一步修编完善相关规划，按照民宿旅游发展"一盘棋"的工作思路，坚持做到民宿旅游发展规划与土地利用规划、产业发展规划、城市规划、村庄规划等有机衔接。进一步整合优质资源、突出生态本底优势，引导民宿旅游错位发展、集聚发展。鼓励有条件发展民宿的各级政府制定本区域民宿经济发展规划，把引导与扶持的重点放在体现特色、打造品牌、增加效益、拉动经济、保护环境等方面。统筹组织、梯度开发。要制定合理的扶持政策，通过贴息贷款、税费优惠、危房安置等形式，有效保障民宿业的发展。尤其在建设资金方面加大扶持力度，通过设立民宿旅游发展专项基金等形式，加强对农家乐型民宿的引导和帮扶。继续争取完善工会疗休养政策，鼓励单位职工到民宿疗休养，提倡"分时、分地、分散"休养。同时，探索在市、县、乡三级成立民宿联盟或宿联体，在民宿集中的区域成立民宿协会组织，协助政府进行经营辅导和咨询服务，具体负责业务指导，会员培训、活动安排、结算工作和受理游客投诉等。注重创新民宿联盟或民宿协会功能，对民宿经营质量进行评估并健全评星定级制度，通过协会平台向众多游客推广优秀民宿。

3. 加强配套支持，加快基础设施建设

由政府统一规划指导，加快民宿村落周边旅游交通基础设施建设，规划建设游客服务中心、旅游汽车租赁网点、停车场、汽车营地，实现交通节点与民宿村（点）的互联互通。加大对民宿发展区域基础设施投入，特别是针对乡村民宿发展，应结合"美丽乡村"建设。加大对民宿区生活污水处理、村容村貌的整治力度，完善相应的环保措施，控制区域污染排放总量，避免出现超负荷承载。在加快农村公共服务体系建设的同时，注重改善民宿经营的微观环境，加快对民宿旅游经营户的客房、厨房、厕所等进行改造，建立统一的卫生和安全标准，提高住客环境质量。通过改善乡村环境和民宿自身的硬件设施，为民宿旅游发展创造良好的内外部条件，增强对游客的吸引力。

4. 加强品牌宣传，拓宽线上客源渠道

据前瞻产业研究院发布的报告显示，截至2016年底，客栈民宿线上注册量总数达到5.02万家。2017年，中国在线民宿预订市场交易规模达127.1亿元，同比增速 64%。预计 2018 年在线民宿交易规模将达 177.2 亿元，2020 年达到 300 亿元规模。① 因此，发展民宿经济，要特别注重发挥互联网作用，将线上宣传和预定打造成为宣传营销的主战场。要加快推进民宿服务平台信息化建设，不断完善适应民宿发展的旅游散客服务体系。要深度整合景点、饮食、住宿、交通、娱乐、购物等多种资源，利用微博、微信、电商平台等渠道，实现多方分享互动，让游客"手指一动"就可以轻松实现"私人定制"，促进民宿与农村电子商务协同发展。要积极利用淘宝、微信小店以及携程、去哪儿、同程等在线旅游平台和微平台，建立大数据库，开展电子商务营销，致力打造"互联网+民宿"新模式。

5. 加强内涵挖掘，推进产业融合发展

要促进相关产业融合发展，引导民宿经济产业链延伸，拓展民宿吃、住、行、游、购、娱等诸多环节，促进关联产业和区域经济的协调发展。一方面，要注重融入各地特色，突出文化传承。坚持在发展中保护、兼顾发展与保护原则，注重适度开发，避免商业气息过浓导致乡土味流失，违背"民宿经济"发展的初衷，丧失原有的比较优势。鼓励原始居民参与民宿开发，重视古村落活态传承，发掘民间小吃、民俗节庆、民间故事中的乡愁元素、乡愁文化，因地制宜打造不同类型的新产品新业态，促进当地的历史人文、自然景观和生态特色的多重融合，不断提升民宿旅游的文化品位。另一方面，要注重融入创意元素，丰富民宿内涵。创意民宿经营主体主题要明确、突出，或者凸显传统文化，或者彰显良好生态，或者展示民族特色，或者突出某类功能，针对不同类型消费需求积极开发适宜的体验性游乐项目，包括教育性体验、劳动性体验、创意性体验、文化性体验、生活性体验等。要围绕主题定位持续推进产品创新，不断提升创意民宿的品位和层次，实现产业可持续发展。

6. 加强素质培养，壮大参与主体力量

创新人才培育形式，通过举办培训班、以案释法、专题讲座、外出考察学习等多种途径，对民宿经营者进行法律知识、农技知识、旅游知识和经营管理知识等的全方位培训。对从业人员进行服务规范化、专业技能等培训，引导经营者转变发展理念，帮助从业人员提升服务水平，促进民宿旅游产业向科学化经营、规范化服务发展。注重民宿的凝聚、引领功能，出台人才吸

---

① 《民宿行业发展前景分析三大建议推动可持续发展》，前瞻网，2018 年 7 月 19 日。

引政策，完善人才奖励机制，吸纳知名专家教授组建民宿旅游人才专家库，吸引有民宿情怀的艺术家、文化人投身民宿事业，共同提升区域民宿旅游的文化品质。要创新投融资方式，鼓励工商资本投资、村集体牵头融资、农民资金入股、农房估价参股等多渠道融资，吸引有实力、有胆子、有理念的人先行带动，逐步完善民宿经营主体的内部激励机制，充分激活广大农村农民参与发展民宿经济的主动性和积极性。

后记：

本文基于台州民宿发展实践，着重谈了当地民宿发展中出现的问题，这对于西部地区发展民宿有一定的借鉴作用。一篇优秀的调研报告，要将丰富的、厚重的经验不断地纳入研究视野，要有走向田野或基层的志趣，广泛汲取来自基层的知识和经验，为今后进行指导行业或产业发展提供参照资源。正确地对待实践层面的经验、教训，形成关于指导民宿产业发展的全面的、科学的思路，言而有据，而有教于长远，则是建言献策的一大原则。

第九篇　县域经济与主流经济学

在从事县域经济研究时，要及时梳理"问题清单""短板清单""需求清单""案例清单""经验清单"等五项清单。五项清单分别对应县域经济发展面临的问题、现有的发展短板、现有的发展诉求、现有的同类型县发展路径、现有的成功经验。让致力于服务县域经济的决策者、研究者、实践者能从中提升认知水平、理论水平。县域经济研究融入主流经济学的过程中，是简单地引入发展经济学的名词概念，还是直接套用相应的理论分析框架，需要熟悉县域经济研究的关键内容、现实需求、理论研究现状。从县域经济发展的区域平衡性和区域发展分化态势中，创造性地运用发展经济学的研究范式和现代方法深入分析问题，从描述性的陈述出发，通过归纳逻辑构建宏大的经济增长与结构变革理论，逐步与主流经济学的研究志趣和关注焦点相吻合。

我国县域经济研究如何融入主流经济学？

——基于 Citespace 的文献分析及讨论

【摘　要】通过利用 Citespace 软件对 2010—2017 年中国知网数据库中有关县域经济的 1000 篇文献进行梳理，利用 2015—2017 年间我国知名经济学期刊的 750 篇文献进行关键词分析，考察和分析我国主流经济学界的研究进展。县域经济发展模式的丰富性和多样性使得其研究框架突出而备受关注，基于这些重要经验的研究，尝试打通与主流经济学界的对话渠道。我国研究县域经济的学者应该注重该领域研究的合作交流，努力提升国际影响力，也应该加强对新时期县域经济发展中出现的新问题的研究，完善和丰富现有的适合中国的发展经济学理论，进而寻找上位知识，进而寻找宏观关怀、抽象关怀和终极关怀。从县域经济的小问题中感知宏大问题、抽象问题以及经典困惑。

【关键词】Citespace　县域经济　知识图谱　政策研究　模式

一、研究缘起

关于县域经济这个提法的来源，可以追溯到 20 世纪 80 年代中后期。常用的提法有四种，即农村经济、县级经济、县区域经济、县经济。① 县域经济概念的提法虽然出现较晚，但是建立在农村经济或者区域经济研究基础上，使得近十年县域经济研究主题集中，共同知识基础明确，因为这一学科偏重关注实际问题，理论始终贯穿着实际，学科尚未形成势力强劲的分支学科。

---

① 张海军：《县域经济的提出及其内涵研究述评》，《现代交际》2011 年第 10 期。

　　县域经济是我国国民经济的重要组成部分，同时也是我国宏观经济最基本的运行单元。最重要的一点是县域是国家政策最直接、最主要的执行平台。我国作为一个发展中国家，发展经济学面临的问题也是需要讨论的问题，一些重大的课题或者现实经验所对应的上位知识，如政府与市场关系等可以在县一级找到最真实的实践案例，这里有着复杂的政策设计以及理论争论。因此，从某种意义上讲，县域经济学是具有中国特色的发展经济学。

　　以我国县域经济研究来讲，主流经济学基本不涉足该领域，我国知名经济学家排名基本不涉及县域经济研究。县域经济研究的实用性和实践性使得该领域的研究在偏应用型学科的大学或社会上一些研究机构那里得到了重视和加强，如中国农业大学和中郡所等。其他一些地方高校、地方研究所和省市县政研室对于县域经济研究较为重视。本文试图通过对县域经济研究领域学科知识结构梳理，回答为何主流学术界对县域经济研究不够重视，回答县域经济研究如何更好地与主流经济学进行对话。

二、数据来源和研究方法

（一）数据来源

　　本文采用的数据来自中国知网。从中国知网研究县域经济文献数量来看，2010—2013 年是研究县域经济的黄金时期。诸多学者参与其中，文献量也较大，平均每年发表的文献数在 2000 篇以上，尤其 2010 年达到了最活跃期。

　　本文的数据采集时间为 2017 年 11 月 22 日，时间跨度为 2010—2017 年。调研队采用"篇名＝县域经济"为检索式进行检索，共得到 16125 条数据，后选择文献类型为期刊、硕博士论文和会议论文，对检索结果进行精练。文献分类目录为社会科学辑、社会科学辑、经济与管理科学。按照文献被引量从高到低筛选导出 1000 条数据。

发文量（篇）

—●— 发表年度趋势

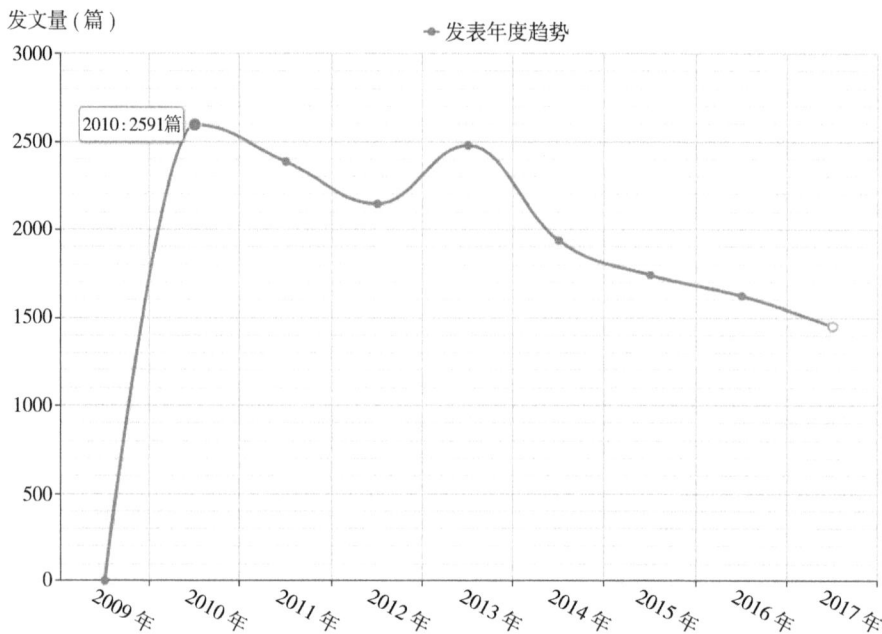

图 1 2010—2017 县域经济研究历年发文数量

来源： 中国知网

（二）研究方法

Citespace 的基本原理是分析单位（文献、关键词、作者等）的相似性分析及测度，本质上属于宏观知识计量的信息可视化技术，因此有其独有的计量指标及含义。[①] Citespace 软件是实现可视化分析的较好工具，它采用一种适于多元、分时、动态的复杂网络分析，绘制科学和技术领域发展的知识图谱，直接展现科学知识领域的信息全景，识别某一科学领域中的关键文献、热点研究和前沿方向。[②] 本文将利用 Citespace 软件绘制基于上述数据的县域经济领域的聚类视图和时间线视图，通过合理设置引用（Citation）、共被引（Co-citation，CC）、共被引系数（Co-citation coefficient，CCC）的阈值，绘制出直

---

① 郭子雪、齐美然、张强：《应急物资储备库最小加权距离选址模型》，《计算机工程与应用》2009 年第 34 期。

② Chaomei Chen：CiteSpace II：Detecting and Visualizing Emerging Trends and Transient Patterns in Scientific Literature，57（3）Journal of the American Society for Information Science and Technology（2006）.

观的、容易理解和识别的县域经济领域知识图谱。

三、结果及分析

（一）国家（地区）与机构分布

根据上述 1500 条记录，运用 Citespace 软件可将我国（地区）和机构发表的论文数量及时间以年轮的大小和颜色直观地展示。在得到的县域经济领域研究的（地区）和机构综合分析知识图谱中（见图 2），共有 64 个结点、52 条连线。圆形结点代表国家或地区，处于直线分支上的小节点代表机构。在网中节点的大小反映的是作者、国家/地区或者机构的发文量。

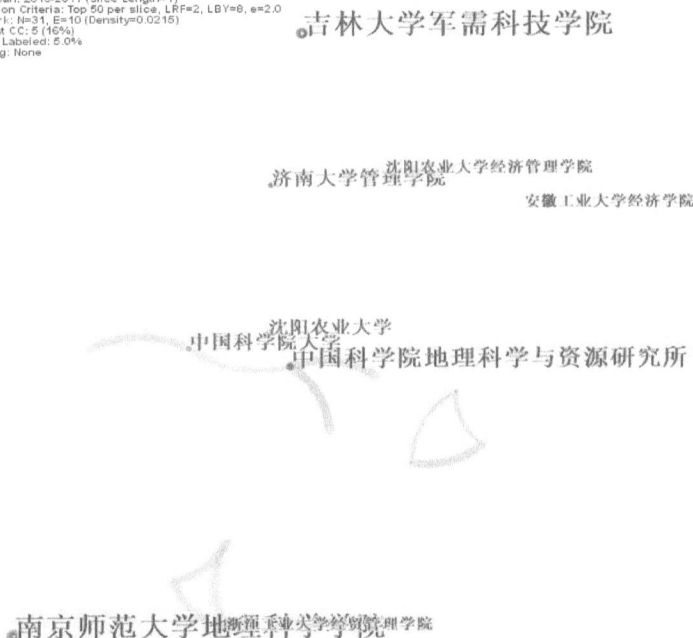

图 2　县域经济研究领域高校分布、机构和作者分析可视化图

图 2 显示出县域经济研究领域的研究在我国（地区）分布较为分散，根据节点直接的连线可以看出我国（地区）和机构间有较多合作。从各节点的发文频次来看，南京师范大学地理科学学院文献贡献率最大。这表明南京师范大学在县域经济研究领域较为活跃。其次是中国科学院地理科学与资源研究所、吉林大学军需科技学院。从各节点中心性强度来看，中国科学院地理

科学与资源研究所的中心性最大，表明其在县域经济研究领域中的中介作用比较明显。通过该节点展开的研究较多，对该研究网络结构的影响力较强，其中心性为0.01，在该领域内也有一定的影响力和控制力，较之其他科研机构是最强的。除此之外，中国农业大学县域经济研究中心、武汉的中国县域发展研究中心近年来比较活跃，研究成果丰硕；县域经济研究机构分布具有明显的区域性特征，如四川县域经济发展研究中心、北京中郡所、湖南县域经济研究中心等。

表1 县域经济研究领域高校分布情况

词频	年份	文献被引
2	2010	陕西师范大学旅游与环境学院
2	2011	贵州财经学院
2	2012	聊城大学环境与规划学院
2	2014	湖南师范大学资源与环境科学学院
2	2013	湖南农业大学商学院
2	2014	浙江财经大学数学与统计学院
3	2014	浙江工业大学经贸管理学院
2	2014	浙江工业大学城镇化与城乡休闲研究中心
2	2010	浙江大学公共管理学院
5	2010	济南大学管理学院
2	2012	河南大学黄河文明与可持续发展研究中心
2	2012	河南大学环境与规划学院
2	2011	沈阳建筑大学管理学院
3	2012	沈阳农业大学经济管理学院
4	2010	沈阳农业大学
2	2010	武汉科技大学文法与经济学院
2	2012	武汉大学经济与管理学院
2	2012	安徽财经大学经济学院
2	2010	安徽财经大学

词频	年份	文献被引
3	2010	安徽工业大学经济学院
2	2012	国家农业信息化工程技术研究中心
2	2012	哈尔滨商业大学经济学院
11	2010	吉林大学军需科技学院
11	2010	南京师范大学地理科学学院
2	2011	华南理工大学经济与贸易学院
2	2014	云南财经大学公共政策研究中心
2	2010	中国科学院研究生院
5	2013	中国科学院大学
7	2010	中国科学院地理科学与资源研究所
2	2013	中国科学院/水利部成都山地灾害与环境研究所
2	2014	中国地质大学经济管理学院

总体来讲，研究县域经济的高校在中部、华东、华南、西北、西南、东北均有分布，可见县域经济研究在各地区的必要性。中国其他高校或者研究机构在县域经济研究领域的研究互动应进一步加强提升，特别是要加强与我国其他非专业属性的科研机构领域的研究合作。同时，中国国内的研究机构也应该进一步提升其学术影响力，逐步树立其权威性，以争取在县域经济研究领域取得更多、更有价值的研究成果。

（二）作者分布

从图3中可以看出，主要的研究者有刘国斌、朱孔来、马宗国、陆玉麒、伏润民等。其中少数学者之间有合作，其他学者都是独自撰写论文。此外，在图3知识图谱之外，张占斌研究了我国省直管县体制改革，其研究成果被国家部委、各省及一些国有企业所借鉴。张正河的研究涉及县域经济影响因素、县域经济核心竞争力、县城发展的困境与出路、县域经济发展的产业支撑等县域发展的热点和难点问题，贴近实际，直面问题。闫恩虎等学者总结了县域经济发展经验模，为研究县域经济进行了初步的分类。武汉的中国县域发展研究中心的专家学者主要以县域发展面临的理论和现实问题为研究重点，在县域体制改革、县域经济发展和县域社区发展等方面展开深入调查与研究。县域经济研究涉及实际经济现象，因此，需要一定的调查研究，在方法论层面更多以定性研究为首要选择。县域经济研究又与农村经济密切相关。张正河以及中国县域发展研究中心的王敬尧等学者既研究县域经济又研究农村经济，对一县内的经济问题给予相对全面的研究。不过可以发现，图3中这些学者多数就职于非211、非985高校。另外，各省党校一般涉及应用性较强的学术研究，如县域经济、基层治理；以浙江省委党校、宁夏党校来看，个别学者对于县域经济研究有一定涉足，出于应用导向的研究，成为这类研究机构的一项工作。这部分学者不一定在政府机构有兼职，在主流学术界学术影响力不大，但是对于实际政策建议或研究有一定的影响力。

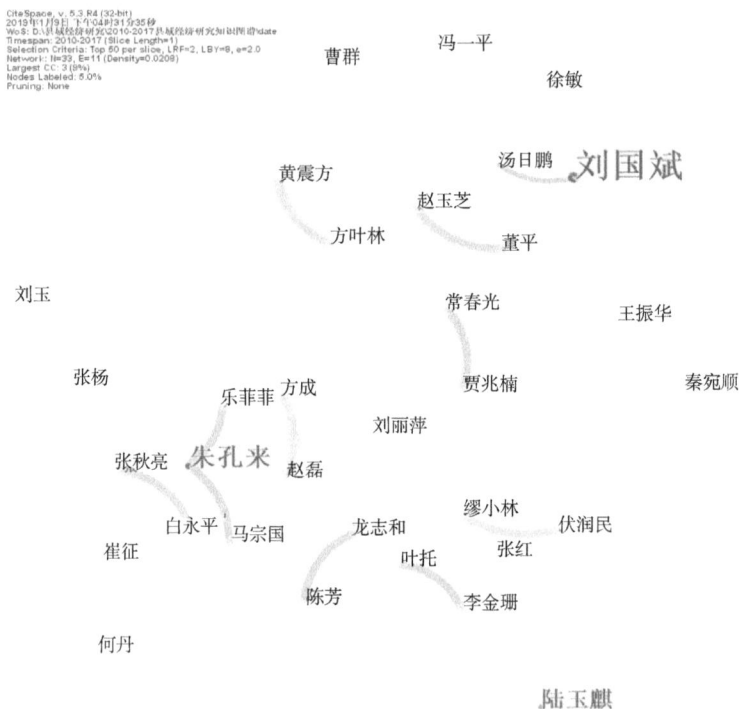

图3 县域经济研究领域作者合作网络分析可视化结果图

从中国知网搜寻并获得的数据显示，与 Citespace 得出的结论基本类似。不过值得一提的是，合肥工业大学、福建师范大学、华东师范大学、西北农林科技大学和吉林大学在县域经济研究中也有一定的贡献。以合肥工业大学为例，有一定数量的硕士论文和博士论文研究县域经济。

（三）关键词共现分析

关键词是论文主要内容的提炼，能充分体现作者的学术思想和学术观点。共现词分析理论认为，当两个关键词同时出现在一篇文献中时，这两个关键词就存在共现关系。[1] 关键词共现分析是科学计量学的基本研究方法之一，也是一种基于文献内容的分析方法。关键词共现的频次越多，文献所研究的主题越接近，在知识图谱上它们之间的距离就越接近。关键词中心性是指某一节点在某一领域中的中介作用及其影响程度；一般认为，关键词中心性超过0.1 即为较强，通过该点展开的研究较多，其有较强的影响力。[2]

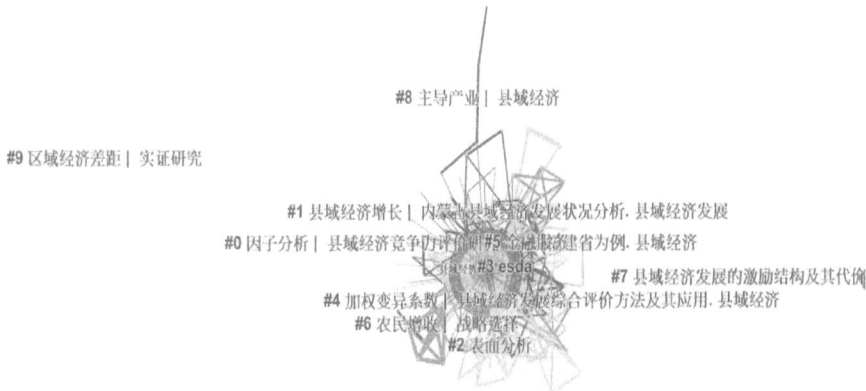

图 4　县域经济领域关键词分析可视化结果图

在 Citespace 上将节点选择为"key words"，根据 1500 条记录进行关键词共现分析，可得到关键词分析可视化结果图（见图 4）。将得出的县域经济研究领域核心关键词、词频及中心性按年份排序（见表 2），节点大小反映的是主题、关键词或者领域的频次。结合含该关键词的代表文章可以挖掘出各个年份县域经济领域的研究热点以及该领域的发展脉络，并且可以恰当地选择县域经济领域该年度的发展和典型实例加以验证说明。

---

① Hsin-Ning Su, Pei-Chun Lee："Mapping Knowledge Structure by Keyword Co-Occurrence：A First Look at Journal Papers in Technology Foresight"，85(1) Scientometrics (2010).

② 房宏君：《国内科技人才研究的来源分析和热点分析》，《人力资源管理》2011 年第 12 期。

通过关键词共现分析可以发现，2010—2017 年，总体上看，县域经济研究领域的热点是县域经济发展、空间差异、县域经济增长、因子分析、影响因素、发展模式、产业集群和空间格局等基础概念或领域的讨论。这表明中国县域经济研究者对经济发展、经济增长理论的高度关注。此外，对区域经济的反思和研究，对我国一些省份的发展战略的关注，也吸引了大量的研究者。

表 2 按年份排列的县域经济研究领域高频热点词

词频	中心性	关键词	年份
28	0.18	县域经济发展	2010
21	0.03	发展模式	2010
21	0.08	空间自相关	2010
18	0.01	城镇化	2010
14	0.05	产业结构可持续发展	2010
11	0.03	空间格局	2010
10	0.01	主成分分析	2012
10	0.00	竞争力	2010
10	0.02	聚类分析	2010
10	0.06	县域金融	2010
9	0.01	经济发展	2011
9	0.01	县域经济差异	2011

从表 2 中看到，2010—2017 年县域经济研究的关键词还有以下几个：空间自相关、产业结构、主成分分析、县域金融、县域经济差异等。以空间自相关为例，该关键词的研究表明了学术界对县域经济空间是否存在正相关，经济发展是否存在异质性进行了分析，进而对县域经济的空间集聚与差异现象进行分析，这反过来又解释了关键词"县域经济差异"的原因，有助于了解和认识县域经济发展和增长的空间相互作用规律。

Top10　Keywords with the Strongest Citation Bursts

Keywords	Year	Strength	Begin	End	2010–2017
主成分分析	2010	2.9634	2012	2014	
空间格局	2010	2.7014	2014	2016	

图 5　2010—2017 年县域经济研究方面期刊关键词爆发时期

进一步对关键词做时间爆发历史分析（Citation Burst History）则可以发现，从总量上看，县域经济研究的讨论在 2010—2017 年期间所占比重很大，但从关键词爆发时点和时段的观察上看，中国县域经济研究领域的研究者对主成分分析和空间格局极为敏感，在研究上表现出了较强的时代性。图 5 中标有红色的关键词表示在一段时间内突然爆发增长的关键词，红色长度代表其爆发的起始年份和结束时间。从各年的关键词爆发及其持续时间可以看出，2012 年之后，正值主成分分析初露端倪之际，关于主成分分析的讨论成为爆发强度最高的关键词。2014 年之后，学界掀起了关于空间格局的研究。这表明，县域经济的空间格局演变、重心迁移、空间集聚态势及发展状况进入学界的研究视野。

进一步结合从中国知网搜索的结果看，2010 年左右，县域经济研究进入活跃期，不仅表现为参考文献引用频次剧增、优秀文献著作的出现，而且参考文献结点作者的学科背景包括经济学（工业经济、财政与税收、农业经济、金融、经济体制改革、企业经济）和政治学等的多元化领域，不仅有经典文献持续出现。且在县域经济知识结构中处于核心地位，与各个研究方向互有交叉。县域经济研究近期的前进方向可能更朝着政策研究类出发，为地方经济发展贡献力量。综述类文献相比政策研究类文献数量较少，因此，在寻求理论结合现实的方向上，着力于刻画真实世界县域经济多元化视角"多维转向"。纯粹的理论研究或许有可能会在未来的研究中继续保持沉寂。结合我国县域经济发展的实际情况，人们既能看到我国在此方面的巨大进步，也能发现其中许多亟须研究的问题。

四、文献评价与反思

纵观国内利用 Citespace 软件分析某个研究领域问题，可以发现，一般选题范围较小，或者较大。较小的选题范围的文章上位知识追寻不够，较大的选题往往难以全面概括该学科或研究领域内的研究进展。因此，基于

Citespace 软件分析的论文多有研究流于报告文献处理过程。通过运用 Citespace 软件再结合自身的观察力、推断力，对可视化图谱进行深入理解。本文的选题"县域经济"属于一个不被主流学术界热中的领域，如何从非主流的研究中反映其深刻的内容，这需要将研究县域经济的文章在质性判断方面再增强下。

相比中国模式在国际上引起的强烈反响和持久讨论，在中国模式这一大的概念下，我国一些县通过实践提炼出了各自的"模式"，这些模式是基于对现实问题或困难的克服，走在地区或者全国前列，具有一定的启发或者示范作用。对于更好地促进县与县之间工作的交流来说，这些"模式"是有意义的。

（一）县域发展模式

表 3　我国各地县域发展模式总结

名称	来源	主要内容
绛县模式	《中国档案》	乡镇档案建馆
苏州模式	《兰台世界》	管理企业改制档案
和县模式	安徽大学管理学院	进行档案管理模式改革，整合档案资源
和县模式	《山西档案》	档案管理模式改革在全国产生了深远影响
衡阳模式	《衡阳日报》	社会矛盾调解网络建设
环县模式	《陇东报》	黄河水土保持工程项目区建设
嵩县模式	《中国国土资源报》	矿山企业开矿，地质部门找矿，建立找矿避险机制
锡田模式	《中国矿业报》	找矿新模式实现了公益性和商业性地质工作的无缝对接
彬县模式	《陕西煤炭》	用先进适用技术改造地方煤矿
梅县模式	《梅州日报》	城乡公交一体化，将公交惠民延伸到偏远农村群众
定县模式	中国行政协会	社区的卫生问题与经济问题、教育问题、政治参与问题等结合起来，以平民教育运动为契机加以通盘考虑。
和县模式	《巢湖日报》	将服务实体大厅与服务代理相结合的为民服务全程代理
费县模式	《联合日报》	青岛理工大学在革命老区办学，提高了老区人民群众的综合素质

名称	来源	主要内容
陇县模式	《西部法制报》	"一村一法官"工作机制；加综合治理，开展法律咨询，现场解决问题等方法，有效地预防了试点村矛盾纠纷的发生
泸县模式	《四川日报》	全国法治县创建标准县
户县模式	《陕西日报》	负责户县及周边地区出境务工人员信息发布、招收、培训、外派等工作，并监督外派企业与劳务人员依法签署合同、落实相关劳动保障
渠县模式	《四川统一战线》	组建听民意献良策的民意顾问团创新统战工作
应县模式	《朔州日报》	被列为全国草牧业发展试验试点市，大力推进退粮增草的步伐
雄县模式	《中国矿业报》	逐步解决供暖季环境污染严重的问题，调整我国能源结构，实施节能减排
夏县模式	《生态建设》	小康林业建设
泸县模式	《四川法制报》	丘陵地区司法扶贫让农民从思想根源上脱"盲"，树立法治观
户县模式	《西部法制报》	交通事故案件处理
蓟县模式	《上海证券报》	创新融资方式，通过构建信用体系支持新农村建设
佳县模式	《人民政协》	以"榆佳工业园区"建设为发展突破口，红枣产业与旅游业齐头并进
定县模式	《河北师范大学学报》（哲学社会科学版）	立足于农业发展的内涵式乡村改造模式
祁县模式	《山西经济日报》	为投资者创造一切条件优化发展环境
涉县模式	《国际商报》	以升级为主线，实行绿色转型，主动适应经济发展新常态
盘县模式	《当代贵州》	加强基层组织建设促农增收致富
康县模式	省政府参事室	以美丽乡村建设为契机，推动农村各项事业的全面进步
沛县模式	《徐州日报》	节约出土地，提高土地利用率，利用退出的集体建设用地修建湿地公园，推进沛县的旅游经济发展
沙县模式	《中国证券报》	开展土地信托流转，建立风险防范和收益返还制度

续表

名称	来源	主要内容
沛县模式	《上海金融报》	农村土地经营权抵押贷款，为开展农地经营权抵押贷款提供政策指引和组织保障
随县模式	《湖北日报》	作为农业部和省政府确定的试点县，随县农村土地确权登记颁证科学规范，被视为农地确权的"随县模式"
漳县模式	《定西日报》	精准融合，精准施策，精准扶贫
凤县模式	西北大学经济管理学院	生态立县、旅游兴县、工业强县、椒畜富民
安县模式	《四川日报》	形成安县蛋鸡产业集群，迈向现代农业
嵩县模式	《河南日报》	打造"全域旅游"带动"全域脱贫"
易县模式	《经济研究导刊》	秉承小额信贷扶贫的理念，以扶持社会弱势群体为目的
盘县模式	《当代贵州》	小额信贷
盐池模式	中国人民银行吴忠市中心支行	金融扶贫
万全模式	万全人民政府办公室	产业扶贫
白水模式	渭南市人民政府	金融扶贫
阜平模式	《西北在线》	金融扶贫
新野模式	河南省人民政府发展研究中心	三次产业融合发展，培育现代产业集群，拉深产业发展链条，完善产业服务体系，厚植产业特色和优势

来源：作者根据中国知网文献整理

从表3统计信息中可以看到，我国各地县域发展模式中，涉及基层党建、档案管理、便民服务、小额信贷、农村经济发展、金融扶贫、教育扶贫、土地产权改革、土地抵押贷款、劳务输出、法治下乡等方面。其中以经济领域的创新工作为最多，成为县域经济发展中的一个亮点。不过问题在于，上述模式的命名或者出处绝大多数都是媒体运作的结果，以新闻报道为主，只有为数不多的几篇学术论文，缺乏学术上深入严谨的论证。这些模式是否已经成为广泛的共识或者具有参照价值，还未可知。另外，新闻报道所界定的模式缺乏持续追踪，不少记者非经济学科班出身，新闻用词不够专业化，更难以产生学术界对话的共同语境或产生通则性理论，这使得县域模式的提法更具有现实意义，以解决现实问题为着眼点，或者对其他县的工作开展有所启发。如国家开发银行行长陈元日曾希望进一步推广"蓟县模式"，积极创新融资机制，进一步加大对新农村建设和县域经济的支持力度。可见，县域经济研究具有较强的现实性，关于县域经济的报道主要集中于各省的日报。

学术研究不能仅仅关注理论，还要关注现实经验，这一点不同于经济史研究或者纯粹理论经济学研究。因此，关于县域经济研究的报道不可或缺需要媒体的介入，引起学术界的讨论或者关注。媒体报道要么是经验总结，要么是新的热点问题的发掘。这类报道缺乏实证研究风格，缺乏深度，更没有持续追踪。表3中提到反映各县"模式"的文章没有研究我国经济百强县的共性特征，对其经验总结不足。从表3中还可以看出，研究县域经济或县域治理的高校或者机构，要么不是最顶级的高校，或者不是最好的研究机构，要去解释为何是边缘的学者和院校，这就需要本文在大量文本分析的基础上加入主观判断，推测其原因。除了前文中分析"县域经济"的关键词外，还需要分析我国主流经济学界的研究情况。

（二）县域经济发展经验

从表4统计信息中可以看到，关于县域发展经验的总结，以沿海或者东部发达地区的县居多。其中除了一个经验为公交改革外，其余均为经济发展经验。在各个经验的内容中，关键词有民营经济、产业、开放经济、转型。这几个词能反映我国县域经济成功的原因以及未来的发展走向。结合全国百强县的发展经验来看，注重培育特色产业、重视民营经济的发展、经济开放，这三个经验与前面提到的关键词有一定的吻合之处，可见这三个经验的重要性。不过表4中的成果对于百强县的深度个案研究还比较缺乏。近年来，无论是资源型工业县还是传统工业县，都开始探索转型之路，因为当前我国宏观经济已进入新常态，产业转型升级和体制机制创新将成为县域经济发展的主旋律。

表4　我国各地县域发展经验总结

名称	来源期刊	主要内容
长三角地区县域经济发展经验	《农业经济问题》（月刊）	以改革和制度创新为动力，提供县域经济发展的宽松环境；以培育特色产业为目标，加快县域经济的协调发展；培植优势产业集群，提高县域经济竞争力；积极发展民营经济，增强县域经济发展活力；实施外向发展战略，优化县域经济结构
福建沿海县域经济发展经验	《福州大学学报》（哲学社会科学版）	放手发展民营经济，培育市场竞争主体，大力发展第二产业，走工业兴县（市）之路，精心培植特色产业，依靠技术创新，提升产业竞争力
浦北经验	《广西经济》	追求内生性发展，构建有速度、有质量、可持续的产业增长机制；通过"一把手"牵动"层级联动"提升群众"获得感"
肥西经验	《中共合肥市委党校学报》	发展县域特色经济，提升工业化发展水平，拓宽企业融资渠道，提升经济发展创新驱动能力
平泉经验	《改革探索》	公交深化改革：规划公交体系深化品牌创建细化配套服务妥当化解矛盾与问题
江阴经验	《边疆经济与文化》	发展乡镇企业，走开放型经济道路，调整经济结构，进行沿江开发。即要突破文件、突破惯例、突破体制
田东经验	《社会治理》	以农村金融改革试点为抓手，实现了脱贫与发展的统一，田东经验有效契合了"协同治理"的要义，从纵向关系和横向关系上分别实现协同
盱眙经验	《机构与行政》	集中行政许可权改革试点地区，将之前的重批轻管改为加强相关部门事中事后监管职责
晋江经验	《金融经济》	坚持引导扶持，强化政府管理；坚持市场导向，促进企业发展；坚持企业转型，实现产业升级；坚持产业集聚，开展分工协作；坚持品牌经营，做大做强企业

来源：作者根据中国知网文献整理

（三）县域经济研究与现实需求

县域经济研究始终以现实需求为目标导向。[①] 县域经济发展特点、路径和趋势是我国最实际的国情。县域经济是在传统农村经济与现代城市经济之间的另外一种独立的经济形态。从县域经济研究领域诞生可以产生重大理论，兼顾共性、差异性和不发达原因。发展经济学家提出了发展经济学理论，如二元结构模型，劳动力流动模型，大推进理论，不平衡理论。我国不同地区的县域经济结构不同，发展动力不同，面临的困难也有所不同。而发展经济学经典理论在发展中国家经济体尤其是在中国这样一个全球最大的发展中国家层面上所面临的主要困惑，几乎都可以在县域经济层面有所映射。即中国县域经济问题可以在发展经济学理论框架下进行深入的探讨，并且一些县域的发展超越了发展经济学的经典理论的内涵。理论与现实的巨大张力始终存在。理论落脚点和现实需求有时候不一定十分契合，这对我国县域经济研究提出了新的、更高的要求。为此，要密切关注增长过程中的重要事件和制度实践，如项目制，项目谋划和申报对县域经济增长的重要作用。

（四）县域经济与主流经济学的对话

在前面分析的基础上，本文进一步运用 Cite Space 软件计量分析我国主流经济学界的研究进展。这里对于主流经济学的界定主要是以西方经济学理论和方法为主研究中国问题的学术圈，包括我国最知名的期刊和最有影响力的研究机构。本文选出《经济研究》《经济学（季刊）》《南开经济研究》《经济学动态》四种期刊，这四种期刊在我国经济学研究的影响因子较高。时间跨度从 2015 年 1 月 1 日至 2017 年 1 月 24 日，通过中国知网搜索获得 750 篇文献，对其进行关键词分析，得到如下结果：

在图 6 中，在经济学核心期刊发表论文的研究机构有中国社会科学院经济研究所、北京师范大学经济与工商管理学院、中国人民大学经济学院、北京大学光华管理学院、中央财经大学经济学院、北京大学经济学院、南开大学经济学院、北京大学国家发展研究院、复旦大学经济研究院和厦门大学经

---

① 叶初升、罗连发：《县域经济：发展经济学研究的新场域》，《光明日报》2012 年 2 月 17 日。

济学院。这些高校或研究机构在国内学科排名比较靠前，学术影响力大，多数为985高校，这与县域经济研究的机构形成了鲜明的对比。

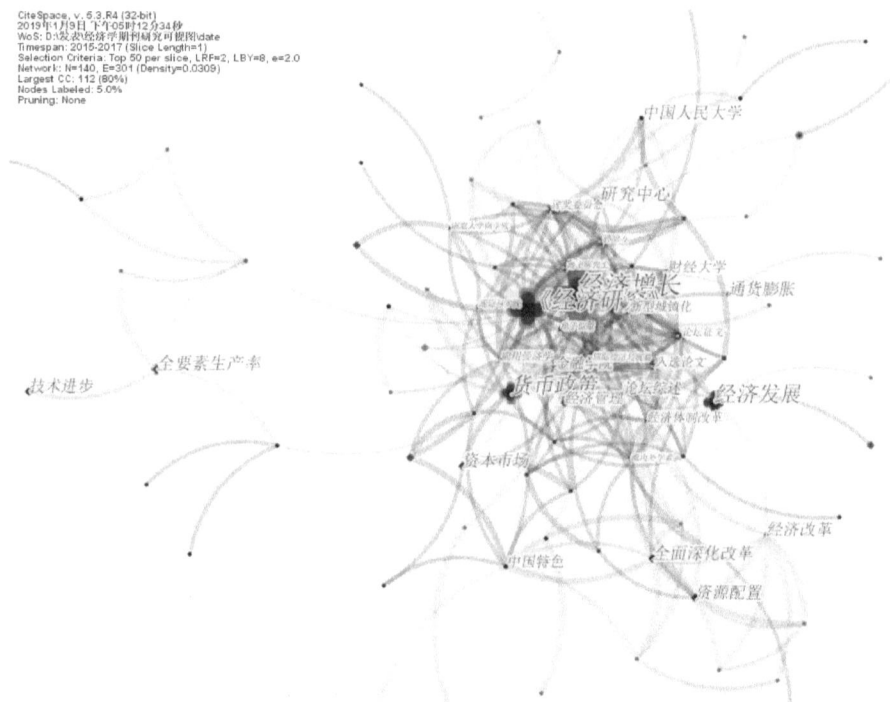

图6　经济学核心期刊研究研究机构分析可视图

从图7中可以看出，经济增长、货币政策、经济发展、资源配置、全要素生产率、对外直接投资等，还出现了中国特色、中国经济学等关键词。这表明主流经济学界在研究问题的基础上，已经开始致力于构建中国学派和中国的经济学理论，这是一种进步。除此之外，主流经济学期刊也关注经济增长和经济发展。这与县域经济研究领域形成了对应关系，县域经济的发展或增长研究或可为主流经济学构建理论贡献知识。这750篇文章虽然涉及方方面面，但是核心的几个关键词依然是经济学研究领域的重点关注对象或者经典困惑（如理论困惑、经验困惑）；这些领域的研究和现实关系虽然密切，但都是从更大的范围去研究，很少从一个县的角度去挖掘。

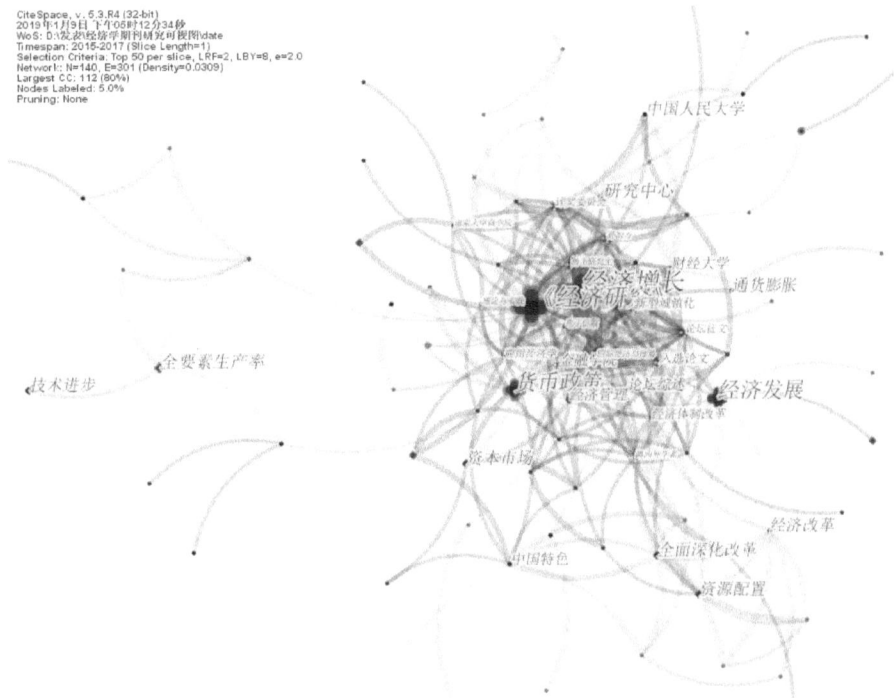

图 7　经济学核心期刊研究关键词分析可视图

县域经济研究难以成为主流经济学界关注的焦点，可能的原因是县域的复杂性和多元性化导致难以产生通则性的理论，这一点从我国县域经济的发展模式的概括中可以看出。学术研究要在以往的研究基础上进行创新，既要与学术界进行有效对话，还要有所创新并对现有知识体系进行推进。显然我国县域的一些模式总结还比较初级和粗糙，没有对涉及县域经济的相关理论，如发展经济学和农业经济学理论有效利用，在此基础上产生的文章自然没有多少学术影响力。现实材料是比较丰富的，但是透过这些材料看什么、怎么看，这个是有难度的。一些媒体工作者虽然会发现问题，有些问题的原因看起来比较简单，但是机制比较复杂，因此，机制解释要清晰。对于研究的问题，要问为何抓住其中一个重点研究，以及自己所从事的研究能和什么理论形成对话关系。因此，如何与我国主流经济学界沟通，成了县域经济研究未来需要更加重视的环节。

　　林毅夫认为，理论的目的在于认识真实世界所出现的现象，经由这种认识对出现的问题提出改进的方案，并根据这种改进预测真实世界未来的发展。① 社会科学理论在本质上是一个用来解释社会现象的逻辑体系，解释的经济现象越重要，理论的影响就越大。② 新的现象，必将产生新的理论。为此，研究县域经济增长的源头和未来的前景，对县域经济发展的经验和教训进行一般性的概括或总结，得出普遍性的结论。在这一点上，当前从事县域经济研究的学者做得还不够。以产业政策为例，林毅夫通过比较优势理论来解释哪些地区更适合发展工业，这些地方发展什么产业具有比较优势。这是一种致力于创造立足全国的通则性知识，甚至在世界范围内产生了影响。理论的适应性，决定于条件的相似性。关于县域经济的一般性规律，目前探索较少。加之从事该领域的学者具有明显的地域性和以实际应用为价值取向，服务于一县之经济发展，进而产生的通则性知识较少。

县域经济作为中国宏观经济最重要的组成部分，具备中国经济的绝大多数特征。因此，对于县域经济与主流经济学的对话的研究，可以上升到中国经济与主流经济学的对话与交流，或者主流经济学对中国经济的解释力。改革开放以来，县域经济发展发生了巨大变化，这与我国的制度变迁有关。中国经济研究要关注历史，关注经济学与现实的相关性。把握中国经济学的未来发展方向应该是以问题为导向。③ 研究县域经济的学者，显然更多的是以问题为导向，而不是范式导向。即使那些使用范式导向的学者，也是西方经济学的研究范式。县域经济发展的开放性、复杂性、多样性和动态演化性决定了对于一般性、共性规律探索的难度。在这种情况下，单一的范式总是一种不完全的知识。在特殊性方面，我国是社会主义国家，其经济发展的推动的关键力量之一在于中国共产党领导下对持续发展和共同富裕的目标诉求，县域经济也是在以党委的领导下制定各种发展政策，经济制度带有明显的中国特征，尤其是近几年的经济制度变革，涉及产权制度、交易制度、分配制度、政府调控经济制度，都发生了系统性变革。县一级单位可以作为一个比较完整的观察窗口。

① 林毅夫：《我们为何能预测中国增长的奇迹？》，《光明日报》2014 年 12 月 11 日。
② 林毅夫、蔡昉、李周：《中国的奇迹：发展战略与经济改革》，格致出版社 2015 年版。
③ 贾根良、崔学锋：《经济学中的主流与非主流：历史考察与中国情境》，《湖北经济学院学报》2006 年 3 月第 4 卷第 2 期。

关于县域经济发展的推动力研究，有政府推动型模式和市场推动型模式的分类，也有从农业主导模式、工业主导模式、服务业主导模式的分类。需要注意的是，县域经济是一种特殊的区域经济，为此，其地域范围、规模大小、经济关系和特点，都具有特定性。一些区域经济发展理论不一定能套用在县域经济上，而一些经济发展理论也未必被从事县域经济工作的人参考，从而制定促进当地县域经济发展的政策。有学者将区域发展阶段理论、梯度转移理论、增长极理论作为县域经济发展的理论依据。[①] 这些理论更多的是一种区域经济理论，并且不是立足于我国区域经济提出的。为此，我国县域经济作为区域经济的组成部分，应当具有一两个基础理论，反映我国县域经济发展的一般规律，并在此基础理论之上建立逻辑严密的理论分支。

中国作为一个新兴经济体，特别是近几年中国经济快速崛起将会贡献有别于主流认识的全新经验，带来解决问题的新方法、新方案和新经验。而这些经验在县域层面得到了丰富的展现，如前文所示的那些"模式"和"经验"。哈佛经济学家弗兰科提出要通过总结新兴市场的经验来拯救主流宏观经济理论神的洞见。[②] 我国县域经济发展在取得成就的同时，也面临着一定的问题。这些问题需要学术界的关注，甚至在研究层面对此给予批判性思考。而研究范式的革新的动力源自这个时代社会实践面临的重大问题对既有理论的挑战。现实经济实践发展的历史性与必然性，蕴含着经济学范式演进的历史性与必然性。[③] 经济学理论不可能超越真实的历史，凭空设计问题和研究对象。将经济学视为一门不断创新发展的历史学科，这强调了理论与经验的一致性，体现了经济学的本土性特征。而研究县域经济，更需要注重长时期和细致性的国情考察，从中国县域经济实践出发，抽象出规律性的理论学说，进而用其解释和指导中国经济发展。需要通过这些规律性的理论学说来测度西方经济学的理论命题的稳健性和解释力，检验西方经济学理论命题是不是对中国经济有一个正确的认识。

① 李文祥：《县域经济论》，兰州大学出版社 2005 年版。

② Jeffrey A. Frankel：Monetary Policy in Emerging Markets：A Survey, NBER Working Paper, No. 16125 (2010).

③ 马涛：《西方经济学的范式结构及其演变》，《中国社会科学》2014 年第 10 期。

五、结语

本文借助 Cite Space 计量工具从"文献追踪"的角度挖掘县域经济研究领域的知识基础、发展脉络和研究热点，是对县域经济综述研究的一个新的尝试。根据年份的演变总结了县域经济研究领域过去几年的发展历程。研究表明：

纵观国内利用 Citespace 软件分析某个研究领域问题时，可以发现，较小的选题范围其上位知识追寻不够，较大的选题往往难以全面概括该学科或研究领域内的研究进展。因此，基于 Citespace 软件分析的论文多有研究流于报告文献处理过程之弊。通过运用 Citespace 软件再结合自身的观察力、推断力，对可视化图谱进行深入理解。本文的选题"县域经济"属于一个不被主流学术界热衷的领域。如何从非主流的研究中反映它更加深刻的内容，这需要加强县域经济研究文章的质性判断。

当前研究县域经济的学术论文，不少选题为某一个小领域的问题，缺乏深度系统的案例研究。在县域经济研究领域，"经验"和"模式"的总结以媒体报道较多，这是对县域经济现实问题的关注，有其必要性，但是缺乏深度，也没有在学术语境下讨论问题。因此，不同报道之间缺乏连接起来的桥梁，更多的是对现实的记录。今后，我国研究县域经济的学者不但应该注重该领域研究的合作交流，努力提升国际影响力，而且应该加强对新时期县域经济发展中出现的新问题的研究，完善和丰富现有的符合中国国情的发展经济学理论。

当前的研究多是从一些特定主题入手，多为横截面式的研究，缺乏纵向研究，尤其缺乏对于县域经济的分类学研究；县域经济的分类学研究旨在理解县域经济的发展逻辑，如对县分类为市郊区县、非郊区县，传统工业县、新型工业县，省直管县、非省直管县。这些不同的分类标准表明了不同的县具有不同的发展逻辑，发展背后的深层次原因也不同。通过类型学进行描述、提炼和分析，以建立分析问题的参照系，进而寻找上位知识，寻找宏观关怀、抽象关怀和终极关怀。从县域经济的小问题中感知宏大问题、抽象问题以及经典困惑。

本文的不足之处在于，Cite Space 工具抓取了中国知网的数据，没有抓取 Web of Science 数据库上的文献数据，后者收录关于县域经济研究的文献较少，表明该类文章暂时难以进入 WOS 数据库核心期刊的目录之中。为此，不能进行文献共被引分析，文献共被引分析能把众多的分析对象之间错综复杂的共引网状关系简化为数目相对较少的若干类群之间的关系，并直观地表示出来；同样也缺乏膨胀词分析，每一个膨胀词对应的线段长度代表其延续的年份，如此不利于发现最受学术界关注的前沿话题。

县域经济是我国宏观经济或者区域经济最重要的组成部分，其发展伴随着我国转型时期的深刻变化和大量亟待解决的问题，对于县域经济研究的智力探索也日益渴求。学术研究既面临着挑战，也面临着机遇，有着广阔的发展前景。相信伴随着我国县域经济的发展和对其研究的深入，创新的发展模式必将通过提高资源配置效率，提高发展的质量，为破解我国县域经济面临的问题提供更多的中国经验和智慧，也为中国经济增长起到巨大的推动和促进作用。

后记：

本文是对学术界县域经济研究成果的一次分析和审视。在全文研究的基础上，更进一步认识县域经济在我国主流经济学中的地位和融入问题。这个融入过程，既要考虑县域经济研究的针对性、时效性，还要考虑决策服务性。在社会主义市场经济体制下，县域经济如何实现科学发展，既有现实意义，又颇具学术价值。从一般意义上的微观层面推进到宏观层面，实现县域经济研究与主流经济学研究的对话和融合。

第十篇　调查研究方法

　　任何科学研究都要讲究研究方法。"工欲善其事，必先利其器。"在中国基层的调研经历中，有满怀对人民的深情，有对基层发展取得成就的欣喜，有对落后地区人民生活的同情，有指点江山的慷慨激昂，有小心取证、反复讨论的谨慎。在全面观察中国现实的基础上，培养观察事物的敏锐眼光，判断时事的深刻洞见。将中国故事与经典理论结合起来对话，形成中国模式的基层提炼，在基于调研的经验研究中寻找新的理论生长点，进而在理论层面讲好中国故事。同时，还要有对一个地方更好发展的使命感，那就是写好政策建议报告。

关于政策研究的思考

李小云　李俊杰

在过去的几年里，县城经济研究会广泛关注农村经济、县域经济，关注与民生问题息息相关的领域，进而对中国基层的情况与面貌有了初步的了解，对于国家政策在基层的执行有了直观的感受，增进了对"人民"这样一个群体的理解。在调研中，成员们学会了与基层老百姓相处，和基层干部相处，并帮助他们分担忧愁、出谋划策。这些经历直接促进了成员们的成长，使得成员们更成熟、更持重。谈起中国问题，成员们不再盲目迎合国外理论，盲从别人的观点，而是有了自身的理解和思考。在清华，"行胜于言"铭记成员们心中，成员们希望能做到知行合一，这是激励成员们前进和奋斗的目标。

史宗恺老师在为《南疆住村笔记》所作的序言中写道："如果说，在大学学习期间，同学们心中的'人民'一词在多数情况下还停留在概念的层面，而成为基层的一名工作人员，长期身处群众之中，'人民'就变得生动而具体。"① 在阜平县，一位70岁的老大爷当着成员们的面背诵毛主席关于"没有调查，没有发言权"② 的篇章，初听并未觉得新奇，紧接着他大段背诵了"调查就像'十月怀胎'，解决问题就像'一朝分娩'。调查就是解决问题。……从支部书记到总书记，一定都要亲身从事社会经济的实际调查，不能单靠书面报告，因为二者是两回事"。那种流利和连贯，让成员们印象极其深刻。他说："搞调研，不能提前通知，只能微服私访。一旦提前通知，人家会给你安排几个专门讲好话的人，你能了解的真实情况就是5%。剩下的真实情况怎么办呢？这达不到调研的目的。"在阜平，成员们发现村民对国家政策

---

① 赵江涛：《南疆住村笔记》，清华大学出版社2017年版。

② 1930年5月，毛泽东为了反对当时红军中存在的教条主义思想，专门写了《反对本本主义》一文，提出"没有调查，没有发言权"的著名论断。

有很强的理解和辨识能力，并非所谓的小农意识根深蒂固，更主要的在于农民有自己的风险承受边界。人民，一个多么具有丰富性和多样性的词。最生动的故事一定来自人民群众！

为此，成员们在调研的基础上，尝试了解政策执行，针对实践中遇到的困难，尝试提出政策建议。成员们把政策建议的提出看作对知行关系的协调，以知促行。那么，这要求成员们要与县级政府政策制定部门建立互动关系，要深入我国基层，以做到政策接触，了解政策部门的意见和思考，了解官员的想法，了解来自人民群众的反馈和诉求。这样才能真切地感受到某项政策在执行中存在的问题，发挥调研服务于地方经济建设的目的，起到建言献策的作用，让调研报告既能被学术界参阅，又能被地方政府领导干部参阅。

"经世济民"是社会科学研究的最终目的，实现此目的，要有深厚的理论和专业积累，更需要对现实问题深入准确地分析。成员们在学术性调查的基础上，从实践中总结和研判出适合一县或者一乡的发展思路，开发出适用于调研地的政策工具，让县域经济研究会扮演县域发展智库的角色。这样的发展目标既是定位，也是一种自我期许。通过深入调研和政策研究，为改善一个地方经济发展而提出一定的政策建议，这要求政策建议有可行性。政策建议的提出，尝试弥补理论与实践之间的研究空白，架通二者之间的桥梁。通过上述能力的训练，使成员们具备清华大学校歌中强调的"器识其先，文艺其从"的能力。在全面观察中国现实的基础上，培养观察事物的敏锐眼光，判断时事的深刻洞见，以及知行合一的能力。

朱锋认为，政策研究所提供的丰富而又复杂的实证经验，是促成理论创新不断升级的阶梯。没有系统、准确和科学的政策研究或者说现状研究，只顾埋头于理论研究，会扼杀理论研究创新的学术生命力。[①] 理论是对多样性和复杂性的经济现象或经济过程所做的抽象化和模式化的哲学性总结。良好的学术素养是政策研究的必要条件。在促进地方经济发展中，学术研究与政策研究应该相互促进，而不应相互排斥。政策研究要利用以往的理论知识积累为其提供重要的知识储备和学术训练。当然在理论研究中要大力提倡"实践出真知"的发展导向，而不能拘泥于"理论热"或者受限于单纯的"理论至上主义"。

基于调研基础上的政策研究，所写的调研报告是对我国国情的阶段性、

———————————
① 朱锋：《学术性的政策研究：路径与方法》，《国际政治研究》2009 年第 3 期。

区域性特征做出的新概括。本书部分报告的政策建议内容可能偏学术研究思维，反映了学术调查研究的一种价值关怀、情感取向，以及成员们对政策研究的精神追求。在对策建议的提出上，无论是宏观、中观还是微观层次，都强调对大势的把握，对访谈细节的要求，以此来展示县域经济研究会成员对地方治理的思考。

当下，不少政策研究报告有着这样一些共同的特征，或偏微观，或偏宏观，或抽象，或关乎长远，或关心当下，或是方向性建议，或是趋势性建议。在长期的县域经济调研经历中，在从事政策研究的历程中，成员们认识到，政策建议的提出要注意以下七个方面的问题。

一是政策建议不能太空泛，不能谈了很多意义和重要性，而缺乏具体可操作性的内容。政策研究和理论研究有很大的区别：政策研究和理论研究有不同的评价标准、不同的受众和不同的服务目标。判断政策研究的标准似乎常常是它们的可操作性，而理论研究好坏的评价标准则完全是基于学术同行的看法和意见。因此，政策研究需要考虑政策建议的针对性、可操作性和落地性。如果没有仔细推敲政策建议的逻辑，未经过严密的推理，就轻率地写出政策建议，是无助于解决实际问题的。

二是对调研中遇到的不同类型的问题要区别对待。调研中会遇到新问题、新趋势，也会遇到老问题、新情况。对于老问题来说，已经出台了较多的相关政策，要考虑这些出台的政策对解决老问题的效力。而对于新问题、新趋势，要收集最近出台的政策情况，以及这些政策解决新问题的能力，对新趋势的关切和回应性。对新问题和新趋势，还要思考属于共性问题还是个性问题。调研的内容，既有经典问题的时代再解读，如工农关系、农民收入、城乡融合，又有尊重国情基础上认识客观规律，尝试提出战略性、方向性建议。

三是政策建议的提出要充分考虑边界或者约束条件。政府在进行决策时是有约束条件的，如干部稀缺、人才匮乏、资金不足、资源稀缺、实力薄弱等。通过收益最大化和成本最小化来看，给农民补贴与给农民免去农业税效果是不一样的，政策的执行成本也不同。因此，不能无视这些约束条件，而超越时空限制提出一些短期内无法实现的政策建议。

四是政策建议的提出与政府特定时期的既有政策内容、项目信息结合不够紧密。对于调研主题所涉及的经济工作，如工业县的转型发展，地方政府是否有项目资金或政策予以支持，转型遇到的问题是否可以在既有项目和政策的框架下充分释放政策潜力；若不能，需要从哪方面以及向哪个上级政府机构提出政策建议，为政策建议落地提供财力和制度基础。

五是注意政策建议报告的呈报对象是中央部委还是省、市、县一级政府。这直接决定了政策建议的内容应该因部门不同而异，不同部门制定政策和调整权限也是不同的。

六是一项政策的出台，在收集政策出台前的相关证据时，要跳出局部视野和局部思维，站在全局看问题。站在全局看问题，必须从整体出发，以整体观为指导，以分工合作为基础，加强横向联系。政府是一个整体，只有它的各个部分有机地协调起来，政策才能落地。不管是给政府的哪个部门提出政策建议，都应当想到它只是政府的一部分，必须站在大局上谨慎提出建议，而不能仅仅站在局部的、部门的甚至个人的利益上。

七是优秀的政策建议是基于长期、细致和及时的政策跟踪。政策研究关乎经济社会生活方方面面的领域，对影响政策目标、政策过程和政策结果的因素的解读，不能单纯依靠二手文献和网络上的片面报道，而要建立长期的跟踪机制。县域经济研究会推出的"推进对典型基层经济案例或对象长期追踪"就是为了达到这个目的。政策研究就需要有对国情的亲身体验和深入了解，这是政策研究质量的重要保障。

当前市面上的一些期刊和政策研究报告，如《宏观经济管理》《中国发展观察》，不乏政策建议内容。有些政策建议是对政策效果的实证跟踪，考察政策实施的结果与政策制定时的初衷是否有背离。有些政策建议提供了一种今后发展的政策考虑。有些政策建议则把握了发展的定位。有些政策建议是审视现有的工作机制和治理现状，论证了转变思路的必要性。有些政策建议或提出了一个需要关注的新领域，或指出了一个发展的新方向。有些政策建议通常具有前瞻性、战略性和储备性。能在现有政策体系下解决的困难，则可以提发展对策；不能解决的困难，就要考虑是否要提出新的政策建议或政策考虑。

结合成员们在县域经济研究会基于调研并从事政策研究这几年的心得体会，有如下八个方面的政策研究经验。

一是深入基层，问计于民。调查研究、密切联系群众，是毛泽东一贯倡导的优良传统。成员们的调查研究，大都利用周六日和法定节假日等休息时间进行，大都在乡间地头、村口树下进行。大家不仅爱问，而且善于问，仔细问。正是这种调查研究、脚踏实地的工作方法，使成员们深刻地了解了实际情况，探讨发展现状产生的原因，对经济发展困境进行机理分析。基于对我国县域产业发展的近距离观察，"深描"我国县域产业发展的事实和现实需求，进而探索产业发展需求与政策的匹配。

二是多方征询，辨别真伪。信息的获取不能仅仅依靠媒体的报道来实现，有些媒体报道有失客观，更失跟踪性。在县域经济调查研究中，不能仅仅做人民群众呼声的传声筒，还要发挥调查信息过滤器的作用，注意辩证地分析和吸收正反两方面的意见，为完善基层经济治理和深层次的改革提出有益的建议。政策建议要与政府相关部门的职能相结合，在工作职责范围内，提出的政策建议或者政策未来的完善方向，才能确保政策建议的精准性、可操作性，进而推动政策落地、落实。

三是多方覆盖，力求全面。在县域经济研究会成员的历次调研中，成员们注重构建产、学、研、官、民全利益体系覆盖的调研信息获取机制。在调研中对现有政策进行分析，没有止于提供事实描述，还设法提供未来发展思路的可取方案。只有全利益体系覆盖的调研，才能获取更加全面立体的调研信息，得出更加合理的政策建议诉求，提高政策建议的准确性。

四是聆听诉求，提炼问题。若政策与现实需求有差距，或与实际需求存在错位，则有些政策出台的合理性、必要性还需再论证。对现实问题的理性阐发和建设性思考，才能形成政策研究的见识。学术研究不同于政府决策，政府更关心马上要处理的问题，尤其是关心短期问题。而从实证研究的角度来看，在个人利益、部门利益交织的过程中，描述过程而不着急于做评价是学术研究的主要任务。一般而言，政府决策包含几个阶段：提出问题、议题的讨论、制定政策、政策的评估。聆听诉求就是为了更好地提出问题，更好地讨论议题。

五是把握轻重，选准方向。毛泽东在《整顿党的作风》中说："马克思列宁主义理论和中国革命实际，怎样互相联系呢？拿一句通俗的话来讲，就是'有的放矢'。"政策建议既可以提思路，提方向，还可以创新，发前人所未发。政策建议在某种意义上可以是完善工作的思考，转变观念的启迪。提出的政策建议目标必须是明确、具体的，否则，虚无缥缈的目标无法实现；设定的目标要有可衡量性，成员们需要一个衡量标准来衡量每项政策建议的实施是否达到了预期的目标，效果如何；目标必须是通过努力就可以实现的，要考虑达成目标的概率，这就要求成员们必须客观地衡量建议对象的现状及各种客观因素。

六是启迪思想，拓宽思路。政策建议的提出，作为制定政策的一种启发或政策考虑，从这个角度来看，政策建议是具有意义的。县域经济研究会以"立足中国县域经济，探索经济发展规律"为宗旨，旨在为学术交流和研讨提供一个平台，为传播中国基层经济治理智慧和经验提供一种媒介，为政府与学术研究机构的沟通提供一种渠道，为政府部门的领导决策提供不同的视角和依据。在这样一个开放的社会中，促进学术界与政府互动是有必要的，这有利于给政府决策带来多样化的参考意见，吸收社会力量提供智力支持，形成一个良性互动的局面。

七是分析文本，推进逻辑。文本分析法在做政策研究时，是一种很好用并且经常能用到的一种方法。在本书的文本分析中，坚持用公开数据和调研数据相结合的办法，提升政策建议的说服力。本书的部分篇章注重比较案例，如处于不同区位的工业镇和农业县对同一工作的不同做法，弄清楚当地发展历史的来龙去脉，深化认识，比较优劣，以此更好地认识经济规律。从总体上看县域发展的共性问题，从发展困境中洞察未来的发展趋势。

八是厚植历史，以史资政。形势的不断变化，诉求的不断改变，政策的不断出台，不同时期工作轻重缓急的不断变化，都决定了一项成功的政策研究，既要有历史思维，还要有可操性思维，要对政策演变的来龙去脉有透彻的了解。薛暮桥在《中国社会主义经济问题研究》中探讨了我国社会主义革命和社会主义建设的历史经验，并研究现在还没有解决或者没有完全解决的一系列重大的经济问题。该书对认识社会主义经济运动规律和制定市场经济的政策都有重要意义。薛暮桥同志对我国社会主义经济问题的深入认识和准确分析，得益于他坚持理论与实践相结合，对实践工作进行高度概括；得益于他坚持以全国视野来研究问题，兼顾农业与工业、服务业；得益于他坚持以辩证法认识问题，如与粮食征购的正反两方面的问题，以及不同时期农民积极性的保护；得益于他从始至终坚持历史思维，熟知新中国成立前后的经济发展历史，一生经历了中国沧桑巨变的一百年，见证了三个历史性的巨大变革：辛亥革命，新中国成立和改革开放。这些品质对成员们所从事的调查研究工作和政策研究工作都大有裨益。

寻求真理和新知识，要么是在未知领域探索，要么是在司空见惯领域的深挖。当前，成员们身处剧烈变革的时代，身处知识体系日新月异的时代，身处需要频繁跨界的时代。要努力成为新时期的"四通人才"，即要通党内经典，通国情，通党史，通政策。这样做的目的是，既能熟悉中国共产党的历史发展进程，熟悉历史发展进程中的经典著作在文风、思想、治国理政方面发挥的作用，还能了解真实客观的国情。"四通"是制定政策的基础，是从事政策研究的必经之路。

　　在今后的工作中，县城经济研究会将继续加强调查研究，寻找中国经济发展最真实的故事，然后总结提炼归纳，实现"立足中国县域经济，探索经济发展规律"的宗旨，更好服务国计民生。

关于经验研究的若干思考

李小云

我在中国基层做调查研究的进程，有很多难忘的温情的细节，乡土中国有着令人难忘的一幕幕。对我这样初到一个地方调研的外乡人来说，感受到当地人的热情和关怀，在情感世界引起了一定的共鸣。我选择用淳朴、善良和勤劳来形容当地人民。我曾经领导县域经济研究会做了大量的经济调查，调研队的同学总共写出了50多万字的调研纪实。这些文字是对各地发展的纪实，也是民生情怀的体现。在这些文字中，满怀对人民的深情，对基层发展取得成就的欣喜，对欠发达地区人民生活的同情。笔墨之间既有指点江山的慷慨激昂，也有小心取证、反复讨论的谨慎。在这些难忘的田野调研的日子里，为我思想的完善和性格的塑造提供肥沃的精神土壤。

我想任何科学研究都要讲究研究方法。古训"工欲善其事，必先利其器"说的就是这个道理。在博士即将毕业的时候，看着调研报告，我觉得有必要做一个方法论的总结和反思。

古人讲"世事洞明皆学问，人情练达即文章"，这句话对于深入基层调研的我来说，依然是有道理、有启发的，道理体现在对于社会的深刻洞察和理解。成员们的调研是在周六和周日进行，时间较短，了解更多的都是横截面上的信息，对于历史纵向上的信息了解太少。这也是做了这么多基层调研以后发现的一个最大的问题，也是最大的遗憾。

一项成功的经验研究要有扎实的调查作为支撑。以往我主持的调研在前期准备上存在不足，过于关注学术研究进展，而对于一些常见事实、事件关注不够。以往调研农村产业扶贫，只关注该产业的相关情况，而对于该乡镇或者该县的宏观的、总体的情况了解不够。产业扶贫不仅仅是一个经济任务，还是一个政治任务，涉及政治组织等方方面面。在延伸讨论方面有所欠缺，比如，对于同类型的乡镇（自然环境、政治环境和经济环境）、相似的乡镇是如何发展的，过去乡镇发展的定位存在什么问题，对这些情况的了解意味着给调研对象寻找一个可供比较的参照对象，提供比较的视野。正如调研中卫市大数据和云计算时发现，中卫以美国的凤凰城（菲尼克斯）为对标城市，对其发展、规划、产业布局思路进行了学习。总之，调研前的准备应该是全面的、充分的，尤其要了解历史状况，使调查者的视野更加开阔。

经验现象要想与理论对话，那么经验现象必须要饱满，必须要充分扎实，而不是其中的个别场景和个别现象。对中国基层国情的调研，使得成员们对于理解一个大国的丰富性、复杂性和多样性，有了深刻的直观感受。不过现代中国的文章写作风格与古代已经不太相同。古代的学者或者文学家更喜欢写宏大的题目，而现在的学术性研究文章，需要对题目进行限定，就某一个问题进行深入探讨，考察其前因后果。因此可以概括成一种经验研究，而这种经验研究，必须要兼顾横截面和纵截面的两个方向的信息。

中国社会科学研究交织着两股不同线索之间的张力：一是价值与经验之间的张力；二是西方与本土关系的张力。它们从不同角度涉及了如何处置普遍性与特殊性关系的问题。[1] 改革带来了现有理论无法回答和解释的丰富经验，在这种时代背景下，反思和重新思考中国经验变得十分重要。[2] 对于县域经济案例的调研需要经历一个经验主义的阶段，深入、全面地理解中国县域经和政治转型的进程。以中国案例为研究素材，深入经验中，需要花费大量时间去体验、去访谈、去思考。

要处理好知和行的关系。王夫之在《礼记章句·中庸衍》中提出："知行相资以为用。唯其各有致功，而亦各有其效，故相资以互用。"即知和行都有自己的功效，两种功效互相作用才是一个完整的过程。调研工作也涉及对知和行关系的理解及处理。调研需要立志，立"热爱中国、研究中国、读懂中国"之志。

当前互联网上虽然信息发达，但是对于一些地区的经济问题的阐述并不深入。尤其是诸多经济现象和形势不断在变化，这就需要与时俱进去了解这些问题，以此体现"知"的重要性。为了更好地探求中国县域经济发展规律，

① 景跃进：《社会科学的逻辑——问题意识与中国关怀（二）》，清华大学藤影荷声（微信公众号），2017年2月16日。

② 景跃进、张小劲、余逊达：《理解中国政治——关键词的方法》，中国社会科学出版社2012年版。

增进对中国国情的认识，通过深入调研，彻底读懂中国；以"立足实践，从脚底下走出学问"为品格，以"开拓视野，动态把握中国国情；与时俱进，关注基层经济前沿；立足中国，贡献智力思考"为指导精神，县域经济研究会曾制订《清华大学学生县域经济调研指导意见书》，并于2016年2月14日发布，以指导研究会成员今后更好地开展调研。

关注领导力在地方经济发展中的作用。我以往在带领研究会做调研的过程中，过于关注如何做成一件事，似乎全国范围内的党政领导水平是一致的，没有差别的，这就是说抛开了领导机制或者领导力，单纯地谈基层经济如何发展。虽然基于这样的调研方法去处理调研素材，可以使得变量更少，对于变量的控制使得文章的思路更清晰，但是经过四年的思考和实践，发现这样做其实不利于深入了解一些个案。案例研究中有极端案例，而这些案例与其他案例不同，如何理解这些案例就需要新的分析思路。正如新制度经济学的研究过于看重制度和制度变迁，而忽略了领导力，这是其一大研究不足。实际上中国基层诸多工作的有效推动，与当地党政关系，或者与当地领导力密不可分。正如《谁创造的经济奇迹》中所言，往往是那些强有力的领导力导致经济发展的成功，导致产业政策执行的积极效果。[1] 这一观点再次表明，经济的发展和推动不能仅仅依靠几个经济文件，还必须和经济人物结合起来。

调研需要有明确的主题，如此才能做到围绕调研中心开展工作，不颠倒主次，分清轻重缓急。研究会成员们需要对县域经济研究会的研究范围和宗旨有所了解，对研究会布置的调研主题有自己的见解和思考，并通过阅读文献先行了解。一般来说，可以从描述性、解释性的角度去确定调研内容。描述性主题重在解释过程、描述过程、阐述机制，让读者有身临其境的感觉。解释性主题在于解释某一结果出现的原因，可能导致其发生的因素。

在确定了调研主题后，需要罗列出几个研究问题，即本次调研需要回答的问题。首先，经验问题应该明确而具体，切忌空泛，以小见大远胜于虎头蛇尾。其次，专注于一个研究问题，或者彼此相关的一组问题。当一篇文章提出多个问题时，这些问题应该围绕同一个理论，而不是同一个现象或事物。最后，写对策性调研报告时，带着十分明确的目的去写，一般可以直接为政府决策服务。[2]

---

① 巫永平：《谁创造的经济奇迹？》，生活·读书·新知三联书店2017年版。
② 彭玉生：《"洋八股"与社会科学规范》，《社会学研究》2010年第2期。

在实际调研中要善于提问，从多个角度去思考、分析问题。要善于抓住访谈中出现的细节问题，在大的访谈方向不变的前提下，适当围绕细节展开访谈。要集思广益，通过充分讨论来深入理解调研的内容，由点到面，逻辑推理要在事实依据上展开。这样做的目的是更多地获得调研的细节内容，熟悉全貌，掌握总体情况，不遗漏重要信息。

尝试让调查研究与学术结合得更加紧密，更具有学术意义。成员们先后尝试过华中科技大学的饱和经验法，先后多次参与清华大学中国农村研究院的暑期调研活动，运用结构化的问卷与村民访谈。成员们虽然积累了一些经验，但是缺乏系统性的方法论总结。后来我发现，基层调研的问题多数和对策密不可分，研究会的成员们开始注重经验研究与对策研究相结合，把对策的提出看得比较重，但是有一点一直没有变，那就是一直注重文献综述的梳理。现在涉及的诸多领域都和前辈学人的探索分不开，在积淀的基础上再去努力，会获得更丰富的营养。

之前成员们进行的学术性调查，是学术研究的一种形式。调查研究可以沿着描述性调查、解释性研究或对策研究开展。学术性调查主要任务在于分析现象之间的因果关系，还有理论的建构与解释，或者证伪某种理论，进而探索和探讨隐藏在社会现象背后的本质和一般规律。解释性研究主要任务在于说明社会现象发生的原因，探索社会发展的趋势，揭示社会现象之间的相互关系和因果关系，这是一种建立在描述性研究的基础之上的更深层次的研究。解释性研究是一种理论研究，根据一种理论与其相联系的研究假设出发，得出相关研究成果。

基于调查的解释性研究，运用抽象性概念解释现象。在经验研究当中，成员们要提出一些新的概念。这些概念可以是抽象的，也可以是具象的，而概念抽象程度越高，它的解释能力就越强，这样可以在一个比较高的层面上解释被研究的现象或者对象。要想在调查研究中打通理论与现实的环节，就需要将抽象性概念与现实问题对应起来，对应的方法就是将理论概念演绎成在经验上可操作的测量指标。这是为了更好地对现实经验进行提炼和理解的一个途径，这实际上是一个理论概念或抽象概念对照到经验层面的过程，这就需要一定的指标。

基于调查的解释性研究不可或缺的是对文献的利用。对于研究者来讲，参考引用别人的文献，是与理论界对话的一个主要方式。研究起点高与低，决定于引用文献的权威性。在社会科学研究中，一般需要相关的理论，而理论的选择，更为重要的是适合或者不适合。21世纪的中国作为一个转型时期的经济大国，诸多现象是其他国家没有发生过的。为此，中国社会变迁在世界上是具有一定的独特性。而解释这些现象，就需要理论创新，而不是盲目地照搬别人的理论。

经验研究的方法是十分重要的，或者说要强调对于一种经验的理解十分透彻，或者阐述十分详细。以往的调研并没有做到这一点，在实际调研中，获得的不少信息都是比较模糊的，缺乏严谨性。因为对现实经验材料掌握得不够充分，这影响了基于材料进一步的独立思考。后来我意识到周六和周日调研时间较短，为了调研的持续行，我们就同一个主题去同一个地方调研多次。这在一定程度上改善了之前研究时间投入不足和获得信息有限的状况。

我想通过2×2的方法来强调这样一个观点，那就是在经验研究当中，要避免老理论、老方法解决老问题的情况出现。如图1中的D，最为可贵的研究取向应该是提出新理论，应用新方法，解决新问题。而新理论的提出，需要在研究经验现象当中，对以往的学术研究文献的理论和方法及问题进行评价和总结，弄清这些文献的研究不足和可以进一步挖掘的研究空间。

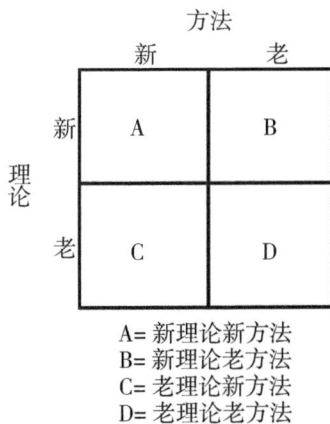

A= 新理论新方法
B= 新理论老方法
C= 老理论新方法
D= 老理论老方法

图1　理论与方法的不同组合

纷繁复杂的现实材料有时候并不一定会在访谈中全部体现。在我长期的调研中发现调查问卷设计是一项十分重要的工作，而且具有一定的挑战性。调查问卷是调研工作中十分重要的一环，之前我对调查问卷的设计过于宏观或者过于学术化，让那些受访者不知如何回答；或者是我对于所在部门的工作并不熟悉，设计的调查问卷让他们无法提供相应的信息。县里面各个局的工作比较碎片化，各负责一块，如果问过于宏观的问题，他们一时不知道如何作答。做县域经济调研，熟悉党和政府各部门职能十分必要，以此避免不必要的时间浪费和答非所问，提高调研效率。调研涉及的学术概念没有细化，涉及的学术性问题没有进行相应转化，没有进行具体界定，使得受访者无所适从。为此，调查问卷的设计要微观、细致、深入，要问得言之有物，问得让受访者愿意讲出更多、更重要的话题，要让受访者认为这样的调查问卷不需要你再来解读，就已经知道它的意思。

有针对性的设计调查问卷是经验研究的必要之举。关于调查问卷的设计，首先要根据想要了解的问题进行制订，在脑海中构思撰写调研报告时候会遇到哪些需要了解的问题；其次从网上搜集相关资料，并对一些质疑或者介绍不够详细的资料提出问题，列入问卷，这样一来需要对以往研究文献有一定的熟悉及驾驭。调研必须要在前人研究的基础上进行超越，不可闭门造车，无视他人的研究成果。走别人走过的路，提出别人早已经论证或得出的结论，则浪费了时间和精力，反而形成的成果没有多少价值。

杜润生认为："概念和材料不要绝对化，调查研究也不能绝对化。搞调查研究，不要害怕不符合既定模式，既有的观念，既成的理论，调查结果与既定的结论观点可以是不一样的。""不要一发现不符合自己口味的东西，就批评人家观点不对。如果我们搞调查研究，不能抛弃一些过时的个别结论，不能反映事物的另一方面，这样的调查材料无助于指导变革。"①

对于调查问卷的设计，问题既不能过多，内容也不能太复杂，最好是用老百姓喜闻乐见的语言提炼出问题来。调查问卷中涉及的一些细节，如一些他们难以回答的问题，或者是时间很久的回忆，这些问题是否放在调查问卷中应该慎重。在具体调研中，为了更好的获得信息，除了调查问卷外，我还及时根据调研的反馈或看相关网络资料建立问卷备忘录，新加入一些开放式或者限定式问题，以便在访谈中获得更多的信息。

调查问卷的设计，事关能否获得真实有效的信息。收集信息的方法和渠道有多种，但重要的是要获取一些可信的信息。受访者提供的答案有对错和精确与否之分，要验证答案所提供的信息的真实性。有时候通过比较可以辨别这些信息的真假。一般一个好的问题，可以让回答者用一致的方式来理解它，而不是会产生歧义。尽量减少在使用语言和理解语言上出现的差异，即有一致的标准，受访者应该能读懂问题。为此，兼听则明，对于经验研究所

---

① 赵树凯：《听杜润生谈政策研究之道（三）》，《财新》2015 年 11 月 19 日。

需的调研获得的信息需要多方考证，以辨别其准确性，减少调查误差。调研最大的目的就是要了解一个真实世界的本质特征，而在通向这个目标的过程中，会遇到各种各样的挑战，如何通过有限的访谈和有限的资料最大化的了解认识最真实的世界，这个时候个人的思考和判断就显得十分重要。

在设计调查问卷的过程中，访谈者应该预估自己所提问题的答案，要考虑受访者是否提供真实的答案或证据，问题与答案之间不能风马牛不相及。在询问和测量一个问题的时候，如果受访者不知道答案，他回答的信息就会产生误差；或者受访者有自己的判断，这个判断的可信度也有一定的误差。设计调查问卷的时候，受访者应该对问题的关键术语有相同的理解，避免产生歧义。受访者的回答要与出题者所想象的答案基本一致。

一般的经验研究有两个取向，一是问题导向取向，二是读者取向。就前一个问题来讲，要有清晰的问题，然后带着问题去不断的深入研究素材；于后者来说，需要用什么样的语言表达方式与读者对话。在山东新泰调研中，我专门谈到要用老百姓喜闻乐见的语言去谈经济发展的智慧，逐渐形成研究会新的语言风格，这也是学术向更通俗的语言道路的转变。这样做的好处就是能与基层官员和人民群众更好地聊天，将经济学理论的内涵通俗地表达出来。访谈的语言风格十分重要。直接决定了访谈的有效性和获得信息的便利性。和老百姓座谈，避免学术化，对学术语言转化为日常交流用语；不可打官腔，说空话，讲大话。开放式访谈不要问太泛、太大的问题。

精心选择调研对象。回顾过去两年的经历，对于一个地区总体发展概况或者发展历程的了解，成员们基本上已经具备了这种能力。就像对于河北任丘石门桥镇、高阳县庞口镇工业发展历程的调研，准确掌握了总体情况。而这些信息的获得还与调研对象的选择关系密切，一般成员们选择那些经验丰富、阅历丰富以及对当地经济发展历程有直接参与和相应思考的地方干部为访谈对象，这让调研效果更好，也为经验研究提供了丰富的现实资料。

经验研究越来越趋于技术化。如对于调研主题的限定，对于一些量化方法的使用，对于一些现代社会科学研究方法的使用。对于经验研究来讲，要慎重应用统计规律，因为数据量化也存在一定的问题。如果样本量不够大，就有可能影响统计分析的效度。从调研内容的深度和广度来讲，经验研究也在不断的使所调研的题目的内容趋于饱满和充实。这项研究需要与以往的文献成果进行对话，而不是只顾自我向前演进。为此，信息的收集和筛选，就要贯穿经验研究的过程。在每到一个地方调研之前，首先要了解各个领域的相关研究成果。在借鉴和批判性的看待以往文献的基础之上，方能更加事半功倍。经验研究不同于调研报告的写作，需要找到有所突破的领域和有创意的切入点。21 世纪的经验研究更加突出了选题新颖的特征。

在一个大谈模式或者模式到处流行的时代，如何选择调研点十分重要，而比较不同调研点之间的区别，发掘其特色亮点更是在经验研究的要义之中。成员们以往的调研对于案例地所做的调查工作不够深入，往往都是周末去，就去一两次，对于横截面或者比较短的时期内的事情了解得比较多，无法深入了解纵向历史上的信息。关于这种调研思路，今后需要改变。不然就不了解所谓的这个模式的来龙去脉，是否具有复制和推广的可能。

确定调研主题后，需要选择与主题相关性较强的地方开展调研，调研点首选有代表性的地方。中国国情十分复杂，很多地方情况都不一样，一般很难选取具有代表性的地点，因此地点的选择只能通过主题来确定。

在与主题密切相关的地方进行调研时，不仅要紧扣主题，从具有代表性的案例入手，还应努力发现和探索具有普遍性的规律。对于个案研究来说，选择调查地点至关重要。第一，选出的调查点必须具有代表性，这样做出的推论才可能有更多的推广价值；第二，个案需要具有一定的特色，才更容易发现理论生长点；第三，案例研究点要方便调查，容易获得资料。

对于经验研究来说，如果要想寻找对于理论支撑的案例，或者说要寻找挑战现有理论的案例，这些都可以做到。这表明在经验研究之前可以有先验性的研究设计或研究判断。除此之外，在经验研究当中，还有一种方法就是开放式的访谈，从中善于把握一些关键性的信息。这种调查方式一般需要调查员具有敏锐的信息感受度，而且需要在访谈中去注意聚焦个别问题。所以调研时是注重对于某一个点进行横切面式的研究，还是对一个村子或者一个乡的整体情况进行了解，两者是不同的。

针对新的现象提出新的概念和新的分析框架，是十分有必要的。在长期从事基层调研后，我发现了以往调研工作的缺陷，就是虽然从事了很多次调研工作，完成了对中国基层问题的认知，诸多概念都是以往的学者提出来的，缺乏自己提出的概念，缺乏自己总结和提炼出来的分析框架，使得成员们的调研报告除了分析现状，就是提出对策，很难再进一步进行理论讨论，这一点在博士四年级的时候让我懊悔。看到张小劲教授总结出大数据驱动下的国家治理的四种类型的政府，我感觉到了汉语言的博大精深和精确表达力，准确对应了新时期中国政府的特征和内涵，真正做到了清华政治学系"世界视野，中国情怀"的治学风格。尽管有学者批评我们国家经济学界的概念提得比较多，精确的概念和量化的概念操作，仍是科学的研究不可缺少的一环。调研的分析视角鲜见有独到的视角，虽然这么讲有些过于苛责，但是理论的高度和逻辑的严密必将更有助于对现实世界的调研信息进行提炼，这将为写出更好的调研报告奠定扎实的基础。

坚持个案研究是过去几年调研的重要方法。《政治学研究方法》中指出："典型个案是指具有代表性的一般性的个案。这一个案研究并不是为了把研究的结果推动至更为广泛的范围中，而是为了展示和说明这一案例中得到的结论，应该有助于加深对同类事件事物的理解。"① 在我看来，这些个案的研究可以获得一些基本的原理、成功的基本因素。另外，这本书还指出："关键个案抽样是选择那些可以对事情产生决定性影响的个案进行研究，目的是将从这些个案中获得的结果逻辑推动至其他个案。"

怎样选择研究的个案？这是有规律可循的。研究个案的选择，首要依据是个案是否能支撑研究者想要解释的理论框架，即是否能达到预期的研究效果。在个案研究中，要再现事物发展的全过程，运用理论分析方法进行解释或者诠释，在此基础上也可发展出一种新的理论。在个案研究当中，要注重其发展史当中的重大事件的解读，这些事件有可能就是理论的生长点。更进一步来看，对于要达到较高层次研究水平的个案研究来讲，要走通理论研究与经验研究的两极，将两者有机结合起来，避免就经验单纯地谈经验，就理论谈理论，而忽视对经验材料的深入讨论。

在过去四年的调研中，县域经济研究会多篇调研报告获得清华大学中国农村研究院奖励，形成了关于我国基层经济发展及治理的一系列观点和见解，并系统总结了"盐池模式""新泰经验""德清经验""阜平模式""万全模式""怀来经验"。内容涉及农村金融、土地产权改革、产业扶贫、中小企业融资、产业转型升级等领域。这些个案都是经过精心挑选的，具有一定的代表性。个案研究确实提供了广阔的论证空间，为深入讨论奠定了基础。正如后来随着对案例研究的深入了解，我越来越发现案例也可以提供知识，如我对过去20年市场化进程中各乡镇的工业发展的能力和表现做一个系统的、全面的、描述性的类型学分析，就能发现全国各地不同的经验背后的发展逻辑。

访谈结束后，要对材料进行总结，之后着手报告写作。经济学调研报告

---

① 严强、魏姝：《政治学研究方法》，江苏教育出版社 2007 年版。

的写作要坚持经济学的分析思路，不能写成其他专业风格的报告，更不能将报告变成某些专业技术知识的记录，如记录茶叶的制作过程的知识，这背离了经济学报告的研究方法及写作风格。经济学报告要关注一个经济事件背后的经济组织、经济政策、经济制度甚至经济人物发挥的作用，而不是对现状的简单罗列。

调研报告的写作，可以有如下几个目的。第一，可以写成深度描述性的研究报告，对某一地方的发展经验进行详细介绍，最后总结出这个经验，并指出该经验可能存在的不足。第二，带着一定的学术问题或者理论问题去调研，如为何某个地区民营经济发展得较好？这种调研报告带有一定的解释性任务，需要调研报告的引言部分有一定的文献综述，在正文需要对此现象进行解释；不过这种解释的方法可以用定量或定性方法。

无论是在政府还是其他社会机构工作的人士，对于经验或者做法的看重，有其道理，不过如何更加全面的看待经验，需要谨慎。如研究会的一位会员所言："正定、清河、迁安等河北省 2014 年电子商务进农村示范县，经过一年多的发展取得了一些成绩，也暴露了一些问题，为我们后续的工作提供了很多宝贵的经验。响应国家号召，我们下一步还将从电商扶贫这方面加大工作力度，大约再过两个月就能看到雏形。"总的来说，成员们还是希望将来沉淀好的做法之后能够上升到理论的高度，从而让更多和河北一样面临急需调整产业结构的地区一样，利用电商来致富。经验有其价值，更有其缺陷，不得不正视。

从更宏观的视角来看，完成对于中国经验的总结，对于中国模式的提炼，就需要认真的做好基层经济案例调研。这些案例调研并不像实证研究基于量化研究的风格那样，不需要通过相关性来证明相关结论，而案例研究虽然有批评意见，但是达到了预期之外的目的。正如《通产省与日本产业政策》一书通过案例来证明发展型国家理论的正确性，通过深入的案例研究可以达到此目的，这比单纯的通过量化研究得出相关结论更挑战作者的理论分析能力。这也难怪诸多博士生认为理论研究难以开展，还不如做一些实证研究。以往我对案例研究的理解不多，后来随着张小劲教授的教导，随着类型学用到案例分析中，才发觉案例研究的好处，揭示了诸多研究的黑箱。对于经济史细节的错误把握或忽视，势必导致理论的错误。这一点是不难理解的，这也是文一教授批评西方制度经济学家阿西莫格鲁等人的原因。理论虽然不一定和现实完全吻合，但是不能把理论建立在错误的事实基础上，甚至以错误的历史事实建立的理论再去指导其他国家的改革事业。而案例研究则给出了一个非常好的机会和方法，去挑战那些以往的理论，让现实和理论对话，得出新的理论。不过这个过程需要做大量的工作，也需要精确的语言表达力和作者精湛的逻辑能力。

经验研究需要调研，而调研员需要三种能力。我曾在 2018 年 1 月 7 日的县域经济研究会优秀会员表彰大会上说，县域经济研究会的会员要具备三种能力：第一种是观察能力。所谓观察能力就是要在纷繁复杂的经济现象当中，观察到重要的问题，要有透过表象看到本质的能力，要分清主次矛盾，厘清整体与局部的关系，以此更好地认识经济现象。第二种是写作能力。这是研究会会员所需要具备的基本能力，通过撰写一定数量的调研报告，提高自己的写作水平，做到言之有物，论证扎实，观点鲜明，逻辑严密。第三种是理论归纳和提炼能力。在调研中了解了经济现象，要通过现象归纳出其规律，由感性认识上升到理性认识，既要和实践界对话，还要与理论界对话。

四年过去了，对于研究方法的重视，可以看作贯穿我博士生涯的一个主要思想轨迹。我对于方法论的关注比之前更密切。这对于一个学习社会科学的研究者来说，是十分有必要的，也是一个很好的学术训练过程。

后　记

　　当 2022 年的春天来临时，我们终于完成了这本书的最后修改。这本书的写作，从 2015 年县域经济研究会成立之日就开始，前前后后历时 5 年。我们从 50 多万字的调研纪实中选取了部分内容，汇集成此书。得益于"清华大学学生原创作品支持计划"的支持，我们启动了本书的出版工作。从 2021 年 10 月开始，先后补充了一些内容，对一些表述、判断又进行了审视。这本书的完成，是对清华大学学生县域经济研究会成立 7 周年最好的献礼。创立县域经济研究会的目的在于了解中国的实际情况，把握中国经验，而不是带着理论先验地看待中国的发展。

　　本书的写作全部基于实地调研，首先了解和体会政府官员的思路，其次尝试从学术研究的角度进行理论探讨。这种试图兼顾两种角色的写作难度较大。正如有学者刻画凯恩斯的学术人生："他学会了不但从学者角度，而且从行政官员角度看待经济问题。行政官员必须力排众议，经常做出决策，而学者必须研究这些决策所依据的原则和根据，前者讲究果断，后者可以不断争论。"① 随着对国情认识的深入，为政策研究和经验研究积累了材料，就有了检视理论与现实鸿沟的机会。既聚焦了政策热点，也跟踪了研究进展。

　　在本书的结尾处，感谢调研地的地方政府官员、企业家、小工厂和作坊的工作人员接受访谈并提供的热心帮助，使我们把"论文写在祖国的大地上"的想法变成现实。他们有自己的思想、追求，也是推动中国进步的人。在与他们的交流切磋中，让我们接触到了新的领域。我们要特别感谢杨芳老师、张小劲老师、刘涛雄老师、鄢一龙老师、李帮喜老师、耿睿老师、慕玲老师对我们开展研究工作给予的指点和帮助。感谢余金怀先生和

---

　　① 王华荣：《凯恩斯传》，中国广播电视出版社 2003 年版。

马丽雅老师对我们工作给予的大力支持和帮助。从研究会成立之日到现在，余先生和马老师见证了研究会成长发展的每一步。感谢清华大学学生县域经济研究会的欧水全、刘向元、习江北、南春星、李沁原等同学的辛勤付出。感谢清华大学校团委的老师们对我们的支持和帮助，感谢李纪琛博士、林子秋博士对本书的出版付出的辛勤努力。

本书主要由一群对我国县域经济发展充满热情但相关知识、理论不尽完备的在校硕博研究生写作而成。书稿虽几经修订，但难免存在一些尚未察觉的不足之处，对于这一点我们坦率承认，并恳望读者能够指出并不吝赐教。

最后，希望对中国县域经济研究感兴趣的读者，都可以从这本书中获得启发。

2022 年 2 月 4 日
于清华园